# Juizados Especiais Cíveis

# Juizados Especiais Cíveis

Jorge Tosta (Coordenador)
Alcides Leopoldo e Silva Junior
Antônio Mário de Castro Figliolia
Carlos Vieira von Adamek
Claudio Lima Bueno de Camargo
Denise Andréa Martins Retamero
Fernando Geraldo Simão
Maria do Carmo Honório
Mônica Rodrigues Dias de Carvalho
Roberto Caruso Costabilè e Solimene
Ronnie Herbert Barros Soares

**Prefácio de Manuel Alceu Affonso Ferreira**

Fechamento desta edição: 05 d[illegible] de 2010



ELSEVIER



CAMPUS JURÍDICO

Copidesque: Renato Mello Medeiros
Revisão Gráfica: Emídia Maria de Brito
Editoração Eletrônica: Tony Rodrigues

Elsevier Editora Ltda.
Conhecimento sem Fronteiras
Rua Sete de Setembro, 111 — 16º andar
20050-006 — Rio de Janeiro — RJ

Rua Quintana, 753 - 8º andar
04569-011 - Brooklin - São Paulo - SP

Serviço de Atendimento ao Cliente
0800 026 53 40
sac@elsevier.com.br

ISBN: 978-85-352-3818-1

**Nota:** Muito zelo e técnica foram empregados na edição desta obra. No entanto, podem ocorrer erros de digitação, impressão ou dúvida conceitual. Em qualquer das hipóteses, solicitamos a comunicação à nossa Central de Atendimento, para que possamos esclarecer ou encaminhar a questão.
Nem a editora nem o autor assumem qualquer responsabilidade por eventuais danos ou perdas a pessoas ou bens, originados do uso desta publicação.

Cip-Brasil. Catalogação-na-fonte
Sindicato Nacional dos Editores de Livros, RJ

J87

Juizados especiais cíveis / Jorge Tosta, coordenador. - Rio de Janeiro : Elsevier, 2010.

Apêndice
Inclui bibliografia
ISBN 978-85-352-3818-1

1. Brasil. [Lei nº 9.099, de 26 de setembro de 1995]. 2. Juizados especiais cíveis - Brasil. I. Tosta, Jorge.

09-6025. CDU: 343.197(81)

# Os autores

**Jorge Tosta**

Juiz de Direito em São Paulo, foi membro do Colégio Recursal Unificado dos Juizados Especiais de São Paulo. Mestre em Direito Processual Civil e doutor em Direito Civil pela PUC/SP. Docente formador e instrutor da Escola Paulista da Magistratura – EPM. Professor da PUC-Cogeae, da Universidade São Francisco-Bragança Paulista e do INPG – Instituto Nacional de Pós-Graduação.

**Alcides Leopoldo e Silva Junior**

Juiz de Direito em São Paulo, foi membro do Colégio Recursal Unificado dos Juizados Especiais de São Paulo. Mestre em Direito na área de Direito Obrigacional Público e Privado pela Unesp. Docente formador e instrutor da Escola Paulista da Magistratura – EPM. Ex-docente em Direito Processual Civil na Universidade Paulista – Unip, campus Ribeirão Preto, e ex-docente em Teoria Geral do Processo na Faculdade de Direito do COC – Ribeirão Preto.

**Antônio Mário de Castro Figliolia**

Juiz de Direito Substituto em 2º grau, compõe a 12ª Câmara de Direito Privado do Tribunal de Justiça de São Paulo, foi membro do Colégio Recursal Unificado dos Juizados Especiais de São Paulo. Mestre em Direito Civil pela Universidade de Lisboa. Ex-professor de Direito Civil da Unip, campus Campinas.

**Carlos Vieira von Adamek**

Juiz de Direito em São Paulo, foi membro e presidente do Colégio Recursal Unificado dos Juizados Especiais de São Paulo. Especialista em Direito Processual Civil pela Escola Paulista da Magistratura – EPM. Docente formador e instrutor da EPM. Professor Universitário.

**Claudio Lima Bueno de Camargo**

Juiz de Direito em São Paulo, foi membro do Colégio Recursal Unificado dos Juizados Especiais de São Paulo. Mestre em Direito Processual Civil pela PUC/SP e professor assistente-mestre em Direito Processual Civil na Faculdade de Direito da PUC/SP.

**Denise Andréa Martins Retamero**

Juíza de Direito em São Paulo, foi membro do Colégio Recursal Unificado dos Juizados Especiais de São Paulo. Graduada pela Faculdade de Direito do Largo de São Francisco, Universidade de São Paulo, com curso do Módulo em Master of Comparative Law ministrado pela Cumberland School of Law na Universidade de Durham, Inglaterra.

**Fernando Geraldo Simão**

Juiz de Direito em São Paulo, foi membro do Colégio Recursal Unificado dos Juizados Especiais de São Paulo. Pós-graduado em Direito Processual Penal pela Escola Paulista da Magistratura – EPM. Docente formador e instrutor da Escola Paulista da Magistratura – EPM. Professor Universitário.

**Maria do Carmo Honório**

Juíza de Direito em São Paulo, titular da 1ª Vara do Juizado Especial Cível da Comarca de Campinas, foi membro do Colégio Recursal Unificado dos Juizados Especiais de São Paulo. Mestre em Direito das Relações Sociais pela PUC/SP, especialista em Direito Constitucional pela PUC/SP. Docente formadora e instrutora da Escola Paulista da Magistratura – EPM, Presidente do Conselho Editorial da Revista dos Juizados Especiais do Brasil. Integrante da Comissão Consultiva do FONAJE.

**Mônica Rodrigues Dias de Carvalho**

Juíza de Direito em São Paulo, foi Juíza Diretora do Juizado Especial Cível Central da Capital. Bacharel pela Universidade de São Paulo e especialista em Direito Civil pela mesma instituição. Presidente do 1º Colégio Recursal da Capital, do Colégio Recursal Unificado dos Juizados Especiais de São Paulo e do Colégio Recursal Central da Capital. É membro do Conselho Supervisor do sistema dos Juizados Especiais do Estado de São Paulo, já tendo atuado no mesmo Conselho no biênio 2004/2005.

**Roberto Caruso Costabilè e Solimene**

Juiz de Direito Substituto em 2º grau, compõe a 6ª Câmara de Direito Privado do Tribunal de Justiça de São Paulo. Foi presidente do I Colégio Recursal da Comarca da Capital de São Paulo e membro do Colégio Recursal Unificado dos Juizados Especiais de São Paulo. Mestre em Direitos Difusos e Coletivos e doutor em Direito Civil pela USP. Professor Universitário, exercendo magistério nas cadeiras de Antropologia Jurídica e Direito Civil.

**Ronnie Herbert Barros Soares**

Juiz de Direito em São Paulo, foi membro do Colégio Recursal Unificado dos Juizados Especiais de São Paulo. Mestre e doutorando em Direito Civil pela PUC/SP. Professor da Faculdade de Direito de Itapetininga (FKB) e da Escola Superior da Advocacia (ESA).

# Agradecimentos

Agradeço a todos os autores que aceitaram participar desta obra, fruto da experiência pessoal de cada um junto aos Juizados Especiais e principalmente junto ao Colégio Recursal Unificado dos Juizados Especiais de São Paulo.

Em 2007 o Tribunal de Justiça de São Paulo decidiu criar um Colégio Recursal Unificado, com competência para julgar os recursos cíveis e criminais oriundos dos Juizados Especiais espalhados por todo o Estado de São Paulo. O objetivo primordial era a uniformização da jurisprudência dos Juizados Especiais, mediante a concentração dos julgamentos num único órgão recursal, diferentemente do que ocorria (e ocorre na atualidade) com a pulverização de diversas Turmas Recursais espalhadas por todo o Estado, cada qual, no mais das vezes, com entendimentos diversos sobre os mais variados temas do Direito. Selecionou-se, na época, por concurso, os 18 juízes com mais tempo de atuação ao longo da carreira no sistema dos Juizados Especiais.

Nos dois anos de existência do Colégio Recursal Unificado de São Paulo foram proferidos mais de 34.303 votos, além de criados e reeditados 41 Enunciados.

Ao término do biênio foi lançado um desafio a esses dedicados e talentosos juízes: escrever uma obra coletiva sobre a Lei nº 9.099/1995 que representasse toda a experiência adquirida à frente do Colégio Recursal Unificado de São Paulo. Assim é que, uma vez aceito o desafio pelos autores, muitos dos quais professores universitários com larga experiência acadêmica, iniciou-se o trabalho de construção da obra que ora se apresenta à comunidade jurídica. Por certo não se trata de obra acabada. Arestas haverão de ser aparadas a partir da análise pela comunidade jurídica da aplicação prática da obra.

De qualquer forma, quero aqui registrar, na condição de coordenador da obra, minha eterna gratidão e consideração a cada um dos autores pela dedicação, empenho, pesquisa e solicitude durante a elaboração e conferência dos textos.

Quero, por fim, agradecer de maneira especial à editora Campus/Elsevier, na pessoa de Marisa Portela Harms, sempre criteriosa e visionária, por acreditar no projeto e, juntamente com o Conselho Editorial, decidir transformá-lo em realidade. Também à Luciana Félix Macedo e toda a sua equipe, pelo cuidado, zelo e competência na conferência e adaptação dos textos, trabalho sempre hercúleo quando se trata de obra coletiva.

# Prefácio

Para evitar dúvidas, valendo-se do imperativo verbal (*"criarão"*), a Constituição Republicana de 1988 determinou à União, ao Distrito Federal, aos Territórios e aos Estados, a implantação de juizados especiais aos quais cometeu *"a conciliação, o julgamento e a execução de causas cíveis de menor complexidade"* (e não, acertadamente, de "menor importância"), autorizando, ainda, que neles os julgamentos recursais fossem realizados *"por turmas de juízes de primeiro grau"* (art. 98, I).

A demonstrar uma vez mais, como propugnam os exegetas, que todo o ordenamento jurídico é um sistema integrado por intenções, princípios, normas e regras que são harmônicos e convergentes, ou então, caso não o sendo por vício legislativo, como tais devem ser interpretados e conciliados, a dignificação constitucional dos juizados especiais, ecoando no plano fundamental um tímido ensaio legislado anterior (a Lei Federal nº 7.244, de 1984, instituidora dos "Juizados de Pequenas Causas"), correspondeu ao desejo do constituinte originário de emprestar maior concretude e efetividade a outras disposições ***per saltum*** espargidas no Texto Fundamental.

Ou não teria sido a própria Constituição que, logo no seu "Preâmbulo", insistiu em qualificar, como valor supremo do Estado Democrático, o da realização da *"justiça"*? Ou não foi ela, a Carta Magna, que apontou, entre os fundamentos do modelo institucional delineado, a *"cidadania"* e a *"dignidade da pessoa humana"* (art. 1º, II e III)? Ou não foi a Lei Fundamental que sublinhou, como essenciais objetivos da República, a construção de uma sociedade *"justa"*, a erradicação da *"marginalização"* e a redução das *"desigualdades sociais"* (art. 3º, I e III)? De mais a mais, não foi a Constituição que garantiu a impetração jurisdicional face a ameaças ou lesões a direitos subjetivos (art. 5º, XXXV)? Ou que não se contentou em tão somente resguardar o acesso dos lesados e ameaçados à jurisdição, mas foi além para também ordenar que a *"todos"*, na feliz inovação aportada pela Emenda nº 45, sejam *"assegurados a razoável duração do processo e os meios que garantam a celeridade de sua tramitação"* (art. 5º, LXXVIII)?

O acesso à justiça, anotou Oliveira Baracho, *"é primordial à efetividade dos direitos humanos"*, acompanhando Mauro Cappelletti no sentido de que essa possibilidade *"é um direito social básico"*[1]. Sendo assim, diante de tantas e tão reiteradas e solenes

1. Baracho, José Alfredo de Oliveira. *Direito Processual Constitucional* – Aspectos Contemporâneos, 1. reimpressão, Ed. Fórum: B. Horizonte, p. 223-224.

prescrições prévias, aliás de pronto inauguradas já no seu intróito, realçando a abissal importância democrática do ***jus postulandi*** exercitável por "*todos*" e a ser composto em via expedita, a específica contemplação constitucional dos juizados especiais cíveis mostrou-se reflexo lógico e inevitável.

A tudo isso tendo presente, com esse ideário e por esses caminhos, sobreveio a Lei nº 9.099, de 1995, que não por motivos diversos, naquilo que traduz a sua pedra de toque (art. 2º) impôs que, nesses juizados não ordinários, os critérios orientadores dos seus feitos seriam a "*oralidade, simplicidade, informalidade, economia processual e celeridade, buscando, sempre que possível, a conciliação ou a transação.*"

Prestava o legislador, com essas menções, reverência à ***mens*** da Constituição, estendendo a atuação do Poder Judicante aos até então "sem-justiça", do Judiciário distanciados por insuportáveis gastos processuais, ou por reclamarem, os seus casos particulares, maior pressa na solução.

Foi a essa justiça dos ***small claims*** que se quis chegar. O que se teve em mira foram as "*incontáveis e miúdas violações cotidianas a ponderáveis e legítimos interesses, que sequer adquiriram o* ***status*** *de um direito subjetivo.*"[2] Por sinal, afrontas "*miúdas*" se isoladamente tomadas na óptica objetiva da sua inexpressividade econômica, mas certamente violações amazônicas para quem as experimenta...

É dizer, a criação dos juizados especiais propiciou, aos protagonistas dos litígios e das tragédias do dia a dia, que ao Judiciário se voltassem. A diuturnidade, o trivial, o coloquial e o comezinho sentaram praça entre os impetrantes de jurisdição. O vizinho incomodado, o comprador da geladeira inoperante, a vítima do cachorro raivoso, o namorado traído, o incauto atropelado pela bicicleta, o atingido por repentino "apagão" elétrico, todos eles têm agora, sem exceção, a quem mais próxima e diretamente apelar.

A quase totalidade das leis, observou certa feita Carlos Drummond de Andrade, "*como sucede aos espermatozoides, não é aproveitável.*"[3] Mas o sarcasmo do saudoso poeta passa ao largo do Estatuto dos Juizados Especiais. Neste, o aproveitamento do ato legislativo foi, e é, pleno e total. Alargou-se, aos milhões de "sem justiça", um real e eficiente direito de petição. E peticionar, como lusitanamente queria Eça de Queirós, "*é revoltar-se à moderna.*"[4]

Foi por tudo isso, e na minha condição de entusiasta do ***aggiornamento*** dos mecanismos da jurisdição – não apenas com o avanço das suas técnicas e dos seus instrumentos, mas também do alargamento quantitativo daqueles a ela credenciados –, que recebi com a honra e o carinho que me emocionaram, o convite dos autores desta obra para que a prefaciasse.

Coordenados por esse padrão de magistrado e cultor do Direito que é o professor Jorge Tosta, são todos eles os escribas dos presentes comentários, juristas

2. Silva, Ovídio Baptista da. *Juizados de Pequenas Causas*, v. 598, RT, p. 09.
3. *O Avesso das Coisas*, Ed. Record, 1997, p. 90.
4. *Migalhas de Eça de Queirós*, n. 185, Ed. Migalhas, 2009.

de primeira linha e juízes experientes, à unanimidade com profícua passagem pelo Colégio Recursal Unificado dos Juizados Especiais de São Paulo. Conhecem, de sobra, o tema que proficientemente enfrentaram e minudentemente trataram.

Entre eles e o que escreveram, o que há de comum, ***ictu oculi*** apurável, é a seriedade científica da abordagem analítica subsidiada pelo tirocínio haurido nos precedentes dos quais cuidaram. O livro é direto, sem rebuscos ou floreios, de fácil leitura e manifesta praticidade, voltado a satisfazer, sem o apelo às elucubrações mais próprias aos debates acadêmicos, àqueles que militam nos juizados especiais cíveis, ou deles se valem.

Inexistem, no tomo, fátuas impertinências ou assertivas vazias de significado concreto. Tudo aquilo que cá se acha, porque versado com a profundidade exigível nas criações intelectuais honestas, será útil e proveitoso para os beneficiários e os operadores dessa justiça especializada.

Talvez, num ou noutro comentário possa o leitor, atécnico ou não, discordar das conclusões do comentarista, censurando-lhes a ousadia ou, quiçá, o conservadorismo. Isto, contudo, não deprecia o escrito, nem deslustra aos comentaristas. Muito pelo contrário, evidencia o vigor axiológico do trabalho e incentiva os contrariados à réplica, desse modo servindo à investigação do assunto e, por conseguinte, às correções e às melhorias que o Parlamento Nacional deseje adotar.

Em uma só palavra, os autores dos "Comentários" não quiseram monopolizar verdades inexoráveis ou enunciar dogmas de fé. Quiseram, isto sim, colocar os seus estudos e as suas experiências à mostra, com isso ensejando uma crescente e a cada vez mais instigante reflexão em torno dos cânones, procedimentais ou não, regentes das lides civis albergadas no édito em que, com maestria, mergulharam as suas consciências e deram curso a seus escancarados saberes.

Afinal, se lamentavelmente mantém alguma sustentação fática a amarga conclusão, lançada em 1991 pelo então presidente do Conselho Federal da OAB, Marcelo Lavenére Machado, de que *"A Justiça tarda, mas não chega..."*, não se conseguirá negar que nesse rumo algo já se fez, e se está fazendo. E nesse movimento, progressista e inovador, ocupa lugar de destaque a eciana *"revolta à moderna"* deflagrada pelos juizados aos quais estão afetados os litígios de menor complexidade, nunca de menor importância, insisto!

São Paulo, fevereiro de 2010.

***Manuel Alceu Affonso Ferreira***

Advogado militante, conselheiro do Instituto dos Advogados de São Paulo, membro da Academia Paulista de Direito e do Conselho de Estudos Avançados da Fiesp (Consea). Foi juiz, em dois mandatos, do TRE-SP. Ocupou o cargo de Secretário de Justiça e Defesa da Cidadania do Estado de São Paulo. Foi Conselheiro Federal e Estadual da OAB. Compôs, por duas vezes, o Conselho Diretor da Associação dos Advogados de São Paulo. Foi membro do Conselho de Comunicação Social do Senado da República.

# Apresentação

*Juizados Especiais Cíveis* é uma obra coletiva sobre a Lei nº 9.099/1995, comentada artigo por artigo, já com as alterações implementadas pelas Leis nºs 12.126, 12.137 e 12.153, de dezembro de 2009.

Fruto da experiência haurida pelos autores, todos magistrados paulistas com larga atuação nos Juizados Especiais e no Colégio Recursal de São Paulo, a obra reúne o que há de mais atual sobre a matéria.

Com linguagem fácil e acessível, mas sem perder a profundidade, os autores abordam os mais variados e importantes temas relacionados à aplicação da Lei nº 9.099/1995, com citações oportunas de doutrina e jurisprudência sobre os Juizados Especiais, além de enunciados de vários Colégios Recursais, do FONAJE e do I Fórum dos Juizados Especiais de São Paulo.

Temas intrincados são enfrentados de forma criteriosa, quase sempre com apoio em julgados proferidos pelos Colégios Recursais dos Juizados Especiais.

Também são abordados aspectos importantes da recente Lei dos Juizados Especiais da Fazenda Pública, aplicáveis aos Juizados Especiais Cíveis, de modo a permitir ao operador do Direito a análise comparativa e crítica dos sistemas.

Para facilitar a consulta das normas citadas no trabalho, foram inseridos anexos com as leis dos Juizados Especiais Estaduais e Federais, enunciados do FONAJE, enunciados do I Fórum dos Juizados Especiais de São Paulo e o Provimento nº 1.670/2009 do Conselho Superior da Magistratura de São Paulo, que consolida as normas relativas aos Juizados Especiais.

Enfim, trata-se de obra verdadeiramente diferente de tudo que existe na atualidade no mercado editorial sobre o tema.

# Abreviaturas

| | |
|---|---|
| ADIn: | Ação Direta de Inconstitucionalidade |
| Agr. Instr.: | Agravo de Instrumento |
| AgR: | Agravo Regimental |
| AgRg: | Agravo Regimental |
| AI: | Agravo de Instrumento |
| Ap. Cív.: | Apelação Cível |
| CC: | Código Civil |
| CC: | Conflito de Competência |
| CDC: | Código de Defesa do Consumidor |
| CF: | Constituição Federal |
| CGMP: | Corregedoria Geral do Ministério Público |
| CPC: | Código de Processo Civil |
| CPP: | Código de Processo Penal |
| CRRGS: | Colégio Recursal do Rio Grande do Sul |
| CRSC: | Colégio Recursal de Santa Catarina |
| CRSP/FCC: | Colégio Recursal de São Paulo – Fórum Central da Capital[1] |
| CRSP: | Colégio Recursal de São Paulo (unificado)[2] |
| CSM: | Conselho Superior da Magistratura |
| ED: | Embargos de Declaração |
| FJSP: | Fórum dos Juizados de São Paulo |
| FOJESP: | Fórum dos Juizados Especiais do Estado de São Paulo |
| FONAJE: | Fórum Nacional dos Juizados Especiais Cíveis e Criminais |
| FPJC: | Fórum Permanente dos Juizados Cíveis |
| HC: | *Habeas Corpus* |
| JEC: | Juizado Especial Cível |
| JECC: | Juizado Especial Cível e Criminal |

1. Enunciados Cíveis n$^{os}$ 1 a 32: aprovados na sessão administrativa de 11.9.2009 (DJE/SP de 05/10/2009).
2. Criado através do Prov. CSM n. 1335, de 12/07/2007, cuja jurisdição para novos recursos cessou com a restauração dos Colégios das respectivas Circunscrições Judiciárias do Estado e criação de cinco na Capital, estes com sede no Foro Central e Foros Regionais da Lapa, Penha de França, Santana e Santo Amaro, por ato do Órgão Especial, com fundamento no art. 3º, § 2º, da Resolução 441, de 13/02/2008 (Com. 111/2008 – DEJ/SP de 06/01/2009).

| | |
|---|---|
| JECivs: | Juizados Especiais Cíveis |
| JECRIM: | Juizado Especial Criminal |
| JECs: | Juizados Especiais Cíveis |
| JEPC: | Juizado Especial de Pequenas Causas |
| JIC: | Juizado Informal de Conciliação |
| JPCs: | Juizados de Pequenas Causas |
| LEF: | Lei de Execuções Fiscais |
| LICC: | Lei de Introdução ao Código Civil |
| MS: | Mandado de Segurança |
| NSCGJ: | Normas de Serviço da Corregedoria Geral da Justiça |
| OAB: | Ordem dos Advogados do Brasil |
| ONU: | Organização das Nações Unidas |
| PGJ: | Procurador Geral de Justiça |
| QO: | Questão de Ordem |
| RE: | Recurso Extraordinário |
| Rec. Inom.: | Recurso Inominado |
| REsp: | Recurso Especial |
| RI: | Recurso Inominado |
| RMS: | Recurso em Mandado de Segurança |
| ROMS: | Recurso Ordinário em Mandado de Segurança |
| STF: | Supremo Tribunal Federal |
| STJ: | Superior Tribunal de Justiça |
| TJSP: | Tribunal de Justiça de São Paulo |

# Sumário

Alcides Leopoldo e Silva Junior* 1

# Arts. 1 e 2

**Lei nº 9.099, de 26 de setembro de 1995**
*Dispõe sobre os Juizados Especiais Cíveis e Criminais e dá outras providências.*

## Disposições Gerais

**Art. 1º Os Juizados Especiais Cíveis e Criminais, órgãos da Justiça Ordinária, serão criados pela União, no Distrito Federal e nos Territórios, e pelos Estados, para conciliação, processo, julgamento e execução, nas causas de sua competência.**

### 1. BREVE HISTÓRICO

Visando propiciar não só o acesso ao Poder Judiciário às pessoas de baixa renda, mas também das causas economicamente inviáveis, pelo alto custo do processo ordinário frente ao valor patrimonial em litígio, bem como a solução de conflitos de forma simples e célere, foi introduzido pela Lei Federal nº 7.244 de 07/11/1984 no ordenamento brasileiro o Juizado de Pequenas Causas com competência de natureza cível, e alçada para ações patrimoniais, fixada em até vinte salários-mínimos.

Como salientou Cândido Rangel Dinamarco[1], tal legislação era "portadora de uma proposta revolucionária muito mais profunda do que a de mera instituição de novo órgão no contexto do Poder Judiciário", pretendendo ser "o marco legislativo inicial de um movimento muito ambicioso e consciente no sentido de rever integralmente velhos conceitos de direito processual e abalar pela estrutura antigos hábitos enraizados na mentalidade dos profissionais,

* Juiz de Direito em São Paulo, foi membro do Colégio Recursal Unificado dos Juizados Especiais de São Paulo. Mestre em Direito na área de Direito Obrigacional Público e Privado pela Unesp. Docente formador e instrutor da Escola Paulista da Magistratura – EPM. Ex-docente em Direito Processual Civil na Universidade Paulista – Unip, campus Ribeirão Preto, e ex-docente em Teoria Geral do Processo na Faculdade de Direito do COC – Ribeirão Preto.

1. Dinamarco, Cândido Rangel. *Manual das Pequenas Causas.* São Paulo: Revista dos Tribunais, 1986, p. 1.

práticas irracionais incompatíveis com a moderna concepção democrática do exercício do poder através da jurisdição".

O maior obstáculo enfrentado à efetiva implantação deste novo processo foi a resistência oferecida pelos operadores do direito frente às inovações e limitações processuais introduzidas, como, por exemplo, a impossibilidade da realização de perícias formais, a restrição ao número de testemunhas, a inexistência de alegações finais, a liberdade do juiz para adotar em cada caso a decisão que reputar mais justa e equânime, atendendo aos fins sociais da lei e às exigências do bem comum, e o facultativo patrocínio por advogado.

A legislação impôs uma nova forma de proceder ao juiz, forjado num sistema processual extremamente formal e burocrático, que, na maioria das vezes, ainda continuava com competência cumulativa, e assim, após às 18 horas, quando normalmente se faziam as conciliações e audiências do JEPC, o julgador tinha de se transformar num novo juiz.

Esses Juizados (JEPC) tiveram por modelo a *Small Claims Court* de Nova Iorque e a experiência brasileira dos Conselhos de Conciliação e Arbitragem no Estado do Rio Grande do Sul e dos Juizados Informais de Conciliação (JIC) do Estado de São Paulo, ambos sem caráter jurisdicional, por não haver julgamento na hipótese de frustrada a composição e, portanto, sem rigidez na competência em razão da matéria, por buscar-se fundamentalmente a conciliação e a transação.

A Constituição Federal de 1988 instituiu a competência concorrente da União, dos Estados e do Distrito Federal para legislar sobre criação, funcionamento e processo do juizado de pequenas causas (art. 24, X) e a competência da União no Distrito Federal e nos Territórios, e dos Estados na criação dos juizados especiais, providos por juízes togados, ou togados e leigos, competentes para a conciliação, o julgamento e a execução de causas cíveis de menor complexidade e infrações penais de menor potencial ofensivo (art. 98, I).

Como salienta Humberto Theodoro Júnior[2]: "Por não se tratar apenas de um novo procedimento, o regime da Lei nº 9.099/1995 depende da criação, dentro da órbita da organização judiciária do Distrito Federal e de cada um dos Estados, do *órgão* competente (arts. 93 a 95)".

A Lei nº 9.099/1995 que dispôs sobre os Juizados Especiais Cíveis e Criminais em seu art. 97 revogou expressamente a Lei nº 7.244/1984, e ainda que os Estados-Membros possam criar Juizados de Pequenas Causas no exercício de sua competência concorrente, observa Ricardo Cunha Chimenti[3] que: "Na prática, porém, atualmente a medida não se mostra necessária, pois, além de recepcionar e ampliar as matérias previstas na legislação que anteriormente disciplinava as pequenas

2. Theodoro Júnior, Humberto. *Curso de Direito Processual Civil*, v. III, 16. ed. Rio de Janeiro: Forense, 1997, p. 472.

3. Chimenti, Ricardo Cunha. *Teoria e Prática dos Juizados Especiais Cíveis* (Lei nº 9.099/1995 – Parte Geral e Parte Cível – comentada artigo por artigo). 3. ed. São Paulo: Saraiva, 2000, p. 3.

causas"... a Lei Federal nº 9.099/1995 delegou aos Estados-Membros competência legislativa sobre a organização, composição e competência material de seus Juizados Especiais (art. 93), observadas as regras gerais estabelecidas na lei federal (§§ 1º e 3º do art. 24 da CF).

Mesmo assim, o nome "Pequenas Causas" ainda tem um significado muito forte junto à população como sinônimo de Justiça acessível, simples e eficiente, e o Juizado Especial é confundido com ele, salientando a Min. Nancy Andrighi[4] que: "com tal denominação o cidadão foi estimulado a exercer a cidadania, no sentido de buscar a Justiça para resolver seus conflitos, não a exercendo pelas suas próprias mãos, nem se mantendo omisso quanto a seus direitos".

Pesquisa realizada pela Associação dos Magistrados Brasileiros – AMB no ano de 2007[5], de âmbito nacional, quanto a Imagem das Instituições Públicas Brasileiras, apurou que 71,8% dos entrevistados confiam no Juizado de Pequenas Causas.

O JEC, ainda que facultativo, deixou há muito tempo de destinar-se preferencialmente às questões de vizinhança ou a causas de valores irrisórios que não compensariam a contratação de um advogado para serem ajuizadas, comportando considerável porcentagem de todas as ações propostas[6].

As principais características do procedimento da Lei nº 9.099/1995 na solução dos conflitos de menor complexidade são a gratuidade em 1º grau, a ênfase pela conciliação, a *desformalização*, a dispensa de advogado nas causas até 20 salários-mínimos e a possibilidade de o juiz adotar em cada caso a decisão que reputar mais justa e equânime, atendendo aos fins sociais da lei e às exigências do bem comum e a ausência de preclusão das decisões interlocutórias anteriores à sentença[7].

## 2. INSTRUMENTO DE ACESSO À JUSTIÇA

A Constituição Federal Brasileira de 1988, por seu art. 5º, inciso XXXV, assegura que *"a lei não excluirá da apreciação do Poder Judiciário lesão ou ameaça a direito"*.

4. Andrighi, Fátima Nancy. *Juizados Especiais Cíveis e Criminais*. Belo Horizonte: Del Rey, 1996, p. 23.
5. <http://www.amb.com.br/docs/pesquisa/imagem_instituicoes.pdf>. Acesso em: 24/07/2009.
6. Consoante Relatório Anual – 2008 do Conselho Nacional de Justiça, a Justiça Estadual no Brasil era composta, em 2007: "por 11.118 magistrados e 137.156 servidores ocupantes de cargo efetivo. Entre os magistrados, 8.541 (77%) são juízes de 1º grau, 1.477 (13%) atuam na 2ª instância, 974 (8%) possuem competência exclusiva nos Juizados Especiais e 176 (2%) nas Turmas Recursais. No mesmo ano foram protocolizados cerca de 17,5 milhões de processos: 1,6 milhão são da competência dos tribunais estaduais de 2º grau, mais de 11 milhões referem-se ao 1º grau, 4 milhões são dos Juizados Especiais e 268 mil pertencem às Turmas Recursais". <http://www.cnj.jus.br/imagens/conteudo2008/relatorios_anuais/relatorio_anual_cnj_2008.pdf>. Acesso em: 24/07/2009.
7. Não se pode mais afirmar como característica a irrecorribilidade das decisões interlocutórias, uma vez que a experiência demonstrou a necessidade em admitir-se excepcionalmente, no caso de lesão grave e difícil reparação, o recurso de agravo de instrumento no Juizado Especial Cível (Enunciado nº 2, do JECCSP), por ser mais consentâneo com o critério da celeridade do que a ação de mandado de segurança utilizada como sucedâneo. Inadmissível, porém, o agravo na forma retida ou a conversão do agravo de instrumento na forma retida, pela inexistência da preclusão das decisões interlocutórias.

Para que haja a eficaz proteção dos direitos que vêm sendo reconhecidos e incorporados às legislações modernas é indispensável que se garanta um efetivo acesso à justiça.

Como resume Mauro Cappelletti[8]: "O acesso à justiça pode, portanto, ser encarado como o requisito fundamental – o mais básico dos direitos humanos – de um sistema jurídico moderno e igualitário que pretenda garantir, e não apenas proclamar os direitos de todos".

É clássica a lição de Almeida Junior de que: "A *jurisdição*, função de declarar o direito aplicável aos fatos, é a causa da atividade própria do Poder Judiciário"[9], que, na sociedade atual, deve estar disponível para a solução de qualquer conflito.

A jurisdição deve ser democratizada, universalizada e tornada efetiva, com a supressão de obstáculos que sirvam unicamente para a sua negação.

Como lembra Cândido Rangel Dinamarco[10]: "Universalizar a jurisdição é endereçá-la à maior abrangência factível, reduzindo racionalmente os resíduos não jurisdicionalizáveis".

Acesso à justiça não é somente poder pleitear em juízo, mas poder fazê-lo de modo adequado, e obter uma resposta rápida e justa, com a solução do conflito e não apenas do processo[11].

Não basta a facultatividade da assistência de advogado, possibilitando à parte formular diretamente seu pedido nas causas de valor até vinte salários-mínimos (art. 9º, Lei nº 9.099/1995), se há hipossuficiência técnica, o que pode resultar em verdadeira armadilha, com o não reconhecimento do direito devido, porque não pleiteado corretamente; ou a dispensa da antecipação das custas na formulação dos pedidos, se não garantida a assistência judiciária em sentido amplo aos necessitados.

Deve haver, quando necessário, assistência jurídica integral e gratuita.

O art. 5º, inciso LXXVIII, da Constituição Federal impõe que, no âmbito judicial e administrativo, são assegurados a razoável duração do processo e os meios que garantam a celeridade de sua tramitação.

A solução para a excessiva litigiosidade que estamos vivendo com o número crescente de ações ajuizadas, sem correspondente aumento do número de juízes e da estrutura cartorária, deve ser buscada concomitantemente por meio de formas alternativas de solução dos conflitos.

A conciliação, a mediação e a arbitragem e outros meios não judiciais para a solução dos conflitos são fundamentais para a estabilização social frente à

8. Cappelletti, Mauro. Acesso à Justiça. Trad. Ellen Gracie Northfleet. Porto Alegre: Fabris, 1988, p. 12.

9. Almeida Junior, João Mendes de. *Direito Judiciário Brazileiro*. 2. ed. Rio de Janeiro: Typografia Baptista de Souza, 1918, p. 31.

10. Dinamarco, Cândido Rangel. *Instituições de Direito Processual Civil*. 2. ed., v. I. São Paulo: Malheiros, 2002, p. 113.

11. Consoante o conceito do Min. Sydney Sanches: "Toda e qualquer pessoa, física ou jurídica, deve ter acesso à Justiça, ou seja, a possibilidade de obter prestação jurisdicional do Estado, imparcial, rápida, eficaz, eficiente e barata". *RT 621*/266.

impossibilidade do Estado de aparelhar o Poder Judiciário com um número suficiente de juízes e funcionários de forma a atender à demanda e fornecer uma solução rápida e justa aos reclamos.

Um juiz não tem condições sozinho de realizar muitas audiências de conciliação por dia, mas poderá orientar e supervisionar um número grande de conciliadores, que podem estar distribuídos em aeroportos, escolas, sindicatos, associações e nas mais diversas comunidades, cumprindo uma outra característica deste processo que é a proximidade e a facilidade à população, uma vez que conciliadores podem ser não somente bacharéis em direito, mas também professores, estudantes, líderes comunitários e religiosos, aposentados e até mesmo donas de casa ou pelos Juízes de Paz, como previsto na Constituição Federal (art. 98, II).

A Lei nº 9.099/1995 veio a atender às chamadas *demandas reprimidas*, ou, na expressão disseminada por Kazuo Watanabe, decorrentes da *litigiosidade contida*, propiciando a apaziguação dos conflitos que anteriormente não eram submetidos à solução judicial, pelo alto custo da demanda em relação ao valor do bem jurídico em discussão ou pelo tempo despendido para uma solução.

O tempo, segundo Cappelletti[12], "aumenta os custos para as partes e pressiona os economicamente fracos a abandonar suas causas, ou a aceitar acordos por valores muito inferiores àqueles a que teriam direito".

A renúncia premida por tais fatores não contribui para a estabilidade social, ao contrário gera a frustração individual e a sensação coletiva da impunidade.

O art. 98, inciso I, da Constituição Federal, regulamentado por este art. 1º da Lei nº 9.099/1995, disciplina que a União, no Distrito Federal e nos Territórios, e os Estados criarão *"juizados especiais, providos por juízes togados, ou togados e leigos, competentes para a conciliação, o julgamento e a execução de causas cíveis de menor complexidade e infrações penais de menor potencial ofensivo, mediante os procedimentos oral e sumaríssimo, permitidos, nas hipóteses previstas em lei, a transação e o julgamento de recursos por turmas de juízes de primeiro grau"*.

As infrações penais de menor potencial ofensivo são, conforme previsto no art. 61: *"as contravenções penais e os crimes a que a lei comine pena máxima não superior a 2 (dois) anos, cumulada ou não com multa"*, e as causas cíveis de menor complexidade são consideradas (art. 3º, I a IV) as ações cujo valor não exceda a quarenta vezes o salário-mínimo; as enumeradas no art. 275, II, do Código de Processo Civil; a ação de despejo para uso próprio e as ações possessórias sobre bens imóveis de valor não excedente a quarenta salários-mínimos.

A provável necessidade da realização de perícia formal torna incompatível o procedimento dos Juizados Especiais, destinados ao julgamento de causas de pequena complexidade. Nesse sentido: REsp 633.514/SC, rel. Min. Humberto Gomes

12. Ob. cit., p.20.

de Barros, rel. p/ acórdão Min. Nancy Andrighi, 3ª T., j. em 07/08/2007, *DJ* de 17/09/2007, p. 248.

O Judiciário tem que se conhecer, para tentar buscar soluções à sua agilização.

**Art. 2º O processo orientar-se-á pelos critérios da oralidade, simplicidade, informalidade, economia processual e celeridade, buscando, sempre que possível, a conciliação ou a transação.**

## 3. CRITÉRIOS OU PRINCÍPIOS?

A Lei nº 9.099/1995 trata do processo e do procedimento relativo ao julgamento e execução das causas cíveis de menor complexidade e das infrações penais de menor potencial ofensivo, sendo aquele o instrumento por meio do qual se exerce a jurisdição e este o conjunto de atos coordenados e sucessivos.

Ainda que a lei tenha se referido a "critérios", a maioria dos doutrinadores os tratam como verdadeiros princípios que regem o processo do juizado especial.

Porém este não é o melhor entendimento, pois, como adverte Maria do Carmo Honório[13], "os critérios que presidem o processo no sistema do Juizado Especial são desdobramentos dos princípios já consagrados no processo civil tradicional", aos quais se subordinam, estando em nível inferior, pois seria inconcebível que por força da oralidade, simplicidade, informalidade, economia processual e celeridade, que se destinam a um melhor desempenho processual, se pudesse desprezar preceitos fundamentais como o do contraditório e da ampla defesa, do devido processo legal, da fundamentação das decisões.

Os critérios devem estar sempre presentes e aplicados em harmonia com os princípios que regem o direito processual.

## 4. CRITÉRIO DA ORALIDADE

O processo no Juizado Especial é predominantemente oral[14], "com o integral diálogo direto entre as partes, as testemunhas e o juiz"[15], restringindo-se ao necessário

13. Honório, Maria do Carmo. *Os Critérios do Processo no Juizado Especial Cível*: Teoria e Prática. São Paulo: Editora Fiuza, 2007.
14. Consoante a lição de Lopes da Costa "Não há processo absolutamente escrito, nem processo inteiramente oral", aduzindo que os atos escritos do processo oral têm três finalidades: "a) são atos preparatórios; b) são atos de documentação, para a segunda instância e c) são meios de avivar a memória do juiz". (Costa, Alfredo de Araújo Lopes da. Direito Processual Civil Brasileiro. v. 1, 2. ed. Rio de Janeiro: Forense, 1959, p. 220-221).
15. Cintra, Antônio Carlos de Araújo Cintra et al. *Teoria Geral do Processo*, 19. ed. São Paulo: Malheiros, 2003, p. 327.

a forma escrita, o que é fundamental para que se alcance o preconizado nos demais critérios e o principal objetivo deste processo que é a conciliação ou transação, como formas de verdadeira pacificação social, pela participação efetiva das partes envolvidas na solução, preferencialmente à decisão do juiz leigo ou togado ou do árbitro.

O pedido poderá ser oral e formulado perante o Cartório do Juizado e reduzido a escrito na sua essência e de forma sucinta (art. 14), a contestação poderá ser ditada em audiência (art. 30) e apenas os atos considerados essenciais serão registrados resumidamente em notas manuscritas, datilografadas, taquigrafadas ou estenotipadas, e os demais poderão ser gravados, filmados ou fixados por qualquer outro meio tecnológico (art. 13, § 3º).

Chiovenda[16] aponta como princípios conexos[17] ao da oralidade, no qual as deduções normalmente são feitas em audiência, os princípios da *imediação* pelo qual o juiz ou o colegiado deve participar da produção dos elementos de sua convicção, conciliando as partes e tomando seus depoimentos, bem como das testemunhas e peritos, examinando os lugares e objetos disputados; o da *identidade física do juiz* proferindo a decisão aquele que produziu a prova e o da *concentração* com a reunião de todas as atividades destinadas à instrução e à marcha da causa numa só audiência ou em poucas audiências contíguas.

Para que este critério da oralidade se harmonize com os demais, há que sofrer algumas atenuações, como nas questões repetitivas, meramente de direito, em que, pela experiência do juiz, decorrente de processos semelhantes, é improvável a transação, hipótese em que devem ser dispensadas as audiências de conciliação e de instrução e julgamento[18], bem como pela inaplicabilidade do princípio da identidade física do juiz quando não prolatada a sentença ao térMin. da instrução, devendo apenas as sentenças ser preferencialmente proferidas por quem colheu a prova, fora das hipóteses de gozo de férias, licença-prêmio, licença-saúde, designação para atuar em outra Vara ou Comarca, diversas das previstas no art. 132 do CPC, em que a remessa dos autos ou o aguardo do retorno do magistrado importaria no retardamento indevido da prestação jurisdicional[19].

Consequência da aplicação deste critério é a obrigatoriedade do comparecimento pessoal das partes, ou do preposto, se for pessoa jurídica ou titular de firma individual (art. 9º) à sessão de conciliação ou à audiência de instrução e julgamento, sob pena de extinção do processo, sem resolução do mérito (art. 51, I), no caso do

16. Chiovenda, Giuseppe. *Instituições de Direito Processual Civil*, v. I, São Paulo: Livraria Acadêmica – Saraiva & Cia. Editores, 1942, p. 91-92.

17. O que Liebman denomina de complemento necessário. Liebman, Enrico Tullio. *Corso di Diritto Processuale Civile*, Milano: Dott. A. Giuffrè Editore, 1952, p. 111.

18. ENUNCIADO Nº 15 JECCSP – "Não é obrigatória a designação de audiência de conciliação e de instrução no Juizado Especial Cível em se tratando de matéria exclusivamente de direito".

19. Dispõe o item 18 do Provimento CSM nº 1.679/2009 que: "O Juiz que presidir à audiência, encerrando a instrução, ainda que não haja a colheita de prova, julgará a lide, salvo se estiver licenciado, afastado por qualquer motivo, promovido ou aposentado, casos em que os autos serão remetidos ao seu sucessor".

autor, e de revelia, no caso do réu, com aplicação da pena de confissão quanto à matéria de fato (art. 20).

## 5. CRITÉRIOS DA SIMPLICIDADE E DA INFORMALIDADE

O processo instituído pela Lei nº 9.099/1995 é um instrumento voltado à solução dos conflitos cotidianos.

A simplicidade e a informalidade são primordiais para a consecução de tal objetivo e referem-se à prática dos atos processuais.

O juiz tem plena liberdade para determinar as provas a serem produzidas, na sua apreciação e para dar especial valor às regras de experiência comum ou técnica, proferindo a decisão que reputar mais justa e equânime, atendendo aos fins sociais e às exigências do bem comum.

Os arts. 5º e 6º da Lei nº 9.099/1995 que trazem tais conceitos bem demonstram a diferenciação em relação ao procedimento comum.

O princípio da instrumentalidade tem plena aplicação no sistema dos Juizados Especiais, mas a liberdade das formas processuais por parte do julgador encontra limites nos direitos processuais constitucionalmente garantidos às partes referentes ao acesso à justiça e ao devido processo legal, do qual se destacam o contraditório, a ampla defesa, a igualdade processual, a legalidade e a motivação das decisões, obstando excessos judiciais.

A parte pode formular pessoal e oralmente seu pedido ou contestar da mesma forma nas causas até 20 salários-mínimos, não havendo pagamento de custas, taxas ou despesas, nem condenação do vencido em custas e honorários advocatícios em primeiro grau de jurisdição (arts. 54 e 55), nem na execução, salvo se reconhecida a litigância de má-fé, a improcedência dos embargos do devedor ou se se tratar de execução de sentença que tenha sido objeto de recurso improvido do devedor.

O pedido será formulado de forma simples e em linguagem acessível, constando apenas o nome, a qualificação e o endereço das partes; os fatos e os fundamentos, de forma sucinta, e o objeto e seu valor (art. 14, § 1º, I, II e III).

O juiz, ouvindo as partes, deve investigar acerca do interesse de agir e da legitimidade, bem como dos pressupostos processuais.

Não se pode exigir, sob pena de indeferimento, que o autor apresente com o pedido inicial os documentos indispensáveis à propositura da ação, quando passíveis de requisição pelo juiz junto a órgãos públicos ou que estão em poder da parte adversa, como ocorre com Bancos, Planos de Saúde, Seguradoras e prestadoras de serviços em geral, em relação a contratos, comprovantes de pagamentos e extratos, que devem ser instados a apresentá-los com a contestação; caso contrário pouca utilidade traria ao hipossuficiente a possibilidade de formular seu pedido diretamente em Cartório.

Cabe ao magistrado maior flexibilidade e tolerância na análise dos requisitos da petição inicial, especialmente quando formulado o pedido em Cartório e for designada a audiência e realizada a citação independentemente de despacho do juiz e exame por ele da peça inicial, desconsiderando meras formalidades processuais que não resultarem em cerceamento de defesa, de forma a dar solução ao conflito e evitar a propositura de nova demanda.

A Lei nº 9.099/1995 é repleta de disposições visando a simplicidade e a informalidade do processo e estabelecendo que os atos processuais são válidos sempre que preencherem as finalidades para as quais forem realizados (art. 13); possibilitando a solicitação da prática de atos processuais em outras comarcas por qualquer meio idôneo de comunicação (art. 13, § 2º); admitindo que o pedido oral seja reduzido a escrito pelo Cartório do Juizado, podendo ser utilizado o sistema de fichas ou formulários impressos (art. 14, § 1º); que o mandato ao advogado possa ser verbal (art. 9º, § 3º); que o pedido seja registrado, independentemente de distribuição e autuação (art. 16); que, comparecendo ambas as partes, se instaure desde logo a sessão de conciliação, dispensados o registro prévio de pedido e a citação (art. 17); que havendo pedidos contrapostos, poderá ser dispensada a contestação formal e ambos serão apreciados na mesma sentença (art. 17, parágrafo único); que o julgamento em segunda instância constará apenas da ata, com a indicação suficiente do processo, fundamentação sucinta e parte dispositiva e, se a sentença for confirmada pelos próprios fundamentos, a súmula do julgamento servirá de acórdão (art. 46), dentre outras.

Faculta-se às partes e aos seus advogados a elaboração de minutas de mandados, cartas e ofícios, os quais, depois de conferidos, serão assinados pelo Diretor do Cartório ou pelo Juiz, de acordo com a matéria[20].

## 6. CRITÉRIOS DA ECONOMIA PROCESSUAL E DA CELERIDADE

Como advertiu Rui Barbosa[21], "justiça atrasada não é justiça, senão injustiça qualificada e manifesta".

Uma das razões para a existência do processo nos Juizados Especiais é a obtenção de uma solução rápida aos conflitos e isto deve ocorrer com a prática do menor número possível de atos pelo juiz e pelas partes.

É clássica a lição de Chiovenda de que "convém obter o máximo resultado na atuação da lei com o mínimo emprego possível de atividade jurisdicional"[22].

A concentração dos atos neste processo é manifesta, uma vez que, não obtida a conciliação e não instituído o juízo arbitral, proceder-se-á imediatamente à audiência de instrução e julgamento, desde que não resulte prejuízo para a defesa (art.

20. Item 5.1 da do Provimento CSM nº 1.679/2009.
21. Barbosa, Rui. *Oração aos Moços*. São Paulo: Casa Editora "O Livro", 1921, p. 42.
22. Citado por Tucci, Rogério Lauria. *Manual do Juizado Especial de Pequenas Causas*: anotações à Lei nº 7.244, de 07/11/1984. São Paulo: Saraiva, 1985, p. 50.

27), e serão ouvidas as partes, colhida a prova, decidindo-se de plano todos os incidentes que possam interferir no regular prosseguimento da audiência (art. 29), manifestando-se a parte sobre os documentos apresentados pela adversa (art. 29, parágrafo único) e, em seguida, proferindo-se a sentença (art. 28).

Há economia processual em admitir-se o pedido contraposto em que o réu formula pedido em seu favor na própria contestação (art. 31), em ser vedada qualquer forma de intervenção de terceiro ou a assistência, mas admitir o litisconsórcio (art. 10), além do aproveitamento dos atos processuais (art. 13), não se declarando a nulidade dos atos sem que tenha havido prejuízo.

As disposições do Código de Processo Civil, ainda que não haja dispositivo expresso, aplicam-se de forma subsidiária "por ser a lei ordinária, geral, do direito processual civil no Brasil"[23], naquilo que não for incompatível com a Lei 9.099/1995, o que não ocorre, por exemplo, em relação ao art. 511, § 2º, do CPC, por contrariar o critério orientador da celeridade, previsto no art. 4º da Lei nº 9.099/1995, não havendo, assim, qualquer violação a direito constitucional pela edição do Enunciado nº 12 do Colégio Recursal dos Juizados Especiais Cíveis de São Paulo, em harmonia com o Sistema do Juizado Especial.

A título de exemplo, observe-se que neste procedimento não cabem perícias formais; vigora o princípio da concentração das provas em audiência; os embargos de declaração apenas suspendem o prazo para o recurso e não interrompem; o não comparecimento pessoal do autor à audiência importa na extinção do processo e a ausência do réu em confissão; a incompetência territorial resulta na extinção do processo, sem resolução do mérito e não na remessa dos autos ao juízo competente e nem por isso há violação ao direito constitucional da ampla defesa.

Conforme expõe o eminente Desembargador Raphael Salvador[24] afastando as críticas de que a maior celeridade e o informalismo nos Juizados levam à ofensa ao princípio do contraditório:

> Protegeu-se o direito de defesa do réu, seu sagrado direito de ser ouvido, de ser chamado para se defender (sua citação), com o direito de impugnar o foro escolhido, de afastar o juiz não imparcial, com todas as defesas possíveis e ainda necessárias, inclusive podendo formular pedido contraposto. Preservou-se o direito do réu a um eventual inconformismo, com possibilidade de recurso. Mesmo a execução de um direito do autor, já reconhecido, só se realiza por meio de atividade jurisdicional, com formas definidas de execução, em normal atividade jurisdicional e não de meros atos destinados a permitir a observância da sentença.

O Colégio Recursal da Capital de São Paulo, por meio de enunciados, tem

23. Nery Junior, Nelson e Nery, Rosa Maria Andrade. *Código de Processo Civil Comentado e Legislação Processual Civil Extravagante em Vigor.* 2. ed. rev., ampl. e atual. São Paulo: Revista dos Tribunais, 1996, p. 2042.

24. Salvador, Antônio Raphael Silva. *Juizados Especiais Cíveis: estudos sobre a Lei nº 9.099, de 26 de setembro de 1995*: parte prática, legislação e jurisprudência. São Paulo: Atlas, 2000, p. 13.

buscado a rápida solução dos conflitos com a aplicação de ambos os princípios, a se ver:

Enunciado nº 5 – "Não cabe recurso adesivo no Juizado Especial Cível".

Enunciado nº 6 – "É aplicável no Juizado Especial Cível o disposto no art. 285-A do Código de Processo Civil, com a redação determinada pela Lei nº 11.277, de 07/02/2006".

Enunciado nº 8 – "O juiz não receberá o recurso inominado quando a sentença estiver em conformidade com Súmula do Colégio Recursal ou de Tribunal Superior, nos termos do art. 518, § 1º, do Código de Processo Civil, acrescentado pela Lei nº 11.276, de 07/02/2006".

Enunciado nº 9 – "Contra as decisões das turmas recursais são cabíveis apenas embargos de declaração e recurso extraordinário".

Enunciado nº 10 – "Inexiste omissão a sanar por meio de embargos de declaração quando o acórdão não enfrenta todas as questões arguidas pelas partes, desde que uma delas tenha sido suficiente para o julgamento do recurso".

Enunciado nº 11 – "Nos termos dos arts. 17 e seus incisos, 18, *caput* e § 2º, e 538, parágrafo único, todos do Código de Processo Civil, embargos de declaração protelatórios justificam a condenação do embargante ao pagamento de multa de 1% e de indenização de até 20% sobre o valor da causa".

Enunciado nº 12 – "Na hipótese de não se proceder ao recolhimento integral do preparo recursal no prazo do art. 42 da Lei nº 9.099/1995, o recurso será considerado deserto, sendo inaplicável o art. 511 do Código de Processo Civil".

Enunciado nº 17 – "O relator, nas turmas recursais, em decisão monocrática, pode dar provimento ao recurso se a decisão estiver em manifesto confronto com Súmula de Tribunal Superior ou jurisprudência dominante do próprio juizado".

Enunciado nº 36 (novo) – "Não são cabíveis embargos de declaração contra acórdão que confirma a sentença pelos próprios fundamentos, nos termos do art. 46 da Lei nº 9.099/1995".

## 7. CONCILIAÇÃO E TRANSAÇÃO

A grande finalidade do processo do Juizado Especial é buscar a conciliação entre as partes, seja pelo juiz togado, juiz leigo ou pelo conciliador (art. 22), porque, quando o conflito é dirimido como resultado da vontade dos envolvidos no litígio, é viável uma solução mais rápida, há maior possibilidade de o resultado satisfazer as partes e haver o cumprimento espontâneo do que foi avençado. No JEC a obtenção da conciliação é mais importante do que a sentença.

A autocomposição é forma alternativa de solução dos conflitos em qualquer das suas modalidades: transação, submissão e desistência, que podem ser obtidas por meio da conciliação.

A transação caracteriza-se pela ocorrência de concessões mútuas de forma a prevenir ou terminar o litígio (art. 840, Código Civil) e será homologada ainda que realizada extrajudicialmente, valendo a sentença como título executivo judicial (art. 57).

A sentença, na melhor das hipóteses, sempre desagrada uma das partes e, na grande maioria das vezes, obriga à sua execução que nem sempre é fácil e rápida pela dificuldade na localização de bens ou pela resistência no cumprimento das obrigações de fazer, não fazer e entregar.

Mônica Rodrigues Dias de Carvalho* 2

# Arts. 3 e 4

## Seção I
## Da Competência

**Art. 3º O Juizado Especial Cível tem competência para conciliação, processo e julgamento das causas cíveis de menor complexidade, assim consideradas:**
**I – as causas cujo valor não exceda a quarenta vezes o salário-mínimo;**
**II – as enumeradas no art. 275, inciso II, do Código de Processo Civil;**
**III – a ação de despejo para uso próprio;**
**IV – as ações possessórias sobre bens imóveis de valor não excedente ao fixado no inciso I deste artigo.**
**§ 1º Compete ao Juizado Especial promover a execução:**
**I – dos seus julgados;**
**II – dos títulos executivos extrajudiciais, no valor de até quarenta vezes o salário-mínimo, observado o disposto no § 1º do art. 8º desta Lei.**
**§ 2º Ficam excluídas da competência do Juizado Especial as causas de natureza alimentar, falimentar, fiscal e de interesse da Fazenda Pública, e também as relativas a acidentes de trabalho, a resíduos e ao estado e capacidade das pessoas, ainda que de cunho patrimonial.**
**§ 3º A opção pelo procedimento previsto nesta Lei importará em renúncia ao crédito excedente ao limite estabelecido neste artigo, excetuada a hipótese de conciliação".**

Na década de 1980, quando o regime militar que governava o país já se aproximava do fim, havia uma preocupação em reorganizar o serviço público, permitindo uma maior transparência no trato da coisa pública e buscando

* Juíza de Direito em São Paulo, foi Juíza Diretora do Juizado Especial Cível Central da Capital. Bacharel pela Universidade de São Paulo e especialista em Direito Civil pela mesma instituição. Presidente do 1º Colégio Recursal da Capital, do Colégio Recursal Unificado dos Juizados Especiais de São Paulo e do Colégio Recursal Central da Capital. É membro do Conselho Supervisor do sistema dos Juizados Especiais do Estado de São Paulo, já tendo atuado no mesmo Conselho no biênio 2004/2005.

uma eficiência em prol dos interesses do cidadão. Com esse enfoque foi criado o Ministério da Desburocratização, que pretendia simplificar o serviço oferecido pelo Estado. Por seu turno, do lado do Poder Judiciário, várias iniciativas começavam a surgir de modo a ampliar o acesso do cidadão ao Judiciário, tentando afastar a ideia de morosidade e hermetismo da Justiça. Vale mencionar a criação dos Juizados Informais de Conciliação no Rio Grande do Sul e em São Paulo[1]. Sobreveio então a Lei nº 7.844, de 7 de novembro de 1984, que criou o Juizado de Pequenas Causas.

A ideia do Juizado retira seu nome inclusive da experiência americana das *Small Claims Courts*, de Nova Iorque, que procuravam oferecer solução imediata a pequenos conflitos[2].

As nossas Pequenas Causas partiam da concepção de um novo processo, não apenas de um novo procedimento[3]. Primeiro, conferindo maior liberdade ao juiz tanto na colheita de provas quanto na organização de sua produção[4], mas também permitindo que ele decidisse com maior liberdade[5], perseguindo a Justiça ao invés da formalidade. Para os que temiam a entrega de mais poder ao Judiciário houve verdadeira frustração, já que a população logo gostou da nova ideia.

Logo, na data de sua instalação, em setembro de 1992, o Juizado Central de São Paulo, situado na Rua Vergueiro, recebeu apenas 189 ações distribuídas, demanda que foi explodindo ao longo dos anos, até chegar em 2007 a uma distribuição média de 3.356 processos a cada mês, o que equivale a um aumento da demanda da ordem de 1.175%[6].

Além disso, havia o princípio da oralidade e da proximidade do jurisdicionado ao juiz. Agora a parte podia expor diretamente ao magistrado qual o conflito que a trazia à Justiça, para que esta passasse a *dizer o direito*, expressão que voltou à moda, especificando de forma simples no caso concreto quem tinha razão e qual a medida dessa razão no conflito.

Num exemplo prosaico, os juízes costumavam dizer para os conciliadores que atuavam no Juizado que bastava ao pedreiro José, no momento da propositura da ação, dizer que tinha contratado com a dona de casa Maria a execução de um muro pelo preço de R$ 900,00 e que, executado o serviço, Maria não queria pagar. A partir daí o juiz já podia definir a lide porque nesse relato singelo presentes estavam os três elementos da ação[7], quais sejam, as partes (José e Maria e suas qualificações),

1. Piquet Carneiro, João Geraldo. Análise da Estruturação e do Funcionamento do Juizado de Pequenas Causas da cidade de Nova Iorque, in *Juizado de Pequenas Causas*, Coord. Kazuo Watanabe, Revista dos Tribunais, 1985, p. 25.
2. Idem, p. 26.
3. Grinover, Ada Pellegrini. *Aspectos Constitucionais dos Juizados de Pequenas Causas*, ob. cit., p. 14.
4. Art. 33 da Lei nº 9.099/1995.
5. Art. 6º da mesma lei.
6. Foram 40.273 ações distribuídas durante o ano de 2007 somente no Juizado Especial Cível Central, antes da instalação das duas varas, conforme dados colhidos junto ao Departamento da Magistratura do Tribunal de Justiça de São Paulo.
7. Cintra, Antônio Carlos de Araújo, Grinover, Ada Pellegrini e Dinamarco, Cândido Rangel. *Teoria Geral do Processo*, 25. ed., Malheiros, p. 279.

a causa de pedir (execução de um serviço) e o pedido (pagamento do serviço). A defesa de Maria, que seria colhida em audiência, de forma oral, poderia ser, por exemplo, a falta de qualidade do serviço executado. As provas necessárias a um conflito simples e possível para a maioria dos cidadãos seria a oitiva de testemunhas, a apresentação de fotografias, dispensando a realização de perícia, às vezes mais cara e demorada que o proveito econômico que se perseguia. E o juiz, com base na análise da lei, de pronto poderia dar uma resposta.

A partir da instalação dos Juizados, o costume de postergar a solução oficial de lides, recomendando à parte prejudicada *"vá procurar seus direitos"* como mote de desestímulo, agora era substituído por um caminho possível: a parte poderia procurar seus direitos e obter resposta satisfatória no Juizado de Pequenas Causas. No trânsito caótico da cidade de São Paulo, motoristas envolvidos em acidentes passaram a, após uma colisão, deixar rapidamente o local do choque, trocando cartões com as placas dos carros e os dados de cada qual e recomendando *"vejo você no Pequenas Causas"*. Quando os motoristas não tinham essa iniciativa, os próprios guardas informavam o endereço do Juizado mais próximo.

Ao dispensar a participação obrigatória dos advogados, a lei enfrentou a realidade da relação custo-benefício das demandas[8]. A parte poderia, ela própria e de forma gratuita, tanto em relação às custas processuais quanto em relação aos honorários advocatícios, apresentar seu caso ao juiz. Vamos a um exemplo: uma pessoa que tivesse um crédito de R$ 300,00 e não fizesse jus aos benefícios da assistência judiciária amargaria o prejuízo fora dos limites da Justiça, naquilo que Kazuo Watanabe chamou de *litigiosidade contida.* Não valeria a pena gastar R$ 250,00 de custas iniciais e pelo menos mais R$ 1.000,00 para a contratação de um advogado para receber R$ 300,00. Ao levar sua pretensão diretamente ao juiz, o ganho não era só do credor, era da sociedade, que aprendia que as obrigações, por menores que fossem, deveriam ser honradas.

No fundo, o que afastava as pessoas do Judiciário era o desconhecimento de seu funcionamento. Com a Lei, o Juiz não era mais um agente distante, era o Estado personificado, confiável e próximo. O cidadão entendia o desenvolvimento da sua demanda e testemunhava a sucessão de atos processuais, concentrados na audiência, o que conferia legitimidade à atuação do Poder Judiciário.

A Lei passou a ter um efeito didático na conduta cotidiana das pessoas: ao invés de fugir candidamente das demandas, aqueles que descumpriam suas obrigações passaram a temer pela atuação eficiente dos Juizados. O fato de limitar as instâncias recursais apenas ao recurso inominado ao Colégio Recursal e a eventual apresentação de um recurso com base constitucional perante o Supremo Tribunal Federal evitava a eternização das lides.

Voltando à Lei nº 7.244/1984, embora ela representasse um grande avanço,

8. Watanabe, Kazuo. *Filosofia e características básicas do Juizado Especial de Pequenas Causas*, ob. cit., p. 5.

não podemos deixar de reconhecer que ela inaugurou o sistema de forma tímida. Primeiro, o valor máximo de alçada era de vinte salários-mínimos. Ainda, mais grave, não se permitia a execução dos julgados emitidos pelos Juizados. Em outras palavras, obtida a condenação no JEPC, caberia ao interessado procurar a Vara ordinária, enfrentando as mesmas dificuldades do processo executivo comum. O demandante ganhava, mas não levava (dentro do sistema especial, pelo menos). Por isso, uma década mais tarde, chegamos à lei que hoje está em vigor.

A Lei nº 9.099/1995 ampliou a alçada do Juizado para quarenta salários-mínimos, impôs a participação obrigatória dos advogados nas causas de cujo valor houve a ampliação de competência (vinte para quarenta salários-mínimos) e passou a admitir a execução dos próprios julgados, além de permitir o processamento de execuções de títulos extrajudiciais. Inovou no rito ao dispensar nova citação no caso de execução de títulos judiciais e permitir a venda dos bens penhorados de forma mais simples. Essas mudanças relativas à execução renderam frutos tão benéficos que levaram à modificação do próprio Código de Processo Civil[9], que mais tarde abandonou a ideia de processo autônomo de execução, a não ser para os títulos extrajudiciais[10]. Entendeu o legislador que, sendo a relação jurídica uma relação entre partes perante o Estado-juiz, ela se inicia na fase de conhecimento e prossegue na fase executiva, agora chamada de fase de cumprimento da sentença. Trata-se da mesma relação que não precisa ser renovada por nova citação na execução. Isso impõe ao devedor, desde a sentença proferida, o cumprimento de sua obrigação, sem permitir que ele aguarde placidamente por nova iniciativa de quem já viu seu direito reconhecido pelo Judiciário.

O Juizado Especial Cível, assim, funciona como um laboratório de ideias, na busca de um processo geral mais eficiente.

Mas, afinal, o que são causas cíveis de menor complexidade?

## 1. AS CAUSAS CÍVEIS DE MENOR COMPLEXIDADE

São causas cíveis de menor complexidade aquelas cujo contexto fático permita a produção de provas mais simples, como as provas orais e documentais, ou pequenas inspeções[11]. Se o procedimento eleito pela Lei nº 9.099/1995 para a fase de conhecimento busca concentrar os atos de defesa e instrução na audiência perante o juiz togado, não se deve permitir que intercorrências evitem a conclusão da instrução naquele ato, causando atraso na prestação jurisdicional.

Ressalte-se que a complexidade jurídica não é fator a afastar a competência do Juizado Especial Cível. O mesmo juiz togado que atua na Vara Cível atua no Juizado

9. Lei nº 11.232, de 22 de dezembro de 2005.
10. Cintra, Antônio Carlos de Araújo, Grinover, Ada Pellegrini e Dinamarco, Cândido Rangel. *Teoria Geral do Processo*, cit., 25. ed., p. 338.
11. Chimenti, Ricardo Cunha. *Teoria e Prática dos Juizados Especiais Cíveis*, 2. ed., Saraiva, 1999, p. 32.

Especial Cível. Espera-se que ele seja um profissional bem preparado em um e em outro caso. Assim, tanto ele tem condições de destrinchar complicada questão jurídica na Vara, aplicando raciocínio baseado em lei, jurisprudência, doutrina, como tem condição de exercer essa mesma tarefa no Juizado. O fato de a questão jurídica ser complexa não atrasa o julgamento, já que não exige adiamento de audiência para colheita de prova.

Logo, é a complexidade da questão fática, por mais simples que seja a controvérsia jurídica, que afasta a competência do Juizado.

Não se permite perícia no Juizado. A lei é expressa em admitir tanto a inspeção judicial quanto inquirição informal de técnicos[12]. Perícia, contudo, a lei não permite.

A inspeção judicial, que é o ato pelo qual o juiz discricionariamente verifica diretamente um elemento de prova para formar seu convencimento, no Juizado não é apenas uma possibilidade subsidiária que somente ocorre diante da inércia das partes[13]. O juiz do Juizado tem maior liberdade de produção e apreciação das provas. São exemplos de inspeção judicial: 1. o juiz que, diante de uma alegação de clonagem da linha telefônica, liga por amostragem para um dos telefones impugnados constantes da conta telefônica, para saber se naquela casa reside algum conhecido do demandante; 2. o juiz que, diante de uma demanda sobre acidente automobilístico, verifica o automóvel avariado que está estacionado na frente do fórum; 3. o juiz que, diante da alegação de que um vestido, após processo de lavagem, foi danificado, verifica ele próprio a peça. Tudo isso é permitido e aconselhável, dentro da informalidade que deve basear a atuação do magistrado na busca da verdade real.

No último exemplo, não haveria problema algum em convocar um especialista, por exemplo, um alfaiate, para ele opinar se houve realmente dano à peça, prestando essa informação ao magistrado. Não é incomum, *v.g.*, os juízes convocarem um mecânico de automóveis de sua confiança para que ele especifique se aquele dano que era apontado como vício redibitório tinha mesmo a origem especificada pelo demandante. No mesmo patamar podemos colocar a mera consulta médica ou odontológica, designada antes da audiência de instrução, com profissional da confiança do juízo, para que, à vista de prontuários anteriormente produzidos ou examinando o paciente, possa auxiliar o juízo a identificar situações que constituem o fundamento de demandas nessa área.

Segundo Antonio Carlos Marcato,

> A competência fixada em consideração ao critério econômico está indissoluvelmente associado à exigência constitucional de pequena complexidade da causa; e como tal exigência vem estabelecida no ápice da hierarquia normativa, ela há de ter precedência, na atividade interpretativa, sobre qualquer outra previsão legal. Vale dizer, mesmo causas de valor econômico inferior ao estabelecido por lei estarão excluídas

12. Art. 35 da Lei nº 9.099/1995.
13. Arruda Alvim. *Manual de Direito Processual Civil*, v. 2, 9. ed., Revista dos Tribunais, p. 499.

> do âmbito de competência do Juizado Especial Cível, se e quando revelarem de plano (ou vierem a revelar, no curso do processo) maior complexidade fática, sendo irrelevante para tal fim, todavia, a complexidade jurídica, na medida em que *iura novit curia*. Aliás, é em consideração à exigência de pequena complexidade da causa que a lei específica estabelece, em seu art. 2º, as balizas que nortearão o juiz na direção do processo. Afinal, grande complexidade fática, a exigir a produção de prova técnica formal, não se compatibiliza com a oralidade, simplicidade, informalidade, economia processual e celeridade previstas para as causas da competência dos Juizados Especiais[14].

Já a perícia formal, que gera custos com os salários do *expert* e dos assistentes, contraria um sistema por princípio gratuito universalmente, dilata a conclusão da instrução com o adiamento de atos processuais, não deve ser admitida. Para esses casos, há a Vara Cível, na qual prepondera a amplitude instrutória, permitindo que as partes não sofram com o cerceamento de sua possibilidade de instrução do feito[15].

## 2. O TETO DE ALÇADA DO JUIZADO

O Juizado, sendo especial, destina-se a causas delimitadas seja pelo seu valor seja por sua natureza. Já falamos um pouco sobre a natureza dessas causas especiais. Agora vamos tratar do valor.

O Juizado Especial Cível destina-se a causas com valor de até quarenta salários-mínimos. Em outras palavras, diante de um pedido condenatório, temos que não pode haver pretensão superior ao limite legal. O fato de haver inciso próprio para tratar das causas do procedimento sumário (arts. 3º, II, da Lei nº 9.099/1995, c.c. 275, II, do Código de Processo Civil) não significa que essas causas também não estejam submetidas ao mesmo limite. O Fórum Nacional dos Juizados Especiais Cíveis e Criminais (FONAJE) discorda dessa afirmação[16], mas pediremos vênia para justificá-la.

O Juizado Especial Cível deve direcionar seu esforço às chamadas pequenas causas, cujo conceito certamente passa pelo valor da pretensão. É um juízo especial, ou seja, não deve servir para abarcar o maior número possível de causas, mas somente aquelas que antes não chegavam ao Poder Judiciário. Sim, porque apesar de afirmações em contrário, o Juizado não foi criado para desafogar o Judiciário

14. Marcato, Antonio Carlos, *Considerações sobre os Juizados Especiais Cíveis*, Paraná on-line, edição de 04/02/2007.
15. No mesmo sentido, a jurisprudência: "Processual. Incompetência dos Juizados Especiais para o processamento do feito. Dúvidas sobre a autenticidade de assinatura que é decisiva para o deslinde da controvérsia. Necessidade de realização de perícia grafotécnica. Processo extinto na origem, sem resolução do mérito. Art. 51, II, da Lei nº 9.099/1995. Manutenção da sentença terminativa. Recurso desprovido". (Recurso Cível nº 71002023356, Terceira Turma Recursal Cível, Turmas Recursais do Rio Grande do Sul, rel. Eugênio Facchini Neto, j. em 16/07/2009).
16. Enunciado 58 do FONAJE.

e resolver o problema das ações que já eram propostas mas cuja tramitação era morosa, mas para trazer novas causas que antes eram relegadas ao esquecimento. O Juizado foi criado para ampliar o acesso do cidadão à Justiça, e esse cidadão, no mais das vezes, possui demandas de pequeno valor.

Afirma-se que se houvesse limitação para os incisos II e III ela estaria expressa como está nos incisos I e IV, mas a verdade é que a menção a valor do inciso IV faz referência *ao valor do imóvel*, não ao valor da causa. Assim, para o inciso IV temos que tanto o valor do imóvel quanto o valor da causa devem estar limitados à alçada do Juizado. E o inciso I traz a hipótese geral, daí a menção à limitação. Portanto, a disposição de renúncia legal prevista no § 3º do art. 3º aplica-se a todas as hipóteses dos quatro incisos.

Além disso, se o parágrafo único do art. 38 da Lei especifica que a condenação deva ser líquida, e se o art. 14 exige que a petição inicial traga o objeto da causa e seu valor, temos que logo de início é possível aferir se o limite de alçada foi respeitado. A renúncia ao valor excedente tem fundamento legal, ou seja, mesmo que a parte não concorde expressamente com a limitação, ela operará efeitos pela simples opção ao procedimento do juizado cível[17].

Vale dizer que o problema tem ocorrido com maior frequência em relação a pedidos indenizatórios, principalmente de dano moral, em que não há uma valoração original entre o prejuízo e a pretensão, cabendo a estimativa ao prudente arbítrio do juiz. Assim, no caso de pedido de indenização por dano material, tem sido frequente a renúncia a valores que superam em pouco o limite de alçada para que a parte possa se servir do procedimento mais célere do Juizado. Assim, considerando valores atuais em que quarenta salários-mínimos equivalem a R$ 18.600,00, não é incomum que a parte, tendo um crédito a receber de R$ 20.000,00, prefira apresentar pretensão de R$ 18.600,00, renunciando aos R$ 1.400,00 excedentes. Lembre-se que a análise da alçada deve ser feita no momento da propositura da ação.

Já quanto ao dano moral, se o autor pretende pedir mais do que quarenta salários-mínimos, deve procurar o juízo cível. Vale também mencionar que o requerente deve especificar na petição inicial o valor de sua pretensão, em atenção ao disposto no art. 14 quanto ao pedido e seu valor, e não entregar simplesmente à *prudência* do juiz a fixação do valor indenizatório, para que o magistrado saiba qual a verdadeira extensão da pretensão trazida a juízo pelo autor.

Já quanto ao provimento declaratório ou cominatório, cabe análise em apartado.

A análise da competência se faz no momento da propositura da ação. Segundo o princípio da *perpetuatio jurisdictionis*, eventuais mudanças fáticas posteriores à apresentação da demanda não são capazes de modificar a competência. No caso da pretensão declaratória, por exemplo, na qual a parte busca a declaração de quitação

17. Art. 3º, § 3º, da Lei nº 9.099/1995.

da obrigação ou rescisão do contrato, temos que o próprio valor da obrigação ou contrato que se procura ver declarada quitada ou resolvido é o valor da causa. Assim, se o valor dessa obrigação é superior a quarenta salários-mínimos, essa ação não pode ser proposta perante o Juizado Cível.

Já quanto à ação cominatória, nem sempre é possível ter no início do processo a exata noção do proveito econômico que resultará para o autor ao final da demanda. Tem crescido significativamente a demanda para as questões de saúde[18], o que exige a prestação de resposta jurisdicional rápida que tem sido cada vez mais canalizada para o Juizado Cível. Por exemplo, se a parte ingressa com uma ação para garantir uma internação contratualmente devida, inclusive com pedido de tutela antecipada, temos que o custo dessa internação depende não da vontade do paciente, mas das peculiaridades do tratamento, o que pode superar, no curso do processo, a estimativa original, que estava dentro dos parâmetros do Juizado Cível. Não é justo, diante de um provimento cominatório, que o réu se considere liberado da obrigação depositando o máximo da alçada do juízo. Também não é justo, no curso do processo, que a parte, fragilizada por situação médica, seja instada a procurar outro juízo. Assim, que temos que numa situação como essa, ainda que o equivalente econômico, ao final da demanda, supere o valor de alçada, deve ser cumprida a tutela específica, ou seja, deve ser garantido o tratamento determinado, ainda que seu valor supere o teto de alçada do Juizado.

Também é certo que os valores correspondentes à sucumbência ou à litigância de má-fé não se isentam se no total a condenação superar a alçada. A limitação legal serve para o principal. Se a parte recorre, além de pagar o preparo, arca com o ônus da sucumbência, ainda que a condenação originalmente tenha sido no máximo legal. A intenção do legislador, ao dispensar universalmente as partes desse ônus em primeiro grau de jurisdição, e ao carreá-lo expressamente ao vencido recorrente, foi o de desestimular recursos procrastinatórios, entregando a decisão final e irrecorrível com a possível brevidade. Se assim não fosse, justamente aquele que sofre condenação em maior monta não se responsabiliza pela demora injustificada da entrega dessa prestação.

Vale também dizer umas poucas palavras sobre a gratuidade processual. O sistema é, por seus princípios, gratuito, o que quer dizer que a todos é concedida a gratuidade em primeiro grau de jurisdição, sem qualquer análise da condição econômica da parte. Assim, somente quando se apresenta recurso inominado é que surge a oportunidade de discutir essa referida condição econômica, seja através de preliminar nas razões do próprio recurso, seja através de embargos declaratórios com o fim específico de questionar a matéria como preparação para o recurso inominado. Discutir a questão antes é prematuro, seja porque a discussão

18. Revista Visão Jurídica, entrevista dos Drs. Homero Maion e Paulo Furtado de Oliveira Filho, Assessores da Presidência do TJSP, edição 33, Editora Escala, p. 60-61.

é desnecessária, seja porque a análise da condição econômica deve ser atual, ou seja, no momento em que o recolhimento do preparo deve ser feito.

Pois bem, se apresentada a questão em embargos declaratórios, em que pese de fato não haver vício intrínseco à sentença, não há óbice a que o juiz, mesmo rejeitando os embargos, se manifeste sobre a gratuidade, já que os embargos têm o condão de suspender o prazo para apresentação do recurso inominado. Se a parte o fizer por petição simples, pode vir a ter o seu recurso julgado deserto, se houver o indeferimento do pedido. Se, por outro lado, a parte apresentar o pedido em preliminar ao recurso inominado, o que nos parece mais correto, temos que eventual indeferimento do pedido permitirá que o recolhimento do preparo ocorra no prazo de 48 horas a partir da intimação da decisão de indeferimento[19], justamente para que o recurso possa ser recebido.

Ainda dentro da questão da gratuidade, temos que a litigância de má-fé, além de ser a hipótese em que as custas processuais e o ônus da sucumbência são devidos em primeiro grau, exige a responsabilidade da parte mesmo que esta seja beneficiária da assistência, já que evitar demandas perniciosas social e individualmente é dever de todos, ainda que sem condições econômicas para tanto[20], inclusive quando a condenação nas penas da litigância superar o teto de alçada.

A multa cominatória também não sofre limitação do teto, já que o cumprimento das decisões judiciais não interessa apenas ao requerente, mas também ao Estado no exercício de sua jurisdição. Ordem judicial existe para ser cumprida, ou seja, a parte deve ser instada a cumprir a decisão judicial sob pena de arcar com o ônus do descumprimento. Se a multa é ínfima, a parte pode, num juízo da relação custo-benefício, optar pelo descumprimento, o que vai contra a tendência de exigir a tutela específica da obrigação contraída. Se, por outro lado, a multa é exagerada, o requerente pode acabar se interessando mais pela multa do que pelo cumprimento da obrigação original. Para isso, existe o § 6º do art. 461 do Código de Processo Civil que permite a alteração do valor ou da periodicidade da multa se ela tiver se tornado insuficiente ou excessiva, o que não deve ser limitado pelo teto de alçada do Juizado Cível.

A discussão maior, na verdade, reside na situação de ter sido a multa fixada na fase de conhecimento, seja na tutela antecipada seja na sentença, e tiver ocorrido o trânsito em julgado. Cabe a aplicação do dito dispositivo na fase de execução? Apesar de grande divergência doutrinária, estamos inclinados a pensar que a aplicação é possível[21]. Um dos princípios do Juizado Cível é a equidade, conforme

19. Enunciado 14 do Colégio Recursal Unificado: "Indeferida a concessão do benefício da gratuidade da justiça, conceder-se-á o prazo de 48 horas para o preparo do recurso".

20. Enunciado 19 do Colégio Recursal Unificado: "A gratuidade da justiça não abrange o valor devido em condenação por litigância de má-fé".

21. A propósito do tema, voto proferido pelo saudoso Ministro do Superior Tribunal de Justiça Carlos Alberto Menezes Direito, tratando da possibilidade de ampliação ou redução da multa ainda que fixada

o art. 6º da Lei nº 9.099/1995, e o dispositivo mencionado visa justamente recompor a justiça, através da intervenção judicial. Registre-se que a multa reverte para a parte contrária, não para o Estado, sendo certo que não cabe ao magistrado chancelar situações de enriquecimento sem causa ou permitir que uma parte escape à submissão do Estado-juiz.

Nada obsta, naturalmente, que o juízo imponha a medida adotada diretamente, até com uso de força policial, mas em geral o uso cuidadoso da multa cominatória leva ao cumprimento das decisões judiciais sem maiores percalços.

## 3. O PROCEDIMENTO SUMÁRIO E O JUIZADO CÍVEL

A menção no inciso II das causas do art. 275, II, do CPC traz duas ponderações: qual o procedimento que deve ser adotado e qual o limite de alçada para essas causas.

Por primeiro, houve logo no inicio da vigência da Lei nº 9.099/1995 uma polêmica sobre o rol de causas do inciso II do art. 275. Vale lembrar que a atual redação do dispositivo é fruto das modificações inseridas pela Lei nº 9.245, de 26/12/1995, aprovada exatos três meses depois da Lei nº 9.099, de 26/09/1995. Não temos dúvida em afirmar que, havendo menção ao rol do dispositivo e tendo este sido modificado, deve prevalecer o rol da redação em vigor, superada a lista derrogada.

Depois, a dúvida quanto ao procedimento a ser seguido. Embora o procedimento sumário seja diferente do procedimento ordinário, temos que o procedimento que está previsto em legislação extravagante, por ser especial em relação ao que está inserido na legislação comum, deve prevalecer, em razão de regra primordial de aplicação das leis.

Assim, concluímos que para a fase de conhecimento no Juizado Cível existe um único procedimento padrão, o qual visa atender a simplicidade e a informalidade no momento da apresentação da demanda, a conciliação com sessão específica para esse fim e a oralidade com a concentração dos atos de defesa, de instrução e de julgamento na audiência perante o juiz togado. Imagine a situação de uma parte desacompanhada de advogado em cumprir as disposições de um procedimento formal. Por isso que no sistema não se têm admitido os procedimentos especiais[22].

Por que houve, então, a inclusão das causas do procedimento sumário no art. 3º da Lei nº 9.099/1995?

Como se disse, os projetos tramitavam juntos no Congresso Nacional. Havia a opção de modificações pontuais nas disposições do Processo Civil como estratégia para obter aprovação mais rápida, ainda mais quando o projeto do Código

em sentença, nos termos do art. 461, § 6º, do CPC, embora no caso concreto, considerando a renitência da parte em cumprir a obrigação de fazer, o valor original da multa tenha sido mantido. REsp 681.294/PR, (2004/0116925-7), 3ª Turma, j. em 18/12/2008, *DJE* 18/02/2009.

22. Enunciado 8 do FONAJE.

Civil atualmente em vigor havia levado décadas para ser aprovado. Na época, o procedimento sumário, cuja tramitação é mais célere e não tão distante assim dos princípios do procedimento padrão da Lei nº 9.099/1995, parecia uma opção viável para aceleração do tempo de conclusão dos processos. Hoje percebemos que a diversidade entre o procedimento sumário e o procedimento dos Juizados refere-se aos princípios e não apenas à sucessão de atos do procedimento. Se a previsão do art. 3º, II, da Lei nº 9.099/1995 fosse retirada, nada mudaria no dia a dia dos Juizados.

O valor de alçada para essas causas sofre a mesma limitação geral, mas sobre isso falaremos mais adiante.

## 4. DA AÇÃO DE DESPEJO PARA USO PRÓPRIO E DAS AÇÕES POSSESSÓRIAS

Em que pese a previsão legal, poucas são as ações desses dois incisos que tramitam no sistema. A primeira, diante da exigência de comprovação dos requisitos do art. 47, inciso III, da Lei nº 8.245/1991, principalmente quanto à possibilidade de não ocupação pelo locador ou por familiar deste, ensejando a aplicação da multa. De fato, para a locação, há hipóteses que permitem o despejo liminar[23], o que acabou fazendo diminuir o número de ações em que se fundamenta o pedido pelo uso próprio, hipótese que antes da modificação legal era de grande valia no sistema.

Quanto às possessórias, não apenas o valor da ação, mas o valor do imóvel deve estar limitado pelo teto de alçada do sistema. Nesse passo, considerando a situação fundiária no País, temos que nas grandes cidades essas ações ficam restritas a locações de habitações multifamiliares, os conhecidos cortiços ou casas de cômodos, em que o locador nem sempre é o proprietário e nem sempre se serve das ações previstas na Lei nº 8.245/1991 para obter a desocupação, não sendo incomum que ele apenas retire os pertences do locatário do imóvel sem lhe dar qualquer outra satisfação. O ofendido acaba dividido em medidas de desforço imediato, como simplesmente voltar ao quarto alugado, chamar a polícia, que trata a questão como desinteligência, ou procurar o Juizado. É flagrante a queda do número de ações desse inciso no sistema dos Juizados nos últimos anos, sem que se possa perceber a que fenômeno sociológico se deve essa queda. De qualquer sorte, era importante perceber que, diante da autoridade, fosse policial fosse judiciária, no mais das vezes se obtinha um acordo o que atingia o escopo de pacificação social visado pela Lei.

## 5. A NATUREZA DAS CAUSAS

Assim, entre as hipóteses previstas no art. 3º, acabávamos por ter ações de diversas naturezas, valendo a pena reproduzir levantamento que foi realizado no Juizado Especial Cível Central da Capital em setembro de 2003, no qual apuramos

23. Art. 59 da Lei nº 8.245/1991.

que, no Estado de São Paulo, 18,5% das causas eram relativas ao sistema da Lei nº 9.099/1995 e que apenas no Juizado Cível Central da Capital tramitavam 84.975 ações[24].

**DISTRIBUIÇÃO MENSAL**

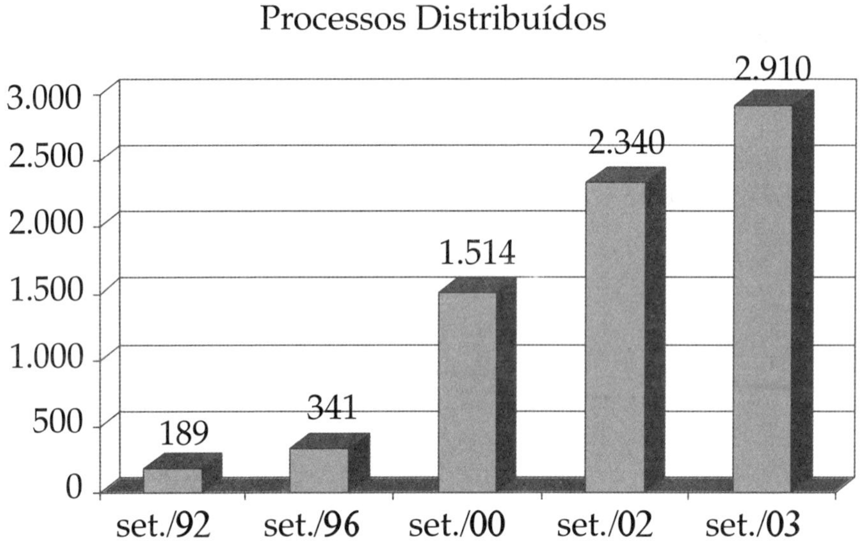


**EVOLUÇÃO DAS RELAÇÕES DE CONSUMO**

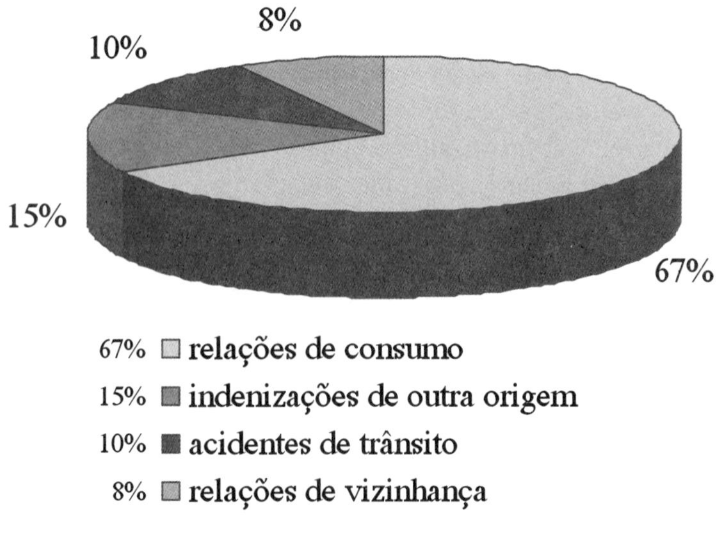


24. Levantamento realizado no Juizado Central da Capital, em São Paulo, em outubro de 2003, para apresentação em palestra proferida junto ao Congresso Nacional a convite da Fundação Konrad Adenauer.

Verifica-se de plano a predominância das causas que envolvem relações de consumo, valendo o registro ainda de pequenas cobranças, questões de vizinhança e ações decorrentes de acidentes automobilísticos.

Verifica-se, também, que houve migração de processos antes dirigidos às Varas Cíveis para os Juizados, o que passou a sobrecarregar o sistema. Se em setembro de 1992 tínhamos 189 ações distribuídas, em setembro de 2003 passamos a ter 2.910 ações distribuídas no mesmo período de um mês. O período de uma década que separa as duas datas demonstra que houve transferência de demanda. Isso somente pode ser creditado à eficiência do sistema que, mesmo sobrecarregado, parece oferecer uma resposta mais satisfatória ao jurisdicionado não contumaz.

## 6. AS EXECUÇÕES DE TÍTULO JUDICIAL

Um dos grandes avanços da Lei de 1995 em relação à Lei de 1984 foi a possibilidade de execução no Juizado de seus próprios julgados. Antes, a parte obtinha apenas o título, o qual tinha que ser levado ao juízo cível para sua execução, lembrando que a execução originalmente prevista no Código de 1973 era custosa, complicada e demorada. Em suma, apesar de ver seu direito reconhecido, nem sempre a parte conseguia receber seu crédito, o que demonstrava uma falha do sistema.

Assim, a Lei nº 9.099, além de prever expressamente a possibilidade da execução judicial, ainda trouxe procedimento novo que será oportunamente analisado, mas com novidades para a época que valem o comentário desde já.

Primeiro, foi dispensada nova citação na execução judicial. De fato, o processo é uma relação entre as partes diante do Estado-juiz, a qual se completa com a citação na fase de conhecimento. Quando se inicia a execução, não estamos diante de nova relação, mas prosseguimos na mesma relação para a satisfação do direito que foi judicialmente reconhecido. Só quem milita na Justiça conhece as agruras de tentar citar uma pessoa que procura se furtar ao cumprimento de suas obrigações. No fundo, só se conseguia citar quem queria pagar, mas essa não era infelizmente a regra.

Assim, a Lei nº 9.099 reconhece pioneiramente que, proferida a sentença na fase de conhecimento, o devedor já estava ciente de sua obrigação e cabia a ele cumpri-la, não havendo necessidade de novo chamamento. A novidade deu tão certo que foi transplantada para o Código de Processo Civil que, a partir de 2006[25], passou a encarar a execução não mais como um processo autônomo, mas como uma fase de cumprimento da obrigação reconhecida na sentença.

Some-se a isso a possibilidade de venda judicial direta, avaliação informal, dispensa de publicação de editais, tudo conforme previsão do art. 52 da Lei nº 9.099/1995.

25. A Lei nº 11.232, de 22/12/2005, entrou em vigor seis meses após sua publicação (*DOU* de 23/12/2005).

Mas a maior novidade aplicada nos Juizados foi a mudança de mentalidade dos juízes. Tendo em vista o princípio da efetividade da jurisdição, temos que na execução a imparcialidade do juiz não deve ser absoluta. Enquanto no processo de conhecimento prevalece o contraditório e a paridade de armas, na verdade, a execução é uma sucessão de atos pelos quais se busca a satisfação do crédito já reconhecido na fase de conhecimento. O próprio art. 52, em seu inciso IX, limita as possibilidades de embargos, ou agora impugnação.

E assim surgiu o bloqueio *on line* para o sistema.

Não há nenhuma novidade legislativa que tenha autorizado o bloqueio de ativos financeiros. Ele nada mais é do que a penhora de dinheiro, lembrando que na lista de bens penhoráveis do art. 649 do CPC a primeira posição é justamente ocupada pelo dinheiro. Não é arresto; é penhora porque, dispensada nova citação, o devedor deveria estar ciente de que seus valores estavam vinculados ao pagamento da condenação. Ora, se a parte possui valores em dinheiro, deve apresentá-los para pagamento de sua obrigação. Antes de equipamentos sem valor ou imóveis. Os primeiros, porque dificilmente obtém-se em leilão público interessados ou preço capaz de levar a satisfação do crédito. Os imóveis porque a sua venda judicial implica custos que devem ser evitados num sistema gratuito. Repita-se: nada impede a penhora de bens no sistema dos Juizados, mas é muito mais fácil penhorar dinheiro, cujo levantamento é meio mais direto para solução do crédito.

## 7. AS EXECUÇÕES DE TÍTULO EXTRAJUDICIAL

Existe muita polêmica em torno da execução de título extrajudicial no Juizado. Kazuo Watanabe entende que é polêmica sua inclusão nas hipóteses legais da competência da Lei nº 9.099/1995[26-27]. Mas não se pode negar que vários credores abriam mão das facilidades da execução do título extrajudicial, ingressando com ação cognitiva na época da Lei nº 7.244, apenas para poder ingressar no Juizado. Ao permitir a observância de procedimento próprio para execução do título extrajudicial, o legislador apenas observou essa prática, que agora ganha adeptos entre

26. Conforme expõe Rêmolo Letteriello, Desembargador do Tribunal de Justiça de Mato Grosso do Sul, em "O perigo da ampliação da competência dos Juizados Especiais Cíveis, no sítio *Jus Navigandi*, em fevereiro/2005: "Constatou-se, entrementes, que logo após a edição da Lei nº 9.099/1995 começaram a surgir ideias e proposições visando sua alteração, algumas até materializadas em projetos que, se convertidos em leis, seguramente irão estremecer, no seu vigamento, os Juizados Cíveis, que poderão cair na vala comum da justiça tradicional, tão inadequadamente estruturada para resolver os conflitos que lhes são submetidos porque, além dos inúmeros entraves provocados pela má organização judiciária acha-se, também, desprovida dos instrumentos de facilitação da prestação da tutela jurisdicional, assentados na desburocratização, simplificação, informalidade, gratuidade, e aceleração do processo".

27. No mesmo sentido, a pesquisa de Leslie Sherida Ferraz, da Fundação Getulio Vargas, denominada *Brazilian Small Claims Courts and Effectivennes of Justice: An Empirical Research*, publicada em 16 de maio de 2008, no *Social Science Research Network*.

os detentores de quase títulos, que deixam de ingressar com ação monitória na Vara Cível para ingressar com ações condenatórias no Juizado.

A especialidade do procedimento reside na necessária designação de uma audiência de conciliação para tentar converter o título extrajudicial em título judicial, quase sempre com sucesso. A dúvida reside quanto ao momento em que se faz a garantia do juízo com a penhora, se antes ou depois da audiência. A prática na comarca da Capital tem sido a de citar o devedor, realizar a penhora e no mesmo ato intimar o executado para a audiência de conciliação. Se não houver acordo, o juízo já estaria garantido e os eventuais embargos poderiam ser acolhidos no termo por declaração do devedor desassistido por advogado junto ao conciliador que preside o ato. Também na audiência, ainda por declaração, o credor poderia apresentar sua defesa aos embargos do mesmo jeito. Assim, os autos poderiam seguir imediatamente em conclusão ao magistrado para decisão desses embargos, evitando procrastinação. Em geral, os fundamentos dos embargos constituem questões jurídicas ou que exigem mera prova documental, sendo rara a necessidade de designação de audiência de instrução, para colheita de provas orais, para decisão dos embargos.

Por fim, vale dizer que, se por um lado, com a modificação da Lei nº 11.232/2005, a execução de título judicial passou a ser tratada apenas como apêndice da relação processual iniciada na fase de conhecimento, por outro lado, no caso da execução de título extrajudicial, temos verdadeiro processo executivo, não havendo modificação no CPC nesse campo e não havendo motivo para negar vigência a disposição da lei especial (Lei nº 9.099/1995) em face da lei geral, já que o art. 53 da Lei ainda não foi revogado.

Assim teríamos a possibilidade de impugnação na execução de título judicial e de embargos na execução de título extrajudicial.

## 8. OS PROCEDIMENTOS ESPECIAIS

Não cabe procedimento especial no Juizado Especial Cível[28]. Na verdade, há ações cuja especialidade pode ser adaptada ao procedimento simples do Juizado. Por exemplo, se a própria lei admite as possessórias de imóveis de menor valor, e se a posse for nova, temos que existe a possibilidade de concessão da liminar, logo após a propositura da ação, sem que se subverta o procedimento, que é questão de ordem pública. O mesmo raciocínio acaba se aplicando, por exemplo, às consignatórias de parcela única. Elas são processadas no Juizado como "declaratórias de cumprimento de obrigação", desde que autorizado pelo juiz o depósito inicial, o que não traria mais percalços ao processamento da ação. Contudo, é inviável processar no Juizado consignatórias de parcelas mensais ou aquelas em que o

28. Enunciado 8 do FONAJE.

fundamento da ação é a dúvida quanto ao credor, devendo estas ser reservadas, diante das dificuldades de procedimento, à Vara comum.

## 9. A TUTELA ANTECIPADA E A LIMINAR

Pelo mesmo motivo acima mencionado, passou-se a admitir a concessão de tutela antecipada e liminar. Na verdade, tendo por escopo de sua atuação a eficiência, não faz sentido que, presentes os requisitos do art. 273 do CPC, não possa o Juiz, no âmbito do Juizado, desde logo conceder à parte o provimento do qual ela necessita ou que evitará o perecimento do seu direito. O mesmo ocorre quando presentes o *fumus boni iuris* e o *periculum in mora*. Mais uma vez, se essa concessão é feita logo no momento da propositura da ação, nada impede a retomada dos atos do procedimento padrão previsto na Lei nº 9.099/1995.

O argumento daqueles que não admitiam a tutela antecipada ou a liminar era o de que, sendo o procedimento dos Juizados um procedimento rápido, não haveria necessidade da concessão da tutela. Ousamos discordar: se uma pessoa precisa de um tratamento de saúde que é indevidamente recusado por sua seguradora, o prazo previsto na norma programática do art. 27 da Lei pode ser muito longo. O mesmo se diga de uma pessoa que tem seu nome indevidamente inscrito em cadastro de devedores e por esse motivo pode ser demitida.

Ricardo Chimenti já sustentava a possibilidade de concessão da tutela antecipada em 1999[29], baseado na equidade. Entendemos que pelo próprio poder geral de cautela do juiz já havia possibilidade de determinação judicial. Depois, com a previsão legal da tutela antecipada, essa possibilidade ficou expressa. Na verdade, não há proibição de aplicação de dispositivos da lei geral ao procedimento dos Juizados, naquilo em que houver compatibilidade com o sistema, o que é indubitavelmente o caso dos autos.

A dúvida reside quanto aos meios de impugnação diante da concessão da tutela. No momento oportuno, trataremos dos recursos, mas vale a pena reproduzir recente decisão do Supremo Tribunal Federal que afirma quanto a inviabilidade recursal de decisão interlocutória dos Juizados[30].

Segundo o Ministro Eros Grau, as decisões interlocutórias de Juizado Especial de primeiro grau são irrecorríveis, não havendo possibilidade nem de apresentação de mandado de segurança. Argumenta o Ministro que as questões relativas à fase de conhecimento poderão ser impugnadas com o recurso inominado.

No Colégio Recursal Central de São Paulo tem-se admitido, todavia, o recurso de agravo, em caráter excepcional, quando se tratar de decisão suscetível de causar

29. Chimenti, Ricardo Cunha. *Teoria e Prática dos Juizados Especiais Cíveis*, cit., 2. ed., p. 43.
30. Recurso Extraordinário no Mandado de Segurança nº 576847-BA, promovido pela Telemar Norte Leste S.A., publicado em 28/05/2009, ata nº 12, de 20/05/2009, *DJE* nº 98.

à parte lesão grave e de difícil reparação[31]. Há, ainda, entendimento no sentido de só se admitir agravo contra as decisões proferidas após a sentença, por exemplo, para discutir o recolhimento de preparo do recurso inominado ou a rejeição da impugnação ao cumprimento de sentença[32].

**Art. 4º É competente, para as causas previstas nesta Lei, o Juizado do foro:**
**I - do domicílio do réu ou, a critério do autor, do local onde aquele exerça atividades profissionais ou econômicas ou mantenha estabelecimento, filial, agência, sucursal ou escritório;**
**II - do lugar onde a obrigação deva ser satisfeita;**
**III - do domicílio do autor ou do local do ato ou fato, nas ações para reparação de dano de qualquer natureza.**
**Parágrafo único. Em qualquer hipótese, poderá ser a ação proposta no foro previsto no inciso I deste artigo.**

## 10. O CRITÉRIO DO DOMICÍLIO DO RÉU

A ação deve ser proposta preferencialmente no foro do domicílio do réu, regra geral do sistema processual. Mas a lei traz algumas novidades para facilitar a propositura da demanda.

A primeira delas refere-se à possibilidade de se considerar como domicílio do réu não apenas a sede da empresa, mas qualquer local onde sejam exercidas atividades profissionais ou econômicas por esta, incluindo estabelecimento, filial, agência, sucursal ou escritório. No mais das vezes, principalmente em questões de consumo, o contrato é firmado não na sede da empresa, mas em local mantido pela empresa para esse fim. Esse é o endereço conhecido pela parte. Assim, se o contrato foi firmado em determinada localidade, facilita o acesso à Justiça que a causa possa ser proposta nesse mesmo local. Impor à parte prejudicada deslocamento, por exemplo, para outra cidade para que ela possa demandar era uma das formas de dissuadir o interessado a trazer sua demanda ao Judiciário. Mas a lei vai mais longe: ao fixar que o domicílio pode ser um dos locais de funcionamento da empresa, passa a permitir que a carta de citação seja entregue nesse endereço conhecido, impondo à empresa a responsabilidade de encaminhar a correspondência à seção desta que cuida de sua defesa jurídica. Isso auxilia em muito o afastamento de nulidades processuais, evitando o atraso na prestação jurisdicional.

31. Agravo de instrumento nº 989.09.000849-9, 1ª Turma, rel. Jorge Tosta, j. 16/04/2009.
32. Agravo de instrumento nº 989.09.018923-0, 2ª Turma, rel. Luís Eduardo Scarabelli, j. 24/07/2009.

Assim, em relação aos bancos, a ação pode ser proposta no foro do domicílio da agência, e não no foro da sede da instituição financeira. Até porque, em relação às grandes empresas, é o local em que a lide se estabelece em que há maior conhecimento dos motivos que levaram ao confronto, o que também auxilia na colheita de provas.

Contudo, tal dispositivo não deve ser usado como forma de fraudar o juiz natural da causa. Imagine-se o seguinte exemplo: um correntista da cidade de Santos pretende ingressar com ação contra banco cuja sede se situa na cidade de Osasco. Mas, sabendo que o juiz de Ribeirão Preto tem posicionamento favorável a seu pleito, ingressa com a ação nesse foro, sustentando que o banco tem agência na cidade. Ora, o dispositivo legal foi criado para facilitar a vida do demandante, não para influenciar no julgamento do mérito da demanda. E nem para criar dificuldade injusta ao demandado que, no exemplo, terá de se deslocar tanto a Santos para conhecer a controvérsia quanto a Ribeirão Preto para responder a ação. O juiz deve coibir esse tipo de prática.

Também não interessa ao sistema que o cidadão, que pode não ter conhecimento jurídico sobre a distribuição da competência territorial, fique vagando de fórum em fórum até achar aquele que de fato é competente para processar sua lide. No Estado de São Paulo, foi editado o Provimento CSM nº 1.670/2009, o qual dispõe em seu item 9 *a)*, que qualquer Juizado deve receber o pedido inicial de jurisdicionado desacompanhado de advogado, encaminhando-o ao fórum competente *apenas se por nenhum dos critérios* do art. 4º da Lei nº 9.099/1995 a ação não puder ser processada no fórum em que houve atendimento. Lembremos que cabe ao autor escolher onde e contra quem demandar. Esse sistema tem propiciado maior conforto ao cidadão que opta pelo sistema.

Ainda, os juízes de São Paulo têm adotado no Estado a prática de, reconhecendo a incompetência territorial, encaminhar o processo ao juiz competente, também para evitar os custos de novo ajuizamento, retirando a força absoluta do art. 51, III, da Lei, que fala em extinção. Trata-se de prática salutar que atende ao princípio da economia processual previsto no art. 2º da Lei.

## 11. O CRITÉRIO DO LOCAL DE CUMPRIMENTO DA OBRIGAÇÃO

Trata-se de repetição do critério consagrado na lei geral em seu art. 100, inciso IV, alínea *d*, do CPC. De fato, em regra, a obrigação é cumprida no domicílio do devedor, já que por força do art. 327 do Código Civil, não havendo disposição expressa, a obrigação é *querable*. Somente se torna *portable*, a ser cumprida no domicílio do credor, se houver expressa disposição contratual nesse sentido[33]. Essa distinção é

33. Venosa, Sílvio de Salvo. *Direito Civil. Teoria Geral das Obrigações e Contratos*, Tomo II, São Paulo: Atlas, 6. ed., p. 194-195.

importante para apontar qual o local do cumprimento da obrigação e consequentemente qual o foro competente.

Veja que os critérios de competência territorial do art. 4º são complementares, não havendo ordem de subordinação entre eles. Assim, se o local do cumprimento da obrigação é também o foro do domicílio do réu, caímos na regra geral. Se é o foro do domicílio do autor, veremos a seguir. Mas pode ser um local distinto do domicílio de ambas as partes, que somente foi elencado a critério de competência porque, se a parte já vinha cumprindo sua obrigação em tal local, imagina-se que também seja mais fácil para ela demandar em tal localidade, daí a possibilidade aberta pela lei.

## 12. O CRITÉRIO DO DOMICÍLIO DO AUTOR

Esse critério se aplica para as ações de cunho indenizatório e facilita a posição do demandante. A intenção do legislador foi a melhor possível, já que, se a lei visa ampliar o acesso à Justiça, melhor que se garanta ao demandante procurar o Judiciário no local em que mora. Veja que essa disposição repete a do art. 101 do CDC[34] que, nas ações de responsabilidade civil do fornecedor de produtos e serviços, também possibilita a propositura da ação no foro do domicílio do autor. Acabamos por adotar a interpretação de que, em ações envolvendo direito do consumidor, de forma ampla, cabe a aplicação desse critério de distribuição de competência, já que inequivocamente essa é a *mens legis*.

Temos visto crescer o número de ações em que além da discussão da lide propriamente dita se inclui um pedido indenizatório, no mais das vezes envolvendo dano moral. É a chamada *indústria do dano moral*.

Vamos separar o joio do trigo: há situações em que o descaso do ofensor é de fato tão grande, principalmente em demandas envolvendo direito do consumidor, que este, ocupando o polo mais fraco da relação contratual, sente-se impotente a ponto de justificar a discussão do contrato e também a condenação em indenização por danos materiais e morais, a propósito previstos nos arts. 14 e 18 do CDC. Mas ultimamente temos percebido que situações as mais cotidianas têm ensejado esse tipo de pedido cumulado com a discussão da obrigação propriamente dita. Às vezes como forma de justificar a propositura da ação no foro do domicílio do autor.

Ainda que consideremos que o direito constitucional de ação é abstrato e deve o requerente apresentar sua pretensão de forma ampla, o que evitará mais adiante a prolação de sentenças *ultra* ou *extra petita*, entendemos que as pretensões deveriam ser apresentadas com um pouco mais de responsabilidade. Cabe à parte movimentar a máquina judiciária apenas se uma análise criteriosa da razoabilidade da demanda apontar que existe chance de sucesso da pretensão. Ao não agir assim, o

34. Lei Federal nº 8.078, de 11/09/1990.

demandante colabora para a morosidade da Justiça, essa mesma morosidade que ele critica, apontando o dedo acusador contra magistrados e servidores. A administração da Justiça, no entanto, compete a cada um, na medida de sua possibilidade e responsabilidade.

Roberto Caruso Costabilè e Solimene* 3

# Arts. 5, 6 e 7

## Seção II
## Do Juiz, dos Conciliadores e dos Juízes Leigos

**Art. 5º O juiz dirigirá o processo com liberdade para determinar as provas a serem produzidas, para apreciá-las e para dar especial valor às regras de experiência comum ou técnica.**
**Art. 6º O juiz adotará em cada caso a decisão que reputar mais justa e equânime, atendendo aos fins sociais e às exigências do bem comum.**
**Art. 7º Os conciliadores e juízes leigos são auxiliares da Justiça, recrutados, os primeiros, preferencialmente, entre os bacharéis em Direito, e os segundos, entre advogados com mais de cinco anos de experiência.**

Primordial perceber que a especialidade dos Juizados importa a existência de **mecanismo verdadeiramente distinto** das bases gerais do Código de Processo Civil. É equivocado examiná-los a partir da perspectiva do que seria um *subproduto* do ordenamento adjetivo ordinário. Os Juizados contêm ideologia material e adjetiva própria. Seu fundamento principiológico está abrigado, inclusive, no inciso V do art. 170 da Carta Federal, já que a *"defesa do consumidor"* é pilastra estratégica de nossa ordem econômica e papel proeminente da Lei nº 9.099/1995. Sem olvidar que a celeridade, como bem jurídico, também se agrega ao sistema na medida em que, lides mais simples, exigem procedimento igualmente mais simples e, portanto, mais rápidas.

Outrossim, não se pode simplesmente fechar os olhos para uma realidade concreta, a sentença exarada nos Juizados Especiais não serve apenas para desembargar conflitos, serve também de orientação para todo o núcleo social,

* Juiz de Direito Substituto em 2º grau, compõe a 6ª Câmara de Direito Privado do Tribunal de Justiça de São Paulo. Foi presidente do I Colégio Recursal da Comarca da Capital de São Paulo e membro do Colégio Recursal Unificado dos Juizados Especiais de São Paulo. Mestre em Direitos Difusos e Coletivos e doutor em Direito Civil pela USP. Professor Universitário, exercendo magistério nas cadeiras de Antropologia Jurídica e Direito Civil.

destaques para consumidores, fornecedores de serviço e de produtos. Conteria um caráter pedagógico e, por isso, preventivo, dado que, a jurisprudência, como parte da ciência do Direito, prenuncia o que pode ou não ser feito.

De qualquer modo, a ordem jurídica sempre haveria de almejar o progresso e a paz, complexos axiológicos interdependentes, sendo personagem relevante desta implicação lógica o Juiz.

Como objetivo nacional permanente, progresso importa o somatório de quatro mais: *mais empregos, mais salários, mais poupança e mais investimentos.* Essa fórmula somente funciona se houver **segurança jurídica** e **confiança.** Para tanto, é relevante o papel do Juiz de modo a remover embaraços à livre circulação de riquezas e realização essencial dos contratos, dentre outras tarefas, desestimulando o inadimplemento e reforçando a ideia de que a paz social é ideal que só se sustenta na civilidade das relações interpessoais, especialmente sobre a sistemática realização de todos os deveres arrolados na lei e nas convenções livremente pactuadas.

A partir do advento da Lei nº 9.099/1995, também pela gratuidade das custas e pela facilidade de acesso à jurisdição, quase todas as milhões de desinteligências negociais acontecidas desde então foram trazidas aos tribunais, destes exigindo mais celeridade e eficácia, para o que indispensáveis como ferramentas de atuação a oralidade, a simplicidade, a informalidade e a economia processual.

Partindo-se do pressuposto de que a economia gira também ao redor do mercado consumidor, o tratamento preferencial deste último é estratégico, não só para o desenvolvimento nacional, como para a manutenção da ordem pública e a construção de uma sociedade solidária.

Para tal mister, o art. 5º contém o somatório das atribuições enumeradas nos arts. 130 e 131 do Código de Processo Civil *verbis*: *"o Juiz dirigirá o processo com liberdade para determinar as provas a serem produzidas, para apreciá-las e para dar especial valor às regras de experiência comum ou técnica"*. Contudo, não se pode perder de vista que aquele texto da Lei nº 9.099/1995 é reforçado com a *equidade de amplo espectro; vide* o teor do subsequente art. 6º, instrumento mais poderoso por não estar submetido *aos casos previstos em lei,* que limita a incidência do art. 127 do Código de Processo Civil. Nos Juizados Especiais Cíveis é dado ao julgador adotar, sempre que necessário, *a decisão que reputar mais justa e equânime, atendendo aos fins sociais da lei e às exigências do bem comum.* E são disponíveis não só a equidade-integração, aplicável por ocasião das lacunas (art. 4º da Lei de Introdução ao Código Civil mais o art. 127 do Código de Processo Civil), como também a **equidade-adequação**, que dá ao julgador poderes com maior amplitude, de adequar as leis aos fatos, quando as primeiras se apresentem injustas na situação real. Tal dispositivo é mais do que relevante, especialmente porque, corriqueiramente, os Juizados laboram conjugadamente com o Código de Defesa do Consumidor e suas inúmeras *generalklausen*, – **cláusulas gerais**, – previstas nos regramentos legais com o fito de proteger o consumidor das *normas de adesão* costumeiramente empregadas no comércio de produtos e serviços.

É lição de Felipe Borring Rocha[1] que aqui, nos Juizados Especiais, se *busca a verdade real*, contudo, o Juiz pode procurá-la com maiores predicados e mesmo resolver os litígios com critérios novos, sustentados em sua experiência comum, de homem integrante do contexto social, não apenas como magistrado profissional.

A *equidade-adequação*, ou justiça no caso concreto, é meio e modo de materialização dos preceitos enumerados no art. 2º, pena de torná-las letra morta. Importante chamar a atenção para peculiaridades que se destacam no exame da matéria, como o extenso rol de demandas de reduzidíssimo valor, ou ao menos de valor desproporcional, se considerado o custo da prova e o direito subjetivo reclamado. Para contornar desgastes excessivos, inapropriados diante da *simplicidade*, é dado ao julgador, sempre paradigmatizado pelo bom senso, pela modicidade, proporcionalidade e razoabilidade, adotar solução que recomponha o tecido social, livrando as partes do inadimplemento, sem que a resistência processual finque estacas que afrontem os parâmetros postos, p. ex., no art. 335 do Código de Processo Civil, *id quod plerumque accidit.*

A formação do julgador para as causas que transcorrem perante os Juizados há de ser mais voltada para o social, para as expectativas do homem-médio, do *bom pai de família*, do que propriamente para o técnico ou para o tradicionalismo jurídico. O exame das iniciais, muitas delas feitas por partes que desconhecem por completo as técnicas legais, a dilação probatória diferenciada (inversão do ônus probatório), as decisões de mérito feitas com base no ideal de justo etc., tem testemunhado flexibilização útil para a manutenção da confiança no sistema econômico e na segurança necessária ao mercado consumidor.

Não se predica aqui a Escola do Direito Livre, de Ehrlich e Kantorowicz, mas o emprego da incomensurável sapiência do Juiz-cidadão, elemento fundamental de contenção dos delitos negociais, próprios da sociedade contemporânea de economia de marketing e consumo de massas, pena de se ver instalado o descrédito e, com isso, abalados o comércio e a circulação de riquezas, contaminada a própria organização da economia nacional.

A integração do sistema à modernidade se manifesta também com a convocação de novos trabalhadores do Direito, o conciliador e os Juízes Leigos, referidos no art. 7º da mesma Lei nº 9.099/1995. Nas palavras de Cândido Rangel Dinamarco[2], são *membros da comunidade* que, por isso, podem manter relação processual menos formal com os litigantes.

A designação destes fica adstrita às normas de organização local (art. 22, I, da Constituição Federal), existindo alguma discussão acerca do que seriam os requisitos para deferimento do exercício a tais pessoas, parecendo de bom tom exigir-lhes comprovado conhecimento, não só das normas jurídicas, mas de todas

1. Rocha, Felipe Borring, *Juizados Especiais Cíveis*, 4. ed., Rio de Janeiro: Lumen Juris, 2005, p. 51.
2. Dinamarco, Cândido Rangel, *Fundamentos do Processo Civil moderno*, v. II, 4. ed., São Paulo: Malheiros.

as técnicas a elas pertinentes, o que somente poderá se atingir com o curso de graduação em Direito.

O emprego da expressão *preferentemente*, empregada no *caput* do art. 7º, deve ser interpretada extensivamente, pois se disse menos do que se queria dizer, inadequado o exercício por estranhos absolutos, pena de se aumentar dúvidas e incertezas em sua presença durante ato processual.

Assim, é admissível a designação de estagiários de Direito, diretamente supervisionados pelo MM. Juiz que deles se ocupar, com perene atualização interdisciplinar, sempre com vistas não só ao aperfeiçoamento profissional deles, como do próprio serviço público.

Se forem advogados militantes, evidentemente, temos que estarão impedidos de exercer capacidade postulatória perante aquele Juízo ao qual vinculados. É fato que a condição de *conciliador* não chega a resvalar, em sentido amplo, no impedimento de que trata o inciso II do art. 28 da Lei nº 8.906/1994, até porque a designação para aquela função tem caráter temporal, precário. Desligamento feito, reabre-se ao agora *ex-conciliador* a possibilidade de ali militar.

O conciliador não dispõe de poderes de instrução – leia-se no art. 37 da Lei – regra que, aliás, ressalvados relevantes opiniões em sentido diverso, resvalaria na inconstitucionalidade, dado que é reserva legal da magistratura o exercício da jurisdição. Intelecção igualmente válida com pertinência aos *Juízes leigos* e o teor do art. 40. A excepcionalidade do sistema não poderia desbordar os limites da Carta Federal, no caso o inciso LIII do art. 5º e o teor do art. 93. Poder de Estado que é, o exercício da jurisdição somente poderia ser cometido aos Juízes, salvo exceções postas na própria Constituição (tribunais eleitorais com mandatos para classes distintas da judicatura, Júri e o Senado).

Se alcançada a conciliação, ela deverá ser levada à chancela judicial, quanto mais se, não lograda aquela, mostrar-se necessária a dilação probatória por quem dotado de imparcialidade legal.

Não há dúvida, por fim, que apenas o Juiz de Direito disponha de poder para presidir a fase de cumprimento da sentença, jamais outros.

Mônica Rodrigues Dias de Carvalho*

4

# Arts. 8, 9, 10 e 11

## Seção III - Das partes

**Art. 8º Não poderão ser partes, no processo instituído por esta Lei, o incapaz, o preso, as pessoas jurídicas de direito público, as empresas públicas da União, a massa falida e o insolvente civil.**
**§ 1º Somente serão admitidas a propor ação perante o Juizado Especial:**
**I - as pessoas físicas capazes, excluídos os cessionários de direito de pessoas jurídicas;**
**II - as microempresas, assim definidas pela Lei nº 9.841, de 5 de outubro de 1999;**
**III - as pessoas jurídicas qualificadas como Organização da Sociedade Civil de Interesse Público, nos termos da Lei nº 9.790, de 23 de março de 1999;**
**IV - as sociedades de crédito ao microempreendedor, nos termos do art. 1º da Lei nº 10.194, de 14 de fevereiro de 2001. (Redação dada pela Lei nº 12.126, de 16/12/2009)**
**§ 2º O maior de 18 (dezoito) anos poderá ser autor, independentemente de assistência, inclusive para fins de conciliação.**

O Juizado Especial é o Tribunal do cidadão. A ideia sempre foi a de trazer à apreciação do Judiciário as causas que poderiam ser movidas pelas pessoas físicas capazes e que antes não chegavam à Justiça. Imagina-se que as pessoas jurídicas, ao se aparelharem diante de órgãos públicos para sua constituição e funcionamento, tenham condições de procurar o juízo comum.

Assim, a lei procurou limitar a atuação do Juizado somente às causas propostas pelas pessoas físicas capazes, abrindo uma porta que antes se encontrava fechada para o cidadão.

* Juíza de Direito em São Paulo, foi Juíza Diretora do Juizado Especial Cível Central da Capital. Bacharel pela Universidade de São Paulo e especialista em Direito Civil pela mesma instituição. Presidente do 1º Colégio Recursal da Capital, do Colégio Recursal Unificado dos Juizados Especiais de São Paulo e do Colégio Recursal Central da Capital. É membro do Conselho Supervisor do sistema dos Juizados Especiais do Estado de São Paulo, já tendo atuado no mesmo Conselho no biênio 2004/2005.

## 1. AS PESSOAS FÍSICAS CAPAZES

Nos termos da lei civil, são capazes os maiores de dezoito anos que não incorrerem em qualquer das hipóteses de incapacidade previstas principalmente nos arts. 3º e 4º do Código Civil. A menção ao maior de 18 anos do § 2º decorre do fato de que, quando a Lei nº 9.099 foi publicada, ainda estava em vigência o Código Civil de 1916, o qual previa a maioridade a partir dos vinte e um anos.

Veja que a lei preocupou-se em deixar claro que aqueles legitimados a demandar não necessitavam de assistência, já que esta implica entrave ao rápido processamento do feito. Assim, somente os plenamente capazes podem fazê-lo, já que a hipótese especial da maioridade de dezoito anos agora pertence à regra geral e porque a lei não especificou ressalva.

Cabe aos maiores de dezesseis anos, caso preencham os requisitos do art. 5º, parágrafo único, do Código Civil, demandar no Juizado se tiverem atingido a plena capacidade civil. Considerando que a idade núbil também é de dezesseis anos, temos que a única hipótese em que se admite autor com idade inferior é a de concessão de autorização para casamento através do procedimento de suprimento de idade[1].

## 2. OS CESSIONÁRIOS DE PESSOAS JURÍDICAS

Imagine que um comerciante, sócio-gerente de uma sociedade por quotas de responsabilidade limitada, tivesse cheques não pagos de mercadorias vendidas em sua loja e quisesse tê-los executados pelo sistema dos Juizados Cíveis. Bastaria que os endossasse em nome de um terceiro, pessoa física capaz, para que os Juizados virassem balcões de cobrança das pessoas jurídicas e falhassem em sua missão primordial de atender às pessoas físicas.

Assim, foi incluída a ressalva para impedir que os cessionários de direitos originalmente de titularidade de pessoas jurídicas pudessem postulá-los no Juizado. Bem andou o legislador ao prever tal ressalva.

Vale anotar que, no caso das pessoas jurídicas que são autorizadas a demandar no Juizado, a regra não se aplica. Por exemplo, um cessionário de direito de microempresa é admitido a postular no Juizado.

## 3. O ESPÓLIO

O critério da lei foi o de admitir a propositura da ação somente pelas pessoas físicas capazes e as massas de direitos não constituem pessoas físicas capazes. Nesse passo, verifica-se que a interpretação da lei deve ser restritiva porque, conforme já

1. Arts. 1.517 e 1.520 do Código Civil.

se disse, o juizado é especial. Não cabe ao espólio, portanto, propor ação perante o Juizado representado pelo inventariante ou administrador provisório.

Na verdade, a se admitir o espólio, poderá se abrir um flanco para pesquisar eventual interesse de menores nos quinhões hereditários, o que gerará demora na solução da lide. Diferente é a situação de morte da parte no curso da ação, em que se deve admitir a habilitação dos herdeiros, desde que sejam todos maiores e capazes. Nesse caso, haverá verdadeira substituição de parte, a qual deverá também atender os limites do art. 8º da Lei.

Por esse mesmo motivo, é aconselhável a propositura da ação pelos próprios herdeiros maiores e capazes, em nome próprio, em litisconsórcio. Segundo o princípio da *saisine*, explicitado no art. 1.784 do Código Civil, o monte hereditário se transfere com o falecimento do *de cujus*, cabendo apenas a identificação dos quinhões e partilha no processo de inventário[2]. Assim, os herdeiros pleiteiam em nome próprio ao se apresentarem em litisconsórcio, já que são condôMin.s de um interesse comum.

Essa interpretação, no entanto, vem sendo revista principalmente em ações que pleiteiam diferenças de expurgos inflacionários. Considerando que são ações propostas nas vésperas do térMin. do prazo prescricional vintenário, nem sempre foi possível aos advogados reunir procuração de todos os herdeiros antes do vencimento do prazo. Para não verem a parte incorrer na perda do direito de ação, muitos juízes aceitaram a propositura das ações pelo espólio, o que não tem sido objeto de impugnação recorrente pelos bancos, pelo menos em São Paulo.

Vale também registrar a opinião sempre abalizada de Cândido Rangel Dinamarco, no sentido de que é possível a propositura de ação no Juizado Cível pelo espólio[3]. No entanto, o mesmo autor somente admite o espólio por reconhecer nele a legitimidade dos herdeiros na propositura de ações perante o sistema. A levar adiante tal raciocínio, não vemos por que não se possa então admitir os herdeiros em nome próprio, sendo todos maiores e capazes, em litisconsórcio, conforme acima proposto. Continuamos firmes na afirmação de que admitir o espólio leva à admissão de outras massas de direitos não contempladas no rol do art. 8º, o que não parece promissor para os juizados, conforme também se verá a seguir.

2. Amorim, Sebastião Luiz e Oliveira, Euclides Benedito de. *Inventários e Partilhas. Teoria e Prática*, 8. ed., Leud, 1993, p. 6.

3. Dinamarco, Cândido Rangel: "O espólio é entidade efêmera, instituída para administração de direitos e interesses deixados pelo *de cujus*, mas que já ao momento da sucessão consideram-se transferidos aos seus herdeiros legítimos e testamentários (CC, art. 1.572). Sendo deste os interesses a tutelar, portanto, e figurando o espólio como mera entidade administrativa, conclui-se pela sua não exclusão e plena admissibilidade de propor demandas perante o Juizado Especial de Pequenas Causas (entenda-se: na medida e casos em que os próprios herdeiros teriam acesso a ele" (*Manual das Pequenas Causas*, cit., p. 35-6, conforme mencionado por Ricardo Cunha Chimenti em seu *Teoria e Prática dos Juizados Especiais Cíveis*, cit., 2. ed., p. 57). No mesmo sentido é o Enunciado 72 do FONAJE.

## 4. O CONDOMÍNIO

Também não se admite o condomínio, que não é pessoa física, mas apenas uma massa de interesses. Alega-se que o condomínio é a reunião dos condôMin.s, os quais são pessoas físicas. Argumento pobre, já que as pessoas jurídicas também são formadas por pessoas físicas que se reúnem na realização do objeto social da empresa. Também é verdade que o FONAJE tem enunciado admitindo a propositura de ações pelo condomínio[4]. Interessante notar que as maiores resistências ocorreram sempre nas comarcas mais urbanizadas, por exemplo, São Paulo, Rio de Janeiro e Porto Alegre, justamente aquelas onde o impacto da demanda seria imenso a se admitir a cobrança de condomínio nos Juizados Especiais Cíveis.

Em São Paulo, o entendimento quanto à inadmissibilidade de ações propostas por condomínios é tranquilo. Sempre se procurou evitar que os juizados se transformassem em balcões de cobrança das administradoras de imóveis. A demanda que acabamos recebendo é aquela derivada do interesse individual de cada condôMin., por exemplo, em discutir a idoneidade de uma multa aplicada pelo condomínio. Nesse passo, tais ações têm crescido em número no sistema pelo mesmo motivo que também crescem as ações que discutem direito de vizinhança.

Nossa conclusão é pela inadmissibilidade de ações no sistema dos JECs promovidas por condomínios.

## 5. AS MICROEMPRESAS, AS ORGANIZAÇÕES DA SOCIEDADE CIVIL DE INTERESSE PÚBLICO E AS SOCIEDADES DE CRÉDITO AO MICROEMPREENDEDOR

As microempresas e empresas de pequeno porte são pessoas jurídicas e, à primeira vista, também não poderiam promover ação no Juizado Cível. Contudo, após intenso *lobby* no Congresso Nacional, as instituições do setor fizeram aprovar uma primeira lei em 1998 que admitia as microempresas e, mais recentemente, o Estatuto Nacional da Microempresa e da Empresa de Pequeno Porte (Lei Complementar nº 123, de 2006), o qual acrescentou ao rol das pessoas legitimadas a propor ação no Juizado as referidas sociedades.

Assim, temos que desde a inicial a empresa deve comprovar sua situação de microempresa ou empresa de pequeno porte, cabendo ao magistrado exigir tal comprovação, sob pena de extinção do processo, conforme o Enunciado 47 do FONAJE. A se postergar essa comprovação, poderíamos ter a movimentação inútil da máquina judicial a conduzir a extinção de um processo sem julgamento de mérito.

4. Enunciado 9 do FONAJE: "O condomínio residencial poderá propor ação no Juizado Especial, nas hipóteses do art. 275, inciso II, item b, do Código de Processo Civil".

Em nosso entender, a comprovação dessa condição deve ser feita através do registro próprio, seja pela apresentação do contrato social constando a denominação específica, seja pela carteira própria. A Lei Complementar nº 123, de 2006, especifica que microempresa é aquela que apresenta receita bruta anual de até R$ 240.000,00 e que empresa de pequeno porte é aquela com receita bruta de até R$ 2.400.000,00. Não cabe, num processo ágil como o do Juizado, analisar balanços comerciais. Assim, a exigência da apresentação do registro torna ágil a análise da legitimidade da parte, sem provocar qualquer dilação na solução do feito.

Vale também mencionar que tem havido certa resistência à admissibilidade das microempresas e das empresas de pequeno porte ao sistema[5].

Recentemente a Lei nº 12.126, de 16 de dezembro de 2009, deixou de prever a legitimidade das empresas de pequeno porte para propositura de demanda no Juizado Especial Cível e passou a contemplar duas outras legitimadas: as organizações da sociedade civil de interesse público e as sociedades de crédito ao microempreendedor. Segundo a Lei nº 9.790, de 23 de março de 1999, alterada pela Lei nº 10.539, de 23 de setembro de 2002, podem qualificar-se como Organizações da Sociedade Civil de Interesse Público as pessoas jurídicas de direito privado sem fins lucrativos, ou seja, aquelas que não distribuem, entre os seus sócios ou associados, conselheiros, diretores, empregados ou doadores, eventuais excedentes operacionais, brutos ou líquidos, dividendos, bonificações, participações ou parcelas do seu patrimônio, auferidos mediante o exercício de suas atividades, e que os aplica integralmente na consecução do respectivo objeto social. A outorga da qualificação prevista neste artigo é ato vinculado ao cumprimento dos requisitos instituídos por esta Lei. Já quanto às sociedades de crédito ao microempreendedor, são aquelas cujo objeto social é a concessão de financiamentos a pessoas físicas, a microempresas e a empresas de pequeno porte, com vistas na viabilização de empreendimentos de natureza profissional, comercial ou industrial.

Embora a nova legislação tenha omitido a empresa de pequeno porte do rol dos legitimados a propor ação no Juizado, entendemos que ela continua tendo tal legitimidade. Se por um lado temos lei posterior que regula modificação de lei ordinária, e que deveria se sobrepor, não podemos esquecer que a inclusão das EPPs no rol do artigo 8º se deu através de lei complementar, que é hierarquicamente superior à lei ordinária.

5. Notícia do sítio Consultor Jurídico de 12 de maio de 2009: "Micro e pequenas não podem recorrer a Juizados", por Lilian Matsura: "Microempresas e empresas de pequeno porte não podem recorrer aos Juizados Especiais Cíveis. Essa possibilidade está restrita aos empresários individuais, de acordo com o art. 74 da Lei Complementar nº 123/2006. O entendimento, controverso, foi aplicado pela juíza da 2ª Vara do Juizado Especial Cível de Guarulhos. Ela julgou extinta a ação proposta pela MAP Comércio de Pneus e Rodas contra uma pessoa por dívida de pequeno valor. Para a juíza, permitir que empresas acionem clientes e fornecedores por meio do Juizado Especial significa reduzir as chances dos cidadãos comuns de obter um julgamento, pois 'teriam que aguardar indefinidamente por uma audiência de conciliação'. Ela explica que pessoas físicas estariam concorrendo em pé de igualdade com empresas que podem propor centenas de ações perante o mesmo Juizado".

Também não podemos deixar de considerar que a inclusão de novos tipos de pessoas jurídicas no rol do artigo 8º continua sendo perniciosa para o sistema e não atende ao espírito de sua criação.

Com a devida vênia, embora reconheçamos que a admissão das microempresas pode transformar os juizados em balcões de cobrança de empresas, afastando a eficiência do sistema que foi criado para o cidadão comum[6], temos que lei existe e que deve ser cumprida, daí a impossibilidade de vedar às empresas o acesso ao sistema. Aliás, a existência de lei específica é a diferença a justificar por que as empresas são admitidas a postular nos JECs, enquanto o espólio e o condomínio, não: não há lei a ampará-los.

## 6. O INCAPAZ E O PRESO

O incapaz e o preso não podem ser partes no processo do Juizado, o que equivale a dizer que não podem nem demandar nem ter contra eles demandas no Juizado. É fácil apontar o motivo da exclusão legal: para evitar a nomeação de Curador, o que obviamente atrasa a conclusão do feito. Essa análise deve ser feita no momento da propositura da ação, não cabendo prosseguir em relação ao menor mesmo que ele venha a atingir a maioridade no curso da lide. Em relação ao preso, ainda que a ação tivesse sido proposta enquanto ele estivesse em liberdade, sua prisão no curso do processo leva à extinção do processo.

## 7. AS PESSOAS JURÍDICAS DE DIREITO PÚBLICO, AS EMPRESAS PÚBLICAS DA UNIÃO

Tratando-se de pessoas jurídicas de direito público, as Fazendas Públicas e as autarquias gozam de foro privilegiado, conforme o art. 109, I, da Constituição Federal. As empresas públicas da União, que são pessoas de direito privado, acabam tendo tal privilégio a elas estendido. Não precisaria, portanto, em âmbito estadual, haver menção à exclusão. Com a criação dos Juizados Especiais Federais, tal exclusão se justifica. Atente que a lei não ressalvou as sociedades de economia mista nem as empresas públicas estaduais ou municipais, as quais poderão assim ser demandadas no Juizado Cível.

Recentemente, a Lei nº 12.153, de 22 de dezembro de 2009, criou um Juizado próprio para as questões fazendárias. Assim, os Juizados Especiais da Fazenda Pública, órgãos da justiça comum e integrantes do Sistema dos Juizados Especiais, serão competentes para a conciliação, processo, julgamento e execução de causas cíveis de

6. Dinamarco, Cândido Rangel: "*O Juizado é instituído como tribunal do cidadão e em princípio não visa oferecer soluções a problemas de empresas ou mesmo associações, mas ao indivíduo enquanto tal*" (*Juizado Especial de Pequenas Causas*, São Paulo: Revista dos Tribunais, 1985, p. 126).

interesse dos Estados, do Distrito Federal, dos Territórios e dos Municípios, até o valor de 60 (sessenta) salários mínimos, tanto em nível estadual quanto em nível federal. Não houve modificação na vedação contida no artigo 8º Trata-se de um Juizado que não se confunde com o juizado cível já existente, devendo ser criado de forma autônoma pelos tribunais para o fim apontado na lei.

## 8. A MASSA FALIDA E O INSOLVENTE CIVIL

O art. 6º da Lei nº 11.101, de 09/02/2005, estipula que a decretação da falência ou o deferimento do processamento da recuperação judicial suspendem o curso de todas as ações e execuções em face do devedor pelo prazo máximo de 180 dias, exceto para as ações em que se pleiteia quantia ilíquida. Eventuais ações contra a massa falida não podem ser propostas no Juizado. Mesmo que a ação tiver sido proposta antes da decretação da falência, a solução legal é a extinção do processo do JEC. Se o Juizado foi criado para focar a discussão jurídica na controvérsia apresentada em juízo, não interessa que os problemas de liquidez do devedor venham eclipsar a discussão principal. Daí a extensão da proibição também ao insolvente civil.

Contudo, tem-se entendido que a proibição não se estende aos casos de liquidação extrajudicial. Há decisão antiga do Primeiro Colégio Recursal da Capital no seguinte sentido: *Para habilitação na execução coletiva decorrente de liquidação, à qual devem concorrer todos os credores, é essencial a presença de título com característica de liquidez e certeza. Por isso, é imprescindível que os feitos pendentes a gerar débitos da empresa em liquidação tenham seguimento em sua fase de conhecimento até que eventualmente se forme o título executivo*[7].

**Art. 9º Nas causas de valor até vinte salários-mínimos, as partes comparecerão pessoalmente, podendo ser assistidas por advogado; nas de valor superior, a assistência é obrigatória.**

**§ 1º Sendo facultativa a assistência, se uma das partes comparecer assistida por advogado, ou se o réu for pessoa jurídica ou firma individual, terá a outra parte, se quiser, assistência judiciária prestada por órgão instituído junto ao Juizado Especial, na forma da lei local.**

**§ 2º O juiz alertará as partes da conveniência do patrocínio por advogado, quando a causa o recomendar.**

**§ 3º O mandato ao advogado poderá ser verbal, salvo quanto aos poderes especiais.**

7. Recurso 2533 do Primeiro Colégio Recursal desta Capital que teve como relator o Juiz Parisi Lauria, j. em 29/04/1997.

**§ 4º O réu, sendo pessoa jurídica ou titular de firma individual, poderá ser representado por preposto credenciado, munido de carta de preposição com poderes para transigir, sem haver necessidade de vínculo empregatício.** (*Redação dada pela Lei nº 12.137, de 18/12/2009*).

## 9. COMPARECIMENTO PESSOAL

As partes devem comparecer pessoalmente aos atos do processo. Não se trata de formalidade vazia: o legislador vislumbrou que o comparecimento do próprio titular do direito facilita a composição entre as partes, sendo certo que a conciliação é um dos princípios basilares do sistema. Não há dificuldade para que pessoas capazes se apresentem em juízo, mas se existe algum problema específico que não interfira na capacidade, temos que cabe ao juiz agir com sabedoria.

No caso de partes que tenham dificuldade de locomoção provada por documento médico, não há problema em que se dispense o comparecimento para audiência desde que o depoimento pessoal seja desnecessário. Se o depoimento for indispensável, deve a parte ingressar com ação no juízo comum. O que entendemos inadmissível é a representação de pessoa física no sistema do Juizado, como explicitamos mais adiante.

## 10. REPRESENTAÇÃO DE PESSOA JURÍDICA

O § 4º do art. 9º estabelece que as pessoas jurídicas serão representadas por prepostos credenciados.

Cabe discutir primeiro qual o momento desse credenciamento. Não há dúvida de que o momento é do próprio ato processual, não cabendo dilação probatória para comprovação dessa condição[8].

Ainda, cabe analisar qual a documentação necessária para comprovação da representação. Primeiro, nota-se que a pessoa jurídica pode comparecer através de seu próprio representante legal, ao qual bastará apresentar os atos constitutivos da empresa para provar sua condição, conforme o art. 46, III, do Código Civil. Por outro lado, a empresa pode se apresentar através de preposto credenciado, o qual deverá portar o ato constitutivo da empresa e mais a carta de preposição, esta assinada pelo representante da empresa ou por quem for nomeado por este especialmente para constituir preposto.

8. Enunciado 99 do FONAJE (substituiu o Enunciado 42): "O preposto que comparece sem carta de preposição, obriga-se a apresentá-la no prazo que for assinado, para validade de eventual acordo, sob as penas dos arts. 20 e 51, I, da Lei nº 9.099/1995, conforme o caso". (Aprovado no XIX Encontro – Aracaju/SE).

Não se exige que o preposto seja empregado da empresa ou tenha vinculação funcional com ela. A propósito, a recente Lei nº 12.137/2009, que alterou o § 4º do art. 9º da Lei nº 9.099/1995, explicita a posição jurisprudencial majoritária no sentido de que o vínculo empregatício não era exigível. O que pode acontecer é que o indigitado preposto nada conheça da lide e, ao prestar depoimento pessoal, nada possa informar ao juízo; aí será aplicada contra a empresa a pena de confesso, mas não a revelia, já que preposto existe. Também não há necessidade de reconhecimento da firma lançada na carta de preposição, bastando que ela esteja identificada e que seja semelhante àquela lançada no contrato social ou documento equivalente. Se a assinatura é flagrantemente diferente ou não pode ser identificada, ou se a carta é assinada por pessoa que não é o representante da empresa, então temos que não há preposto credenciado e que, portanto, a pessoa jurídica está ausente do ato processual, o que leva, no mais das vezes, à aplicação dos efeitos da revelia.

Vale ainda dizer que não é possível a cumulação na mesma pessoa da função de preposto e de advogado. Nesse sentido o Enunciado nº 98 do FONAJE, que substituiu o Enunciado nº 17, e dispõe que "É vedada a acumulação simultânea das condições de preposto e advogado na mesma pessoa (arts. 35, I e 36, II, da Lei 8.906/1994 combinado com o art. 23 do Código de Ética e Disciplina da OAB) – aprovado no XIX Encontro – Aracaju/SE". Isso não quer dizer que um advogado, que não tenha atuado naquele processo, fique impedido de ser preposto apenas diante de sua condição de advogado. O que não se admite é que ele atue no mesmo processo como preposto e como advogado, já que, como advogado, não poderá prestar depoimento pessoal, o que é regra no sistema.

De registrar que a revelia, no sistema dos Juizados, decorre da ausência da parte aos atos processuais e não da ausência de apresentação de defesa, embora o art. 319 do CPC também possa ser aplicado aos JECs.

## 11. REPRESENTAÇÃO DE PESSOA FÍSICA

Não há representação de pessoa física no sistema dos Juizados Especiais Cíveis. Se a lei exige o comparecimento pessoal do autor (art. 51, I) e do réu (art. 20) e não prevê forma para sua representação, então ela não é possível. Veja que o legislador assim agiu para que, com a presença das próprias partes, fosse facilitada a conciliação. Além disso, é regra a colheita do depoimento pessoal das partes na audiência de instrução e julgamento, na busca da verdade real, dispensada intimação especial para esse fim. A ausência não poderá ser suprida pela presença do advogado ou de procurador. Portanto, não comparecendo o autor, temos a extinção sem julgamento de mérito e, não comparecendo o réu, a revelia.

Excepcionalmente, tem-se admitido que pessoas com grave dificuldade de locomoção ou que estejam internadas em hospital deixem de comparecer aos atos processuais, visto que são capazes, mas sua peculiar situação médica não indica que sejam trazidas a audiências. Negar a jurisdição justamente a pessoas mais fragilizadas contraria o espírito da lei. Assim, nada obsta que, se o caso dispensar a colheita do depoimento pessoal, a ação possa ser proposta no JEC.

## 12. O ADVOGADO NO SISTEMA DO JEC

Embora o sistema tenha sido concebido para que seu funcionamento prescindisse da figura do advogado, temos que sua participação sempre foi bem-vinda e consequentemente desejável. Se a Lei nº 7.244 permitia amplamente a postulação sem advogado, a Lei nº 9.099, ao ampliar o teto de alçada, estabeleceu que nas causas entre 20 e 40 salários-mínimos a assistência é obrigatória.

Daí tiramos algumas conclusões: que o teto de alçada para postulações sem advogado foi mantido em 20 salários-mínimos, considerando ter havido renúncia legal a esse limite com a propositura da ação. A obrigatoriedade da assistência faz-se desde o início da ação, não havendo possibilidade de ampliação desse teto a partir da entrada do advogado na causa.

Num primeiro momento, na década de 1980 assistimos à luta da Ordem dos Advogados do Brasil contra o sistema dos Juizados, entendendo que ele restringiria seu mercado de trabalho. O que se assistiu foi exatamente o contrário: como as causas do Juizado inicialmente eram aquelas que não chegavam à Justiça, não houve decréscimo no trabalho dos advogados. Num segundo momento, mesmo nos casos de assistência facultativa, muitos demandantes procuravam se servir do trabalho dos advogados, o que ampliou o mercado de trabalho. Graças à obrigatoriedade de nomear advogado para a parte contrária, cresceu também o trabalho dos advogados na Defensoria Pública e nos convênios entre esta e a OAB. Também, o crescimento do número de demandas envolvendo relações de consumo, em que são rés grandes corporações que contam com departamento jurídico organizado ou defesa de grandes escritórios de advocacia, representou também o crescimento da utilização dos profissionais nomeados pelos convênios em favor das pessoas físicas.

É importante ressaltar que a nomeação de advogados em favor de uma parte, quando a parte contrária esteja representada por advogado, embora realizada pela Defensoria Pública, não implica na análise da condição econômica da parte, mas de sua situação processual de desassistido de defesa técnica. Decorre, portanto, do princípio constitucional que abriga a conceituação do *devido processo legal*, e não se insere na órbita da assistência judiciária.

No Estado de São Paulo, a partir do final da década de 1990, foram criados os anexos acadêmicos, isto é, postos de atendimento e processamento das ações dos juizados nas próprias Faculdades, contando com funcionários, professores e alunos de cada instituição. Essa iniciativa formou uma geração inteira de profissionais do direito junto ao sistema dos JECs. Esses profissionais, depois de formados e com larga experiência quanto ao funcionamento do sistema, passaram a demandar por seus clientes diretamente nos Juizados, cujas facilidades de processamento lhes eram bastante conhecidas. Assim, houve uma explosão da demanda nos números antes mencionados.

Some-se a isso o fato de que os recursos somente podem ser manejados por advogados, o que leva, não raramente, à contratação de profissionais para interposição ou apresentação de contrarrazões a recursos inominados.

Assim, ao contrário da expectativa inicial, os Juizados desde cedo representaram um acréscimo no mercado de trabalho dos advogados e não uma limitação. Para facilitar o patrocínio, a lei previu a dispensa da procuração escrita, a qual seria substituída por mera declaração da parte nos autos do processo. O recolhimento da verba referente à carteira da previdência dos advogados não está dispensada, contudo, não há apenas necessidade de sua juntada aos autos.

Por fim, vale dizer que a possibilidade daquele desassistido por advogado contar com tal assistência diante do patrocínio por advogado pela parte contrária ou de sua posição como pessoa jurídica (ainda que desassistida) é uma faculdade, não é uma imposição legal. Em outras palavras, a parte pode dispensar a representação pelo advogado oferecido pelo juízo. Como os Juizados cuidam de causas simples, uma pessoa que tenha um pouco mais de preparo intelectual pode estar apta a defender seu ponto de vista. Inúmeros casos já passaram pelos Juizados em que a parte bem desempenhou essa função, acabando por ser bem-sucedida em sua pretensão, mesmo sem a assistência de um profissional.

**Art. 10. Não se admitirá, no processo, qualquer forma de intervenção de terceiro, nem de assistência. Admitir-se-á o litisconsórcio.**

Pois bem, a Lei dos Juizados Especiais também procurou impedir a criação de novas lides a partir da lide original, primeiro pela dificuldade do leigo em manejar esse tipo de confronto e ainda para que não houvesse motivo para atrasos na prestação jurisdicional. Veja que o litisconsórcio não é vedado, já que, ainda que haja pluralidade de autores ou réus, estes, em princípio, são indicados desde a petição inicial, o que não provoca atrasos. Contudo, vale mencionar que não está proibida a substituição processual.

Também não há óbice de per si à exclusão de um dos réus sem necessidade de anuência do outro. Essa situação ocorre com frequência em casos em que um dos réus é revel e o autor pede a exclusão do outro réu para garantir a condenação nos termos do art. 20 da Lei. O que permitirá essa exclusão ou não é a natureza do litisconsórcio. Se ele for facultativo, não há problema, até porque o autor poderia ter demandado apenas contra um deles. E não cabe ao revel se opor a essa exclusão, sendo certo que cabe ao autor escolher os componentes do polo passivo da ação. O problema ocorre quando se trata de litisconsórcio necessário, pelo qual, se excluída uma das partes, a ação em relação à outra deverá ter o mesmo destino (art. 47 do CPC), o que certamente levará à extinção do processo sem julgamento do mérito.

Um dos casos mais comuns de intervenção de terceiros que, em tese, poderia ocorrer no Juizado seria aquele previsto no art. 70, III, do CPC, da denunciação da lide da seguradora do ofensor. Embora fosse comum a propositura de ações envolvendo acidentes automobilísticos no Juizado, o réu acabava sem poder utilizar sua garantia contratual, o que lhe impunha a propositura de nova lide contra a seguradora. Por seu turno, o autor também acabava demandando contra parte que nem sempre contava com liquidez para cumprir a condenação.

Assim, quando a jurisprudência do Superior Tribunal de Justiça passou a aceitar a propositura de lide diretamente contra a seguradora do ofensor, o óbice à apresentação desse tipo de demanda foi superado, o que permitiu a resolução da lide num único processo[9].

**Art. 11. O Ministério Público intervirá nos casos previstos em lei.**

Considerando que o procedimento do Juizado Especial Cível é dirigido primordialmente a pessoas físicas capazes, fica difícil imaginar situações em que o Ministério Público deva atuar. Contudo, ainda que muito raramente, elas acabam ocorrendo, o que vale o comentário.

## 13. FUNDAÇÕES

O art. 66 do Código Civil dispõe que o Ministério Público fiscaliza a atuação das fundações. Embora a fundação não possa ser autora da ação, pode ser ré, o que, no mais das vezes, ocorre em discussões que envolvem o cumprimento de contratos educacionais, em que se questiona o valor de mensalidades. Tratando-se de questão meramente contratual, afasta-se a competência da Justiça Federal[10], o que permite a intervenção do Juizado nas causas previstas no art. 3º da Lei.

9. Em relação à legitimidade da seguradora do ofensor em ação diretamente proposta pela vítima, confira-se: O terceiro beneficiário, ainda que não tenha feito parte do contrato, tem legitimidade para ajuizar ação direta contra a seguradora, para cobrar a indenização contratual prevista em seu favor (REsp 401.718/PR, (2001/0188298-0), rel. Min. Sálvio de Figueiredo Teixeira, 4ª Turma, j. em 03/09/2002, *DJU*, 24/03/2003, p. 228).
10. Nesse sentido é a posição do Superior Tribunal de Justiça: "A competência cível da Justiça Federal é definida *ratione personae*, por isso que a ausência da União, entidade autárquica ou empresa pública federal, em de qualquer dos polos da relação processual, como na hipótese *sub examine*, onde as ações de repetição de indébito ajuizadas por ex-alunos em face da instituição de ensino superior, evidentemente, não revela exercício de função federal delegada, o que conduz à impossibilidade de apreciação da lide pela Justiça Federal" (Conflito de Competência nº 48609/MS, (2005/0057155-5) rel. Min. Luiz Fux, Primeira Seção, j. em 14/05/2008, publ. no *DJE* de 09/06/2008).

Contudo, o Ministério Público de São Paulo, invocando o ato administrativo da PGJ e CGMP nº 313, de 2003, vem deixando de se manifestar, entendendo que não há interesse público que justifique sua atuação, segundo o art. 129 da Constituição Federal. Como a questão é polêmica, é interessante fazer a ressalva.

## 14. HABILITAÇÃO DE HERDEIROS MENORES

A situação é a seguinte: originalmente autor ou réu são pessoas físicas capazes e no curso do processo um deles morre, deixando herdeiros incapazes. Trata-se de um caso de sucessão processual, no qual, em nosso entender, se ainda não tiver sido proferida sentença, o processo deve ser extinto com base no art. 51, IV, da Lei nº 9.099/1995.

Mas imagine que ocorreu o seguinte: a ação foi julgada procedente no Juizado, o devedor já depositou a condenação e antes do levantamento o credor morre, deixando herdeiros menores. Essa situação aconteceu de fato no Juizado Cível Central da Capital de São Paulo. Parece razoável extinguir o feito na fase de execução e mandar o *devedor* levantar o dinheiro? Assim, em casos como esses, em que se procura defender o próprio interesse do menor, não há problema em ouvir o Ministério Público para que, junto com o representante do espólio, possam manifestar-se quanto à quitação, extinguindo posteriormente o feito pelo art. 794, I, do CPC, e encerrando definitivamente a lide.

## 15. LIQUIDAÇÃO EXTRAJUDICIAL

Também não é incomum que em discussões contratuais o réu esteja em liquidação extrajudicial. Inicialmente, tem-se entendido que não há qualquer óbice a sua permanência no polo passivo até que se constitua o título judicial, conforme já mencionamos anteriormente. O Ministério Público de São Paulo tem entendido que é dispensável sua participação no feito, pelos mesmos motivos já comentados quanto às fundações.

Veja que a situação não é a mesma da massa falida, da qual existe vedação expressa no rol do art. 8º, lembrando que quanto a este cabe interpretação na forma do art. 5º da LICC.

Alcides Leopoldo e Silva Junior*

5

# Arts. 12 e 13

**Art. 12. Os atos processuais serão públicos e poderão realizar-se em horário noturno, conforme dispuserem as normas de organização judiciária.**

Consoante a lição de José Frederico Marques, o processo "é um meio de composição de litígios, ou conjunto de atos destinados à aplicação do direito objetivo a uma situação contenciosa"[1].

A composição dos conflitos é função do Estado, que a exerce, em regra, mediante provocação do interessado através da ação, pelo exercício da jurisdição, que consiste no poder-dever de dizer qual a lei aplicável ao caso concreto e de tornar efetivo o cumprimento da decisão. Assim, o processo, para que haja a solução da lide, desenvolve-se em uma sucessão de atos coordenados, sendo o procedimento "o modo e a forma por que se movem os atos do processo"[2].

Os autos se compõem de atos e termos. O termo é a certificação pelo funcionário do Poder Judiciário da realização de um ato processual. São exemplos de termo processual os termos de juntada, vista e conclusão[3], o auto de penhora, o auto de leilão, as certidões que forem lançadas, como a informação ao juiz da intempestividade do recurso inominado, o termo de apensamento etc.

Os atos processuais são os que têm relevância para a relação processual, desde a propositura da ação, sua contrariedade, a movimentação do processo, produção de provas, até a sua extinção. Consistem em atos das partes, dos auxiliares da justiça e dos juízes de qualquer instância.

* Juiz de Direito em São Paulo, foi membro do Colégio Recursal Unificado dos Juizados Especiais de São Paulo. Mestre em Direito na área de Direito Obrigacional Público e Privado pela Unesp. Docente formador e instrutor da Escola Paulista da Magistratura – EPM. Ex-docente em Direito Processual Civil na Universidade Paulista – Unip, campus Ribeirão Preto, e ex-docente em Teoria Geral do Processo na Faculdade de Direito do COC – Ribeirão Preto.

1. Marques, José Frederico. *Instituições de direito processual civil.* 1. ed., v. I. Campinas: Millennium, 2000, p. 1. 5v.

2. Santos, Moacyr Amaral. *Primeiras linhas de direito processual civil.* 20. ed., v. 2. São Paulo: Saraiva, 1999, p. 83, 3v.

3. "O ato pelo qual a causa fica sujeita à decisão do juiz". Monteiro, João. *Theoria do Processo Civil e Commercial,* 2. ed., v. 2. São Paulo: Duprat & Comp., 1905, p. 18-19.

Atos das partes são a petição inicial, a contestação, o pedido contraposto, os requerimentos, as declarações unilaterais ou bilaterais de vontade, como a renúncia e a transação, a apresentação do rol de testemunhas, o recolhimento das despesas do processo, os recursos etc.

Atos dos auxiliares da justiça consistem desde os atos dos funcionários do Poder Judiciário, registrando a petição inicial, numerando as folhas, lavrando termos, elaborando editais e cálculos, citando e intimando as partes e testemunhas, penhorando e removendo objetos, juntando e fazendo vista obrigatória independentemente de despacho (art. 162, § 4º, do CPC), bem como as conciliações pelos conciliadores, o laudo arbitral e os demais atos praticados por aqueles que, servidores ou não, prestam serviços à administração da justiça no âmbito dos autos.

Os atos dos juízes togados vão desde os que se destinam à mera movimentação do processo, impulsionando-o, ou que decidem questões incidentais e sanam nulidades, até os que põem termo ao processo, classificando-se em sentenças, decisões interlocutórias, despachos (art. 162, CPC), acórdãos (art. 163, CPC) e decisões monocráticas (art. 557, CPC).

Esta enumeração não é exaustiva. Como lembra Moniz de Aragão[4], "Exemplos disso são a inquirição das partes e testemunhas (arts. 413 e 344), a inspeção judicial (arts. 440/443) ou o exame e interrogatório do interditando (art. 1.181), os quais são atos do juiz, evidentemente, mas não despachos, decisões interlocutórias ou sentenças".

Joel Dias Figueira Júnior e Maurício Antonio Ribeiro Lopes[5] ainda recordam que são outros atos do juiz supervisionando a instrução dirigida por Juiz leigo (art. 36 desta Lei), propondo a conciliação (arts. 125, IV, CPC; arts. 17, 21, 22, 53, § 1º, todos desta Lei), apresentando às partes os pontos controvertidos da demanda, sobre os quais incidirá a prova (art. 451, CPC), procedendo direta e pessoalmente à colheita das provas (art. 28 desta Lei), exortando as partes, seus advogados e Ministério Público a discutirem a causa com elevação e urbanidade (art. 446, III, CPC) etc.

Todas as decisões serão fundamentadas, sob pena de nulidade (art. 93, IX, da CF), não contrariando a norma a fundamentação sucinta ou quando a sentença é mantida por seus próprios fundamentos pela Turma Recursal[6], dispensando-se, porém, justificativa em relação a despachos de mero expediente, com caráter meramente ordinatório, como a ciência da juntada de documento novo, ou a determinação de intimação das partes para a data designada para a audiência.

---

4. Aragão, Egas Dirceu Moniz de. *Comentários ao Código de Processo Civil*. 1. ed., v. II. Arts. 154-269. Rio de Janeiro: Forense, 1974, p. 37, 8v.

5. Figueira Júnior, Joel Dias. *Comentários à Lei dos Juizados Especiais Cíveis e Criminais*: Lei nº 9.099, de 26/09/1995/ Joel Dias Figueira Júnior e Maurício Antonio Ribeiro Lopes. 3. ed., São Paulo: RT, 2000, p. 221-222.

6. (AI 664.641-ED, rel. Min. Cármen Lúcia, j. em 16/09/2008, *DJE* de 20/02/2009). No mesmo sentido: AI 734.425-AgR, rel. Min. Eros Grau, j. em 24/03/2009, 2ª Turma, *DJE* de 17/04/2009.

Os atos processuais são públicos (art. 155, CPC), bem como os julgamentos, mas nada impede que o processo, se o exigir o interesse público, corra em segredo de justiça, restringindo-se a publicidade dos atos às partes e seus advogados.

A possibilidade de realização das audiências em horário noturno ou fora da sede da Comarca, em bairros ou cidades a ela pertencentes, ocupando instalações de prédios públicos, de acordo com audiências previamente anunciadas, foi fundamental para o sucesso dos Juizados Especiais, por propiciar ao trabalhador o comparecimento para a formulação do seu pedido ou à audiência sem prejuízo do seu laboro, e em local mais próximo da sua residência, independentemente da existência de unidade do Poder Judiciário, como escolas, igrejas, clubes, sem a suntuosidade dos Tribunais e dos Fóruns que muitas vezes intimidam o cidadão comum.

No Estado de São Paulo, conforme o Provimento CSM nº 1.670/2009, o Juizado Informal de Conciliação (JIC), o Juizado Especial Cível (JEC), o Juizado Especial Cível e Criminal (JECC), o Juizado Especial Criminal (JECRIM) e as Varas de Juizados Especiais funcionarão de segunda a sexta-feira, com atendimento ao público nos Ofícios de Justiça de primeira instância e nos Cartórios de segunda instância no período das 12h30 às 19 horas, nos dias de expediente forense, e aos advogados regularmente inscritos nos Quadros da Ordem dos Advogados do Brasil, a partir das 9 horas, e aos estagiários de Direito regularmente inscritos nos quadros da Ordem dos Advogados do Brasil, o atendimento terá início a partir das 10 horas.

Excepcionalmente, ouvido o Conselho Supervisor, o Conselho Superior da Magistratura poderá autorizar o funcionamento dos Juizados aos sábados, domingos e feriados, bem como autorizar horário diverso de funcionamento.

O Juizado Itinerante consistente em unidade móvel, como ônibus, van, barco ou qualquer outro veículo adaptado ao atendimento e realização de audiências, destina-se à realização de trabalhos fora da sede do Juízo e juntamente com os Anexos dos Juizados Especiais, em especial os Anexos Acadêmicos, instalados em Instituições de Ensino, têm sido instrumentos preponderantes na prestação do serviço jurisdicional à população carente e ao acesso à Justiça, uma vez que além da elaboração dos pedidos cujas audiências serão realizadas no mesmo local em data posterior, há a orientação e encaminhamento dos pedidos incompatíveis à Defensoria Pública ou órgão competente.

**Art. 13. Os atos processuais serão válidos sempre que preencherem as finalidades para as quais forem realizados, atendidos os critérios indicados no art. 2º desta Lei.**
**§ 1º Não se pronunciará qualquer nulidade sem que tenha havido prejuízo.**
**§ 2º A prática de atos processuais em outras comarcas poderá ser solicitada por qualquer meio idôneo de comunicação.**

**§ 3º Apenas os atos considerados essenciais serão registrados resumidamente, em notas manuscritas, datilografadas, taquigrafadas ou estenotipadas. Os demais atos poderão ser gravados em fita magnética ou equivalente, que será inutilizada após o trânsito em julgado da decisão.**
**§ 4º As normas locais disporão sobre a conservação das peças do processo e demais documentos que o instruem.**

## 1. VALIDADE DOS ATOS PROCESSUAIS

Todos os atos processuais devem ser materializados de forma a ser preservados para serem conhecidos pelas partes e juízes de todas as instâncias, mas o formalismo não pode ser empecilho à consecução principal do processo que é a composição da lide.

Todo processo é formal em maior ou menor extensão, pois a forma é garantia às partes na busca da solução judicial que lhes favoreça, ainda que deva ser evitado o rigor formal.

São alguns dos princípios que regulam a forma dos atos processuais, conforme a lição de Moacyr Amaral Santos[7], o **princípio da liberdade das formas**, pelo qual os atos processuais podem ser praticados pela forma mais idônea à obtenção da sua finalidade; o **princípio da instrumentalidade das formas**, que significa que "as formas não têm valor intrínseco próprio, mas são estabelecidas como meio para atingir a finalidade do ato"; o **princípio da documentação**, no sentido de que todos os atos devem ser reduzidos a escrito, mesmo que praticados oralmente, e o **princípio da publicidade dos atos processuais**, dispondo a Constituição Federal que *"a lei só poderá restringir a publicidade dos atos processuais quando a defesa da intimidade ou o interesse social o exigirem"* (art. 5º, LX) e que *"todos os julgamentos dos órgãos do Poder Judiciário serão públicos, e fundamentadas todas as decisões, sob pena de nulidade, podendo a lei limitar a presença, em determinados atos, às próprias partes e a seus advogados, ou somente a estes, em casos nos quais a preservação do direito à intimidade do interessado no sigilo não prejudique o interesse público à informação"* (art. 93, IX).

Sendo as audiências gravadas ou filmadas e facultada às partes a reprodução da gravação ou da filmagem, não há necessidade da degravação que importa em dispêndio de tempo e dinheiro, sendo incompatível o disposto no art. 44 da Lei nº 9.099/1995 com os princípios da celeridade e da simplicidade, uma vez que se a transcrição for feita por funcionário do Cartório, ficará comprometido em detrimento de outros afazeres e o prazo para recurso deveria ser obstado enquanto não apresentada a documentação da gravação, sendo mais adequado que o interessado forneça uma fita magnética, CD ou DVD e o funcionário faça a reprodução.

7. Santos, Moacyr Amaral. *Primeiras linhas de direito processual civil*, cit., 20. ed., v. 1, p. 281.

Diante da quantidade dos serviços forenses, dificilmente será possível cumprir-se o disposto no item 19.2 do Provimento CSM nº 1.670/2009, no sentido de que, requerida a reprodução dos atos gravados em audiência, "Esta providência, sem implicar suspensão do curso dos prazos, será concluída pela serventia em até 5 (cinco dias)", e inevitavelmente resultará na devolução do prazo para recurso ou contrarrazões.

Os atos processuais devem ser praticados de forma simples, informalmente, visando a economia processual e a celeridade na consecução de sua finalidade.

Não se pronunciará qualquer nulidade sem que tenha havido prejuízo (*pas de nullité sans grief*). Este dispositivo é consentâneo com o princípio da instrumentalidade das formas e deve-se aplicar a qualquer espécie de nulidade, seja relativa ou absoluta, que deve ser conhecida de ofício, uma vez que a nulidade somente deve ser reconhecida, se efetivo o prejuízo, com a prática ou reprodução dos atos que forem necessários.

A nulidade processual sempre deve ser reconhecida pelo juiz, não havendo nulidade de pleno direito como no direito civil.

Exceção à regra da obrigatoriedade da manifestação judicial, apontada por Pedro da Silva Dinamarco[8], está contida no art. 39 da Lei dos Juizados Especiais, segundo o qual: "É ineficaz a sentença condenatória na parte que exceder a alçada estabelecida nesta Lei. Ou seja, essa sentença não produz qualquer efeito, independentemente de decisão judicial a respeito, na parte que exceder a quarenta salários-mínimos. É automática a ineficácia".

## 2. A PRÁTICA DE ATOS PROCESSUAIS EM OUTRAS COMARCAS

É inconcebível no processo do JEC a prática de atos no exterior por meio de expedição de carta rogatória, por contrariar o princípio da celeridade. Porém, há expressa previsão para a prática de atos processuais em outra comarca, inclusive de outros Estados da federação, que poderá ser solicitada por qualquer meio idôneo de comunicação.

Para a citação ou intimação, a carta com aviso de recebimento em mão própria é o meio mais comum e, tratando-se de pessoa jurídica ou firma individual, basta a entrega ao encarregado da recepção, que será obrigatoriamente identificado (art. 18, II, Lei nº 9.099/1995).

A carta precatória poderá ser expedida por telegrama ou radiograma, com observância do disposto no art. 206 do CPC, com a declaração, pela agência expedidora, de estar reconhecida a assinatura do juiz, sendo importante que os Tribunais prevejam e regularizem a possibilidade da expedição das cartas precatórias por

8. Dinamarco, Pedro da Silva. *Código de Processo Civil Interpretado*. Coord. Antonio Carlos Marcato, 3. ed. São Paulo: Atlas, 2008, p. 711.

meio da Intranet, que consiste numa rede interna de *Internet*, pela qual é possível transmitir-se documentos com segurança e assinados digitalmente, sendo mais ágil e econômico que a utilização do Correio.

Nas comarcas contíguas, de fácil comunicação, e nas que se situem na mesma região metropolitana, o oficial de justiça poderá efetuar citações ou intimações em qualquer delas (art. 230, CPC).

## 3. REGISTRO DOS ATOS ESSENCIAIS

Consoante o Provimento CSM nº 1.670/2009, nos Ofícios de Justiça não informatizados ou que, apesar de informatizados, não estejam integrados ao sistema informatizado oficial, será elaborado um fichário por nome do autor ou exequente do título extrajudicial (fichário geral), o qual conterá o número do processo (item 21).

Apenas os atos considerados essenciais serão registrados resumidamente, em notas manuscritas, datilografadas, taquigrafadas ou estenotipadas.

O pedido inicial quando feito oralmente será reduzido a escrito (art. 14, § 3º, Lei nº 9.099/1995), mas nada impede que a contestação, o pedido contraposto e sua resposta sejam gravados, pois apresentados em audiência, na qual partes, testemunhas e técnicos da confiança do juiz têm seus depoimentos gravados, assim como os embargos do devedor, uma vez frustrada a conciliação.

Os atos de citação, intimação e penhora serão escritos.

A sentença, ainda que proferida oralmente e gravada, deverá ser transcrita, bem como será escrito o recurso inominado (art. 42, Lei nº 9.099/1995), e consequentemente as contrarrazões, e o julgamento em segunda instância constará apenas da ata, com a indicação suficiente do processo, fundamentação sucinta e parte dispositiva, mas se a sentença for confirmada pelos próprios fundamentos, a súmula do julgamento servirá de acórdão (art. 46, Lei nº 9.099/1995).

Por escrito serão também as exceções de suspeição e impedimento do juiz (art. 30, Lei nº 9.099/1995), podendo ser oral tais exceções em relação aos conciliadores feitas na presença do juiz togado, que decidirá em seguida.

Os embargos de declaração oferecidos na audiência poderão ser apenas gravados.

O art. 417 do CPC faculta às partes a gravação dos depoimentos e no caso do Juizado Especial, dos demais atos praticados em audiência.

## 4. CONSERVAÇÃO DAS PEÇAS DO PROCESSO E DEMAIS DOCUMENTOS QUE O INSTRUEM

Cada Tribunal deve dispor quanto à conservação das peças processuais e documentação. No Estado de São Paulo, conforme o Provimento CSM nº 1.670/2009, encerrado o processo, os autos serão destruídos, exceto quando se tratar de ação penal condenatória, arquivando-se a ficha memória, depois da comunicação do resultado do feito ao distribuidor e da anotação da inutilização dos autos (item 30), destruindo-se os autos depois de decorridos 180 (cento e oitenta) dias do trânsito em julgado da sentença (item 30.2), se as partes não concordarem, com a destruição antes desse prazo, em que os interessados poderão pedir a restituição de documentos, e as fitas (item 20.2) serão reutilizadas após o trânsito em julgado.

Maria do Carmo Honório*

6

# Arts. 14, 15, 16 e 17

## Seção V
## Do pedido

**Art. 14. O processo instaurar-se-á com a apresentação do pedido, escrito ou oral, à Secretaria do Juizado.**
**§ 1º Do pedido constarão, de forma simples e em linguagem acessível:**
**I – o nome, a qualificação e o endereço das partes;**
**II – os fatos e os fundamentos, de forma sucinta;**
**III – o objeto e seu valor.**
**§ 2º É lícito formular pedido genérico quando não for possível determinar, desde logo, a extensão da obrigação.**
**§ 3º O pedido oral será reduzido a escrito pela Secretaria do Juizado, podendo ser utilizado o sistema de fichas ou formulários impressos.**

## 1. CONCEITOS

Conforme pode ser inferido das lições doutrinárias, o instrumento por meio do qual é expressa a pretensão do autor é a petição inicial, que, no sistema do Juizado Especial, deve ser elaborada com observância dos requisitos previstos no art. 14 da Lei nº 9.099/1995.

É verdade que o legislador não foi feliz na redação desse dispositivo legal, equivocando-se quanto aos termos técnicos, mas é verdade também que os aplicadores do Direito entenderam o seu sentido e fizeram a interpretação correta.

De fato. Não é difícil perceber que a palavra *pedido,* inserida na redação do art. 14 da Lei Especial, em algumas passagens, não está tecnicamente bem empregada, significando, na verdade, *petição inicial.*

* Juíza de Direito em São Paulo, titular da 1ª Vara do Juizado Especial Cível da Comarca de Campinas, foi membro do Colégio Recursal Unificado dos Juizados Especiais de São Paulo. Mestre em Direito das Relações Sociais pela PUC/SP, especialista em Direito Constitucional pela PUC/SP. Docente formadora e instrutora da Escola Paulista da Magistratura – EPM, Presidente do Conselho Editorial da Revista dos Juizados Especiais do Brasil. Integrante da Comissão Consultiva do FONAJE.

Aliás, os próprios conceitos das expressões autorizam esse entendimento, a saber: petição inicial é ato praticado pelo autor que *introduz a causa em Juízo*, enquanto pedido é o seu *núcleo essencial* [1], que expressa o bem jurídico pretendido.

Não se pode deixar de considerar, ainda, que *pedido* é um dos elementos da ação, que é apresentado também como um dos requisitos da petição inicial.

Esse entendimento encontra respaldo na doutrina nacional: José Rogério Cruz e Tucci afirma que "o art. 14 da Lei nº 9.099/1995, confundindo ostensivamente pedido com o suporte material em que aquele vem especificado (petição inicial ou termo lavrado pela secretaria), preceitua que o processo inicia-se com a apresentação da pretensão, por escrito ou verbalmente, à Secretaria do Juizado"[2].

Marcos Afonso Borges, por sua vez, afirma: "a lei 9.099 empregou termo técnico *pedido*, que significa demanda, aquilo que o sujeito ativo deseja do passivo, ao invés de processo e de petição inicial"[3].

Estabelecido o verdadeiro sentido do dispositivo legal, o que importa é ressaltar que, no sistema do Juizado Especial, a petição inicial deve atender aos requisitos previstos no § 1º do art. 14 da Lei nº 9.099/1995 e não no art. 282 do Código de Processo Civil.

Quando opta pelo procedimento sumaríssimo, a parte já deve ter em mãos a lei especial, servindo-se do Código de Processo Civil apenas subsidiariamente.

## 2. REQUISITOS DA PETIÇÃO INICIAL

### 2.1. Forma e linguagem

A petição inicial, pelo que se infere do § 1º do art. 14, deve ser simples, redigida de maneira sucinta e em linguagem vernácula acessível, devendo também ser assinada pelo próprio autor, nas hipóteses em que está autorizado pela lei, ou pelo advogado regularmente constituído.

A redação longa e sofisticada não é compatível com os critérios do Juizado Especial. O recomendável é que o texto da petição inicial, conforme já mencionado, seja simples e direto e que o pensamento seja expresso sem obscuridade. Isso facilita a compreensão, proporcionando rapidez no desenvolvimento dos trabalhos.

Para tanto, vale seguir a lição do poeta francês Paul Valery: *entre duas palavras, escolha sempre a mais simples; entre duas palavras simples, a mais curta*. Devem ser evitadas, portanto, citações excessivas, transcrições de textos de lei, comentários óbvios e desnecessários, bem como exageros que não encontram respaldo nas provas.

A transcrição de textos doutrinários e de jurisprudência na petição inicial, por

1. Cf. Vicente Greco Filho, *Direito Processual Civil Brasileiro*, São Paulo: Saraiva, 2º v., 10. ed., p. 93-98.
2. Contornos da "Causa Petendi" da Demanda Civil Perante o Juizado Especial. *Revista do Advogado*, nº 50, p. 28.
3. Borges, Marcos Afonso, Juizados Especiais Cíveis – Algumas incongruências da Lei nº 9.099/1995 com referência aos JEC. *Revista Jurídica*, ano XLIV, nº 222, p. 143.

exemplo, dá ensejo a uma contestação muito longa, pois o réu, em geral, transcreve a doutrina e jurisprudência no sentido contrário. Daí, *o fácil torna-se difícil, graças ao inútil*, como já é da sabedoria popular.

Por isso, é importante o estudo e planejamento do texto inicial, com cuidado inclusive para não se dar munição à parte contrária.

Neste sentido é a lição do Desembargador Alexandre Germano:

> ...quando se trata de texto jurídico ou processual (p. ex. sentença, razões de apelação, contrarrazões, memoriais), o planejamento é indispensável, para que a redação resulte precisa, bem resolvida mas "enxuta", sem excessos nem omissões[4].

Na petição inicial, então, os fatos e os fundamentos devem ser expostos de forma sucinta, de tal maneira que, se assim não for, o juiz poderá até indeferi-la de plano e, nesse caso, seu ato não implicará em negativa de acesso à justiça, pois esse é justamente o diferencial entre o procedimento comum ordinário e o especial sumaríssimo. Como a opção é do autor, se ele ou seu advogado quiser fazer uma petição com linguagem rebuscada, cheia de citações doutrinárias e jurisprudenciais (*que, na petição inicial, quase sempre são inúteis*), pode fazê-lo, mas deve distribuí-la perante a Justiça Comum. Se optar pelo procedimento sumaríssimo do Juizado Especial, deve elaborar a peça inicial de forma sucinta, conforme determina o art. 14, § 1º, inciso II, em comentário.

A propósito, escrever com simplicidade e clareza, nos dias de hoje, é uma arte que deve ser cultivada, porquanto já apreciada pelos leitores, sobretudo pelos aplicadores da lei.

É indispensável, assim, que o advogado, ou defensor público, na elaboração da petição inicial, observe os critérios estabelecidos na Lei nº 9.099/1995, para que possa prestar um serviço adequado.

Temos aqui a chance de construir um modelo processual simplificado e concentrado, que seja adequado à nossa realidade. Numa sociedade de consumo em massa e tecnologia avançada, na qual as transformações são constantes, o ideal é que os conflitos de interesses também sejam solucionados rapidamente, para que se possa garantir a efetividade do direito, e isso só é possível com a colaboração de todos os sujeitos da relação jurídica processual.

## 2.2. Qualificação das partes

Os nomes e endereços são essenciais para identificação dos sujeitos da relação jurídica processual e também para conferência da competência do Juízo e da adequação do procedimento, uma vez que a Lei nº 9.099/1995 impõe restrições quanto às partes, que constituem um dos elementos da ação, e veda citação por edital.

4. *Informativo InterAÇÃO* – Escola Paulista da Magistratura, nº 33, dez. 2002.

A legitimidade de parte também é de fundamental importância, por se tratar de uma das condições da ação, de tal modo que, se a ilegitimidade for manifesta, a solução será o indeferimento da petição inicial, por ser inviável o desenvolvimento do processo.

O endereço deve ser indicado e mantido atualizado, pois, nos termos do § 2º do art. 19, na ausência de comunicação do novo endereço, reputam-se eficazes as intimações enviadas ao local anteriormente indicado. Além disso, é dever da parte comparecer pessoalmente a Juízo sempre que for determinado e, para isso, é necessária a indicação do lugar onde pode ser localizada.

Na qualificação das partes devem ser indicados ainda, se conhecidos, o estado civil, para aferição de necessidade de outorga uxória, o que, todavia, não é usual no Juizado Especial, e a profissão, importante para definição de aspectos da citação, como no caso de militar.

Outrossim, sempre que possível, deve ser indicado o número do CPF ou CNPJ, o que facilita a identificação de ações anteriores idênticas ou semelhantes entre as mesmas partes. O número no cadastro da Receita Federal também costuma ser bastante útil por ocasião do cumprimento da sentença, pois, com esses dados, podem ser feitas pesquisas de bens, inclusive de ativos financeiros, pelo sistema informatizado.

A pessoa jurídica, em qualquer posição que estiver, deve demonstrar a regularidade de sua constituição e representação, sob pena de sujeitar-se às sanções legais. Se for ré e não estiver regularmente representada, sujeitar-se-á aos efeitos da revelia, uma vez que será considerada ausente. Se for autora, a empresa deve instruir a petição inicial com comprovantes de sua constituição legal e natureza jurídica e regularidade do negócio, sob pena de indeferimento liminar.

Neste sentido dispõe o Enunciado nº 2 do I Fórum de Juizados Especiais do Estado de São Paulo (FOJESP), realizado nos dias 21 e 22 de agosto de 2009, a saber:

> O acesso da microempresa ou empresa de pequeno porte no sistema dos Juizados Especiais depende da comprovação de sua qualificação tributária e documento fiscal referente ao negócio jurídico.

Erros materiais simples na qualificação das partes, se não causarem prejuízo, não implicam em nulidade.

## 2.3. Fatos e fundamentos

Diferentemente do que dispõe o art. 282, III, do Código de Processo Civil, o art. 14, § 1º, II, da Lei Especial não utiliza a expressão "jurídicos" quando se refere aos fundamentos do pedido, justamente porque o objetivo é facilitar o acesso à justiça do cidadão comum, que não tem conhecimentos técnicos.

Não se pode olvidar que, nas causas de até vinte salários-mínimos, a peça inicial pode ser até consubstanciada em termo lavrado pela Secretaria do Juizado, que traduza a pretensão apresentada oralmente pelo autor que não tenha assistência de advogado. Dessa forma, não há mesmo a necessidade de enquadramento técnico-jurídico e nem de citação de lei, que deve ser de conhecimento do magistrado. Basta que seja exposto "o fato que gera o direito do autor e a obrigação do réu"[5].

Os fatos e os fundamentos do pedido devem ser narrados, então, de forma sucinta, clara e objetiva, e numa sequência lógica que leve a um pedido certo e líquido. Esses elementos constituem a *causa de pedir*, que não pode ser alterada após a citação do réu, salvo com o consentimento deste, pois ela, em conjunto com o pedido, "dá os limites objetivos dentro dos quais será dado o provimento jurisdicional"[6].

É importante considerar ainda que é da exposição do fato e dos fundamentos que devem transparecer as demais condições da ação, que são a possibilidade jurídica do pedido e o interesse de agir.

Não é possível, portanto, desenvolver atividade jurisdicional adequada sem causa de pedir, e muito menos sem pedido. Faltando qualquer desses elementos, a petição inicial é inepta e deve ser indeferida.

O rigor da análise dessas questões, porém, deve ser abrandado quando a parte postular sem assistência de advogado, mas não a ponto de inviabilizar o direito de defesa do réu ou a prestação jurisdicional justa, pois a facilidade de acesso à justiça não implica em autorização para alteração da verdade, com o intuito de obter vantagem descabida.

Com fundamento nos critérios da simplificação e informalidade, então, a petição inicial deve ser simples e sucinta, mas suficientemente clara e inteligível, para que a parte contrária tenha condições de se defender e para que o juiz possa decidir. Facilitada a compreensão, o trabalho flui mais rapidamente.

Não se pode deixar de considerar que, nesse sistema, as peças são apreciadas em audiência, onde o juiz deve proferir o julgamento da lide. A petição inicial e a contestação longas impedem ou dificultam o julgamento no ato e não se pretende que o Juizado Especial passe a apresentar os mesmos problemas do Juízo Comum, como a saturação e a lentidão.

Daí a necessidade de adequação da postura do profissional do direito ao novo sistema. Somente com a prática de atos simplificados e rápidos sobra tempo para investimento na pacificação dos conflitantes, porquanto, se não houver acordo, o conflito, pelo menos juridicamente, será solucionado pela sentença do juiz.

---

5. Cf. Moacyr Amaral Santos, *Primeiras Linhas de Direito Processual Civil*, 2º v., 13. ed., p. 136.
6. Cf. Marcus Vinicius Rios Gonçalves, *Novo Curso de Direito Processual Civil*, São Paulo: Saraiva, 2009, 1º v., p. 333.

Enfim, a petição inicial simples e sucinta facilita a resposta do réu e proporciona um julgamento célere e seguro, pois, com um simples passar de olhos, o juiz entende qual é a pretensão do autor.

## 2.4. Objeto

O objeto nada mais é do que o pedido propriamente dito, ou seja, *é o que o autor pede*[7] ao Estado-Juiz, que deve resultar, de forma coerente, do fato e fundamentos expostos, sendo um dos elementos mais importantes da ação, pois delimita a extensão da sentença a ser proferida.

Por essa razão, não se pode perder de vista a lição do mestre Moacyr Amaral Santos, ou seja, é a petição inicial que determina o conteúdo da sentença[8-9]. Nela deve estar identificado o provimento jurisdicional pretendido, que é chamado pelos doutrinadores de *pedido imediato*, e o bem jurídico que se quer ver tutelado, que é conhecido como *pedido mediato*. É lógico que não se pode exigir que o cidadão leigo faça essa diferenciação, mas ele tem a obrigação de relatar os fatos e expor a sua pretensão com clareza, para que o juiz possa fazer o enquadramento jurídico da causa.

A propósito, a pretensão, sendo o *núcleo essencial*[10] da petição inicial, deve ser interpretada restritivamente, pois o sistema processual brasileiro não admite o chamado pedido *implícito*.

Essa regra, entretanto, não é absoluta, pois o juiz está investido do poder de pronunciar-se sobre acessórios que decorrem naturalmente de lei, de tal modo que podem ser entendidos como compreendidos no principal. Essa é a sábia conclusão do Prof. Cândido Rangel Dinamarco, que arrematou sua lição sobre o tema com a seguinte afirmação: "falar em *pedido implícito* é valer-se arbitrariamente de uma desnecessária ficção legal, porque basta reconhecer que todos esses são casos em que o pedido é dispensado, não havendo por que fingir que ele haja sido deduzido"[11].

É o caso, por exemplo, da correção monetária, que incide sobre qualquer débito resultante de decisão judicial, inclusive sobre custas e honorários advocatícios, por força da Lei nº 6.899/1981, e dos juros legais, previstos no Código Civil e objeto da Súmula 254 do Supremo Tribunal Federal, *in verbis*: "Incluem-se os juros moratórios na liquidação, embora omisso o pedido inicial ou a condenação".

É dispensável também pedido expresso para condenação do recorrente vencido em honorários advocatícios, em face do disposto no *caput* do art. 55 da Lei nº 9.099/1995.

7. Cf. Moacyr Amaral Santos, *Primeiras Linhas*..., cit., p. 136.
8. Ibid., p. 132.
9. No mesmo sentido é a lição de José Joaquim Calmon de Passos, a saber: "a inicial (...) é o projeto da sentença que se pretende obter. E na inicial o pedido é o projeto da conclusão que se deseja alcançar com a sentença do magistrado" (*Comentários ao Código de Processo Civil*, v. III, 6. ed., p. 214).
10. Cf. Vicente Greco Filho, ob. cit., p. 98.
11. *Instituições de Direito Processual Civil*, v. II, 5. ed., p. 138.

Enfim, "salvo as hipóteses legais específicas, o autor tem o ônus de pedir de modo explícito o reconhecimento ou satisfação dos direitos acessórios, isoladamente ou em cumulação com o principal, sob pena de sobre eles não poder o juiz manifestar-se em sentença de mérito (art. 293, *caput*, c/c arts. 128 e 460)"[12].

Se deve ser interpretado restritivamente, no Juizado Especial, então, quando o provimento jurisdicional for de natureza condenatória, o pedido deve ser líquido e certo, porque não é admitida sentença condenatória por quantia ilíquida. A vedação está expressa no parágrafo único do art. 38 da lei em questão e visa facilitar e agilizar a execução, pois, dessa forma, não há necessidade de liquidação, que, a propósito, nem foi prevista pelo legislador que criou ao sistema especial[13].

Ora, se a sentença condenatória deve ser sempre por quantia líquida, o pedido também deve ser sempre certo e determinado, com exceção da única hipótese de pedido genérico prevista no § 2º do artigo em questão.

Não apresentado pedido por quantia líquida, quando poderia sê-lo, a melhor solução é a extinção do processo sem análise do mérito, com fundamento no art. 51, II, da Lei nº 9.099/1995, ressalvado ao autor o uso das vias ordinárias para o exercício do seu direito. Isso não impede, entretanto, que ele reformule o pedido, adequando-o ao procedimento sumaríssimo.

É verdade que o legislador do Código de Processo Civil, ao qualificar o pedido, usou a conjunção alternativa "ou", estabelecendo que ele deve ser certo ou determinado, mas é verdade também que esta não é a redação mais apropriada. O mais adequado é a cumulação desses adjetivos, principalmente no Juizado Especial, onde a sentença condenatória, conforme já mencionado, deve ser por quantia líquida.

Nesse sentido é a lição do Prof. Marcus Vinicius Gonçalves, que, ao comentar o artigo 286 do referido Código, afirmou: "O uso da conjunção alternativa foi infeliz, porque ele deve ser as duas coisas. Certo é aquele que identifica o seu objeto, permitindo que ele seja perfeitamente individualizado; determinado é o pedido líquido, em que o autor indica a quantidade de bens que pretende haver"[14].

O Prof. Cândido Rangel Dinamarco também entende dessa forma, tanto que ele afirma que "o Código de Processo Civil exige que em princípio os pedidos sejam portadores do duplo predicado de *certeza* e de *liquidez* (quantificação)", destacando a letra *e* e explicando que o fato do art. 286 grafar certeza *ou* liquidez tem sido motivo para observações da doutrina[15-16].

12. Cf. Cândido Rangel Dinamarco, *Instituições de Direito Processual Civil*, v. II, p. 138.
13. Neste sentido manifestou-se Cândido Rangel Dinamarco: "Instituído para ser informal, ágil e muito célere (...) o processo dos juizados especiais cíveis não comporta as atividades da liquidação de sentença, em certa medida burocráticas" (*Instituições de Direito Processual Civil*, v. II, 5. ed., p. 122).
14. Ob. cit., p. 98.
15. *Instituições de Direito Processual Civil*, v. II, 5. ed., p. 120.
16. O professor Calmon de Passos, ao comentar o mencionado art. 286, manifestou-se no mesmo sentido: "Diz o artigo que o pedido deve ser certo ou determinado. Temos que ele deve ser certo e determinado. Não

O pedido ilíquido ou genérico é exceção à regra, podendo ser formulado apenas nas hipóteses previstas em lei. No caso, a Lei nº 9.099/1995 prevê somente uma hipótese em que pode ser formulado pedido dessa natureza, ao contrário do Código de Processo Civil, que prevê várias.

Na verdade, a elaboração de pedido por quantia ilíquida é totalmente incompatível com o procedimento do Juizado Especial, onde nem sequer existe fase de liquidação, devendo a sentença do Juiz ser líquida, mesmo no caso do pedido genérico autorizado.

Apresentado pedido ilíquido, a forma de apurar o valor devido, qualquer que seja, dá ensejo a incidentes que descaracterizam o procedimento especial, que se orienta pelos critérios da oralidade, simplicidade e celeridade.

Enfim, consoante a lição do Prof. Vicente Greco Filho, "o pedido deve ser formulado claramente, desde logo, na petição inicial e estabelecerá perfeitamente a limitação objetiva da sentença"[17]. Isso significa que é o próprio autor quem fixa os limites da lide por ocasião da propositura da ação. Optando ele pelo procedimento sumaríssimo, deve seguir as regras da Lei Especial.

## 2.5. Valor da causa

O valor da causa é requisito essencial da petição inicial, ainda que o feito não tenha conteúdo econômico imediato.

A exigência de atribuição de valor à causa é feita por diversas razões, que não podem ser ignoradas no procedimento do Juizado Especial Cível.

Não se pode olvidar, por exemplo, que esse é um dos critérios que estabelece a competência do Juízo; que determina o tipo de procedimento a ser seguido; que serve de base de cálculo para as custas processuais, honorários advocatícios (art. 55) e até para fixação do valor da indenização no caso de litigância de má-fé (CPC, art. 18)[18]. É esse valor, portanto, que delimita o âmbito de atuação do Juizado Especial Cível.

A competência desse órgão da Justiça está restrita às causas de até 40 salários-mínimos, sendo que o cálculo deve ser feito com conversão para moeda, na data da propositura da ação, com utilização do salário-mínimo nacional, cujas alterações posteriores tornam-se irrelevantes para esse fim.

Nesse sentido dispõem os seguintes Enunciados:

> Enunciado 50 – FONAJE – "Para efeito de alçada, em sede de Juizados Especiais, tomar-se-á como base o salário-mínimo nacional".
> Enunciado 03 – I FOJESP – "Para aferição do valor da causa levar-se-á em conta o valor do salário-mínimo nacional em vigor na data da propositura da ação".

se cuida de uma alternativa, mas de uma copulativa, pois ambas as qualidades lhe são imprescindíveis" (Ob. cit., p. 214).

17. *Direito Processual Civil Brasileiro*, 1º v., 4. ed., p. 81.

18. Cf. Moacyr Amaral Santos, ob. cit., p. 138 e Nelson Nery Junior e Rosa Maria de Andrade Nery, *Código de Processo Civil Comentado*, 10. ed., p. 195.

A Lei que dispõe sobre os Juizados Especiais Cíveis é omissa quanto às *regras de avaliação do valor da causa*[19], razão pela qual a questão deve ser regida pelo Código de Processo Civil.

Aplicando-se, supletivamente, a norma de caráter geral, tem-se que o autor, na petição inicial, deverá atender às disposições dos arts. 259 e 260 do Código de Processo Civil, pois, no caso de impugnação pela parte contrária, são essas as regras que serão observadas pelo juiz.

Assim, por exemplo, na ação de cobrança de dívida, o valor da causa será "a soma do principal, da pena e dos juros vencidos até a propositura da ação" (CPC, art. 259, I).

Versando a lide sobre negócio jurídico, o valor da causa será o do contrato respectivo, pois no inciso V do art. 259 do referido Código está estabelecido expressamente que, *"quando o litígio tiver por objeto a existência, validade, cumprimento, modificação ou rescisão de negócio jurídico"*, o valor da causa será o do contrato.

Neste sentido já decidiu inclusive o Superior Tribunal de Justiça, como se pode verificar pela seguinte ementa: "se o objeto da ação é a rescisão contratual, cumulada com a devolução de quantias pagas, o valor a ser atribuído à causa é o do contrato, onde se discutem os aspectos do negócio jurídico (art. 259, V, do CPC)..."[20].

É imperioso verificar, então, se o pedido principal supera ou não o teto legal do Juizado Especial, deixando para apreciar o subsidiário ou consequente somente se aquele estiver contido no limite estabelecido na Lei nº 9.099/1995. Só assim será preenchido o requisito necessário à existência de uma relação processual válida, que é a competência do Juiz.

Se o valor superar o limite legal do Juizado Especial Cível, o juiz deve indeferir a petição inicial por falta de pressuposto processual.

O valor da causa não é, pois, aleatório, devendo ser controlado judicialmente, de tal maneira que, independentemente de impugnação do réu, o juiz pode alterá-lo de ofício quando houver manifesta afronta à legislação em vigor ou abuso de direito.

Nesse sentido já decidiu também o Superior Tribunal de Justiça, conforme pode ser inferido da seguinte ementa:

> A modificação do valor da causa, por iniciativa do magistrado, à falta de impugnação da parte, somente se justifica quando o critério estiver fixado na lei ou quando a atribuição constante na inicial constituir expediente do autor para desviar a competência, o rito procedimental adequado ou alterar a regra recursal (4ª Turma, REsp 120.363-GO, rel. Min. Ruy Rosado).

Não se pode admitir, portanto, que a parte dê à causa valor diferente daquele determinado pela lei. Se esta não indicar um critério específico, o valor da causa

19. Cf. Moacyr Amaral Santos, ob. cit., p. 138.
20. REsp 35.586-9/SP, 3ª Turma, rel. Min. Waldemar Zveiter, j. 08/11/1993, não conheceram, v.u., *DJU*, 13/12/93, p. 27454, 2ª col., em.

deve ser o equivalente ao do conteúdo econômico do pedido. Se este não tiver um valor patrimonial certo, a indicação do valor da causa deve ser feita por estimativa, guardada proporcionalidade com o bem jurídico pretendido.

A questão parece irrelevante, mas não o é, sobretudo se considerarmos que, conforme já ressaltado, além de determinar a competência do Juízo, o valor da causa determina o tipo de procedimento a ser seguido.

Ademais, se se permitir a livre atribuição do valor da causa, independentemente do critério legal, abrir-se-á uma brecha para a utilização indevida do Juizado Especial Cível, com a apresentação de causas de maior complexidade, o que contraria o espírito da Lei Especial, sobretudo no que se refere aos princípios da oralidade e da celeridade.

É lógico que não se pode exigir o mesmo rigor do processo comum, pois no Juizado Especial a parte pode comparecer sem assistência de advogado nas causas de até 20 salários-mínimos, mas os atendentes devem ser orientados a fazer uma avaliação, ainda que precária, do valor da pretensão, para cumprimento do *devido processo legal.*

Não se pode confundir o valor da causa com o valor do crédito. O demandante pode renunciar ao crédito excedente ao limite estabelecido de 20 ou 40 salários-mínimos, conforme haja ou não assistência de advogado, nos termos do art. 3º, § 3º, da Lei nº 9.099/1995, e não ao valor da causa expressamente previsto na lei, que é pressuposto processual, cuja ausência dá ensejo à extinção do processo.

Constatada a falta do pressuposto processual, conforme já mencionado, o juiz deve indeferir a petição inicial, ressalvando ao autor o uso das vias ordinárias para o exercício do seu direito.

Igualmente, diante de impugnação justificada do réu, com preliminar de incompetência, o juiz deve rever a questão com redobrada atenção e, se constatar que o valor da obrigação é mesmo superior ao limite de alçada, a solução mais sensata, se não houver acordo, é o acolhimento da preliminar, com extinção do processo sem resolução do mérito.

Somente assim serão evitadas situações esdrúxulas e de difícil solução na fase recursal, quando o fato já está consolidado e a Turma tem que optar entre preservar o resultado útil da demanda ou obedecer ao *devido processo legal*, proferindo decisão que, muitas vezes, coloca em risco a própria segurança jurídica.

As regras postas pelo Estado devem ser observadas, pois, não só para assegurar a tutela jurisdicional, mas também para delimitar a atuação dos sujeitos do processo, o que é salutar para impedir a prática de excessos e abusos.

## 2.6. Requisitos implícitos

### 2.6.1. Provas

Não há necessidade de indicação, na peça inicial, das provas dos fatos, pois estas, por força do art. 33, poderão ser apresentadas na Audiência de Instrução e

Julgamento, ainda que não requeridas previamente, salvo se, tratando-se de questão de mérito unicamente de direito, houver determinação judicial expressa em sentido contrário.

No procedimento do Juizado Especial não se exige, pois, a apresentação prévia de rol de testemunhas, exceto quando houver requerimento de intimação.

Nesse sentido é, inclusive, o ensinamento de Ricardo Cunha Chimenti, *in verbis:* "Ao contrário do *caput* do art. 407 do CPC, a Lei Especial não exige que as testemunhas sejam previamente arroladas, já que seu art. 33 admite a produção em audiência de provas não requeridas previamente"[21].

De fato, na prática forense, se não houver necessidade de intimação, basta a parte levar a testemunha à audiência, independentemente de prévia indicação, pois toda prova disponível no momento da realização desse ato deve ser colhida.

A prova documental, tal como no procedimento ordinário, deve instruir a petição inicial, nada impedindo, entretanto, que seja apresentada na audiência, onde deverá ser dada ciência à parte contrária.

### 2.6.2 Citação

Dispensa-se o requerimento expresso para a citação do réu, pois a própria lei autoriza a Secretaria do Juizado a realizar os atos necessários à formação da relação jurídica processual, dentre os quais a emissão e expedição da carta de citação, independentemente de despacho inicial. Isso é possível em razão dos critérios da informalidade e celeridade.

### 2.6.3. Juízo

O Juízo a que é dirigido o requerimento também está implícito, uma vez que incumbe ao autor a opção pelo tipo de procedimento antes da propositura da ação.

Isso implica também na escolha do Juízo competente. Se, no entanto, por equívoco, a escolha incidir sobre Juízo relativamente incompetente e não houver impugnação do réu, pode ocorrer prorrogação da competência. Aí, então, o Juízo, que era incompetente, torna-se competente.

Não é demais lembrar que, como a regra é de competência, o que importa para o endereçamento é o cargo de Juiz de Direito e não o nome da autoridade judiciária a que é dirigida a petição inicial.

## 3. PEDIDO ORAL

No novo sistema, pelo que se infere do § 3º do art. 14 da Lei nº 9.099/1995, com as considerações feitas a respeito do termo técnico adequado, a própria *petição inicial* pode ser apresentada oralmente, caso em que será reduzida a escrito pela

21. *Teoria e Prática dos Juizados Especiais Cíveis*, 2. ed., Saraiva, p. 143.

Secretaria do Juizado, com observância dos requisitos expostos no § 1º do mesmo artigo, que prevalece sobre o art. 282 do Código de Processo Civil, permitindo a elaboração de uma peça sem as formalidades próprias da Justiça Comum.

Assim, a parte interessada, que esteja desacompanhada de advogado e que tenha uma causa de valor inferior a 20 salários-mínimos, pode comparecer em Cartório, relatar os fatos e fazer o seu pedido oralmente, o qual será reduzido a termo pela Secretaria do Juizado, instalada no próprio Fórum ou nos Cartórios Anexos e Postos de Atendimento Universitários. Nessa hipótese, pode ser utilizado o sistema de fichas ou formulários impressos, os quais normalmente são padronizados para facilitar e agilizar o desenvolvimento dos trabalhos e evitar erros básicos.

O termo que especifica o pedido, fazendo as vezes de petição inicial, deve conter todos "os requerimentos necessários ao bom desenvolvimento do processo", de tal maneira que este possa ser impulsionado sem depender de novas manifestações do autor, devendo ser lavrado em três vias, sendo a primeira para a distribuição, registro e autuação; a segunda para acompanhar a carta ou mandado de citação, servindo de contrafé, e a terceira para ser entregue ao autor da ação (Prov. CSM-SP nº 1.670/2009-item 5).

Embora informal e sucinto, esse termo deve traduzir, principalmente, a pretensão apresentada oralmente pelo autor e ser suficientemente claro e inteligível, para que a parte contrária tenha condições de se defender e para que o juiz possa decidir.

Não se pode deixar de considerar que a Constituição Federal garante ao réu a ampla defesa, com direito de impugnar todos os fatos alegados pelo autor e de provar o fato desconstitutivo do direito suscitado.

Como bem ressaltou José Rogério Cruz e Tucci, "a precisão na argumentação dos antagonistas emerge naturalmente, também nesse compartimento da justiça ordinária, como corolário da garantia constitucional do contraditório"[22].

Por outro lado, se o auxiliar da justiça constatar que a causa excede o limite de alçada ou que a matéria não é da competência do Juizado Especial, deve orientar o postulante a constituir um advogado ou, quando se tratar de pessoa pobre, encaminhá-la ao serviço de assistência judiciária.

Se a parte não aceitar a orientação e insistir no ajuizamento da ação, ainda que acredite ser absurda a sua pretensão, o auxiliar da justiça não pode deixar de tomar por termo o "pedido" (*que tecnicamente significa petição inicial*) formulado oralmente, pois ele não tem competência para decidir.

A função jurisdicional é atribuída com exclusividade aos Juízes de Direito e Tribunais. Assim, se constatar que a pretensão afronta a própria Lei ou que falta condição ou pressuposto de ordem pública para a propositura da ação, o auxiliar deve orientar o sujeito quanto às consequências da litigância de má-fé e fazer o termo e acrescentar uma ressalva, para que os autos sejam submetidos

22. Cruz e Tucci, José Rogério. *Ação Monitória*, 2. ed., São Paulo: RT, p. 28.

imediatamente à apreciação do Juiz de Direito, que poderá determinar o aditamento ou indeferir a petição inicial. Essa prática coíbe abusos e evita o movimento desnecessário do aparato judiciário.

## 3.1. Cartórios Anexos e PACs Universitários

A facilidade de acesso à justiça fez com que o número de demandas aumentasse demasiadamente, de tal maneira que as estruturas das Secretarias, que já eram precárias, tornaram-se insuficientes para o atendimento ao público.

Diante dessa realidade, os Tribunais de Justiça dos Estados e do Distrito Federal passaram a celebrar convênios e a firmar Termos de Cooperação com Universidades, que disponibilizam espaço, material e pessoal, para efetivação do direito constitucional do cidadão.

Assim, os alunos de Direito são motivados a estudar a Lei nº 9.099/1995, submetem-se a um processo de seleção e, depois de aprovados, assinam Termos de Compromisso, que os habilitam a elaborar petição inicial e a presidir sessão de conciliação, sob orientação e supervisão de "advogados orientadores" contratados pela instituição de ensino especialmente para esse fim, na forma disciplinada pela Resolução do Conselho Nacional de Justiça nº 62, que entrou em vigor em fevereiro de 2009 (art. 6º).

Dessa forma, a Faculdade de Direito conveniada oferece uma oportunidade para que o aluno comece a desenvolver a prática do trabalho forense, pois, no Posto de Atendimento do Juizado Especial, ele terá contato direto e verdadeiro com as partes de um processo, desenvolvendo seu poder de síntese, elaborando peças processuais e intermediando conciliações.

O Poder Judiciário, por sua vez, ao instalar um Cartório nas dependências de uma Faculdade e designar um Juiz para dirigir os trabalhos, além de contribuir para o aperfeiçoamento do ensino do Direito, oferece ao cidadão mais uma opção para, de forma simples e informal, pedir a tutela jurisdicional.

A petição inicial, então, nas causas de até vinte salários-mínimos, em que o cidadão não tenha assistência de advogado, com fundamento nos critérios da simplificação e informalidade, pode ser consubstanciada em termo lavrado pela Secretaria do Juizado, que pode estar instalada nos Anexos e Postos de Atendimento das Universidades, que funcionam no mesmo período do Juizado sede.

O Tribunal de Justiça do Estado de São Paulo regulamentou os serviços pertinentes aos Anexos por meio do Provimento CSM nº 1.670/2009, estabelecendo que, nessas unidades, "o pedido inicial deve ser elaborado em 04 (quatro) vias" (item 32).

A primeira via da peça é encaminhada para o Cartório Distribuidor, que geralmente fica no Fórum Central, com carga ou relação pormenorizada, e somente quando volta, com o número do processo, é que é autuada. A segunda via permanece no classificador específico, podendo ser inutilizada tão logo a primeira retorne do Distribuidor. A terceira via orienta a expedição da carta ou do mandado de citação, servindo de contrafé. A quarta via é entregue ao autor da ação (item 32.1).

Os autos permanecem nos Anexos até o registro da sentença, após o que são remetidos ao Cartório Principal, onde é processada a execução. Existe também a possibilidade do título judicial ser executado no mesmo local onde tramitou o processo de conhecimento, desde que haja autorização do Conselho Superior da Magistratura.

Nos Postos de Atendimento, os autos permanecem somente até a sessão de conciliação, após o que, se não houver composição, são remetidos para o Cartório Principal, onde permanecem para realização da audiência de instrução e julgamento e posterior execução. Havendo acordo, este é homologado pelo Juiz de Direito e vale como título executivo judicial e, em caso de inadimplência, pode ser executado no Cartório Principal.

### 3.2. Sistema de fichas

O sistema de fichas está em desuso nas serventias judiciais em razão das facilidades advindas do sistema informatizado.

O seu uso é frequente, todavia, nos Cartórios Anexos e Postos de Atendimento instalados nas dependências das Universidades, onde ainda não existe sistema informatizado.

Nos Anexos, após a distribuição da inicial, são abertas as fichas, as quais são mantidas lá, para possibilitar a extração de certidões, até o registro da sentença ou satisfação do crédito, dependendo do local onde for processada a execução do título judicial.

O mesmo procedimento é adotado pelos Postos de Atendimento, onde, após a sessão de conciliação, as fichas são arquivadas em local próprio, preferencialmente em ordem numérica e separadas por ano, com anotação de que houve "carga definitiva ao cartório central".

### 3.3. Formulários impressos

Na prática, o pedido oral é reduzido a escrito com a utilização de formulários impressos e padronizados, elaborados com observância dos requisitos previstos na Lei Especial. Isso facilita a execução dos trabalhos, principalmente porque podem ser utilizados os recursos de informática, e evita erros grosseiros ou omissões prejudiciais à parte.

## 4. PEDIDO GENÉRICO

No § 2º do art. 14, o legislador refere-se ao pedido propriamente dito, diferentemente do que consta no *caput* e § 1º, onde houve o uso equivocado de termo técnico. Lá ele se refere à petição inicial, a qual deve indicar o pedido, que é o objeto da ação.

Normalmente, o pedido é certo e determinado, mas existem exceções.

As hipóteses em que é permitido formular pedido genérico estão especificadas na Lei. Assim o faz o Código de Processo Civil (art. 286) e também a Lei nº 9.099/1995 (art. 14), sendo que esta, ao contrário daquele, prevê uma única hipótese em que é permitido formular pedido dessa natureza.

A parte não pode, então, optar pelo Juizado Especial e invocar dispositivo do Código de Processo Civil quando a Lei nº 9.099/1995 dispõe expressamente sobre o mesmo assunto. Não se pode olvidar que a Lei Especial prevalece sobre a geral.

O exemplo mais recente, que suscitou discussão sobre o assunto, é o da ação em que se visa recuperação de perdas de remunerações em cadernetas de poupança.

Alguns poupadores fizeram pedidos de condenação a quantia líquida e outros não se deram ao trabalho de fazer os cálculos. Nesta última hipótese, as decisões também foram diversas, pois alguns juízes mandaram processar o feito e outros indeferiram a petição inicial, sob o argumento de que o requerimento à condenação ao pagamento de quantia não determinada (*ex.: pagamento da diferença entre o que foi creditado e o que deveria ter sido creditado à época na respectiva conta de poupança*) é totalmente incompatível com o procedimento do Juizado Especial, onde nem sequer existe fase de liquidação, devendo a sentença do juiz ser obrigatoriamente líquida.

De fato. Se adotado o procedimento especial, deve ser observado o disposto no § 2º do art. 14 da Lei nº 9.099/1995, a saber: *"É lícito formular pedido genérico quando não for possível determinar, desde logo, a extensão da obrigação"*.

No caso das cobranças de diferenças de remunerações de caderneta de poupança era possível determinar, desde logo, a extensão da obrigação.

Logo, se era possível encontrar valor líquido, não era lícito ao autor formular pedido genérico.

Tanto era possível determinar a extensão da obrigação que a grande maioria das petições iniciais de ações da mesma natureza indicou pedido certo e determinado, foi instruída com cálculos e indicou valor da causa corretamente. Pelo que se sabe, diante do grande volume de casos semelhantes, foram desenvolvidos inclusive programas de computador para elaboração dos cálculos.

Muitos postulantes admitiram que só formularam pedido genérico para não perder o prazo para a propositura da ação. Essa hipótese, entretanto, não está prevista na Lei nº 9.099/1995. Se não está prevista na lei, não pode ser aceita no Juizado Especial, mesmo porque nada impedia o sujeito de adotar o procedimento comum.

Se o autor não tinha todos os dados e sabia que necessitaria de diligências incidentais para determinar o valor devido, deveria ter optado por procedimento adequado às suas pretensões, que, com certeza, não é o do Juizado Especial, cuja competência é fixada, dentre outros critérios, pela complexidade da prova.

Inegável é que, não tendo a parte feito pedido por quantia líquida, o juiz, para superar a indeterminação e proferir sentença líquida, tem, no curso do processo de conhecimento, de determinar perícia contábil ou a remessa dos autos ao contador judicial para obter o resultado líquido, sobretudo porque os cálculos referem-se a um período de quase 20 anos, durante o qual ocorreram várias alterações no padrão monetário.

A realização da perícia, ou de cálculos complexos, que podem dar ensejo a impugnações, entretanto, contraria o espírito da Lei nº 9.099/1995, eis que o feito acaba tomando rumo do processo comum, com incidentes que descaracterizam o procedimento especial, com desgaste da imagem do Juizado Especial, que se orienta pelos critérios da oralidade, simplicidade e celeridade.

Nenhuma censura merecem, pois, os juízes que indeferiram petição inicial com pedido genérico, com extinção do processo sem resolução do mérito, pois, realmente, existia obstáculo processual para o processamento perante o Juizado Especial.

A experiência mostra que aqueles que processaram os feitos com pedidos genéricos, quando poderiam ser certos e determinados, deram ensejo, durante a instrução do processo de conhecimento, a incidentes para apuração da quantia líquida, ou então a tumultos inomináveis na fase de cumprimento da sentença, onde, sem saída, o juiz, para efetivar a execução, tem que mandar fazer perícia contábil ou cálculos complexos que fogem da competência do contador judicial. Esses incidentes processuais são incompatíveis com o procedimento do Juizado Especial, calcado na oralidade e todas as suas derivações.

Além disso, foram constatados muitos abusos por parte dos jurisdicionados. Com tanta permissibilidade, até mesmo aqueles que não tinham certeza sobre a existência de Caderneta de Poupança na época da implantação do Plano Econômico, ajuizaram ações, utilizando o procedimento especial simplesmente porque não precisavam pagar custas, o que não pode ser aceito numa sociedade normatizada.

É verdade que os órgãos recursais foram tolerantes, mantendo sentenças ilíquidas, para que fossem liquidadas por cálculos aritméticos[23], embora esses não fossem simples, mas é verdade também que essa tolerância foi excepcional, em razão do grande volume de demandas da mesma natureza e do surgimento de *softwares*, que possibilitaram a realização dos cálculos.

Tem sido admitido também o pedido genérico em ação em que se visa indenização por danos morais, pois o *quantum debeatur* deve ser fixado pelo juiz na sentença, de acordo com as provas produzidas, atendendo aos princípios da razoabilidade e proporcionalidade. Além disso, a experiência mostra que, quando não é pleiteado um valor certo, a chance de uma composição entre as partes é muito maior.

23. Nesse sentido: Caderneta de poupança – Cobrança de diferenças de correção monetária decorrentes de planos econômicos em relação aos valores que não foram transferidos ao Banco Central – Legitimidade passiva da instituição financeira depositária – Prescrição vintenária – Matéria pacificada na jurisprudência do Superior Tribunal de Justiça – Condenação ao pagamento dos índices corretos e não em valor certo e determinado – Necessidade de apresentação posterior de memória discriminada do débito por ocasião do cumprimento da sentença, oportunidade em que será verificada a correta aplicação ou não dos índices reclamados – Admissibilidade – Exegese do art. 38, parágrafo único, da Lei nº 9.099/1995 – Sentença condenatória mantida por seus próprios fundamentos – Recurso improvido (Recurso inominado nº 0576, 1ª Turma do Colégio Recursal de São Paulo, rel. Jorge Tosta, j. 05/03/2008).

O que se deve ter em mente, portanto, é que, ainda que seja aceita a hipótese de pedido ilíquido ou genérico, a sentença deve ser sempre líquida (art. 38), pois esta é a única forma de se evitar a proliferação de incidentes processuais na fase de execução ou cumprimento de sentença.

A Lei dos Juizados Especiais, conforme afirmou o Prof. Dinamarco, "exclui peremptoriamente as sentenças genéricas, *ainda quando genérico haja sido o pedido* (art. 38, par., e art. 52, inc. I)"[24].

Assim, quando a determinação do valor devido não puder ser feita por operação simples, pela parte ou pelo juiz em audiência, revela-se a "complexidade que faz a causa incompatível com o Juizado"[25].

Afrontar proibição expressa na lei, ainda que o pretexto seja nobre, coloca em risco a credibilidade do sistema e a segurança jurídica, máxime quando se verifica um verdadeiro desvirtuamento daquele que deveria ser o procedimento "sumaríssimo" previsto na Constituição Federal.

Ademais, a prestação jurisdicional só é efetiva quando o juiz decide e executa sua sentença, arquivando os autos. De nada adianta milhares de sentenças paradas no cartório. Não é isso que o jurisdicionado espera do Estado.

Então, enquanto não se tem estrutura, com recursos e pessoal suficiente e capacitado, a interpretação não pode ser ampliada, sendo inaceitável até mesmo a ideia de a parte adaptar o procedimento de acordo com sua conveniência pessoal.

A incumbência de velar pela regularidade do procedimento é do juiz, que deve cuidar para que o processo alcance o seu objetivo de forma eficiente e célere.

Nessas condições, para não criar oportunidade para incidentes processuais que descaracterizam o procedimento do Juizado Especial, a solução é o indeferimento imediato da petição inicial que não atenda aos preceitos da Lei nº 9.099/1995, ressalvando ao autor o uso das vias ordinárias para o exercício do seu direito.

**Art. 15. Os pedidos mencionados no art. 3º desta Lei poderão ser alternativos ou cumulados; nesta última hipótese, desde que conexos e a soma não ultrapasse o limite fixado naquele dispositivo.**

## 5. PEDIDOS ALTERNATIVOS

A espécie de pedido conhecido como alternativo está prevista no art. 288 do Código de Processo Civil, que reza: *"O pedido será alternativo, quando, pela natureza da obrigação, o devedor puder cumprir a prestação de mais de um modo"*.

---

24. *Instituições...*, cit., v. II, p. 122.
25. "...e a consequência será a extinção do processo para que o autor possa dirigir-se aos juízos ordinários da Justiça comum", acrescenta o mestre Cândido Rangel Dinamarco. (*Instituições...*, cit., v. II, p. 123).

O autor faz dois ou mais pedidos, mas uma única prestação pode ser efetivamente exigida para satisfação de sua pretensão. Na realidade, ele pede o cumprimento de uma *ou* de outra prestação e, se não indica a preferência, cabe ao juiz decidir pelo que for mais adequado. Aqui não se fala em cumulação de ações, porque, na realidade, existem apenas alternativas variadas para a solução da lide e não propriamente cumulação de pedidos.

Se a escolha couber ao réu, por força de lei ou de contrato, mesmo que o autor escolha um dos pedidos, o juiz assegurará ao réu o direito de cumprir a prestação de um ou de outro modo (CPC, art. 288, parágrafo único).

Qualquer das prestações executada e entregue ao credor exonera o devedor da obrigação assumida.

Esse tipo de pedido é comum nas obrigações alternativas, em que o direito de escolha compete ao devedor, desde que outra coisa não tenha sido estipulada entre as partes (art. 252, CC).

O pedido alternativo não pressupõe necessariamente uma obrigação alternativa nos termos do Código Civil, bastando que a prestação possa ser cumprida *de mais de um modo*[26].

Todavia, é comum a coincidência, pois "é da natureza das obrigações alternativas permitir que o credor (ou o devedor, conforme a avença) escolha qual o objeto da prestação devida, não sendo *certo*, por isso, o *objeto* da obrigação (...). Na obrigação alternativa existe mais de um objeto, mas a pessoa se desonera pagando apenas um"[27].

Para fixação do valor da causa prevalece o pedido de maior valor, porque normalmente, no momento do ajuizamento da ação, não se sabe qual será o desfecho da lide.

Essa situação não acontece, é claro, se a escolha couber ao autor e ele fizer pedido certo na petição inicial.

## 6. PEDIDOS CUMULADOS. CONEXÃO

Regra geral, a cada ação corresponde um pedido, mas pode haver cumulação, que está subordinada ao cumprimento de requisitos legais.

O artigo em referência trata apenas da cumulação objetiva, ou seja, da formulação de mais de um pedido. Aqui, o cúmulo de partes, que é subjetivo, é irrelevante.

A Lei nº 9.099/1995 admite, pois, que os pedidos sejam cumulados, mas impõe restrições.

Na hipótese de cumulação, os pedidos deverão ser conexos e de competência do Juizado Especial, uma vez que o texto menciona expressamente o art. 3º.

Note-se que, pelo sistema do Código de Processo Civil, a possibilidade de o autor cumular pedidos é muito mais ampla, pois não se exige a conexão entre eles.

26. Cf. E. D. Moniz de Aragão, *Comentários ao Código de Processo Civil*, 4. ed., Rio de Janeiro: Forense, p. 420.
27. Cf. Nelson Nery Junior e Rosa Maria de Andrade Nery, *Código Civil Comentado*, 5. ed., São Paulo: RT, p. 401.

Nos termos do art. 292, basta que os pedidos *sejam compatíveis entre si, que sejam de competência do mesmo Juízo e que seja adequado para todos um mesmo tipo de procedimento.*

No Juizado Especial, entretanto, a conexão, ou seja, a coincidência do objeto ou da causa de pedir, é requisito indispensável.

O objetivo do reconhecimento da conexão, além da economia processual, é evitar decisões contraditórias.

Além disso, a cumulação somente é admitida se para todos os pedidos for cabível o procedimento especial.

Se as pretensões tiverem procedimentos diferentes, a petição inicial deve ser indeferida. Aí o autor pode servir-se da faculdade prevista no art. 292, § 2º, do Código de Processo Civil, fazendo uso do procedimento comum ordinário.

## 7. LIMITE DE ALÇADA

Ao fazer a cumulação de pedidos, o autor deve observar os preceitos legais quanto ao valor da causa, que deve corresponder à soma dos valores de todos eles.

O resultado dessa soma não pode ultrapassar o limite de alçada.

Ressalte-se que o valor da causa é afetado apenas pelo "cúmulo objetivo". Havendo cumulação dessa natureza, os valores dos pedidos devem ser somados para aferição do valor da causa. Se a soma dos pedidos ultrapassar 40 salários-mínimos (*ou 20, se a parte postular sem assistência de advogado*), a opção pelo procedimento do Juizado Especial importa, automaticamente, em renúncia ao valor que exceder ao limite de alçada do Juizado Especial.

Se a renúncia depender da declaração expressa do autor neste sentido e ele não a fizer, o juiz deve reconhecer a incompetência e indeferir imediatamente a petição inicial.

Não se pode olvidar que a competência do juiz é um dos requisitos necessários à existência e validade da relação processual. Tratando-se de pressuposto processual, a sua ausência dá ensejo à extinção do processo.

Enfim, se o juiz constatar que o Juizado Especial é incompetente para conhecimento da causa em razão do seu valor, deve extinguir o processo sem resolução do mérito, nos termos do art. 51, II, da Lei Especial.

Não é recomendável a remessa para a Justiça Comum, pois, geralmente, a petição inicial não é elaborada com o mesmo rigor exigido pelo Código de Processo Civil, o que prejudica o prosseguimento do feito.

**Art. 16. Registrado o pedido, independentemente de distribuição e autuação, a Secretaria do Juizado designará a sessão de conciliação, a realizar-se no prazo de quinze dias.**

## 8. REGISTRO

O registro nada mais é do que a anotação do feito em livro próprio para documentar o ajuizamento da ação e permitir sua identificação e posterior localização.

Pelo que se infere deste artigo, a petição inicial não precisa ser despachada pelo juiz para que a ação seja considerada proposta. Não há o tradicional despacho inicial.

A diferença é que, na Justiça Comum, o registro é feito depois da distribuição e, no Juizado Especial, pode ser feito antes desse ato.

## 9. DISTRIBUIÇÃO E AUTUAÇÃO

A distribuição e a autuação são atos de documentação diferidos, para permitir que a Secretaria designe imediatamente a sessão de conciliação e a intimação pessoal do autor, principalmente daquele que comparece em Juízo sem assistência de advogado, o que é possível nas causas de até vinte salários-mínimos.

O objetivo da distribuição é repartir, alternadamente, os serviços forenses entre juízes e serventuários de forma igualitária e fixar a competência do Juízo nas comarcas em que haja mais de uma Vara.

As petições iniciais são, então, distribuídas de acordo com o disposto nas leis locais de organização judiciária.

Isso significa que, nas comarcas onde houver Juizados Especiais com competência territorial diferenciada por leis de organização judiciária, a distribuição prévia é necessária para a determinação do juiz competente.

A autuação consiste em "termo lavrado pelo escrivão ou pelo serventuário encarregado de secretariar o feito"[28], o qual assegura a guarda das peças processuais e facilita o manuseio dos autos.

Nos Cartórios Anexos e Postos de Atendimento Universitários o serviço é um pouco diferenciado. Lá, o pedido apresentado oralmente é reduzido a escrito em quatro vias. A primeira via é encaminhada para o Cartório Distribuidor, que geralmente fica no Fórum Central, com carga ou relação pormenorizada, e somente quando volta, com o número do processo, é que é autuada.

## 10. DESIGNAÇÃO DE SESSÃO DE CONCILIAÇÃO

A conciliação encontra guarida na celeridade e na economia processual, uma vez que, com o emprego de poucos atos processuais, obtém-se o melhor resultado útil para as partes, eis que elas economizam tempo e dinheiro e ainda evitam

28. Neves, Iêdo Batista. *Vocabulário Prático de Tecnologia Jurídica e de Brocardos Cativos*. São Paulo: Max Limonad, s.d.

o desgaste emocional decorrente do litígio propriamente dito e da espera pela decisão judicial.

Encurtando o procedimento e desafogando as pautas de audiências de instrução e julgamento, a conciliação é, pois, o ato processual mais eficaz e econômico para solucionar as demandas, principalmente na era contemporânea, em que a sobrecarga de trabalho que recai sobre os membros do Poder Judiciário dificulta uma prestação jurisdicional eficiente e rápida.

Essa é, conforme bem ressaltou Kazuo Watanabe, "uma alternativa inovadora que procura *reverter a excessiva profissionalização da Justiça*, o que certamente permitirá reduzir a burocratização acentuada de toda a máquina judiciária. Além disso, é uma solução menos custosa para o Estado"[29].

Não se pode deixar de considerar ainda que, nas últimas décadas, a sociedade sofreu uma grande modificação com o aumento da produção e do consumo em massa, que deram ensejo a novas espécies de conflitos, os quais exigem soluções rápidas, que não podem ser obtidas por meio do procedimento ordinário, excessivamente formal e desconcentrado. Por isso, o ato de conciliação é tão prestigiado pelo sistema especial.

Com fundamento nos critérios da simplicidade e informalidade, a designação da sessão e intimação do autor são atos praticados pela própria Secretaria do Juizado, independendo de prévia distribuição e autuação ou do tradicional despacho inicial.

Isso tem uma explicação de ordem prática. Com a possibilidade de designar a data para a sessão, a Secretaria pode fazê-lo e intimar pessoalmente o autor da ação, sobretudo quando ele estiver sem assistência de advogado, prestando-lhe diretamente os esclarecimentos necessários para a realização do ato.

Na sessão de Conciliação, a pessoa contra a qual está sendo proposta a ação pode comparecer desacompanhada de advogado e sem preocupação com defesa técnica e tentar resolver o conflito de interesses amigavelmente.

Sendo frutífera a conciliação, o acordo é tomado por termo e homologado pelo Juiz de Direito, com fundamento no art. 22 da Lei nº 9.099/1995.

A grande vantagem é que a sentença homologatória, além de ser obtida em curto espaço de tempo, não admite recurso ou ação rescisória (arts. 41 e 59 da Lei nº 9.099/1995), caracterizando *título executivo judicial.*

Além disso, o desfecho amigável privilegia a vontade das partes, contribuindo para uma solução definitiva do litígio, inclusive em nível psicológico, cujo âmbito, em alguns casos, dificilmente será atingido pela decisão técnico-jurídica por mais bem elaborada que seja. Pacificando os litigantes, esse desfecho, além de evitar que o conflito se alongue, coíbe a propositura de outras ações judiciais.

29. Watanabe, Kazuo (coord.) Filosofia e Características Básicas do Juizado Especial de Pequenas Causas, In: *Juizado Especial de Pequenas Causas*, São Paulo: Revista dos Tribunais, 1985, p. 7.

Se, no entanto, a tentativa de conciliação resta infrutífera, o Conciliador lavra o termo e, no mesmo ato, designa data para audiência de Instrução e Julgamento, intimando todas as partes pessoalmente. Esta audiência pode ser em outro dia ou no mesmo, desde que não resulte prejuízo para o réu, em razão da prevalência do princípio constitucional do contraditório e da ampla defesa.

Enfim, no procedimento do Juizado Especial, a sessão de conciliação é de suma importância, porque possibilita o contato entre as partes, facilitando a composição e acelerando a prática de atos processuais.

É verdade que, atualmente, em alguns casos, tem sido admitida a dispensa da audiência, mas é verdade também que isso somente vem ocorrendo nas demandas em massa, que versam exclusivamente sobre matéria de direito, onde é notória a impossibilidade de composição. Não sendo esse o caso, é viável e até recomendável uma tentativa de conciliação.

Não se pode olvidar que um dos critérios informadores do sistema especial é o da oralidade, que preconiza a adoção da forma oral, que deve predominar no processamento da causa, o que só é possível com a concentração dos atos em audiência.

A oralidade confere ao procedimento do Juizado Especial um aspecto peculiar, em virtude da observância dos princípios da concentração dos atos, imediação, identidade física do juiz e irrecorribilidade das interlocutórias, que contribuem muito para a aceleração da prestação jurisdicional.

O que não pode acontecer é o desvirtuamento do procedimento, com a prática de atos próprios do procedimento comum ordinário, o que implica ofensa ao art. 98, I, da Constituição Federal, que se refere expressamente a *procedimentos oral e sumaríssimo.*

## 11. PRAZO

De acordo com o artigo em questão, a sessão de conciliação deve ser realizada em 15 dias, contados da designação e não da citação.

Na prática, entretanto, esse prazo, principalmente nas grandes comarcas, é insuficiente, em razão do volume de feitos em andamento, sendo que, muitas vezes, nem mesmo o comprovante de citação chega a ser juntado aos autos antes da realização do ato. Além disso, as pautas estão sobrecarregadas, faltando constantemente conciliadores, o que impossibilita a elevação do número de sessões diárias.

Recebida a citação com antecedência mínima de 24 horas, o réu está obrigado a comparecer na sessão, sob pena de sujeição aos efeitos da revelia.

Inadmissível a concessão de prazo para credenciamento de preposto, em face do princípio da igualdade das partes. Se a pessoa física tem que estar presente na audiência, a jurídica também, e isto só é possível com a presença de representante legal, nos termos do art. 12 do CPC, ou de preposto regularmente credenciado.

**Art. 17. Comparecendo inicialmente ambas as partes, instaurar-se-á, desde logo, a sessão de conciliação, dispensados o registro prévio de pedido e a citação.**
**Parágrafo único. Havendo pedidos contrapostos, poderá ser dispensada a contestação formal e ambos serão apreciados na mesma sentença.**

## 12. COMPARECIMENTO DE AMBAS AS PARTES. SESSÃO DE CONCILIAÇÃO

A possibilidade de instauração imediata da sessão de conciliação, no caso de comparecimento espontâneo das duas partes, com dispensa do registro prévio do pedido e da citação, é regra que prestigia os critérios da informalidade e celeridade e que deve ser adotada, sempre que possível, para a pacificação social.

Observe-se que aqui, ao contrário do que consta no dispositivo anterior, dispensa-se até o registro prévio do feito, para favorecer o encontro e conciliação das partes.

A citação é naturalmente suprida, pois o réu toma conhecimento do ajuizamento da ação na própria sessão e, se não houver composição, já sai intimado para a instrução e julgamento e advertido da necessidade da produção de provas dos fatos alegados.

Se, instaurada a audiência, o resultado for frutífero, o acordo será reduzido a escrito e depois homologado pelo juiz togado, saindo a parte com um título executivo em mãos.

A propósito, é importante ressaltar que a audiência pode ser antecipada, assim como acontece com despachos liminares, nos casos de urgências, mas logo depois a distribuição e registro deverão ser efetivados, por serem imprescindíveis para a organização judiciária.

## 13. DISPENSA DO REGISTRO PRÉVIO E DA CITAÇÃO

Em qualquer das hipóteses aventadas no item anterior, a parte burocrática é diferida para momento posterior: após o encerramento da sessão de conciliação, com qualquer resultado que seja, distribui-se e registra-se o termo, para cumprimento das Normas de Serviços da Corregedoria-Geral da Justiça e publicidade da ação.

Na prática, a medida mostrou-se eficaz logo após a implantação do Juizado Itinerante na Capital do Estado de São Paulo, quando, no *trailer* de atendimento feito pelos serventuários da Justiça, a escrevente noticiou que existiam dois cidadãos discutindo no local e pedindo para falar com o Juiz, porque *o Delegado disse que só o Juiz poderia resolver o problema*. Embora tivesse entendido o sentido da orientação dada pelo Delegado, o juiz que estava presente determinou que fosse instaurada a sessão de conciliação imediatamente, antes que se acirrassem ainda mais os ânimos.

Instaurada a sessão, os litigantes narraram os fatos, relacionados com prestação de serviço, apresentando cada um a sua versão. Orientados sobre os riscos da demanda e sobre as vantagens da conciliação, um deles fez uma proposta para solução do litígio, dando ensejo a contraproposta.

Com proposta e contraproposta, o juiz fez a intermediação de forma imparcial, de tal maneira que cada um deles cedeu um pouco e se chegou a um resultado satisfatório para ambos. O prestador de serviço concordou em receber determinada quantia e o consumidor efetuou o pagamento no ato, de tal maneira que os dois saíram do local satisfeitos.

Este exemplo lúdico mostra que, na prática, pequenos conflitos podem ser resolvidos com rapidez e sem burocracias, desde que o conciliador (*juiz ou conciliador propriamente dito*) tenha boa vontade e muita paciência.

Outros exemplos são encontrados nas Comarcas de Criciúma-SC e São Luiz-MA, onde os envolvidos em acidente de trânsito sem vítimas são encaminhados aos Juizados Especiais, justamente para que seja instaurada a sessão de conciliação.

A instalação imediata da sessão de conciliação, além de acalmar os ânimos das partes, facilita o acordo, pois estas geralmente demonstram interesse em resolver a questão no ato, para evitar o alargamento do conflito e a criação de mais um ponto de estresse. Além disso, as versões das partes condizem mais com a realidade, facilitando a instrução do processo e proporcionando uma prestação jurisdicional justa.

Passada essa fase inicial, depois de uma noite de sono, a possibilidade de a parte mudar sua versão sobre os fatos é muito maior, pois, além do interesse pessoal, a memória, que não é perfeita, acaba contribuindo para a distorção da realidade.

Neste sentido é, inclusive, a lição dos sociólogos Paul Burleigh Horton e Chester L. Hunt, a saber:

> De fato, tais conclusões baseadas em recordação informal podem ser piores que inúteis, porque geralmente expressam os preconceitos do observador, (....). Já que a memória é imperfeita, muitas vezes "nos lembramos" das coisas do jeito que as preferimos e não como na realidade foram. O preconceito, o pensamento tendencioso e a atitude habitual, tudo opera para torcer nossas observações a fim de ajustar-se às nossas preferências. Por isso, é importante que a evidência seja registrada tão rapidamente quanto possível; quanto mais tempo esperamos, mais nossos preconceitos, preferências e reflexão posterior podem tê-la distorcido[30].

Diante dessa possibilidade, o ideal mesmo é que, presentes as duas partes, o juiz determine a imediata instauração da sessão de conciliação, sem burocracias, para evitar a propagação do choque de interesses.

30. *Sociologia*, tradução de Auriphebo Berrance Simões; revisor técnico Sérgio Pessoa de Barros Micelli, São Paulo: McGraw-Hill, 1980, p. 9.

Na era dos conflitos em massa e do cidadão consciente, não é mais concebível a inércia do profissional do direito, que, em face da nova realidade, tem que ser prático e procurar apaziguar os ânimos com rapidez, sempre tendo em mira que uma *boa demanda* exige o cumprimento de longos prazos e possibilita a prática de muitos atos que podem alimentar o conflito de interesses que deu ensejo à propositura da ação.

## 14. PEDIDO CONTRAPOSTO

A Lei nº 9.099/1995 permite que o réu, na contestação, formule pedido em seu favor por ocasião de sua resposta, desde que fundado nos mesmos fatos narrados na inicial e observados os limites previstos no art. 3º da mesma lei. É o chamado *pedido contraposto*, que é conceituado por Nelson Nery Junior e Rosa Maria Andrade Nery como sendo "a pretensão deduzida pelo réu na contestação, desde que fundado nos mesmos fatos articulados pelo autor na petição inicial"[31].

A forma mais econômica de responder a pedido desta natureza é reportar-se à petição inicial, na qual constam os fundamentos da pretensão do autor. Não há, pois, necessidade de contestação formal ao pedido contraposto e a controvérsia é solucionada em uma única sentença.

A respeito desse assunto, remetemos o leitor aos comentários sobre o art. 31 da Lei Especial.

31. *Código de Processo Civil Comentado e Legislação Extravagante*, 10. ed., p. 2048.

Ronnie Herbert Barros Soares*

7

# Arts. 18 e 19

**Seção VI**
**Das Citações e Intimações**

## 1. INTRODUÇÃO

Inicialmente imaginado para atender ao que Kazuo Watanabe[1] denominava de litigiosidade contida, decorrente da inexistência de um sistema judicial eficiente para garantir acesso e dar vazão à solução de conflitos de interesses que envolviam tutela jurídica de questões de pequena monta, sob o ponto de vista econômico, o Juizado Especial assumiu posição de destaque dentro do organograma do Poder Judiciário nacional.

Apesar das resistências inicialmente enfrentadas, vinculadas à ideia de que se fazia a banalização do processo, ampliando a litigiosidade para situações que na maioria das vezes se resolviam por acomodação natural no seio da sociedade, o que geraria uma ampliação da morosidade endêmica do sistema judiciário; ou, ainda, de se retirar parcela significativa de campo de trabalho dos profissionais do Direito, ante a desnecessidade de representação por advogado, o procedimento amadureceu, ganhou força e, como demonstra pesquisa realizada pela Associação dos Magistrados Brasileiros – AMB, em setembro de 2007, era a vertente da Justiça brasileira que possuía maior índice de aprovação popular – 71,8% de satisfação dos entrevistados, que o apontaram como terceira instituição mais confiável do Estado[2].

O Constituinte de 1988, com o olhar voltado para o social, delineou no art. 5º da nova Carta um conjunto de direitos e prerrogativas que exigiam, nos diversos campos de sua aplicação, instrumentos hábeis a atribuir-lhes efetividade.

Questões relacionadas à saúde, educação e, em maior proporção, ao direito do consumidor, demandavam mecanismo ágil e descomplicado para solução, até mesmo como forma de atender à litigiosidade contida advinda do conformismo a que se relegava quem não tinha outra opção senão a de abrir mão de

* Juiz de Direito em São Paulo, foi membro do Colégio Recursal Unificado dos Juizados Especiais de São Paulo. Mestre e doutorando em Direito Civil pela PUC/SP. Professor da Faculdade de Direito de Itapetininga (FKB) e da Escola Superior da Advocacia (ESA).

1. *Filosofia e características básicas do Juizado Especial de Pequenas Causas*, São Paulo: RT, 1985, p. 1-3.
2. A Imagem das Instituições Públicas brasileiras. Disponível em: <http://www.amb.com.br/docs/pesquisa/imagem_instituicoes.pdf>. Acesso em: 24/07/2009.

seus direitos ao enfrentar grandes empresas e até mesmo o Estado, o que levava a uma natural insatisfação com a Justiça.

Sob essa ânsia de proteção é que surge o procedimento do Juizado Especial, disciplinado pela Lei nº 9.099/1995, ora em exame, e ampliado com a Lei nº 10.259/2001, que trata do procedimento no âmbito da Justiça Federal, e Lei nº 12.153/2009, que dispõe sobre Juizados Especiais da Fazenda Pública no âmbito dos Estados, do Distrito Federal, dos Territórios e dos Municípios.

A Constituição Federal, no inciso I do art. 98, fixou a direção que haveria de ser observada pelo legislador para o estabelecimento de procedimento simples, desprendido de fórmulas especiais e que atendesse à necessidade de acesso fácil, rápido e eficiente do cidadão ao serviço judiciário.

Esse procedimento submete-se aos princípios da simplicidade, informalidade, economia processual e celeridade, expressamente descritos no art. 2º da Lei nº 9.099/1995, que já foram objeto de estudo em outra parte deste trabalho.

Nada obstante essa determinação, não se descuida da necessidade de observar como diretriz da atuação do Estado-juiz respeito ao princípio do devido processo legal.

É imprescindível, para a validade do processo, garantir aos litigantes igualdade de condição na formulação de suas pretensões, diante do que não se pode deixar de observar disciplina que assegure a integração do processo.

É disso que tratam os arts. 18 e 19 da Lei nº 9.099/1995, ao disciplinarem a citação e intimação no processo do Juizado Especial Cível.

## 2. DA CITAÇÃO

**Art. 18. A citação far-se-á:**
**I – por correspondência, com aviso de recebimento em mão própria;**
**II – tratando-se de pessoa jurídica ou firma individual, mediante entrega ao encarregado da recepção, que será obrigatoriamente identificado;**
**III – sendo necessário, por oficial de justiça, independentemente de mandado ou carta precatória.**
**§ 1º A citação conterá cópia do pedido inicial, dia e hora para comparecimento do citando e advertência de que, não comparecendo este, considerar-se-ão verdadeiras as alegações iniciais, e será proferido julgamento, de plano.**
**§ 2º Não se fará citação por edital.**
**§ 3º O comparecimento espontâneo suprirá a falta ou nulidade da citação.**

Na dicção do art. 213 do Código de Processo Civil, *"citação é o ato pelo qual se chama a juízo o réu ou o interessado, a fim de se defender"*.

Por maior que seja a simplicidade ou a celeridade buscada no procedimento especial do Juizado, o desenvolvimento válido da relação processual exige se dê conhecimento ao réu ou ao interessado da demanda que se propõe para proporcionar a sua participação, que não se restringe à apresentação de defesa.

Como antes mencionado, essa providência visa atender ao *due process of law* e está em acordo com o que prevê a Declaração Universal dos Direitos do Homem, aprovada em assembleia pela Organização das Nações Unidas – ONU em 10 de dezembro de 1948, que impõe aos Estados o dever de assegurar a seus habitantes o direito de "ser ouvido publicamente e com justiça por um tribunal independente e imparcial" (art. 10).

Pontes de Miranda afirmava que a citação "é o alicerce do processo e o protótipo do ato processual. Dela é que se parte para o complexo de atos que vai terminar na definitiva entrega da prestação jurisdicional"[3].

A citação é, assim, requisito de validade da atuação jurisdicional, não podendo ser dispensada sob pena de se inutilizar todo o procedimento.

O Código de Processo Civil de 1939, ao tratar da comunicação dos atos do processo, diferenciava citação, notificação e intimação, como esclarece E. D. Moniz de Aragão: "Citação dizia-se o chamamento a juízo, para apresentar defesa; notificação, a notícia de que se deve praticar ou abster-se de algum ato, sob certa cominação; intimação, é a ciência dos atos passados em juízo"[4].

O Código de Processo Civil em vigor não faz tal distinção, cuidando da notificação como procedimento específico (art. 1.218).

A Lei dos Juizados Especiais Cíveis e Criminais não traz conceito do que se deva considerar citação, partindo do já descrito no Código de Processo Civil, que se aplica subsidiariamente ao microssistema processual nela previsto.

Não se pode desconsiderar, contudo, que o procedimento do Juizado Especial guarda características que o processo civil comum não prevê ostensivamente. Essa afirmação leva em consideração a diretriz assumida pelo procedimento especial que é a do prestígio à conciliação e à composição dos interesses em litígio.

Por isso, não se pode afirmar que a citação no Juizado Especial tenha por fim exclusivo assegurar direito de defesa, como prevê o art. 213 do Código de Processo Civil.

Arruda Alvim, ao apresentar seu conceito de citação, restringe-o à natureza de ato de comunicação, sem a preocupação com o que dele possa decorrer: "Citação é, portanto, o ato através do qual fica o réu ou o interessado (nos casos de jurisdição

3. Pontes de Miranda, *Comentários ao Código de Processo Civil*, tomo III: arts. 154 a 281. Rio de Janeiro: Forense, 1996, p. 200.
4. Aragão, Moniz de. Comentários ao Código de Processo *Civil*, v. II, 8. ed. Rio de Janeiro: Forense, 1995, p. 127.

voluntária) ciente de que foi ajuizada demanda contra ele, ou feita certa solicitação, em caso de jurisdição voluntária"[5].

Esse posicionamento é coerente com a natureza do ato de citação, cuja principal finalidade é a de dar conhecimento acerca da demanda que se propõe e da pretensão de seu autor.

Veja-se que no Juizado Especial a citação inicial, além dessa providência de fazer conhecer o pedido, destina-se a convocar o réu para uma prévia tentativa de conciliação, anterior à apresentação da defesa ou à formulação de pedido contraposto.

Neste procedimento, como no processo regulado pelo Código de Processo Civil, a função primordial da citação é a de comunicar a existência do pedido, para que a parte possa adotar uma das providências previstas em lei postas à sua disposição.

O art. 16 da Lei nº 9.099/1995 determina o registro do pedido apresentado à secretaria do Juizado e a imediata designação da sessão de conciliação.

O art. 31 da mesma Lei trata da possibilidade de se formular pedido contraposto em caso de não ser obtida a conciliação.

Constata-se, portanto, que a citação no Juizado Especial, além do objetivo principal de dar conhecimento ao réu ou interessado sobre o pedido formulado, serve à convocação para comparecimento à sessão de conciliação, permitindo a formulação da defesa e de pedido contraposto.

A citação é ato judicial visto que, como esclarece Moacyr Amaral Santos, diversamente do que ocorre no Direito francês, no italiano e em outros, não é ato da parte, ou seja, não é o autor que a providencia por meios próprios, senão por determinação judicial e meios oficiais[6].

Podemos definir citação, no procedimento do Juizado Especial da Lei nº 9.099/1995, como sendo o ato judicial por meio do qual se dá conhecimento ao réu do pedido contra ele formulado, com o objetivo de que compareça à audiência prévia de conciliação, formule defesa e/ou apresente pedido contraposto.

Em comentário ao Código de Processo Civil, E. D. Moniz de Aragão esclarece as formas admitidas para realização do ato:

> Na realização desses atos, ateve-se o Código a duas conhecidas formas: a *real*, em que tudo se passa face a face com o destinatário, e a *presumida* (ou *ficta*, como também é denominada, apesar de não haver identidade entre os conceitos de presunção e ficção), que é feita por intermédio de órgão ou pessoas, que se espera a levem ao conhecimento do interessado. Da primeira espécie são as citações ou intimações feitas pelo escrivão, pelo oficial de justiça ou pelo correio; da segunda, as que são feitas por intermédio de editais divulgados pela imprensa ou com concurso de pessoas vizinhas ou aparentadas do destinatário[7].

5. Cf. Arruda Alvim, *Manual de Direito Processual Civil*, v. 2, 12. ed., São Paulo: Revista dos Tribunais, 2008, p. 269.
6. *Primeiras Linhas de Direito Processual Civil*, v. 2, 25. ed., São Paulo: Saraiva, 2009, p. 174.
7. *Comentários...*, cit., p. 128.

Joel Dias Figueira Júnior aduz que nos processos que se submetem à Lei nº 9.099/1995, "é permitida somente a citação real, ou seja, por via postal, pelo sistema de mão própria, ou, alternativamente, por oficial de justiça, excluindo-se, em linha de princípio, a citação fictícia, que é justamente aquela em que a comunicação decorre de simples presunção legal de sua verificação, notadamente a editalícia", que é excluída expressamente pelo § 2º do art. 18[8].

De fato, a Lei nº 9.099/1995 estabelece quais formas de citação são admitidas no procedimento do Juizado Especial Cível, prevendo que seja realizada por carta ou por oficial de justiça e vedando a utilização do edital para citação.

No XXI encontro do Fórum Nacional dos Juizados Especiais – FONAJE, realizado na cidade de Vitória-ES, foi aprovado enunciado admitindo a citação por edital no processo de execução:

> Enunciado nº 37 – Em exegese ao art. 53, § 4º, da Lei nº 9.099/1995, não se aplica ao processo de execução o disposto no art. 18, § 2º, da referida lei, sendo autorizados o arresto e a citação editalícia quando não encontrado o devedor, observados, no que couber, os arts. 653 e 654 do Código de Processo Civil.

A tese não se coaduna com o sistema do Juizado Especial e desafia o § 4º do art. 53, que determina a extinção do processo de execução quando o réu não seja localizado.

Nessa direção decidiu a 1ª Turma Julgadora do Colégio Recursal dos Juizados Cíveis e Criminais do Estado de São Paulo: "A extinção da execução em conformidade com o art. 54, § 4º da Lei nº 9.099/1995 somente deve ocorrer quando esgotadas todas as possibilidades para a localização do executado, uma vez que o procedimento do JEC não admite a citação por edital"[9].

No mesmo sentido:

> O processo foi julgado extinto pela sentença de fls. 82/83 em razão da impossibilidade de citação por edital (art. 18, § 2º, da Lei nº 9.099/1995) – o recorrente diz que o dispositivo legal não se aplica ao processo de execução – fica mantida a r. sentença de fls. 82/83, uma vez que o dispositivo legal citado é expresso quanto à impossibilidade de citação por edital, sob pena de desvirtuar os princípios norteadores do Juizado, principalmente o da celeridade e simplicidade dos atos[10].

Embora se busque dar efetividade ao processo de execução com a redação do enunciado nº 37 acima transcrito, não se mostra possível ignorar o comando expresso da lei que impede a utilização da citação por edital no Juizado Especial.

8. Figueira Júnior, Joel Dias. *Manual dos Juizados Especiais Cíveis Estaduais e Federais*. São Paulo: Revista dos Tribunais, 2006, p. 145.
9. R.I. 29025–São Paulo, rel. Alcides Leopoldo e Silva Júnior, voto nº 0007, j. em 06/12/2007.
10. R.I. 29863–São Paulo, rel. Fernando Geraldo Simão, voto nº 22, j. em 19/12/2007.

Isso não significa que não se possa admitir o arresto no processo de execução, mas uma vez que tenha sido ele realizado, o comparecimento do oficial de justiça no endereço do executado, nos termos do art. 653, parágrafo único, do CPC, deve ser complementado com o envio da citação por carta, de forma a adaptar-se o art. 654 do CPC ao que dispõe o art. 18 da Lei nº 9.099/1995, isso independentemente de se realizar a citação na própria pessoa do executado.

A regra a ser observada na citação do processo do juizado especial regulado por esta lei é a da citação pessoal, como prevê o inciso I, do art. 18, ao mencionar a entrega da carta de citação *em mão própria*.

Joel Dias Figueira Júnior manifesta entendimento de que não se mostra viável a citação da pessoa física, por via postal, com a entrega da carta a terceiro, ainda que parente ou empregado do réu[11].

Citando o posicionamento adotado por Turmas Julgadoras dos Estados da Bahia, Paraná, Pernambuco, Rio de Janeiro e Rio Grande do Sul, Ricardo Cunha Chimenti informa que tem sido reconhecida a validade da citação da pessoa física com a simples entrega da carta em seu endereço, desde que haja identificação de quem a receber.

O entendimento é de que a previsão de entrega da carta em *mão própria* não significa que, cuidando de pessoa física, a citação deva ser realizada diretamente a ela, de modo que a falta de recebimento da carta pessoalmente por seu destinatário, no seu endereço, não induz à nulidade do processo desde que identificado o responsável pelo recebimento.

Contra esse entendimento manifesta-se Felippe Borring Rocha, que afirma que a "aplicação da teoria da aparência poderia levar a situações de injustiça, especialmente quando a parte reside num condomínio e a correspondência é recebida na portaria. Assim, torna-se necessário que a própria parte receba a cientificação"[12].

A jurisprudência ilustra posicionamento no sentido de admitir a validade da citação assim realizada:

> Revelia – Pessoa Física – Citação por AR – A entrega da carta citatória na residência da ré, com aviso de recebimento firmado por pessoa identificada, torna efetivada a citação. É que a lei não exige a citação pessoal e a interpretação literal do inciso I do art. 18 da Lei nº 9.099/1995 deixaria inócua a citação postal. Nulidade não configurada. Revelia bem decretada[13].

O julgado teve por fundamento o Enunciado nº 5 do FONAJE:

11. Idem, p. 146.
12. *Juizados Especiais Cíveis* – Aspectos polêmicos da Lei nº 9.099, de 26/09/1995, 5. ed. Rio de Janeiro: Lumen Juris, p. 91.
13. Colégio Recursal dos Juizados Especiais Cíveis e Criminais do Estado de São Paulo, 4ª Turma, Recurso Inominado nº 11090 – Diadema, rel. Cristina Cotrofe, voto nº 1782, j. em 08/07/2008.

> Enunciado nº 5 – A correspondência ou contrafé recebida no endereço da parte é eficaz para efeito de citação, desde que identificado o seu recebedor.

Nessa mesma direção e do mesmo Colégio Recursal encontram-se julgados da 2ª Turma Cível no R.I. 11017 – São Paulo, Rel. Ronnie Herbert Barros Soares, j. em 30/05/2008; e R.I. 989.09.0065727 – São Paulo, Rel. Carlos Vieira von Adamek, j. em 18/06/2009.

Esse é posicionamento que tem prevalecido, mas não se pode excluir a possibilidade de ser reconhecida a invalidade da citação se, de forma excepcional, ficar demonstrado que a correspondência nunca chegou ao conhecimento do destinatário. O ônus de demonstrar esse fato é do réu, sendo correto que seu comparecimento suprirá a eventual falta de citação, como determina o art. 18, § 3º, da Lei nº 9.099/1995.

Com relação à pessoa jurídica ou firma individual, não há dúvida de que a simples entrega da carta de citação no seu endereço é suficiente para a integração do processo, exigindo-se a identificação do responsável pelo recebimento.

Não há necessidade de que a citação ocorra na pessoa do representante legal da empresa, bastando seja entregue ao encarregado da recepção, que é "a pessoa que se encontra no local onde ordinariamente são entregues as correspondências do destinatário, sob pena de transportarmos para o procedimento da Lei nº 9.099/1995 as infindáveis discussões sobre os poderes daquele que recebeu a correspondência"[14].

Assim decidiu a 1ª Turma Julgadora do Colégio Recursal dos Juizados Cíveis e Criminais do Estado de São Paulo:

> Citação – pessoa jurídica – No Sistema dos Juizados Especiais a citação se aperfeiçoa mediante a entrega da carta ao encarregado da recepção – desnecessidade de a pessoa ter poderes para receber citação – inteligência do art. 18, II, da Lei nº 9.099/1995 – correta a decisão que reconheceu a revelia do condomínio que para fins de citação é equiparado à pessoa jurídica e que, regularmente citado, não compareceu à audiência – nulidade da citação inexistente – agravo não provido[15].

Não sendo possível a citação pelo correio, excepcionalmente a lei admite seja ela realizada por oficial de justiça.

Ao tratar da citação por oficial de justiça a Lei nº 9.099/1995, no inciso II do art. 18, determina que ela seja realizada independente da expedição de mandado ou carta precatória.

No sistema do Código de Processo Civil o art. 225 estabelece os requisitos que o mandado deve conter tais como os nomes e endereços das partes, o objeto da citação, dia e hora de comparecimento, advertência sobre a revelia, além de requisitos formais.

14. Chimenti, Ricardo Cunha. *Teoria e prática...*, cit., p. 18.
15. A.I. 486–São Paulo, rel. Antônio Mário de Castro Figliolia, voto nº 966, j. em 06/08/2008.

Embora a Lei dos Juizados Especiais dispense a emissão do mandado, é imprescindível que um mínimo de formalidade seja observado na comunicação que se faz ao réu da propositura da ação.

Como adverte Joel Dias Figueira Júnior, "não existe nenhum outro meio de o meirinho vir a cumprir as determinações judiciais senão através de mandados, que nada mais são do que ordens expedidas pelo juiz com fins específicos e previamente assinalados"[16].

O dispositivo deve ser compreendido no sentido de que a citação poderá ser feita por simples entrega da cópia da petição inicial ou do pedido formulado na secretaria, com indicação do dia e hora da audiência de conciliação, sem a necessidade de se observar todos os elementos exigidos pelo art. 225 do Código de Processo Civil.

É indispensável que o réu tenha perfeito conhecimento da demanda contra ele proposta, da data de comparecimento e da possibilidade de apresentar sua defesa que poderá envolver pedido contraposto, com a advertência do art. 18, § 1º, da Lei nº 9.099/1995.

O mesmo se diga em relação à carta precatória, ou seja, o instrumento por meio do qual um Juízo formula a outro o pedido de citação de réu que se encontra fora de sua jurisdição.

Basta ao cumprimento desse pedido a comunicação por ofício, *e-mail*, telefone ou outro meio idôneo de comunicação, sem a necessidade de expedição de instrumento formal representado pela precatória.

Cabe ao Juízo deprecado a emissão do mandado ou de outro documento que sirva à cientificação do réu quanto à ação contra ele proposta.

A citação por oficial de justiça no Juizado Especial é medida excepcional e somente realizada quando frustrada a tentativa de citação por carta e, portanto, não cabe ao autor optar por essa forma de realização do ato.

Essa dificuldade pode decorrer de deficiência no atendimento pelo serviço postal, quando, por exemplo, o réu resida na zona rural em local não atendido pelos Correios, ou por obstáculos impostos pelo próprio réu, que cria embaraços à realização da entrega da correspondência.

Expedida a ordem para citação por oficial de justiça, se o réu se oculta, é admissível a citação com hora certa que vem disciplinada no art. 227 do Código de Processo Civil.

Depois de procurado por três vezes no endereço indicado no mandado ou documento expedido para citação, havendo suspeita de que o réu, pessoa física, se esconde para evitar a citação, o oficial de justiça deve intimar pessoa da família ou vizinho, de que no dia imediato, em hora designada, comparecerá ao local para realizar a citação.

16. Ob. cit., p. 147.

A designação de dia e hora para comparecimento independe de prévia comunicação ou autorização do juiz, bastando ao oficial de justiça a fundada suspeita de ocultação.

Comparecendo no dia e hora designados sem encontrar o réu, persistindo a suspeita da ocultação, o oficial de justiça deve deixar com o parente, empregado ou vizinho a cópia da ordem de citação, dando o réu por citado na pessoa que receber o documento e certificando todo o ocorrido.

Diversamente do que ocorre com a citação no processo comum, regulado pelo Código de Processo Civil, a citação com hora certa realizada pelo oficial de justiça em pessoa identificada, com a simples entrega da contrafé, aperfeiçoa o ato, sendo desnecessária a remessa de carta, telegrama ou radiograma previsto no art. 229.

A situação é idêntica à descrita no art. 18, I, quanto à entrega de carta à pessoa identificada. Assim, se o oficial de justiça procura o réu em seu endereço e nele é atendido por pessoa da família ou empregado, ainda que haja suspeita de ocultação, para aperfeiçoamento do ato basta a entrega da contrafé a essa pessoa, sendo desnecessária a citação com hora certa. Se, porém, a pessoa não guarda vínculo algum com o citando, como no caso do vizinho, ideal é que se adote a providência exigida pela lei para garantir a higidez do ato.

É indispensável que o oficial de justiça exponha em sua certidão as razões da suspeita de ocultação que o levaram a promover a citação com hora certa.

Realizada a citação por esse modo, o juiz deverá nomear ao réu curador especial (art. 9º, II, do CPC), o que fará na audiência de conciliação caso ele não compareça para se defender.

Tratando-se de comarcas contíguas, de fácil acesso ou na mesma região metropolitana, como ocorre nas grandes capitais, o oficial de justiça está autorizado a realizar a citação mesmo fora da área de jurisdição da comarca a que vinculado, o que facilita a efetivação do ato especialmente por dispensar a necessidade de deprecar ao juiz competente para essa área territorial o cumprimento da ordem.

Embora a Lei nº 9.099/1995 dispense a emissão de mandado de citação, seja qual for o meio escolhido para ciência do réu sobre a ação proposta (cópia da inicial, carta de citação, ofício do juiz etc.), alguns requisitos devem ser observados para a validade do ato.

O art. 18, § 1º, da mencionada lei exige que do instrumento da citação conste cópia do pedido inicial, dia e hora do comparecimento e a advertência de que a falta de comparecimento implicará em revelia, com julgamento imediato da causa.

O pedido inicial pode estar contido em petição elaborada por advogado que represente o autor, por ele mesmo independente de habilitação técnica ou ainda em cópia da reclamação feita perante a secretaria do Juizado, nos termos do § 3º do art. 14.

Necessário é que se dê pleno conhecimento ao réu do pedido contra ele formulado.

Em observância do que determina o art. 16 da Lei nº 9.099/1995, independente de despacho do juiz, a própria secretaria do Juizado, ao receber o pedido, deve designar data para audiência de conciliação, dentro de 15 dias. Assim, a citação deverá conter também a data de realização dessa sessão.

É comum haver a cisão da audiência no Juizado Especial, nada obstante a determinação do art. 27, que impõe como sequência lógica da sessão de conciliação a instrução e julgamento da causa.

Essa divisão atende melhor o objetivo de celeridade que se deve buscar no sistema do Juizado Especial, visto que permite, como relata Ricardo Cunha Chimenti, "a designação de um número maior de audiências de tentativa de conciliação (sem o desnecessário deslocamento de testemunhas), ficando a pauta dos juízes ocupada apenas por aqueles casos em que a tentativa de conciliação se mostrou inviável, sem prejuízo de ser renovada a proposta de acordo na abertura da audiência de instrução e julgamento"[17].

Embora a lei mencione a necessidade de designação dessa audiência prévia de conciliação, em hipóteses nas quais desde logo se verifica a inviabilidade de acordo é possível sua dispensa com a citação do réu para que apresente defesa no prazo de quinze dias.

Vez por outra o sistema dos Juizados Especiais enfrenta a distribuição de pedidos repetitivos como, por exemplo, os que envolveram a discussão sobre a validade da cobrança de assinatura de linha telefônica, ou o que discute a cobrança de expurgos inflacionários.

A experiência com esse tipo de ação demonstra que a designação de audiência de conciliação é inócua e serve apenas para tomar tempo nas já abarrotadas pautas de audiências.

A celeridade buscada pelo sistema exige solução mais adequada, que consiste na citação do réu para apresentação de sua defesa, permitindo ao juiz o julgamento imediato da lide.

Nesse sentido o Colégio Recursal dos Juizados Especiais Cíveis e Criminais do Estado de São Paulo firmou entendimento constante do Enunciado nº 15, com a seguinte redação:

> Enunciado nº 15 – Não é obrigatória a designação de audiência de conciliação e de instrução no juizado especial cível em se tratando de matéria exclusivamente de direito.

De toda forma, se não houver a designação da audiência, o instrumento da citação deverá indicar o prazo destinado à apresentação da resposta, como forma de garantir a observância do princípio do contraditório e da ampla defesa.

Além dos requisitos acima expostos, o Enunciado 53 do FONAJE exige também a advertência de que o processo poderá contar com inversão do ônus da prova:

17. *Teoria e Prática...*, cit., p. 129.

> Enunciado nº 53 – Deverá constar da citação a advertência, em termos claros, da possibilidade de inversão do ônus da prova.

Essa exigência mostra-se excessiva visto que a inversão do ônus da prova é regra de julgamento, que busca prestigiar o hipossuficiente ou aqueles a quem a lei beneficia, independente de qualquer aviso por parte do juiz de que a falta de atendimento ao ônus de provar fatos impeditivos ao direito do autor implicarão em procedência da ação.

Nessa direção confira-se acórdão da 2ª Turma Cível do Colégio Recursal dos Juizados Especiais Cíveis e Criminais do Estado de São Paulo, relatado pelo Juiz Carlos Vieira von Adamek:

> Em sede preliminar, cumpre realçar que a inversão do ônus da prova constitui regra de julgamento e não de processamento, de modo que não está o Juiz obrigado a alertar a parte sobre as consequências da aplicação dessa regra, que seu advogado deveria conhecer.
>
> Confira-se o Julgado extraído do Código de Processo Civil Comentado e Legislação Processual Civil Extravagante em Vigor, Nelson Nery e Rosa Maria Andrade Nery, Ed. Revista dos Tribunais, 4ª ed. 1999, p. 1.805, nota 15:
>
> "A inversão do ônus da prova dá-se *ope judicis*, isto é, por obra do juiz, e não *ope legis* como ocorre na distribuição do ônus da prova pelo CPC 333. Cabe ao magistrado verificar se estão presentes os requisitos legais para que se proceda à inversão. Como se trata de regra de juízo, quer dizer de julgamento, apenas quando o juiz verificar o *non liquet* é que deverá proceder à inversão do ônus da prova, fazendo-o na sentença, quando for proferir o julgamento de mérito (Watanabe, CDC Coment., 498; TJSP-RT 706/67). Caso as partes tenham se desincumbido, do ônus da prova, não haverá o *non liquet* e o juiz, portanto, julgará de acordo com as provas e o seu livre convencimento"[18].

Também da citação deverá constar a expressa informação de que a falta de comparecimento à audiência ou de apresentação da defesa, quando a audiência não for designada, implicará em revelia, que será objeto de estudo quando se tratar adiante do art. 20 da Lei nº 9.099/1995.

Sem citação o processo é nulo, não se integrando a relação processual, podendo a falha ser arguida a qualquer tempo no processo[19], mas o § 3º do art. 18, ora em

18. R.I. 14339–São Paulo, voto nº 123, j. em 21/01/2008.
19. Nesse sentido R.I. 1405 – 1ª Turma, São Paulo, voto nº 425-2008, Rel. Juiz Jorge Tosta, j. em 21/05/2008: "Agravo de instrumento contra decisão rejeita impugnação ao cumprimento de sentença – Falta de citação na fase de conhecimento – Vício de pressuposto processual de existência – Matéria de ordem pública conhecível de ofício e a qualquer tempo ou grau de jurisdição – Decisão que rejeita a impugnação sem qualquer fundamentação – Agravo de instrumento provido para declarar a inexistência de todos os atos processuais praticados desde a citação, inclusive".

análise, repete dispositivo constante do § 1º, do art. 214, do Código de Processo Civil, ao prever que o comparecimento espontâneo do réu que não foi validamente citado supre a falta ou nulidade da citação.

Assim, se embora não citado o réu comparece à audiência de conciliação ou apresenta a defesa, afasta-se a possibilidade de reconhecimento da nulidade por ausência de prejuízo, consoante determina o art. 13 da Lei nº 9.099/1995.

Precedentes do Colégio Recursal dos Juizados Especiais Cíveis e Criminais do Estado de São Paulo demonstram ser essa a orientação adotada, valendo conferir, dentre outros, os seguintes acórdãos: 1ª Turma Cível, relator Jorge Tosta, R.I. 12401 – São Paulo, j. 18/06/2008; e, 3ª Turma Cível, relator Roberto Caruso Costábile e Solimene, R.I. 4869 – Socorro, j. 24/06/2008.

Aplicam-se subsidiariamente as regras atinentes à citação descritas no Código de Processo Civil, desde que não conflitantes com os princípios que informam o processo do Juizado Especial.

## 3. INTIMAÇÕES

**Art. 19. As intimações serão feitas na forma prevista para citação, ou por qualquer outro meio idôneo de comunicação.**
**§ 1º Dos atos praticados na audiência, considerar-se-ão desde logo cientes as partes.**
**§ 2º As partes comunicarão ao juízo as mudanças de endereço ocorridas no curso do processo, reputando-se eficazes as intimações enviadas ao local anteriormente indicado, na ausência da comunicação.**

Na dicção do art. 234 do Código de Processo Civil, intimação *"é o ato pelo qual se dá ciência a alguém dos atos e termos do processo, para que faça ou deixe de fazer alguma coisa"*.

A Lei nº 9.099/1995, em seu art. 19, determina que as intimações no processo do Juizado Especial Cível observem as mesmas regras impostas para a citação.

Isso significa que, em regra, as intimações devem ser feitas por carta e excepcionalmente por oficial de justiça.

Porém, referido artigo prevê, ainda, a possibilidade de que as intimações sejam realizadas por *qualquer outro meio idôneo de comunicação.*

Ao excepcionar a regra da citação, quando trata da intimação, o legislador abriu a oportunidade para que ela se realize por qualquer forma apta a atingir o seu objetivo.

Assim, no dizer de Joel Dias Figueira Júnior, "nada obsta que se faça a intimação por telefone (certificando nos autos o secretário o teor da comunicação e seu resultado), *fax/modem* (linha telefônica acoplada a computadores), cuja prova da emissão e do recebimento da mensagem fica arquivada no próprio computador, telex, telegrama ou fac-símile"[20].

O Colégio Recursal dos Juizados Especiais Cíveis e Criminais do Estado de São Paulo admitiu a validade de intimação feita à parte por telefone, como se verifica de acórdão da 1ª Turma Criminal, relatado pelo Juiz Cláudio Lima Bueno de Camargo:

> Juizado Especial Cível: intimação da parte por telefone – Validade: arts. 2º e 13, *caput*, Lei nº 9.099, de 26/09/1995. Recurso não provido[21].

A Coordenação dos Juizados Especiais Federais da Bahia, por meio da portaria nº 25, de 14 de fevereiro de 2008, disciplinou a intimação, afirmando a possibilidade de serem realizadas por *e-mail* ou telefone ou por qualquer outro meio idôneo.

Acrescente-se a possibilidade de intimação pela imprensa oficial, inclusive por meio de edital, que não está expressamente vedado como ocorre com a citação. Aliás, estando a parte representada nos autos por procurador, o mais comum é que se proceda à intimação na pessoa de seu representante e por meio da publicação no órgão oficial.

Para que a intimação se dê na pessoa do advogado basta a publicação em seu nome, sendo correto que se a parte possuir mais de um estará intimada com a publicação que contenha o nome de qualquer deles.

A exemplo do que ocorreu com a citação, a intimação por carta endereçada ao advogado da parte é considerada válida, conforme Enunciado nº 41 do FONAJE:

> Enunciado nº 41 – A correspondência ou contrafé recebida no endereço do advogado é eficaz para efeito de intimação, desde que identificado o seu recebedor.

Observa-se, porém, que se a parte indicou, dentre os vários advogados que a representam, um a quem deveriam ser destinadas com exclusividade as intimações, a que tenha sido realizada sem observar essa indicação é inválida.

Assim decidiu a 1ª Turma do Colégio Recursal dos Juizados Especiais Cíveis e Criminais do Estado de São Paulo:

> Intimação – Advogado – Indicação na contestação dos nomes dos advogados a serem intimados dos atos judiciais — Não observância — Nulidade – Renovação da intimação da parte da sentença proferida e nulidade dos atos posteriores – Recurso provido[22].

20. Figueira Júnior, Joel Dias. Manual dos Juizados..., cit., p. 150.
21. R.I. 28838–São Paulo, voto nº 2136, j. em 19/02/2009.
22. A.I. 06432 – São Paulo – rel. Alcides Leopoldo e Silva Júnior, voto nº 2134, j. em 21/01/2009.

As intimações podem ser realizadas, ainda, diretamente à parte ou a seu procurador pelo escrevente ou escrivão, quando estes comparecerem na secretaria para se inteirar do processado.

Quanto à testemunha, apesar da excepcionalidade de sua intimação vez que a regra é a do comparecimento por simples comunicação da parte que a arrolou, a intimação pode ser realizada, quando necessária, por carta, por oficial de justiça e até mesmo pela secretaria do Juizado ante o seu comparecimento a esse local.

O Código de Processo Civil, no art. 237, parágrafo único, prevê a possibilidade de se realizar a intimação por meio eletrônico.

A questão da comunicação dos atos processuais tem tratamento expresso na Lei nº 11.419/2006. Essa lei prevê duas formas para intimação dos advogados: a) por Diário da Justiça Eletrônico (art. 4º) e b) por portal de intimação (art. 5º), o que dispensa a publicação no Diário Oficial.

Esse *portal de intimação* possui algumas regras específicas que consideram realizada a intimação no dia em que o intimando efetivar a consulta eletrônica ao teor comunicação, certificando-se nos autos a sua realização. Essa consulta deverá ser feita em até dez dias úteis corridos, contados da data da publicação da intimação, sob pena de considerar-se automaticamente intimado.

A intimação por meio eletrônico no sistema dos Juizados Especiais estaduais não conta com disciplina específica na Lei nº 9.099/1995, de modo que é possível aos Tribunais ou à Lei de Organização Judiciária local estabelecer meios de viabilizar a utilização dessa tecnologia, inclusive com a utilização do Diário Oficial Eletrônico, regulado pela Lei nº 11.419/2006.

Essa lei cuida, ainda, da possibilidade de emissão de comunicação quanto ao ato por *e-mail* (art. 5º, § 4º), desde que o interessado tenha previamente se cadastrado para receber tal informação.

Quanto aos atos praticados na audiência, independente de certidão específica do escrevente ou escrivão, o parágrafo primeiro do art. 19 da Lei nº 9.099/1995 considera que a parte está automaticamente ciente do processado, sendo desnecessária qualquer outra providência destinada à sua intimação.

A lei determina ainda, no § 2º do mesmo artigo, a obrigação da parte, extensiva a seus procuradores quanto à necessidade de manterem atualizados seus dados no processo, com informação sobre qualquer mudança de endereço.

A falta de comunicação importa em reconhecimento de validade da intimação encaminhada ao endereço anteriormente indicado.

Nessa direção já decidiu o Colégio Recursal dos Juizados Especiais Cíveis e Criminais do Estado de São Paulo, em acórdão relatado pela Juíza Mariela Ferraz de Arruda P. Nogueira, da 2ª Turma Criminal, no R.I. 2060, voto nº 305, j. em 02/04/2008.

Essa previsão da Lei dos Juizados Especiais Cíveis e Criminais foi encampada pelo parágrafo único do art. 238 do CPC, que reputa válidas as comunicações e intimações encaminhadas ao endereço informado pela parte, a quem incumbe sua atualização sempre que ocorra mudança.

Quanto à contagem dos prazos, observa-se que no sistema do Juizado Especial Cível, ela ocorre desde a cientificação da parte ou de seu procurador, independente da juntada do aviso de recebimento da carta ou do mandado eventualmente expedido.

Assim prevê o Enunciado nº 13 do FONAJE:

> Enunciado nº 13 – Os prazos processuais nos Juizados Especiais Cíveis, contam-se da data da intimação ou ciência do ato respectivo, e não da juntada do comprovante da intimação, observando-se as regras de contagem do CPC ou do Código Civil, conforme o caso.

Por fim, esclareça-se que a contagem se dá com exclusão do dia do começo e inclusão do dia final, nos termos do art. 184 do Código de Processo Civil e do art. 132 do Código Civil, salvo disposição especial diversa.

Ronnie Herbert Barros Soares*

8

# Art. 20

## Seção VII
## Da Revelia

**Art. 20. Não comparecendo o demandado à sessão de conciliação ou à audiência de instrução e julgamento, reputar-se-ão verdadeiros os fatos alegados no pedido inicial, salvo se o contrário resultar da convicção do Juiz.**

Citado para a ação o réu pode adotar mais de uma conduta: poderá defender-se refutando integralmente a pretensão do autor; poderá defender-se parcialmente da pretensão do autor; poderá reconhecer o direito buscado pelo demandante; ou, poderá manter-se inerte não tomando qualquer providência. Também é possível que apresente pedido contraposto.

A citação impõe ao réu o ônus de se defender na ocasião fixada pela lei. A desatenção a essa obrigação induz aos efeitos da revelia descritos na lei. Na sistemática do Código de Processo Civil revel é o réu que não contesta a ação no prazo legal. Essa omissão impõe o reconhecimento das consequências descritas no art. 319 do CPC.

O primeiro desses efeitos é o de se considerar como verdadeiros os fatos articulados pelo autor em sua inicial, ou seja, a lei estabelece uma presunção de veracidade contra o réu desidioso de sua defesa, dispensando o autor de provar os fatos que alega.

Tão graves essas consequências que, no sistema do Juizado Especial como no regulado pelo Código de Processo Civil, como antes mencionado, a lei determina que da carta de citação ou do mandado conste expressamente a advertência referente às consequências da ausência de defesa ou da falta de comparecimento (Lei nº 9.099/1995, art. 18, § 1º; CPC, arts. 285, 223, 225, inciso II, 323, inciso V).

A ressalva feita pelo Código de Processo Civil ao réu citado por hora certa, constante do art. 9º, II, também se aplica ao Juizado Especial, em que deve ser dado curador especial ao réu, cabendo a este a apresentação de contestação, ainda que por negativa geral.

* Juiz de Direito em São Paulo, foi membro do Colégio Recursal Unificado dos Juizados Especiais de São Paulo. Mestre e doutorando em Direito Civil pela PUC/SP. Professor da Faculdade de Direito de Itapetininga (FKB) e da Escola Superior da Advocacia (ESA).

O Código de Processo Civil também traça outras hipóteses em que não se consideram operados os efeitos da revelia, que estão descritas no art. 320.

O inciso I do art. 320 prevê o não reconhecimento dos efeitos da revelia quando a questão em discussão envolva pluralidade de réus e algum deles tenha apresentado defesa.

A hipótese é de litisconsórcio unitário necessário que exige ao seu reconhecimento a constatação de que o direito discutido está fundado na mesma questão de fato ou de direito que impossibilita a decisão da causa de forma diversa para um ou outro réu, que deve ser compreendida como restrita "à impugnação de fato comum a todos os litisconsortes, ou comum ao réu atuante e ao revel litisconsorte. Relativamente aos demais fatos, a sanção do art. 319 incide: eles são reputados verdadeiros pelo juiz, eliminada a possibilidade de prova contrária do réu quanto aos mesmos"[1].

O Inciso II desse artigo cuida da exceção à revelia em relação a direitos indisponíveis, em consonância com o que dispõe o art. 302, inciso II, do CPC, que não admite validade à confissão relativa a direitos indisponíveis, contendo a mesma previsão o art. 351.

Direito indisponível, como leciona José Joaquim Calmon de Passos, "é aquele não renunciável ou a respeito do qual a vontade do titular só se pode manifestar eficazmente satisfeitos determinados controles"[2].

Ernani Fidélis dos Santos assim conceitua tais direitos: "São indisponíveis os direitos que emanam da própria personalidade da pessoa. São direitos irrenunciáveis e os fatos a eles relativos não podem ser confessados. Tais são, por exemplo, o direito à vida, o direito à honra, o direito à liberdade etc."[3].

Podemos exemplificar tais direitos como os que envolvem as disputas fundadas no direito de família, ou que tenham como interessados incapazes, ou o poder público.

O âmbito de aplicação da Lei nº 9.099/1995 é restrito e há expressa exclusão de causas que envolvam as matérias previstas no art. 3º, § 2º, de modo que não ingressam na competência do Juizado causas que possam ter por objeto tais direitos, que devem ser discutidos no Juízo Comum.

O inciso III do art. 320 do CPC excepciona o reconhecimento da revelia quando a inicial não esteja acompanhada do instrumento público que a lei considere indispensável à prova do ato.

A aplicação desse dispositivo deve ser bem compreendida para sua aplicação no sistema do Juizado Especial Cível. A Lei nº 9.099/1995, em seu art. 33, determina que todas as provas sejam produzidas em audiência, o que desobriga o autor de apresentar os documentos destinados à comprovação dos fatos que alega com a

1. Calmon de Passos, J. J. *Comentários*, cit., p. 442.
2. *Comentários ao Código de Processo Civil*, v. III, 7. ed. Rio de Janeiro: Forense, 1994, p. 337.
3. *Manual de Direito processual Civil*, v. 1, 3. ed. São Paulo: Saraiva, 1994, p. 338.

inicial. Porém, na audiência devem ser apresentados todos os documentos e provas que pretenda produzir.

O Direito material exige, para a realização de certos negócios jurídicos, forma especial, como ocorre, por exemplo, com a compra e venda de imóvel que necessita da elaboração de escritura pública e registro para a efetiva transmissão da propriedade.

Uma disputa que seja fundada no direito de propriedade, autorizada pelo art. 3º, inciso IV, da Lei dos Juizados Especiais, exige a comprovação da titularidade do domínio, de modo que a falta de contestação do réu, por si só, não autoriza a decisão sobre a contenda possessória em favor do autor sem a produção de outras provas.

Embora esse tipo de disputa não seja comum no âmbito do Juizado Especial, devido à limitação de valor, quanto a bens móveis a utilização é mais frequente, havendo circunstâncias que também exigem a comprovação da forma especial de tradição, como ocorre, por exemplo, com a transmissão de propriedade de automóvel, submetida à regularização junto ao departamento de trânsito.

De toda forma, necessário anotar que a presunção de veracidade decorrente da falta de apresentação de defesa é apenas relativa, cabendo ao juiz da causa apreciar livremente o pedido e determinar a produção de provas se entender que os fatos não estão suficientemente esclarecidos para permitir o julgamento da lide. Ou seja, da simples revelia não decorre necessariamente a procedência da ação.

Nesse sentido encontram-se vários julgados do Colégio Recursal dos Juizados Especiais Cíveis e Criminais do Estado de São Paulo, dentre eles o da 4ª Turma Cível, proferido no R.I. nº 989.09.007410 – Capital, que teve como relatora a Juíza Cristina Cotrofe, com voto nº 3875, de 30/06/2009:

> A revelia foi bem decretada, porquanto ausentes os demandados à sessão de conciliação, reputando-se verdadeiros os fatos narrados na inicial.
>
> Contudo, a revelia não importa em automático reconhecimento da procedência do pedido, esta presunção somente se elide em razão de elementos outros constantes dos autos e trazidos à apreciação do juízo, dos quais eventualmente não se infira a devida verossimilhança de suas alegações.

Especificamente em relação ao Juizado Especial Cível necessário anotar que o art. 20 faz expressa ressalva quanto à possibilidade de julgamento de acordo com o convencimento do juiz, nada obstante a falta de defesa.

No Juizado o reconhecimento da revelia decorre: 1) da falta de comparecimento à sessão de conciliação; 2) da falta de comparecimento à audiência; 3) da não apresentação da contestação.

O réu é citado para comparecer à audiência prévia de conciliação. Ainda que não tenha intenção de realizar acordo, a presença à sessão de conciliação é indispensável.

Não se permite a simples representação por advogado, ou mesmo a apresentação de contestação, sendo indispensável o comparecimento pessoal sob pena de revelia.

Assim prevê o Enunciado nº 78 do FONAJE:

> Enunciado nº 78 – O oferecimento de resposta, oral ou escrita, não dispensa o comparecimento pessoal da parte, ensejando, pois, os efeitos da revelia.

Quanto à audiência de instrução, com maior razão, a falta de comparecimento implicará na revelia, visto que é esse, em regra, o momento oportuno para apresentação da defesa.

A Lei dos Juizados Especiais optou pela concentração dos atos processuais na audiência, primando pela obrigação de comparecimento das partes e impondo consequências a essa omissão. Se é o autor que deixa de comparecer à audiência, a lei impõe a extinção do processo; se quem não comparece é o réu, a hipótese é de reconhecimento da revelia.

Tratando-se de pessoa física, o comparecimento pessoal à audiência impede o reconhecimento da revelia. Mesmo que desacompanhada de advogado, como o procedimento permite, nas causas inferiores a vinte salários-mínimos a defesa direta, com dispensa de representação profissional, o próprio réu pode apresentar suas razões ao juiz, que deverá tomá-las por termo a fim de que sejam apreciadas na sentença.

Nas causas que superarem vinte salários-mínimos, sendo obrigatória a assistência, a defesa há de ser realizada por advogado. Se o réu não reúne condições de contratar um defensor, cuidando-se de audiência prévia de conciliação, deve ser desde logo orientado a buscar assistência do Estado.

Se não houve designação de audiência prévia de conciliação, verificando o juiz a condição de hipossuficiente, determinará a suspensão da audiência de instrução e julgamento e a indicação de profissional habilitado a fim de garantir atendimento ao princípio do devido processo legal.

De toda forma, superado o limite mencionado, a falta de assistência, ainda que compareça o réu à audiência, implicará revelia, como afirmado no Enunciado nº 11 do FONAJE:

> Enunciado nº 11 – Nas causas de valor superior a vinte salários-mínimos, a ausência de contestação, escrita ou oral, ainda que presente o réu, implica revelia.

Pessoa física ou jurídica[4], comparecendo à audiência com advogado, indispensável a apresentação nesse ato do instrumento de mandato.

Anote-se, ainda, que a pessoa física deve comparecer pessoalmente, não se admitindo preposição ou representação, como já afirmado em enunciado do Fórum dos Juizados Especiais do Estado de São Paulo – FOJESP, recentemente criado:

4. Enunciado 20 – O comparecimento pessoal da parte às audiências é obrigatório. A pessoa jurídica poderá ser representada por preposto.

> Enunciado nº 4 – O comparecimento pessoal da pessoa física em audiência não pode ser suprido por mandatário, salvo se houver conciliação.

À pessoa jurídica não basta o simples comparecimento à audiência, sendo, portanto, exigido que se faça representar por advogado e preposto com poderes específicos.

A esse respeito decidiu o Colégio Recursal dos Juizados Especiais Cíveis do Estado de São Paulo:

> Revelia – Sessão de Conciliação e audiência de Instrução e Julgamento – Pessoa jurídica – Ausência de preposto com carta de preposição – Confissão quanto à matéria de fato – Recurso não provido[5].

Não é indispensável que a pessoa jurídica se faça representar por advogado na audiência se o valor da causa não o exigir, como já afirmado pela jurisprudência do órgão acima mencionado:

> Revelia – Pessoa jurídica – Preposto que comparece à audiência desacompanhado de advogado – Desnecessidade – Causa de valor inferior a 20 salários-mínimos – Não comprovação, no entanto, de que o preposto apresentou ou pretendeu apresentar contestação – Sentença mantida – Recurso improvido[6].

Quanto ao preposto, não é indispensável que tenha relação empregatícia com a pessoa jurídica, que pode designar pessoa especialmente contratada a esse fim:

> Revelia – Preposto – Desnecessidade de vinculação empregatícia formal – Lei que não refere tal requisito – Art. 9º, § 4º da Lei nº 9.099/1995 – Questão sem efeito prático no processo, em razão da ausência de provas imputáveis à recorrente[7].

Contra esse entendimento o FOJESP emitiu Enunciado nº 5:

> Enunciado nº 5 – O preposto credenciado deve ser aquele que pertença ao quadro pessoal da empresa, devendo tal condição ser provada juntamente com a carta de preposição.

Com a devida vênia ao entendimento sumulado, se não há necessidade de depoimento pessoal ou conhecimento específico sobre os fatos que se buscam apurar no processo, mostra-se excessivamente rigorosa a exigência, sendo perfeitamente possível a designação de preposto estranho aos quadros da empresa.

5. R.I. 989.09.006185-3–São Paulo, 1ª Turma Cível, rel. Alcides Leopoldo e Silva Júnior, voto nº 3052, j. em 30/06/2009.
6. R.I. 2009.09.002933-0–São Paulo, 1ª Turma Cível, rel. Jorge Tosta, voto nº 403/2009, j. em 26/05/2009.
7. R.I. 9657–Mogi das Cruzes, 3ª Turma Cível, rel. Roberto Caruso Costábile e Solimene, voto nº 6746, j. em 16/12/2008.

Imagine-se a hipótese de ação proposta fora do domicílio da empresa, em outro Estado, onde não possua filial ou representação. A exigência de comparecimento de preposto vinculado à empresa importaria em despesas que podem ser até mesmo maiores do que a que se discute nos autos.

Recentemente, foi promulgada a Lei nº 12.137, de 18/12/2009, que alterou a redação do § 4º do art. 9º da Lei nº 9.099/1995, o qual passou a dispor que: "*O réu, sendo pessoa jurídica ou titular de firma individual, poderá ser representado por preposto credenciado, munido de carta de preposição com poderes para transigir, sem haver necessidade de vínculo empregatício*".

Diante dessa alteração legislativa, que reforça o entendimento jurisprudencial majoritário sobre a desnecessidade de vínculo empregatício do preposto designado pela pessoa jurídica, deixou de vigorar o Enunciado 5 do I Forum dos Juizados Especiais de São Paulo, sendo inadmissível a aplicação da pena de revelia em tal hipótese. De outro lado, sendo o representante legal da pessoa jurídica intimado pessoalmente para prestar depoimento pessoal em audiência, sob pena de confesso, não poderá o preposto credenciado substituí-lo. Isto porque, tratando-se de questão de fato cujo conhecimento está reservado exclusivamente ao representante legal da pessoa jurídica, sua ausência à audiência, quando expressa e formalmente intimado para tanto, importa em confissão quanto à matéria de fato.

Enfim, a pessoa jurídica pode ser representada em Juízo por preposto sem vínculo empregatício, mas este não pode prestar depoimento pessoal sobre fatos cujo conhecimento é do próprio representante legal.

Assim, no nosso entendimento, só excepcionalmente é que deve haver a exigência de preposto com condições especiais para representação da pessoa jurídica.

Contudo, também o preposto deverá estar corretamente designado e haverá de comparecer à audiência portando não apenas a carta de preposição como também o estatuto social da pessoa jurídica a fim de demonstrar a regularidade da outorga que lhe foi feita, ou seja, para permitir que o juiz verifique se quem nomeou o preposto tinha poderes para isso:

> Revelia – Pessoa jurídica – Preposto não credenciado de forma regular – Legitimidade do subscritor da Carta de Preposição não demonstrada – Falta de juntada de Contrato Social ou documento equivalente – Hipótese que equivale à ausência injustificada – Inadmissibilidade de concessão de prazo para sanar a irregularidade – Necessidade de apresentação de documentos de representação no ato – Procedimento especial que concentra os atos em audiência, onde a presença da parte é obrigatória – Inteligência do art. 20 da Lei nº 9.099/1995 – Sentença mantida[8].

8. R.I., 12.816–Itaberá, 4ª Turma Cível, rel. Maria do Carmo Honório, voto nº 768/08, j. em 12/08/2008.

Porém, observada a diretriz traçada pelo enunciado nº 99 do FONAJE[9], já se decidiu que há de ser concedido prazo para a regularização da representação pelo preposto:

> Revelia – Pessoa jurídica: preposto que comparece na audiência sem a respectiva carta e estatuto social. Necessidade de assinalação de prazo para suprir a pendência – Enunciado 99 FONAJE. Recurso provido[10].

Anote-se, contudo, que a concessão de prazo para juntada de documentos está condicionada à existência de acordo, não se prestando a conferir prazo adicional quando não tenha sido alcançada a composição entre as partes. Nessa hipótese, comparecendo à audiência sem tais documentos, a pessoa jurídica submete-se aos efeitos da revelia.

Como já tivemos oportunidade de decidir, a apresentação de contestação antes da audiência, mesmo admitida pelo enunciado 10 do FONAJE[11], não se presta a afastar a aplicação da revelia quando a parte não compareça à audiência ou nela não esteja corretamente representada:

> Revelia – Contestação apresentada antes da data designada para audiência – Ausência na audiência – Revelia configurada – A apresentação de contestação em data anterior não afasta a necessidade do comparecimento à audiência[12].

Não se admite a cumulação de atribuições de advogado e preposto da pessoa jurídica, como afirmado pelo Enunciado nº 98 do FONAJE:

> Enunciado nº 98 – Substitui o Enunciado 17 – É vedada a acumulação SIMULTÂNEA das condições de preposto e advogado na mesma pessoa (art. 35, I e 36, II da Lei 8.906/1994 combinado com o art. 23 do Código de Ética e Disciplina da OAB).

Não há impedimento a que um advogado figure como preposto da pessoa jurídica, mas, para isso, não pode constar no rol dos mandatários da procuração visto que não é acumulável a condição de preposto e advogado, ainda que não seja o principal defensor.

Nesse sentido decidiu o Colégio Recursal dos Juizados Especiais Cíveis e Criminais do Estado de São Paulo:

9. Enunciado 99 – Substitui o Enunciado 42 – O preposto que comparece sem carta de preposição, obriga-se a apresentá-la no prazo que for assinado, para validade de eventual acordo, sob as penas dos arts. 20 e 51, I, da Lei nº 9.099/1995, conforme o caso (aprovado no XIX Encontro – Aracaju/SE).
10. R.I. 989.09.006927-7–São Paulo, 1ª Turma Criminal, rel. Cláudio Lima Bueno de Camargo, voto nº 2506, j. em 29/05/2009.
11. Enunciado 10 – A contestação poderá ser apresentada até a audiência de Instrução e Julgamento.
12. R.I. 989.09.006189-6–São Paulo, 2ª Turma Cível, rel. Ronnie Herbert Barros Soares, voto nº 2487, j. em 16/04/2009.

> Na verdade, a escolha do preposto é de exclusiva iniciativa da parte e a lei não estabelece requisitos pessoais para aquele que venha a ser designado para desempenhar esse mister. "Portanto, não cabe ao Poder Judiciário estabelecer quem tem legitimidade ou não para o credenciamento. A doutrina apenas 'Sugere' que a designação do preposto recaia sobre pessoa que realmente tenha conhecimento dos fatos", consoante o v. acórdão nº 112.068, relatado pelo Juiz Silvânio Barbosa dos Santos, *apud* Ricardo Cunha Chimenti, Teoria e prática dos juizados especiais Cíveis estaduais e federais, 9ª ed., São Paulo: Ed. Saraiva, 2007, nº 9.2.2, p. 108).
>
> Por outro lado, a regra do art. 23 do Código de Ética do Advogado veda a atuação simultânea como advogado e preposto, consoante deliberação tomada pelo Tribunal de Ética da OAB/SP, mas não as atividades de nomear preposto e advogar para o cliente (*apud* Ricardo Cunha Chimenti, op. cit., p. 158)[13].

A falta de comparecimento à audiência implicará, por si só, no reconhecimento dos efeitos da revelia, porém, havendo motivo justo para a ausência, devidamente comprovado, pode ser relevada a falta com a designação de nova audiência, como já tivemos oportunidade de decidir:

> Revelia – Advogado parte que sofre acidente a caminho do fórum – Havendo motivo justo para a ausência do procurador da parte à audiência não deve ser aplicada a revelia[14].

No mesmo sentido:

> Ação declaratória, cumulada com indenização por danos morais: cobrança indevida e registro como inadimplente – Sentença: procedência (revelia) Recurso: Ré. Audiência: ausência do advogado (art. 453, § 1º, CPC) – Possibilidade de justificativa posterior: motivo de força maior (atendimento médico) ocorrido uma hora antes[15].

O mesmo raciocínio se aplica ao preposto que por motivo de força maior devidamente comprovado não possa comparecer à audiência. Observe-se, porém, que a ausência justificada de um não autoriza a ausência do outro, de modo que a falta do advogado não implica desobrigar o comparecimento do preposto que, ao contrário, deve justificá-la, e vice-versa.

O não comparecimento à audiência nas condições acima expostas implica no reconhecimento da revelia, com a ressalva de que o juiz poderá decidir de forma diversa se a conclusão contrária aos interesses do autor resultar da análise dos autos.

13. R.I. 28.405–São Paulo, 3ª Turma Cível, rel. Theodureto Camargo, voto nº 1612, j. em 17/02/2009.
14. R.I. 989.09.008490-0–São Paulo, 2ª Turma Cível, rel. Ronnie Herbert Barros Soares, voto nº 2893, j. em 30/06/2009.
15. R.I. 989.09 007348-7–São Paulo, 1ª Turma Criminal, rel. Cláudio Lima Bueno de Camargo, voto nº 2635, j. em 29/05/2009.

Ronnie Herbert Barros Soares*

9

# Arts. 21, 22, 23, 24, 25 e 26

## Seção VIII
## Da Conciliação e do Juízo Arbitral

**Art. 21. Aberta a sessão, o Juiz togado ou leigo esclarecerá as partes presentes sobre as vantagens da conciliação, mostrando-lhes os riscos e as consequências do litígio, especialmente quanto ao disposto no § 3º do art. 3º desta Lei.**

A Lei dos Juizados Especiais buscou estabelecer uma nova forma de solução de conflitos, prestigiando a conciliação como meio de obter prestação jurisdicional que se mostre mais aceitável pelos envolvidos na disputa.

A figura do profissional do Direito atuando de forma eloquente, com uso de vocabulário rebuscado, em debate cheio de sofisma e rococós não se coaduna com o sistema simplificado dos Juizados. Por isso mesmo é que se busca a conciliação como meio mais eficaz de solução dos conflitos, permitindo-se, inclusive, que ela seja promovida por quem nem sequer possui formação jurídica.

Todo processo envolve uma carga enorme de ansiedades: das partes; dos advogados; do Juiz etc. Com ela também se alinha uma série de frustrações: de quem não teve seu direito atendido; de quem não teve sua tese vitoriosa; de quem não vê a efetividade de seu trabalho.

Como leciona João Baptista de Mello e Souza Neto:

> Acompanha o processo, com frequência, além de outros sentimentos, mágoa entre os litigantes.
>
> A sensação de decepção entre pessoas que outrora tiveram entre si afetos positivos; a necessidade de comparecer ao fórum, perante o juiz, por vezes sendo chamado de "réu" (expressão que adquire para os envolvidos forte conotação pejorativa, como se fossem chamados de bandidos); o aborrecimento de contratar advogado, "perder" seu tempo utilizado nas atividades-fim para ver-se às voltas com o processamento do feito; tudo a fazer com que repouse na sentença judicial a espada da vingança, que absolverá o acusado das imputações que lhe foram feitas e sancionará o acusador[1].

* Juiz de Direito em São Paulo, foi membro do Colégio Recursal Unificado dos Juizados Especiais de São Paulo. Mestre e doutorando em Direito Civil pela PUC/SP. Professor da Faculdade de Direito de Itapetininga (FKB) e da Escola Superior da Advocacia (ESA).

1. *Mediação em Juízo – Abordagem Prática para obtenção de um Acordo Justo.* São Paulo: Atlas, 2000, p. 81.

A resistência inicial a um direito que se imagina ter, a busca de assistência jurídica, a propositura da ação, a cogitação do que ocorrerá na audiência, a angústia de se aguardar a sentença, o longo tempo do processo etc., tudo leva a considerar que a transação é uma excelente forma de resolução da lide.

Mas para que esse conceito se mostre verdadeiro, necessário se faz mudar a mentalidade beligerante que se prestigia desde os primeiros anos da faculdade para formar o estudante de direito com visão pacificadora.

Essa é a diretriz que a Lei dos Juizados Especiais busca fixar ao prestigiar a conciliação e o juízo arbitral como instrumentos de solução das contendas, afinal, esta é a "forma mais simpática e rápida da solução de um conflito de interesses", como defende Antônio Raphael Silva Salvador, para quem, ainda que "se diga que a sentença de mérito põe fim a uma lide, para que exista a paz social, ela sempre importará em haver alguém descontente com a solução judicial e que apenas a aceita, porque para isso é obrigado"[2].

Por isso é que a todo momento é reaberta a possibilidade de conciliação no Juizado Especial.

O art. 21 da Lei nº 9.099/1995 determina a quem preside a audiência que busque a conciliação entre as partes, esclarecendo-as sobre os riscos envolvidos na demanda.

Essa atuação conciliadora não dispensa a imparcialidade que deve existir em todo momento do processo. Como forma de obter a conciliação cabe ao presidente da sessão, de modo didático e sem manifestar opinião que possa levar a adiantar seu convencimento sobre a questão, orientar as partes para a transação que se mostre mais adequada à resolução do conflito.

É necessário que as partes tenham a convicção de que, embora cedendo parte de suas posições, ambas ganharam com o acordo proposto.

Veja-se que, embora estabeleça limite à propositura da ação no Juizado Especial, que na Lei nº 9.099/1995 é de quarenta salários-mínimos para quem está representado por advogado e vinte para quem não está, é possível que a conciliação envolva valor superior à alçada, como dispõe o art. 3º, § 3º.

Portanto, pode ser vantajoso à parte o acordo que envolva valores a que não teria direito com o prosseguimento da ação.

**Art. 22. A conciliação será conduzida pelo Juiz togado ou leigo ou por conciliador sob sua orientação.**
**Parágrafo único. Obtida a conciliação, esta será reduzida a escrito e homologada pelo Juiz togado, mediante sentença com eficácia de título executivo.**

2. Ob. cit., p. 51.

O art. 22 da Lei nº 9.099/1995 determina que a conciliação seja conduzida por juiz togado ou leigo, ou por conciliador, sob orientação.

Acerca dos conceitos referentes a esses atores do processo do Juizado Especial remetemos o leitor aos comentários feitos ao art. 7º da Lei.

Uma vez obtido o acordo entre as partes, o presidente da sessão, caso não seja Juiz Togado, deverá submeter a este a transação realizada entre as partes para que seja homologado o acordo, a fim de se formar o título executivo que permitirá exigir o seu cumprimento, se necessário.

**Art. 23. Não comparecendo o demandado, o Juiz togado proferirá sentença**

Como já mencionamos anteriormente, a falta de comparecimento da parte a qualquer dos atos do processo implicará sérias consequências: para o autor importa em extinção da ação; para o réu determinará a incidência dos efeitos da revelia. Assim, não comparecendo o réu à sessão de conciliação, será considerado revel e a sentença deverá ser imediatamente proferida pelo Juiz togado.

**Art. 24. Não obtida a conciliação, as partes poderão optar, de comum acordo, pelo juízo arbitral, na forma prevista nesta Lei.**
**§ 1º O juízo arbitral considerar-se-á instaurado, independentemente de termo de compromisso, com a escolha do árbitro pelas partes. Se este não estiver presente, o Juiz convocá-lo-á e designará, de imediato, a data para a audiência de instrução.**
**§ 2º O árbitro será escolhido dentre os juízes leigos.**

Outra opção que a lei assegura às partes é a de utilização do juízo arbitral. Essa modalidade de solução de conflito significa a possibilidade de as partes escolherem, de comum acordo, pessoa que irá decidir a pendência, submetendo-se à decisão a que chegar.

Isso importa em substituir o juiz togado pelo juiz leigo na condução e decisão da causa, visto que a Lei limita a possibilidade de escolha a quem pertença a esse quadro de auxiliares da Justiça, como se observa do § 2º do art. 24.

Essa previsão parece ser de pouca valia, pois dificilmente, em causas da natureza das que são discutidas no Juizado Especial, que envolvem em sua grande maioria pessoas de pouco conhecimento jurídico, será afastada a segurança que advém da decisão do Juiz togado pela do árbitro ou juiz leigo.

Essa também parece ser a opinião de Ricardo Cunha Chimenti:

> Acreditamos que o instituto da arbitragem não funcionará no Sistema dos Juizados Especiais, como não funcionou nos Juizados de Pequenas Causas (em quase dez anos de atividade junto aos Juizados Informais e Juizados Especiais do Estado de São Paulo nunca constatamos sequer uma opção pelo juízo arbitral). É que, na prática, conforme lecionam Joel Dias Figueira Jr. e Maurício A. R. Lopes, "o habitat natural para o instituto da arbitragem é o foro das grandes causas, e não das demandas de menor valor ou complexidade"[3].

Observe-se que fora da regulamentação dos Juizados Especiais, a arbitragem está disciplinada pela Lei nº 9307/1996, que permite às pessoas capazes de contratar valer-se dela para dirimir litígios relativos a direitos patrimoniais disponíveis.

Para essa forma de composição a mencionada lei permite que a arbitragem tome em consideração questões de direito ou a equidade, devendo ser ajustada por meio de contrato, com cláusula compromissória.

No Sistema dos Juizados Especiais, a lei dispensa o compromisso, determinando ao presidente da audiência de conciliação a nomeação desde logo de juiz leigo para atuar como árbitro e sua imediata convocação para que, na própria audiência, resolva o litígio. Somente se não for possível o seu comparecimento imediato é que será designada nova data.

**Art. 25. O árbitro conduzirá o processo com os mesmos critérios do Juiz, na forma dos arts. 5º e 6º desta Lei, podendo decidir por equidade.**

Ao árbitro é determinado que observe a mesma diretriz imposta ao juiz togado na condução do processo, de modo que tem ampla liberdade para determinar a instrução do processo, se entender que os elementos nele constantes não se mostram suficientes à apresentação de sua solução.

Além da ampla possibilidade de investigação e avaliação da prova eventualmente produzida nos autos, está o árbitro autorizado a solucionar a pendência com a aplicação da equidade.

A esse respeito, observe-se o que foi anotado em relação aos arts. 5º e 6º desta obra.

**Art. 26. Ao térMin. da instrução, ou nos cinco dias subsequentes, o árbitro apresentará o laudo ao Juiz togado para homologação por sentença irrecorrível.**

3. *Teoria e Prática ...*, cit., p. 154.

No sistema da Lei nº 9.099/1995, o árbitro não profere sentença, diferentemente do que ocorre na Lei nº 9.307/1996, mas apresenta laudo com as suas conclusões e a proposta de solução da lide.

Esse laudo deve ser apresentado na própria audiência ou, se não for possível a conclusão nesse ato, em cinco dias a contar de sua realização. Ele será apresentado ao Juiz togado, a quem cabe a homologação – aí sim – por sentença, que, transitada em julgado, formará o título executivo.

Observe-se que a sentença que homologa o laudo arbitral, uma vez que tenham as partes se submetido a essa forma de composição de litígio, é irrecorrível.

Denise Andréa Martins Retamero*

10

# Arts. 27, 28 e 29

## Seção IX
## Da Instrução e Julgamento

**Art. 27. Não instituído o juízo arbitral, proceder-se-á imediatamente à audiência de instrução e julgamento, desde que não resulte prejuízo para a defesa.**
**Parágrafo único. Não sendo possível a sua realização imediata, será a audiência designada para um dos quinze dias subsequentes, cientes, desde logo, as partes e testemunhas eventualmente presentes.**

Não obtida a conciliação, nem instituído o juízo arbitral, a audiência de conciliação, instrução e julgamento deve ser realizada.

Pode ser ela realizada no mesmo dia da audiência de tentativa de conciliação — em seguida a ela —, desde que não haja prejuízo para a defesa. Vale dizer, o réu deve ter sido cientificado sobre a realização da audiência de instrução na mesma oportunidade, já que é nela que ele poderá apresentar contestação, conforme Enunciado 10 do FONAJE, e produzir provas. É a forma de preservar os princípios constitucionais da ampla defesa e do contraditório.

Caso contrário, nova data para a audiência de instrução deverá ser designada, saindo as partes e seus procuradores cientes da nova data.

O Enunciado 15 do Colégio Recursal dos Juizados Especiais Cíveis e Criminais do Estado de São Paulo reza que: "Não é obrigatória a designação de audiência de conciliação e de instrução no juizado especial cível em se tratando de matéria exclusivamente de direito".

Referido Enunciado surgiu da vivência prática dos juízes, tanto nos Juizados, como nos Colégios Recursais do Estado. O grande número de processos nos Juizados aliado ao restrito número de funcionários e à falta de estrutura para a prestação do serviço jurisdicional tem feito com que a pauta de audiências se estenda por muitos meses.

* Juíza de Direito em São Paulo, foi membro do Colégio Recursal Unificado dos Juizados Especiais de São Paulo. Graduada pela Faculdade de Direito do Largo de São Francisco, Universidade de São Paulo, com curso do Módulo em Master of Comparative Law ministrado pela Cumberland School of Law na Universidade de Durham, Inglaterra.

Assim, como forma de agilizar a prestação jurisdicional, em nome do princípio da celeridade reinante no sistema da Lei nº 9.099/1995, evitando que as partes se desloquem até o Fórum apenas para receber a sentença, sem necessidade de produção de prova, bem como visando a diminuição do trabalho cartorário de expedição de mandados ou cartas de intimação, constatou-se a não obrigatoriedade da designação da audiência de conciliação, instrução e julgamento, desde que, claro, já exista contestação nos autos, a permitir o sentenciamento do feito sem prévia audiência.

**Art. 28. Na audiência de instrução e julgamento serão ouvidas as partes, colhida a prova e, em seguida, proferida a sentença.**

No sistema do Juizado Especial Cível, a audiência de conciliação, instrução e julgamento é o ápice do processo.

É o momento em que, de fato, todos os princípios previstos no art. 2º da Lei nº 9.099/1995 são colocados em prática.

Parece óbvia tal colocação. Porém, entendo ser de importância máxima ressaltar a aplicação efetiva daqueles princípios, pois, na atuação no Colégio Recursal dos Juizados Especiais Cíveis e Criminais do Estado de São Paulo, vimos, constante e infelizmente, que o rito dos Juizados se transformou em rito ordinário, e dos mais longos, nas formas do Código de Processo Civil, desvirtuando totalmente a sua finalidade maior.

A audiência é o ato no qual se concentram todos os atos probatórios, revelando-se, aqui, mais um princípio do Juizado.

A instrução tem início com a oitiva das partes, se pedida pela parte contrária e se o Juiz entender necessária.

Em seguida, as testemunhas são ouvidas, primeiro as do autor e, depois, as do réu, para não haver inversão na colheita da prova e cerceamento de defesa. Se for pertinente, haverá inquirição de técnicos e inspeções em pessoas e coisas. Também será a ocasião para juntada de documentos pelas partes.

O Termo de audiência deve ser simples e breve, com o registro apenas dos atos e fatos essenciais.

Encerrada a colheita da prova, a Lei determina a prolação da sentença.

Não há menção sobre os debates orais, justamente pela celeridade do procedimento. Portanto, não são eles obrigatórios (Enunciado 35 do FONAJE), sem que sua falta melindre o princípio da ampla defesa. Contudo, se o Juiz entender necessária a sua realização, é de se relembrar que os debates devem ser céleres e simples.

A sentença deve ser dada em seguida, no próprio Termo de audiência, ou, caso não haja condições, deve ela ser proferida no mais curto prazo possível.

**Art. 29. Serão decididos de plano todos os incidentes que possam interferir no regular prosseguimento da audiência. As demais questões serão decididas na sentença.**
**Parágrafo único. Sobre os documentos apresentados por uma das partes, manifestar-se-á imediatamente a parte contrária, sem interrupção da audiência.**

Todos os incidentes processuais que ocorrerem na audiência devem ser decididos de plano pelo Juiz, não se falando em deixar para outro momento, sob pena de se dilatar o processo desnecessariamente, afrontando os princípios da celeridade, oralidade e simplicidade.

As demais questões serão decididas em sentença.

A Lei impõe a mesma observância às partes, que deverão se manifestar, em audiência e sem solução de continuidade, sobre documentos juntados pela parte contrária. É a junção dos princípios da celeridade, da oralidade e do contraditório.

Maria do Carmo Honório*

11

# Arts. 30 e 31

## Seção X
## Da resposta do réu

**Art. 30. A contestação, que será oral ou escrita, conterá toda matéria de defesa, exceto arguição de suspeição ou impedimento do Juiz, que se processará na forma da legislação em vigor.**

### 1. CONTESTAÇÃO. MATÉRIA DE DEFESA

Se a tentativa de conciliação for infrutífera, o réu poderá apresentar sua resposta e produzir suas provas na Audiência de Instrução e Julgamento.

No Código de Processo Civil, *resposta* é um termo amplo, que abrange contestação, exceção e reconvenção. A Lei nº 9.099/1995, por sua vez, usa os termos *resposta* e *contestação* como sinônimos.

Por isso, quando afirma que "a contestação (...) conterá toda a matéria de defesa", o legislador quer dizer que o réu deve responder aos termos da causa, apresentando a contestação propriamente dita, exceção de incompetência, impugnação ao valor da causa e pedido contraposto, quando for o caso. Tudo isso deve ser apresentado ao mesmo tempo, numa só peça escrita (ou reduzida a termo, quando for deduzida oralmente), de tal modo que a defesa do réu, seja ela contra o processo ou contra o mérito, fique concentrada. A única exceção feita pela lei é a arguição de suspeição ou impedimento do juiz, que será objeto de item específico.

A propósito, Nelson Nery Junior e Rosa Maria de Andrade Nery, ao comentarem o conteúdo da contestação no Juizado Especial, afirmam que

* Juíza de Direito em São Paulo, titular da 1ª Vara do Juizado Especial Cível da Comarca de Campinas, foi membro do Colégio Recursal Unificado dos Juizados Especiais de São Paulo. Mestre em Direito das Relações Sociais pela PUC/SP, especialista em Direito Constitucional pela PUC/SP. Docente formadora e instrutora da Escola Paulista da Magistratura – EPM, Presidente do Conselho Editorial da Revista dos Juizados Especiais do Brasil. Integrante da Comissão Consultiva do FONAJE.

> toda a matéria de defesa significa poder o réu alegar as exceções substanciais (de direito material), as preliminares do CPC 301 e a defesa de mérito em sentido estrito. Pode, ainda, alegar a incompetência relativa na própria contestação, diferentemente do que ocorre no sistema do CPC, onde essa matéria somente pode ser arguida por exceção (CPC 112), sob pena de prorrogação da competência (CPC 114)[1].

Tal como na petição inicial, para a parte que se apresenta sem advogado, não se exige uma resposta com fundamentação técnica, ficando a cargo do juiz o enquadramento jurídico do caso, o qual será feito no momento do julgamento da causa.

Mantendo coerência com o sistema especial, sobretudo em face do princípio da igualdade das partes, a Lei permite também que a contestação seja apresentada de forma simples e informal, tanto que, nas causas em que a assistência de advogado é facultativa, o réu pode apresentar sua própria defesa oralmente. No sistema do Código de Processo Civil, em causa da mesma natureza, o réu, desacompanhado de advogado, mesmo presente na audiência, em regra, não pode apresentar sua defesa por falta de capacidade postulatória.

O contestante deve, entretanto, impugnar de forma específica os fatos indicados na petição inicial, aplicando-se aqui também o princípio da eventualidade. Assim, se a matéria preliminar for rejeitada, não haverá prejuízo em relação ao mérito.

Antes de discutir o mérito, então, o réu deve arguir, se for o caso, incompetência do juízo, inépcia de petição inicial, ausência de pressupostos de constituição e de desenvolvimento válido e regular do processo, perempção, litispendência, coisa julgada e carência por falta de qualquer das condições da ação, como a possibilidade jurídica, a legitimidade das partes e o interesse processual.

Nessas hipóteses, se acolhida a matéria preliminar, o processo será extinto sem resolução de mérito. Vale lembrar, a propósito, que as matérias de ordem pública sempre podem ser conhecidas de ofício pelo juiz.

Quanto ao prazo para apresentação de resposta, existe controvérsia, em razão da imprecisão da redação da Lei Especial, mas o Enunciado 10 do Fórum Nacional dispõe de forma clara: *A contestação poderá ser apresentada até a audiência de Instrução e Julgamento.*

Essa é realmente a interpretação mais coerente com o sistema, que tem critérios que prestigiam a concentração dos atos processuais.

O Enunciado permite o entendimento de que o réu pode protocolar sua contestação antes da audiência, mas o risco é que ela não seja juntada aos autos antes desse ato, em razão do grande volume de petições que chegam ao Cartório diariamente, o que gera acúmulo e constitui obstáculo para que todas as juntadas sejam feitas

1. *Código de Processo Civil Comentado e Legislação Extravagante,* cit., p. 1484.

no prazo legal. O ideal, então, é que a parte apresente sua resposta na audiência, designada especialmente para esse fim, oportunidade em que será dada ciência à parte contrária, a qual pode inclusive manifestar-se sobre matéria de ordem preliminar ou documentos.

No Estado de São Paulo, o Conselho Superior da Magistratura dispôs sobre a matéria no Provimento nº 1.670/2009, estabelecendo que, "salvo motivada decisão de caráter jurisdicional em sentido contrário, a resposta poderá ser apresentada no prazo de 15 dias (quinze) dias, contados da audiência de tentativa de conciliação..." (item 5.4.1), mas essa disposição deve ser interpretada restritivamente, servindo apenas para os casos em que a questão de mérito for exclusivamente de direito, sob pena de "ordinarização" do procedimento do Juizado Especial, o que afronta os critérios estabelecidos no art. 2º da Lei nº 9.099/1995.

A ideia principal e que deve ser preservada é a de não impor ao requerido o ônus de preparar a defesa antes de superada a fase conciliatória.

Na hipótese de pedido contraposto, o autor, para respondê-lo, pode simplesmente reportar-se aos fundamentos constantes de sua petição inicial, não havendo necessidade de apresentação de contestação formal.

## 1.1. Linguagem adequada

O recomendável é que o texto da contestação, assim como o da petição inicial, seja simples e direto e que o pensamento seja expresso sem obscuridade, pois isso facilita a compreensão, proporcionando rapidez no desenvolvimento dos trabalhos.

A redação longa e sofisticada, conforme já ressaltado, não é compatível com o Juizado Especial, por afrontar os critérios estabelecidos no art. 2º da Lei nº 9.099/1995, já que impede ou dificulta o julgamento imediato.

Não se pode perder de vista que uma das características do procedimento especial é a concentração dos atos em audiência e que o tempo desta é limitado.

Por isso, devem ser evitadas citações excessivas, transcrições de textos de doutrina ou de lei, bem como exageros que não encontram respaldo nas provas, sob pena de, uma vez mais – vale a pena repetir o ditado popular – *o fácil tornar-se difícil, graças ao inútil.*

O ideal é que as peças sejam sucintas, objetivas e claras, de tal modo que, com um simples passar de olhos, o Juiz possa entender qual é o fundamento da resistência do réu e tenha condições de proferir o julgamento da lide em audiência, sem atrasar os outros atos.

A contestação deve, pois, ser estudada e planejada e a sua redação, além de clara e objetiva, deve ser simples, respeitando sempre a verdade.

É indispensável, então, que o advogado ou defensor público, na elaboração da resposta do réu, observe os critérios estabelecidos na Lei nº 9.099/1995, para que possa prestar um serviço adequado.

## 2. RESPOSTA ORAL

Coerentemente com o sistema, a resposta do réu também pode ser oral, devendo ser reduzida a escrito, de forma sucinta, por se tratar de ato essencial (art. 14, § 3º). Nem poderia ser diferente, em face do princípio da igualdade das partes.

Inovação importante é a que permite ao réu, nas causas de até vinte salários-mínimos, em que a assistência de advogado não é obrigatória, apresentar sua própria defesa oralmente.

Embora de forma oral, a contestação deve concentrar, de maneira clara e objetiva, toda a matéria de defesa, exceto a arguição de suspeição ou impedimento do juiz.

Ocorre que, normalmente, o titular de causa dessa natureza não tem conhecimento técnico-jurídico, que lhe possibilite apresentar uma defesa adequada.

Assim, para que não haja prejuízo para a defesa, se for leigo o contestante, o juiz pode interrogá-lo, na forma de depoimento pessoal, e dar ao ato eficácia de contestação, inclusive com a abertura de oportunidade para a juntada de documentos.

Este procedimento foi adotado com sucesso pela Equipe do Juizado Especial Cível Central da Capital de São Paulo por ocasião de sua implantação, a qual constatou que, com esse procedimento, o sujeito passivo não fica indefeso e o autêntico interrogatório facilita a formação da convicção do Juiz.

A única dificuldade, mas que também tem sido superada com criatividade e com invocação dos critérios previstos no art. 2º da Lei nº 9.099/1995, é o modo da prática do ato, quando for necessário o depoimento pessoal da parte contrária (autor).

Ocorre que não se pode ignorar que *depoimento pessoal* é meio de prova e que o Código de Processo Civil prescreve forma para a sua produção. Assim, há que ser considerado o disposto no parágrafo único do art. 344 do aludido Código, *in verbis*: *"é defeso, a quem ainda não depôs, assistir ao interrogatório da outra parte"*.

Diante dessa norma, quando necessário, por ocasião do depoimento pessoal, a parte contrária é retirada da sala, para que não seja influenciada pelas declarações feitas naquele ato pelo adversário.

No caso das duas partes estarem desacompanhadas de advogado, como proceder, então, quanto às reperguntas, uma vez que, se a parte que não vai depor for retirada da sala, não ficará nenhum representante seu para tomar conhecimento do teor do depoimento a ser dado pelo *ex adverso*?

Uma das soluções, quando for imprescindível o depoimento do autor, é a retirada deste da sala enquanto o réu faz suas declarações, para que não haja prejuízo à produção da prova.

Em seguida, quando voltar à sala, o autor tomará conhecimento das declarações feitas pelo réu por explicações e questionamentos feitos pelo juiz sobre os fatos alegados pelo adversário, ou mesmo pela oitiva do depoimento que estará gravado em fita magnética ou material equivalente e que poderá ser reproduzido no ato, para possibilitar a formulação de reperguntas adequadas e pertinentes.

Se o depoimento pessoal do autor não for necessário, não há razão para que ele seja retirado da sala, podendo ele mesmo, em seguida, fazer as reperguntas para a garantia do princípio do contraditório.

O fato de o depoimento do réu ser colhido antes da oitiva do autor poderá eventualmente suscitar discussão, pois, no procedimento clássico, o juiz obedece à ordem estabelecida no art. 452 do CPC, tomando primeiro o depoimento pessoal do autor e depois o do réu.

Todavia, não há razão para celeumas, que só prejudicarão o andamento do processo, ferindo o princípio da celeridade.

Primeiramente, há que se considerar que o art. 5º da Lei nº 9.099/1995 prevalece sobre o disposto no art. 452 do Código de Processo Civil, de tal maneira que o juiz, no procedimento do Juizado Especial, não está preso ao critério da legalidade estrita.

Este entendimento encontra respaldo na jurisprudência que está se formando dentro do sistema, conforme se pode conferir na seguinte ementa:

> No sistema dos Juizados Especiais Cíveis, deve ser atendido o princípio do razoável e a máxima de experiência comum ou técnica, conforme permitido pelo art. 5º da Lei nº 9.099/1995, que admite ainda o julgamento por critérios de justiça e equanimidade e, portanto, sem que o Juiz deva prender-se a critério de legalidade estrita[2].

Perfilham idêntico entendimento Nelson Nery Junior e Rosa Maria Andrade Nery, que, ao comentarem o art. 6º da Lei nº 9.099/1995, afirmam:

> (...) o juiz não está adstrito ao critério da estrita legalidade. Não por equidade pura, mas temperada com "os fins sociais da lei", conforme dita o dispositivo ora comentado. Na verdade, o critério legal de julgamento das lides deduzidas perante os juizados especiais é, também, especial, pois foge da rígida dicotomia clássica entre jurisdição de direito e jurisdição de equidade[3].

Como se não bastasse isso, a ordem estabelecida no art. 452 do Código de Processo Civil não é peremptória, de maneira que o ato somente pode ser declarado nulo com a demonstração do prejuízo decorrente da inversão.

Neste sentido já decidiu o Superior Tribunal de Justiça, conforme se pode inferir da seguinte ementa:

> Prova. Inversão na ordem prevista no art. 452 do CPC. Ausência de prejuízo. Além de não ser peremptória a ordem estabelecida no art. 452 do CPC, há a parte de

2. Recurso nº 783 – Segundo Colégio Recursal do Juizados Especiais Cíveis da Comarca da Capital, m. v., j. 11/04/1997, rel. Soares Levada. RJE 4/184.
3. *Código de Processo Civil Comentado...*, cit., p. 2046.

> evidenciar o prejuízo que lhe adviria com a inversão ocorrida. Aplicação ao caso, ademais, da Súmula 283-STF. Recurso Especial não conhecido[4].
>
> Prova – A ordem das provas prevista do art. 452 do Código de Processo Civil não é exigível de forma peremptória[5].

O mesmo entendimento foi adotado pelo Segundo Colégio Recursal da Capital de São Paulo:

> Processual – Depoimento pessoal – Requerimento – Forma perante o Juizado – Nulidade Afastada.
>
> No Juizado Especial o depoimento das partes não adota o mesmo formalismo da colheita na forma do CPC, visto que a informalidade, oralidade e imediatidade são princípios informadores e devem prevalecer pela agilidade do sistema[6].

Especificamente sobre o procedimento do Juizado Especial pode-se conferir na seguinte ementa:

> DEPOIMENTO – Apresentação como defesa – Inexistência de nulidade processual – Ausência de advogado – Ato que não pode ser considerado como inconstitucional – Indenização devida – Sentença mantida – Ação procedente – Recurso não provido[7].

A propósito, Ricardo Cunha Chimenti também fez observação neste sentido: "(...) a ordem prevista no art. 452 do CPC não se aplica, necessariamente, ao procedimento sumaríssimo da Lei nº 9.099/1995, no qual prevalece o critério de apreciação de prova que o juiz do feito considerar mais adequado (art. 5º da Lei Especial)"[8].

Com essa interpretação e providências, não obstante a simplicidade e informalidade do ato, estar-se-á garantindo o contraditório e a ampla defesa.

## 3. ARGUIÇÃO DE SUSPEIÇÃO OU IMPEDIMENTO DO JUIZ

A suspeição ou impedimento do juiz é a única "matéria de defesa" que não pode ser arguida na contestação.

Arguição dessa natureza, que é fundamental para resguardo do princípio da imparcialidade, deve ser feita em separado, na forma de exceção prevista no Código de Processo Civil, abrangendo somente as matérias indicadas nos arts. 134 a 136.

4. Recurso Especial nº 35.786-1/SP, Quarta Turma do Superior Tribunal de Justiça, v.u., j. 14/11/1994, rel. Min. Barros Monteiro. *RSTJ 79*/238.
5. Agravo de Instrumento nº 209.056, Sexta Câmara Cível do Tribunal de Justiça do Estado de São Paulo, v.u., j. 10/03/1994, rel. Ernani de Paiva. *JTJ 156*/206.
6. Recurso nº 2.833, Segundo Colégio Recursal da Capital – São Paulo, v.u., j. 26/07/2000, rel. Ribeiro dos Santos. *RJE 18*/93.
7. Recurso nº 867, Terceiro Colégio Recursal dos Juizados Especiais Cíveis da Capital – São Paulo, m.v., j. 23/03/2000, rel. Jayme de Oliveira. *RJE 15*/168.
8. *Teoria e Prática dos Juizados Especiais Cíveis*, 2. ed., cit., p. 127.

Nada impede que a própria parte, nas causas em que está autorizada a postular sem assistência de advogado, apresente exceção de suspeição ou impedimento, a qual suspende o curso do processo (CPC, art. 306) até que seja julgada pelo órgão competente.

A propósito, a lei deixa para as normas de organização judiciária a indicação do órgão competente para o julgamento da exceção. Enquanto isso não acontece, os julgamentos são feitos pelas Turmas Recursais previstas no art. 41, § 1º, da Lei nº 9.099/1995. É lógico que desse julgamento não poderá fazer parte o juiz arguido de suspeito ou impedido.

Embora não se trate de recurso, deve-se prestigiar o espírito da Lei nº 9.099/1995, que, como constatou Cândido Rangel Dinamarco, "quer um juizado autossuficiente e assim não seria se a exceção fosse ter aos tribunais, com as complicações e delongas daí decorrentes"[9].

Nos termos do Provimento nº 1.670/2009, expedido pelo Conselho Superior da Magistratura do Estado de São Paulo, no Colégio Recursal, *distribuído o feito, o relator, se verificar que a exceção não tem fundamento legal ou não cumpre os requisitos para sua oposição, proporá o arquivamento do feito* (item 107). *Reconhecendo a relevância da exceção e a necessidade de prova oral, o relator designará audiência de instrução, com prévia intimação das partes* (item 108). *Encerrada a instrução, o relator porá o feito em mesa para julgamento* (Item 109).

A Lei nº 9.099/1995 não prevê a hipótese de exceção dessa natureza em face do conciliador.

Diferentemente do Código de Processo Civil, essa Lei Especial, conforme já mencionado, determina a concentração da matéria de defesa na contestação, excluindo desta somente a arguição de suspeição ou impedimento do juiz. Eventual reclamação quanto à postura do conciliador deve, então, ser alegada na contestação ou por simples petição dirigida ao juiz e não na forma de exceção.

O processamento de incidente em separado não é compatível com o procedimento especial sumaríssimo, que prestigia a concentração dos atos em audiência, com simplificação e informalidade.

Ademais, se a parte entender que o conciliador é suspeito de parcialidade ou impedido, basta não celebrar acordo, dando ensejo à designação de Audiência de Instrução e Julgamento, que será presidida por Juiz de Direito.

**Art. 31. Não se admitirá a reconvenção. É lícito ao réu, na contestação, formular pedido em seu favor, nos limites do art. 3º desta Lei, desde que fundado nos mesmos fatos que constituem objeto da controvérsia.**

9. *Instituições de Direito Processual Civil*, cit., v. III, p. 801.

**Parágrafo único. O autor poderá responder ao pedido do réu na própria audiência ou requerer a designação da nova data, que será desde logo fixada, cientes todos os presentes.**

## 4. VEDAÇÃO DE RECONVENÇÃO. PEDIDO CONTRAPOSTO

Atendendo ao princípio da celeridade, no procedimento do Juizado Especial não se admite reconvenção por disposição expressa da Lei nº 9.099/1995.

Todavia, a mesma lei permite que o réu, na contestação, formule pedido em seu favor por ocasião de sua resposta, desde que fundado nos mesmos fatos narrados na inicial e observados os limites previstos no art. 3º da mesma lei. É o chamado *pedido contraposto*, que é uma figura similar à reconvenção, mas que com ela não se confunde.

Ora, se a reconvenção não é compatível com o procedimento especial, por que o pedido contraposto seria? Ocorre que este, ao contrário daquela, é apresentado na contestação e não em peça autônoma, constituindo-se em mero pedido, compatível com ação que tem caráter dúplice, de tal modo que não subsiste sem a ação principal.

A previsão de pedido dessa espécie, visando dar à ação, em determinadas circunstâncias, natureza dúplice, permite que, negado ao autor, o direito possa ser reconhecido em favor do réu, com base num único conjunto probatório.

Ressalva-se apenas a questão da legitimidade, pois, conforme Enunciado aprovado pelo extinto Colégio Recursal Unificado do Estado de São Paulo, *não se admite o pedido contraposto por quem não pode ser autor no procedimento do Juizado Especial.*

Isso é coerente com os critérios previstos no art. 2º da Lei nº 9.099/1995, porque, à medida que se dispensa a propositura de outra ação judicial para discutir os mesmos fatos, proporciona economia processual. Além disso, a produção simultânea de provas dos fatos que constituem objeto da controvérsia, possibilitando que o juiz decida todas as questões suscitadas acerca do mesmo evento em uma única sentença, implica celeridade na prestação jurisdicional.

É relevante acentuar, então, que, em virtude de previsão na Lei, em não se acolhendo o pedido do autor, o juiz pode acolher o do réu.

Por outro lado, julgado extinto o pedido principal sem resolução do mérito, o contraposto fica prejudicado, justamente porque não é ação autônoma.

## 5. RESPOSTA AO PEDIDO CONTRAPOSTO

A forma mais econômica de responder ao pedido contraposto, conforme já ressaltado, é reportar-se à petição inicial, na qual constam os fundamentos da pretensão do autor. Não há, pois, necessidade de contestação formal a pedido dessa espécie, que visa apenas dar à ação natureza dúplice, para que a controvérsia seja solucionada, pelo menos formalmente, na mesma sentença.

## 6. REDESIGNAÇÃO DA AUDIÊNCIA

Quando precisar diligenciar para produção de outras provas, o autor não é obrigado a responder imediatamente ao pedido contraposto. Esta é a única hipótese em que a lei prevê a possibilidade de redesignação da audiência, o que se explica pela necessidade de se resguardar os princípios constitucionais do contraditório e da ampla defesa.

O procedimento do Juizado Especial é diferente do procedimento comum e assim precisa ser tratado. Se não houver diferencial, não há razão para ser criada Vara Especializada de Juizado Especial.

Denise Andréa Martins Retamero*

12

# Arts. 32, 33, 34, 35, 36 e 37

## Seção XI
## Das Provas

**Art. 32. Todos os meios de prova moralmente legítimos, ainda que não especificados em lei, são hábeis para provar a veracidade dos fatos alegados pelas partes.**

O art. 5º da Lei nº 9.099/1995 concede ao Juiz irrestrita liberdade para conduzir a instrução probatória. Com isso, abranda-se o rigor processual da técnica de instrução do Código de Processo Civil para fazer prevalecer a informalidade na perquirição da efetiva verdade real.

Em contato direto com as partes, o Juiz poderá analisar melhor o ônus probatório, para inferir a verdade dos fatos e chegar o mais próximo possível da solução ideal ao caso concreto, utilizando-se do art. 6º, da Lei nº 9.099/1995.

E, para tanto, o Juiz pode — e deve — se utilizar de todo e qualquer meio de prova moralmente legítimo.

**Art. 33. Todas as provas serão produzidas na audiência de instrução e julgamento, ainda que não requeridas previamente, podendo o Juiz limitar ou excluir as que considerar excessivas, impertinentes ou protelatórias.**

É na audiência que toda e qualquer prova deverá ser produzida: depoimento pessoal, testemunhas, documentos, inquirição de técnicos, inspeção de pessoas ou coisas (esta última, se for possível, claro).

Ainda que não tenha sido previamente requerida, o Juiz pode aceitar ou determinar que uma prova seja feita, já que a meta a ser atingida é encontrar a verdade real, como dito acima.

* Juíza de Direito em São Paulo, foi membro do Colégio Recursal Unificado dos Juizados Especiais de São Paulo. Graduada pela Faculdade de Direito do Largo de São Francisco, Universidade de São Paulo, com curso do Módulo em Master of Comparative Law ministrado pela Cumberland School of Law na Universidade de Durham, Inglaterra.

Com base no art. 5º, da Lei nº 9.099/1995, fica a cargo do Magistrado analisar a pertinência, relevância e necessidade da prova, devendo rechaçar aquela protelatória, excessiva e impertinente.

Para os casos a serem julgados nos Juizados Especiais da Fazenda Pública, a prova documental deverá ser apresentada pela entidade ré até a instalação da audiência de conciliação (art. 9º, Lei nº 12.153/2009), de modo a dar conhecimento prévio ao autor dos documentos juntados para o sadio crivo do contraditório e para facilitar a realização de acordo entre o cidadão e a Fazenda Pública, prestigiando a finalidade consagrada no art. 2º da Lei nº 9.099/1995.

A novel legislação trouxe outra novidade para os Juizados Especiais da Fazenda Pública em termos de colheita de prova e sua oportunidade.

Na audiência de conciliação, conduzida pelo conciliador, quando houver, poderá ele colher os depoimentos das partes e testemunhas sobre os aspectos fáticos da demanda, a fim de encaminhar uma composição amigável (art. 16, § 1º).

Não sendo obtida a conciliação, caberá ao Juiz togado conduzir a instrução, podendo dispensar novos depoimentos, se entender que há elementos suficientes nos autos para o julgamento da causa, e não houver impugnação das partes (art. 16, § 2º).

Assim, se já houver depoimentos colhidos pelo conciliador com dados suficientes para o julgamento, não será necessário ouvir partes/testemunhas novamente na audiência de instrução.

E, ainda que não tenha havido tal colheita, se o Juiz verificar que o processo já está maduro para sentenciamento, também poderá dispensar a prova oral.

Em ambos os casos, a Lei nº 12.153/2009 parece exigir a prévia ausência de impugnação das partes para tal dispensa probatória, ao empregar a partícula "e" no referido artigo. Porém, considerando ser o Juiz o único e final destinatário da prova (arts. 130 e 131 do Código de Processo Civil), é ele quem deve analisar cada caso concreto de maneira a nem cercear o direito à prova, nem produzir prova impertinente e procrastinatória.

**Art. 34. As testemunhas, até o máximo de três para cada parte, comparecerão à audiência de instrução e julgamento levadas pela parte que as tenha arrolado, independentemente de intimação, ou mediante esta, se assim for requerido.**

**§ 1º O requerimento para intimação das testemunhas será apresentado à Secretaria no mínimo cinco dias antes da audiência de instrução e julgamento.**

**§ 2º Não comparecendo a testemunha intimada, o Juiz poderá determinar sua imediata condução, valendo-se, se necessário, do concurso da força pública.**

Há o limite de três testemunhas para cada parte, sem que isso cerceie o direito da parte. Não se necessita mais do que isso para uma causa de menor complexidade, como exigida no Juizado Especial Cível. E a celeridade processual pede quantidade menor de oitivas.

As testemunhas deverão ser levadas pelas partes, independentemente de intimação, salvo se requerida a intimação pela parte (§ 1º).

Questão que surge a esta altura é quanto à necessidade ou não de apresentação prévia de rol de testemunhas. E a resposta é negativa.

Ao contrário do Código de Processo Civil, que prevê, em seu art. 407, a exigência de apresentação de rol de testemunhas, a Lei nº 9.099/1995 não a exige, a não ser nos casos de pedido de intimação (§ 1º).

E a razão está, tanto nos princípios da celeridade e da concentração dos atos probatórios em audiência, como no art. 33 da Lei nº 9.099/1995, que reza que todas as provas serão produzidas na audiência de instrução e julgamento, *"ainda que não requeridas previamente"*. Assim, se qualquer prova pode ser produzida sem ter sido requerida, desnecessário se faz rol prévio de testemunhas.

Requerida a intimação da sua testemunha, a parte deverá apresentar dados e endereço para intimação cinco dias antes da audiência, possibilitando, desta forma, a expedição de mandado de intimação. Intimada, se não comparecer, poderá ser conduzida coercitivamente.

**Art. 35. Quando a prova do fato exigir, o Juiz poderá inquirir técnicos de sua confiança, permitida às partes a apresentação de parecer técnico.**
**Parágrafo único. No curso da audiência, poderá o Juiz, de ofício ou a requerimento das partes, realizar inspeção em pessoas ou coisas, ou determinar que o faça pessoa de sua confiança, que lhe relatará informalmente o verificado.**

Este artigo é deveras importante na lida diária das audiências no Juizado Especial Cível.

Como regra, não se admite prova pericial no Juizado Especial Cível, mormente a formal, porquanto desvirtuaria o procedimento sumaríssimo. Além disso, a perícia formal torna a questão fática complexa, o que escapa da competência dos Juizados Especiais.

Por outro lado, perfeitamente possível a perícia informal, com a oitiva do perito e a apresentação de parecer técnico pelas partes. Nesse sentido, manifestam-se Joel Dias Figueira Júnior et al, *Comentários à Lei dos Juizados Especiais Cíveis e Criminais* – RT, p. 173, e Ronaldo Frigini, *Comentários à Lei de Pequenas Causas* – Livraria do Direito, p. 324-327.

Primeiro, porque o art. 32 da Lei nº 9.099/1995, repetindo o art. 332 do Código de Processo Civil, assegura a utilização de todos os meios de prova moralmente legítimos, ainda que não especificados em lei.

Segundo, porque a prova pericial hoje, como sabemos, não é mais apenas aquela formal e tradicional, com apresentação de laudo. Houve profundas mudanças a partir de 1992, com a vigência da Lei nº 8.455/1992, que atenuou o rigor formal representado pelas demoradas e custosas provas periciais, introduzindo nova redação ao § 2º do art. 421 do CPC.

Assim, de acordo com o novo dispositivo, *"quando a natureza do fato o permitir, a perícia poderá consistir apenas na inquirição pelo juiz do perito e dos assistentes, por ocasião da audiência de instrução e julgamento a respeito das coisas que houverem informalmente examinado ou avaliado"*.

E dispositivo semelhante se encontra no art. 35 em comento.

É a chamada perícia informal ou alternativa, mas perícia, onde se dispensa a apresentação do laudo e o Juiz apenas ouve o perito em audiência.

Destarte, no sistema do Juizado, o procedimento a ser adotado pode ser o seguinte: na audiência de conciliação, instrução e julgamento, frustrada a conciliação e verificando o Juiz a necessidade da prova técnica, nomeará perito de sua confiança e designará audiência em continuação. O perito nomeado será intimado a realizar o exame pericial e comparecer à audiência, ocasião em que será ouvido. Tal como a testemunha, o técnico, embora não preste compromisso, será advertido de que deve dizer a verdade, sob as penas da lei. As partes sairão intimadas de que poderão apresentar parecer técnico. Mas nada impede, em razão do princípio da oralidade, que elas tragam assistentes técnicos para serem ouvidos após a oitiva do perito.

Recomenda-se que a oitiva do perito e dos assistentes se faça antes do depoimentos das partes e das testemunhas (art. 452 do CPC), posto que, dessa forma, o Juiz terá melhores condições de aferir a necessidade ou não da prova oral, dispensando-a ou produzindo-a, se entender que a prova técnica necessita de alguma complementação.

A prova pericial poderá também ser dispensada pelo juiz, nos termos do art. 427 do Código de Processo Civil, quando as partes, na inicial e na contestação, apresentarem sobre as questões de fato pareceres técnicos ou documentos elucidativos que considerar suficientes.

Embora o CPC não tenha sido adotado supletivamente, este artigo poderá ser aplicado ao Juizado Especial Cível porque não contraria nenhum de seus princípios norteadores; ao contrário, está em sintonia com os princípios da celeridade e da informalidade.

Nos Juizados Especiais da Fazenda Pública, o art. 10 da Lei nº 12.153/2009 prevê que *"Para efetuar o exame técnico necessário à conciliação ou ao julgamento da causa, o juiz nomeará pessoa habilitada, que apresentará o laudo até 5 (cinco) dias antes da audiência."*

Verifica-se, pois, que a nova Lei permite o exame técnico, que permanece com a sua natureza informal. Porém, inovou a legislação quanto ao momento de sua realização, podendo ser feita a prova técnica antes da audiência de conciliação, facilitando, assim, a realização de acordo entre o cidadão e a Fazenda Pública para prestigiar a finalidade consagrada no art. 2º da Lei nº 9.099/1995.

A prova também poderá ser apresentada antes da audiência de instrução.

**Art. 36. A prova oral não será reduzida a escrito, devendo a sentença referir, no essencial, os informes trazidos nos depoimentos.**

Mais uma prova da informalidade e da celeridade reinantes no Juizado.

Não há necessidade de reduzir a termo o depoimento das partes e testemunhas, bastando que o juiz se refira na sentença às informações mais importantes, como razões de decidir.

Na prática, temos visto que muitos juízes ainda reduzem a termo os depoimentos, mas de forma bem simples, direta e objetiva, cumprindo, igualmente, os ditames da Lei.

Muitos Juizados já se utilizam de gravações das audiências em fita magnética ou CD-ROM, e até em DVD, como previsto no art. 13, § 3º, da Lei nº 9.099/1995, cuja transcrição poderá ser pedida pelas partes para fins de recurso (art. 44 da referida Lei).

A utilização dos meios eletrônicos de gravação, em especial o DVD, é altamente recomendável, a fim de trazer rapidez na audiência, facilitando, inclusive, a análise dos autos em grau de recurso.

**Art. 37. A instrução poderá ser dirigida por Juiz leigo, sob a supervisão de Juiz togado.**

Em São Paulo, não temos a figura do Juiz leigo, mas apenas, a do Conciliador, que somente atua na audiência de tentativa de conciliação. As audiências de instrução são presididas pelo Juiz togado.

Caso sejam elas presididas por Juiz leigo, deverá ser apresentada a proposta de sentença ao Juiz togado em até dez dias, intimadas as partes no próprio termo da audiência para a data da leitura da sentença, nos termos do Enunciado 95 do XXI FONAJE.

Nos Juizados Especiais da Fazenda Pública, igualmente, coexistem as figuras do Conciliador e do Juiz Leigo, com menção específica das atribuições previstas neste art. 37, forma de recrutamento e impedimento para o exercício da advocacia (art. 15, §§ 1º e 2º, Lei nº 12.153/2009).

Roberto Caruso Costabilè e Solimene*

13

# Arts. 38, 39 e 40

## Seção XII
## Da Sentença

**Art. 38. A sentença mencionará os elementos de convicção do juiz, com breve resumo dos fatos relevantes ocorridos em audiência, dispensado o relatório.**
**Parágrafo único. Não se admitirá sentença condenatória por quantia ilíquida, ainda que genérico o pedido.**

**Art. 39. É ineficaz a sentença condenatória na parte que exceder a alçada estabelecida nesta Lei.**

**Art. 40. O juiz leigo que tiver dirigido a instrução proferirá sua decisão e imediatamente a submeterá ao Juiz togado, que poderá homologá-la, proferir outra em substituição ou, antes de se manifestar, determinar a realização de atos probatórios indispensáveis.**

Como corolário da jurisdição, a sentença cria título executivo e pode dar contornos de coisa julgada às deliberações judiciais finda a fase de conhecimento.

Em apreço à simplicidade e mais uma vez à celeridade, dela é dispensado o relatório, mesmo se editada fora da audiência (o art. 38 não cria exceção), sempre proibida a violação do brocardo *narra mihi factum dabo tibi ius,* dado que as iniciais nem sempre predicam pela melhor técnica jurídica, especificamente quando elaboradas por pessoas não graduadas em Direito, o que o sistema admite (partes, funcionários e órgãos de proteção do consumidor).

*A priori,* as questões preliminares e outros incidentes deveriam ser examinados antes da instrução, portanto, em despacho separado do julgamento

* Juiz de Direito Substituto em 2º grau, compõe a 6ª Câmara de Direito Privado do Tribunal de Justiça de São Paulo. Foi presidente do I Colégio Recursal da Comarca da Capital de São Paulo e membro do Colégio Recursal Unificado dos Juizados Especiais de São Paulo. Mestre em Direitos Difusos e Coletivos e doutor em Direito Civil pela USP. Professor Universitário, exercendo magistério nas cadeiras de Antropologia Jurídica e Direito Civil.

do mérito (sentença), conforme dispõe o art. 29 da Lei nº 9.099/1995. Contudo, se ocorrer o contrário, não acarretará vilipêndio processual, nulidade, uma vez que esta inocorre sem prejuízo concreto.

Quando cabível *pedido contraposto* (art. 17), o julgamento deste com o da causa principal se fará em conjunto.

Recomenda-se especial cuidado com a elaboração do dispositivo, que deve conter os elementos necessários à fase executiva e espancar quaisquer dúvidas, especialmente se o texto contém duas decisões (causas com pedidos contrapostos).

O texto deve conter valor líquido e certo (parágrafo único do art. 38), tendo, a jurisprudência dos Juizados Especiais, especificamente nas questões envolvendo planos econômicos, admitido a existência de liquidez quando postos na fundamentação do julgado e destacados no seu dispositivo todos, repita-se, todos os elementos necessários à realização de simples cálculos de apuração do valor final. Refuta-se nulidade nestas circunstâncias, pois a feitura das contas é de simples missão[1].

A litigância de má-fé, sobre a qual expressamente houve manifestação no corpo do julgado, excepcionalmente autoriza a condenação do demandante temerário a responder pelas sanções correspondentes, dentre elas custas e honorários advocatícios (art. 55). Trata-se de exceção, pois do contrário aqueles valores não poderiam ser contabilizados em detrimento do vencido. Prevaleceria, em clima de normalidade, a isenção dos ônus da sucumbência.

As hipóteses de litigância temerária são aquelas enumeradas nos arts. 16 a 18 do Código de Processo Civil, seja por falta de dispositivos específicos, seja porque o sistema não repudia integração com as regras gerais que lhe servem de complemento.

Questão intrigante é aquela vinculada ao disposto no art. 39 da Lei nº 9.099/1995, que declara ineficaz a sentença condenatória na parte que exceder a alçada estabelecida no sistema.

Desde logo, afastamos a incidência desta limitação em face das *astreintes*, porque, teleologicamente, foram concebidas para garantir a prevalência dos veredictos judiciais, podendo ser impostas *ex officio* e, portanto, não abrangidas pelo texto do art. 39.

1. Nesse sentido: "Caderneta de poupança – Cobrança de diferenças de correção monetária decorrentes de planos econômicos – Sentença que julga extinto o processo, sem resolução de mérito, por não ter o recorrente comprovado na inicial a existência das contas poupança e apresentado o demonstrativo do débito – Desnecessidade – Cerceamento probatório – Verossimilhança dos fatos aduzidos na inicial – Admissibilidade, ademais, de formulação de pedido de condenação ao pagamento dos índices corretos e não em valor certo e determinado – Necessidade de apresentação posterior de memória discriminada do débito por ocasião do cumprimento da sentença, oportunidade em que será verificada a correta aplicação ou não dos índices reclamados – Admissibilidade – Exegese do art. 38, parágrafo único, da Lei nº 9.099/1995 – Sentença anulada – Recurso provido". (Recurso Inominado nº 29437, 1ª Turma do Colégio Recursal Unificado de São Paulo, rel. Juiz Jorge Tosta, Recorrente Floral Cordon e Recorrido Banco Nossa Caixa S.A., Origem: Juizado Especial Cível Central, j. 18/02/2009).

Conciliações e transações também não são limitadas pelo teto do art. 3º, inciso I, da Lei nº 9.099/1995. Qualquer Juiz poderia homologar a composição e o que se lograria formar em outro órgão judiciário, por vontade dos contendores, o bom senso não coadunaria com a vedação perante os Juizados.

Da mesma forma não são contados dentro do limite os encargos, custas e despesas processuais, nem verba honorária advocatícia, atualização monetária e juros moratórios. Estes são consequências da condenação, que poderiam ser evitados se o réu, desde logo, reconhecesse seu cabimento. O atraso no desfecho do feito pode não ajudá-lo, nem acarretar danos ao titular do direito subjetivo.

O valor dos quarenta salários deve ser apurado no momento da distribuição, também ficando vinculado ao mesmo eventual pedido contraposto, sob pena de termos uma perplexidade, a ação limitada pela lei, fixando competência para fins do simulacro de reconvenção, enquanto o réu, em contraposição, estaria fora de tal freio inibitório. Sem razão tal intelecção, pois o pedido contraposto também está limitado pelo valor designado quando da distribuição do feito principal, eis que o réu não pode retirar do sistema tratamento mais benéfico que o do seu oponente.

Por fim, não incide nos Juizados, quando os valores superarem os limites do art. 39 da Lei nº 9.099/1995, a regra do art. 290 do Código de Processo Civil, especificamente com referência às obrigações de trato sucessivo ou diferidas no tempo, repita-se, apenas passíveis de inserção as parcelas cujo total seco não passe dos limites do inciso I do art. 3º.

Jorge Tosta*

14

# Recursos no Juizado Especial Cível – Teoria Geral

## 1. FUNDAMENTO DO RECURSO

Dois, basicamente, são os argumentos que fundamentam a existência de recursos contra as decisões judiciais, do que não está infenso o sistema dos Juizados Especiais, ainda que se pretenda atribuir ao procedimento sumaríssimo a maior celeridade possível, com a supressão de alguns meios de impugnação: 1) o inconformismo inerente à natureza humana; e 2) a falibilidade humana.

Crescemos aprendendo a nos insurgir contra as decisões que nos são desfavoráveis. Se nossos pais nos negavam um brinquedo, logo recorríamos aos nossos avós, normalmente mais tolerantes e compreensivos. Se ainda assim nos era negado o pedido, utilizávamos do recurso das lágrimas, a propósito sempre tão bem manejado pelas mulheres quando lhes é negado algo que desejam. E quem nunca sucumbiu a esse poderoso recurso hídrico?

De fato, o inconformismo é inerente à natureza humana e, diante de um órgão a quem se atribuiu a função de decidir conflitos de interesses, o recurso acaba sendo uma forma de manifestar esse inconformismo. Logo, por mais celeridade que se pretenda imprimir ao sistema dos Juizados Especiais, inviável a supressão total de recursos contra as decisões judiciais que causam gravame à parte, pois isso atentaria contra a própria natureza humana.

Outro fundamento que justifica a existência de recurso em qualquer sociedade democrática é a falibilidade humana.

Ora, se há possibilidade de erro em relação às decisões judiciais, mesmo num sistema de causas de menor expressão econômica, deve existir recurso capaz de corrigi-lo. Pode-se até pensar num sistema em que a análise dos erros judiciais são postergados para um momento posterior, ante a inexistência de preclusão das decisões proferidas no curso do processo, mas deve existir, ao menos contra a sentença final, recurso que torne possível eventual correção dos citados erros.

* Juiz de Direito em São Paulo, foi membro do Colégio Recursal Unificado dos Juizados Especiais de São Paulo. Mestre em Direito Processual Civil e doutor em Direito Civil pela PUC/SP. Docente formador e instrutor da Escola Paulista da Magistratura – EPM. Professor da PUC-Cogeae, da Universidade São Francisco-Bragança Paulista e do INPG – Instituto Nacional de Pós-Graduação.

## 2. NATUREZA JURÍDICA DO RECURSO

Diverge a doutrina quanto à natureza jurídica do *recurso*. Para uns[1], o recurso tem a natureza de ação desconstitutiva, já que objetiva desconstituir a sentença desfavorável. Os adeptos dessa corrente afirmam a autonomia do recurso, tal qual a do direito de ação. Tratam dos pressupostos de admissibilidade dos recursos como verdadeiras condições de uma ação recursal. Para outros[2], o recurso é uma renovação do procedimento, isto é, a extensão do direito de ação em uma nova fase procedimental. Negam seus seguidores a autonomia do recurso como ação de impugnação.

Entre nós, Nelson Nery Junior sustenta a tese de que o recurso é um prolongamento do direito de ação (e não uma ação autônoma de impugnação). Para tanto, vale-se dos institutos da renúncia ao direito sobre o qual se funda a ação (art. 269, V, do CPC) e do reconhecimento jurídico do pedido (art. 269, I, do CPC). Segundo o referido autor, é evidente que, havendo manifestação das partes no sentido da renúncia (autor) ou reconhecimento jurídico do pedido (réu) na instância recursal, isso se daria relativamente ao objeto litigioso (*Streitgegenstand*) que foi fixado pelo autor na petição inicial (art. 128 do CPC). E esta litigiosidade da coisa perdura até o trânsito em julgado da sentença como um dos efeitos da litispendência (art. 219, *caput*, do CPC). Logo, os atos de disposição de direito, praticados pelas partes do procedimento recursal, referir-se-iam ao objeto litigioso fixado no procedimento do primeiro grau. A consequência é a inevitável colocação do recurso como *continuação* daquele procedimento[3].

Importante fixar a natureza jurídica do recurso como *extensão do direito de ação, em fase posterior do procedimento*, até mesmo para que se possa distingui-lo das ações autônomas de impugnação (anulatória, declaratória de inexistência de relação jurídica processual, mandado de segurança, embargos de terceiro etc.). É certo que tanto essas ações quanto os recursos objetivam a reforma ou a anulação da decisão judicial. O traço distintivo, contudo, reside na *forma* e no *momento* em que é exercida tal impugnação. Enquanto as ações autônomas de impugnação são exercitadas fora da relação jurídica processual que originou a decisão judicial, ou, por outras palavras, em uma nova relação jurídica processual, o recurso é exercido *endoprocessualmente*, isto é, dentro de uma mesma relação jurídica processual.

1. Provinciali, Renzo. *Delle impugnazioni in generale*, Napoli, 1962, p. 71 e seguintes; Guasp, Jaime. *Derecho procesal civil*, v. II, Madrid, 1968, p. 1323; Betti, *Diritto Processule Civile Italiano*, 2. ed., Roma, 1936, p. 638 e seguintes; Mortara; *Commentario del Codice e delle leggi di Procedura Civile*, 4. ed., Milano, 1923, p. 293; Del Pozzo, *Le impugnazioni penali*, p. 136.
2. Rocco, Ugo. *Trattato di diritto processuale civile*, v. III, Torino, 1966, p. 284.
3. *Princípios Fundamentais – Teoria Geral dos Recursos*, cit., 5. ed., p. 197.

Nelson Nery Junior ressalta que, também no plano fático, há diferenças entre os recursos e as ações autônomas de impugnação. Enquanto o julgamento do mérito do recurso independe de sua motivação (entenda-se: fundamento), mormente em face do que dispõe o art. 515, §§ 1º e 2º do CPC, na ação autônoma de impugnação o órgão julgador está adstrito à causa de pedir. Outra diferença: no recurso, o *judex ad quem* pode julgá-lo livremente, reconhecendo o direito de o recorrente recorrer, mas, por exemplo, lhe negando provimento para manter íntegra a sentença impugnada, inclusive por seus próprios fundamentos (art. 46 da Lei nº 9.099/1995). Já na ação autônoma de impugnação de conteúdo rescisório não poderá o juiz, reconhecendo existir o direito à revogação, decidir que não deve ser anulada a sentença[4].

## 3. JUÍZO DE ADMISSIBILIDADE E JUÍZO DE MÉRITO

Da mesma forma como se costumam distinguir as condições da ação e os pressupostos processuais do juízo de mérito, no plano recursal distingue-se o juízo de admissibilidade do juízo de mérito. Essa distinção interessa à teoria geral dos recursos, porquanto, através dela, é possível saber se o recurso preenche as condições de admissibilidade para ser conhecido e, portanto, analisado o seu *fundamento*, ou seja, o mérito recursal.

Pode-se dizer, pois, que as condições da ação estão para os pressupostos de admissibilidade recursal, assim como o mérito da ação está para o fundamento do recurso.

Note-se, porém, que, embora os pressupostos de admissibilidade do recurso se identifiquem com as condições da ação, isso não significa que as questões preliminares relativas a tais condições, decididas pelo juízo *a quo*, sejam também *preliminares* recursais[5]. Assim, se o juízo *a quo* rejeitou ou acolheu uma preliminar, *v.g.*, de ilegitimidade de parte, essa matéria, quando analisada pela Turma Recursal em grau de recurso, constituirá o próprio *mérito* do recurso.

Destarte, quando a Turma Recursal não conhece de um recurso significa que o recorrente não preencheu os pressupostos de admissibilidade previstos para aquele recurso. Se superado for tal óbice ou, por outras palavras, preenchendo o recorrente todos os pressupostos de admissibilidade do recurso, a Turma Recursal passará então à análise do juízo de mérito recursal, isto é, do *fundamento* do recurso, dando-lhe ou negando-lhe provimento. Aqui ocorre o fenômeno da *substituição* a

4. Princípios Fundamentais..., cit., p. 193.

5. Pertinente aqui a lição de Ovídio Baptista: "Não se deve, porém, supor que todas as questões processuais sejam sempre matéria pertinente ao juízo de admissibilidade do recurso. Muitas vezes, o seu mérito é uma simples questão processual. Por exemplo, o juiz indeferiu a produção de uma prova, por considerá-la imprópria, supérflua ou dispensável, ou por tê-la como proposta intempestivamente; se a parte que se julga prejudicada com o indeferimento recorrer, o mérito do recurso será indiscutivelmente uma mera questão processual, pertinente à admissibilidade da prova". (*Teoria geral do Processo Civil*, São Paulo: RT, 1997, p. 309).

que alude o art. 512 do Código de Processo Civil. É que, devolvendo-se a matéria impugnada ao juízo *ad quem*, havendo análise do mérito do recurso, o acórdão proferido pela Turma Recursal *substitui* a decisão prolatada pelo juízo *a quo*[6].

Importante salientar, no entanto, que tal *substituição* só se opera quando o julgamento do mérito do recurso coincide com o *objeto* submetido à apreciação do juízo *a quo*. Se a Turma Recursal se limitou a anular a decisão prolatada pelo juízo *a quo*, não chegando a apreciar o *objeto litigioso* discutido em primeiro grau, não haverá *substituição*. Em outras palavras, se a Turma Recursal, apreciando a questão incidente ou a própria lide[7], negar provimento ao recurso ou lhe der provimento pela existência de *error in judicando* (erro de justiça, por má interpretação da norma ou dos fatos submetidos à apreciação do juízo *a quo* no julgamento da lide ou de questão incidente), haverá *substituição*. Diversamente, se a Turma Recursal der provimento ao recurso, não para julgar o *objeto* submetido à apreciação do juízo *a quo* (*rectius*: *a* questão incidente ou a lide), mas para decidir acerca da existência de *error in procedendo*, anulando, portanto, a decisão, não haverá *substituição* e sim *cassação*[8], já que o processo retornará ao juízo *a quo* para que outra decisão seja proferida[9].

A *substituição* poderá ser *total* ou *parcial*, conforme o âmbito da impugnação recursal, ou conforme a Turma Recursal conheça do recurso no todo ou apenas em parte.

Não se pode perder de vista que o mérito do recurso é o próprio *conteúdo da impugnação* à decisão recorrida, ou seja, o *fundamento*, ainda que dele se extraia um *error in procedendo* ou um *error in judicando*. É possível, ainda, como já ressaltado anteriormente, que o objeto do recurso se circunscreva a uma questão resolvida, no juízo *a quo*, como preliminar da questão de mérito, discutindo-se, por exemplo, a presença ou ausência de um pressuposto processual ou de uma condição da ação. Por isso, o *mérito do recurso* não corresponde ao *mérito da causa*, podendo versar sobre questões processuais anteriores à decisão ou dela emergentes[10].

---

6. Não ocorrerá, contudo, a substituição se o Colégio Recursal não conhecer do recurso, por lhe faltar algum pressuposto de admissibilidade. É o que ensina Barbosa Moreira: "(...) É claro que não se pode estar aludindo senão às hipóteses em que o tribunal conhece do recurso, lhe aprecia o mérito. Nas outras, seria absurdo cogitar-se de substituição: não se chegou sequer a analisar, sob qualquer aspecto, a matéria que, no julgamento de grau inferior, constituirá objeto da impugnação do recorrente" (*Comentários ao Código de Processo Civil*, 7. ed., Rio de Janeiro: Forense, 1998, p. 391-392).

7. Ou, ainda, negar provimento pela existência de *error in procedendo*, conforme observado argutamente por Nelson Nery Junior, *Princípios Fundamentais*, p. 421, embora sob o enfoque do *efeito substitutivo*.

8. Ibidem, p. 264-266 e 391-393.

9. Nesse sentido, acórdão proferido pela 1ª Turma Cível do Colégio Recursal de São Paulo, nos autos do Recurso Inominado 14.878, Rel. Jorge Tosta, j. 03/09/2008, com a seguinte ementa: "**Diferença de poupança** – Magistrado que, sem examinar a extensa matéria preliminar deduzida na resposta, julga improcedente a ação sob o fundamento de se tratar de aplicação com data de aniversário na 2ª quinzena – Cadernetas de poupança com datas de aniversário nos dias 8 e 15 – 'Error in procedendo' – Anulação da sentença para o conhecimento de toda a matéria deduzida em juízo".

10. Grinover, Gomes Filho e Scarance Fernandes, *Recursos no Processo Penal*, São Paulo: RT, 1996, p. 68-69.

# 4. PRESSUPOSTOS DE ADMISSIBILIDADE DOS RECURSOS

A doutrina divide os pressupostos (ou requisitos) de admissibilidade dos recursos em *intrínsecos* e *extrínsecos*[11], conforme se refiram a elementos integrantes da própria decisão ou a elementos externos a ela.

Barbosa Moreira ressalta que os requisitos *intrínsecos* são aqueles concernentes à própria existência do *poder de recorrer*, enquanto os *extrínsecos* referem-se ao *modo* de exercê-lo[12]. Nelson Nery Junior, por sua vez, sustenta que os pressupostos de admissibilidade *intrínsecos* são os que dizem respeito à própria decisão recorrida considerada em si mesma. Para serem aferidos, levam-se em consideração o *conteúdo* e a *forma* da decisão impugnada. Os pressupostos *extrínsecos* relacionam-se aos fatores externos à decisão judicial que se pretende impugnar, sendo normalmente posteriores a ela[13].

Quanto aos requisitos *extrínsecos*, preferimos a definição de Nelson Nery Junior; entretanto, em relação aos requisitos *intrínsecos*, acreditamos que, para sua verificação, deve-se levar em conta o *conteúdo* e a *eficácia* da decisão, sendo irrelevante a sua *forma*. Assim, para saber se um recurso é cabível ou se o recorrente tem interesse em recorrer, deve-se analisar o *conteúdo* da decisão: se ela apreciou questão incidente ou a própria lide, ou se houve sucumbência. Para se saber se o recorrente tem legitimidade para recorrer, deve-se examinar a *eficácia* da decisão: se ela atingiu o recorrente, ou melhor, se produziu efeitos prejudiciais em relação ao recorrente[14].

## 4.1. Requisitos intrínsecos

### 4.1.1. Cabimento

Diz-se que um recurso é *cabível* quando previsto no ordenamento jurídico para determinada espécie de decisão judicial. Para tanto é preciso, primeiramente, averiguar o *conteúdo* dessa decisão para saber se é uma interlocutória, uma sentença ou um acórdão[15]. Em seguida, deve-se analisar se no ordenamento jurídico pátrio, em especial no sistema dos Juizados Especiais, existe algum recurso previsto para desafiar aquela decisão judicial. Em caso positivo, deve-se verificar se os requisitos

11. Esta classificação tem como precursor Barbosa Moreira e é aceita por quase toda a doutrina. Outra classificação digna de nota é a de Paulo Lúcio Nogueira, que divide os pressupostos recursais em *subjetivos*, relacionados ao interesse e à legitimidade recursais, e *objetivos*, referentes à tempestividade, à previsibilidade e à formalidade legal. Embora tenha sido elaborada para o Processo Penal, é também aplicável ao Processo Civil (Curso Completo de Processo Penal).

12. Comentários ao CPC, 8. ed., p. 260.

13. *Princípios Fundamentais...*, cit., p. 240-241.

14. Tosta, *Do reexame necessário*, p. 34.

15. Excluem-se, portanto, os *despachos* que não têm carga decisória, não comportando, destarte, recurso. Todavia, se o que é aparentemente um *mero despacho* contiver algum conteúdo decisório, caberá então recurso, já que se trata de decisão interlocutória. É o que acontece, p. ex., quando o juiz determina a citação do executado. Veja-se, a propósito, artigo interessante de Rita Gianesini, "Da recorribilidade do 'cite-se'", in *Aspectos polêmicos dos recursos cíveis*, v. 4, 2001, p. 936-943.

específicos que a lei exige para aquele recurso estão presentes. Só depois de examinar essas três etapas, é possível dizer se um recurso é cabível ou não.

Dada a correlação sistemática entre decisão e recurso, criada a partir do Código de Processo Civil de 1973, não se admite que, contra uma determinada decisão, seja interposto recurso diverso do que prevê a lei processual, salvo em casos excepcionais onde tem lugar o princípio da fungibilidade. Assim, para desafiar uma sentença cível proferida no procedimento sumaríssimo da Lei nº 9.099/1995, o recurso cabível será o inominado (art. 41 da Lei nº 9.099/1995); para desafiar uma decisão interlocutória, em caso de lesão grave e de difícil reparação, o de agravo (cf. Enunciado 2 do Colégio Recursal de São Paulo[16]); para desafiar um acórdão que ofenda a Constituição Federal, o recurso extraordinário. Note-se, porém, que essa correlação não é absoluta, pois situações existem em que, por razões de política processual e para não prejudicar o andamento da ação principal, admite-se o recurso de agravo contra sentença, como acontece quando o juiz rejeita liminarmente o pedido contraposto, *v.g.*, reconhecendo a impossibilidade jurídica do pedido, por se tratar de pessoa jurídica, embora enquadrada no conceito de microempresa ou empresa de pequeno porte[17]. Isso, todavia, é exceção. Como regra, deve-se sempre verificar o *conteúdo* da decisão para definirmos a sua natureza e, então, o recurso cabível.

Pode haver sentenças que não decidem o mérito (art. 267 do CPC), mas nunca poderá haver decisão interlocutória que decida o mérito[18]. Para diferenciar-se uma decisão interlocutória, que se limita a decidir *questões incidentais*, de uma sentença que não aprecia o mérito, basta verificar se ela está entre as matérias elencadas no art. 267 do Código de Processo Civil.

---

16. Enunciado 2: *É admissível, no caso de lesão grave e difícil reparação, o recurso de agravo de instrumento no Juizado Especial Cível.* Não se desconhece, entretanto, recente decisão do Supremo Tribunal Federal não admitindo agravo de instrumento ou mesmo mandado de segurança contra as decisões interlocutórias proferidas no procedimento sumaríssimo dos Juizados Especiais. Confira-se: "Recurso extraordinário. Processo civil. Repercussão geral reconhecida. Mandado de segurança. Cabimento. Decisão liminar nos Juizados Especiais. Lei nº 9.099/1995. Art. 5º, LV da Constituição do Brasil. Princípio constitucional da ampla defesa. Ausência de violação. 1. Não cabe mandado de segurança das decisões interlocutórias exaradas em processos submetidos ao rito da Lei nº 9.099/1995. 2. A Lei nº 9.099/1995 está voltada à promoção de celeridade no processamento e julgamento de causas cíveis de complexidade menor. Daí ter consagrado a regra da irrecorribilidade das decisões interlocutórias, inarredável. 3. Não cabe, nos casos por ela abrangidos, aplicação subsidiária do Código de Processo Civil, sob a forma do agravo de instrumento, ou o uso do instituto do mandado de segurança. 4. Não há afronta ao princípio constitucional da ampla defesa (art. 5º, LV da CB), vez que decisões interlocutórias podem ser impugnadas quando da interposição de recurso inominado. Recurso extraordinário a que se nega provimento". (Recurso Extraordinário nº 576847/BA, rel. Min. Eros Grau, j. em 20/05/2009).

17. Embora neste caso se possa até cogitar da inadmissibilidade do recurso de agravo, ante a inexistência de lesão grave e de difícil reparação, vez que o réu poderá promover ação autônoma, no próprio Juizado ou na Justiça comum.

18. Aliás, isto é assim desde o Direito Romano, o qual previa que "às sentenças se contrapunham as interlocuções, que abrangem todos os pronunciamentos do juiz, emitidos no curso do processo, mas sem lhe resolver o mérito" (Cf. Moniz Aragão, *Comentários ao Código de Processo Civil*. 3. ed., v. II, p. 47).

Não nos parece relevante saber se o processo foi ou não extinto, em sua totalidade ou mesmo em relação a um pedido ou a uma parte, para definir-se a natureza do ato. O que irá defini-lo é, repita-se, o seu *conteúdo*. Se houve análise do mérito (art. 269/CPC) ou se não houve, mas a matéria objeto da decisão se encontra entre as hipóteses previstas no art. 267 do Código de Processo Civil, estamos diante de uma sentença. Se não houve análise do mérito e a matéria decidida não está entre aquelas enumeradas no dispositivo legal acima mencionado, estamos diante de uma decisão interlocutória.

Esse entendimento foi adotado pela Lei nº 11.232, de 22/12/2005, a qual deu nova redação ao art. 162, § 1º, do CPC, passando a definir sentença como o *ato do juiz que implica alguma das situações previstas nos arts. 267 e 269.*

Assim, não se admite recurso inominado contra decisão que rejeita impugnação ao cumprimento de sentença, pois se trata neste caso de decisão interlocutória que, por expressa disposição legal, deve ser desafiada por agravo de instrumento (art. 475-M/CPC). De outro lado, quando houver acolhimento da impugnação e consequente extinção da execução (*rectius*, da fase de cumprimento de sentença), está-se diante de sentença, passível, pois, de recurso inominado[19].

Em sentido contrário, todavia, entendendo cabível apenas o recurso inominado, o Enunciado 15 do I FOJESP – Fórum dos Juizados Especiais de São Paulo: "A decisão que põe fim aos embargos à execução de título judicial ou extrajudicial é sentença, contra a qual cabe apenas recurso inominado". Tal enunciado, ao que tudo indica, decorre do entendimento de que não se aplica à execução de sentença proferida nos Juizados Especiais o procedimento de cumprimento de sentença, previsto no art. 475-J e ss. do CPC, mas sim a execução de sentença regulada pelo art. 52 da Lei nº 9.099/1995.

Entendemos, no entanto, plenamente aplicável aos Juizados Especiais Cíveis o procedimento de cumprimento de sentença regulado pelo CPC em seu art. 475-J e ss., em consonância, a propósito, com o Enunciado 105 do FONAJE, *verbis*: "Caso o devedor, condenado ao pagamento de quantia certa, não o efetue no prazo de quinze dias, contados do trânsito em julgado, independentemente de nova intimação, o montante da condenação será acrescido de multa no percentual de dez por cento".

Com efeito, a instituição do procedimento de cumprimento de sentença na execução por título judicial teve por fim atender ao princípio da efetividade, afastando a crise do processo de execução e garantindo a satisfatividade tão almejada em relação às ações de conhecimento de natureza condenatória.

19. Humberto Theodoro Júnior ressalta, no entanto, que "mesmo sendo acolhida a defesa, se o caso não for de extinção da execução, mas apenas de alguma interferência em seu objeto ou em seu curso, o recurso a manejar será o agravo de instrumento. Terá ocorrido decisão de questão incidente e não de sentença" (*Código de Processo Civil Anotado*, Rio de Janeiro: Forense, 13. ed., 2009, p. 434).

Embora exista procedimento próprio de execução de título judicial no sistema dos Juizados Especiais, não se pode olvidar que a aplicação subsidiária *in casu* do Código de Processo Civil, nos termos do art. 52 da Lei nº 9.099/1995, é mais benéfica ao exequente e atende melhor aos princípios insculpidos no art. 2º da mesma Lei, notadamente a celeridade e a efetividade.

Destarte, condenado o réu ao pagamento de quantia certa e não sendo efetuado o pagamento voluntário no prazo de 15 dias, o montante da condenação deverá ser acrescido da multa de 10%, expedindo-se imediatamente mandado de penhora e avaliação, nos termos do art. 475-J e seguintes do CPC e, no que couber, do disposto no art. 52, VII e VIII, da Lei nº 9.099/1995.

Enfim, a lógica do sistema processual atual impõe a observância das normas que melhor estejam em consonância com os princípios da efetividade e da celeridade, mormente no procedimento sumaríssimo da Lei nº 9.099/1995[20].

#### *4.1.1.1. Cabimento no recurso extraordinário*

Quanto ao recurso extraordinário, pode-se dizer que os pressupostos de seu cabimento estão basicamente previstos no próprio texto constitucional e nas Súmulas editadas pelo Supremo Tribunal Federal, as quais, por vezes, a pretexto de interpretar os pressupostos constitucionais, acabam por criar outros requisitos de cabimento do recurso extraordinário.

A verdade, porém, é que, entre nós, os pressupostos de *cabimento* do recurso extraordinário, desde a Carta Política de 1934 e, em particular, a partir da Constituição Federal de 1988, são de índole exclusivamente constitucional.

Passemos, pois, a analisar tais pressupostos à luz da redação do art. 102, III, da CF.

Dispõe o referido dispositivo constitucional ser de competência do Supremo Tribunal Federal o julgamento, mediante recurso extraordinário, das *causas decididas, em única ou última instância.*

Dessas expressões denotam-se dois requisitos de cabimento que serão analisados, segundo a ótica que vislumbramos do estudo sistemático da jurisprudência e das Súmulas, formadas ao longo da existência do Supremo Tribunal Federal.

O primeiro requisito que logo se sobressai da análise do referido dispositivo surge, a nosso ver, exatamente da definição de *causa decidida.*

Quanto ao termo *causa,* hoje não mais se discute que sua abrangência atinge não só os processos de jurisdição contenciosa como também os procedimentos de jurisdição voluntária[21]. De outro lado, para poder classificar dentro do requisito

20. É o que, a propósito, ficou decidido nos autos do Agravo de Instrumento nº 2009.003444-9, 1ª Turma Cível, rel. Jorge Tosta, j. 07/05/2009, com a seguinte ementa: "Agravo de instrumento contra decisão que indeferiu a aplicação do disposto no art. 475-J do CPC ao procedimento sumaríssimo da Lei nº 9.099/1995 – Decisão reformada – Aplicabilidade do procedimento de cumprimento de sentença à execução de título judicial originária dos Juizados Especiais – Recurso provido".

21. Tanto a doutrina como a jurisprudência já pacificaram o entendimento no sentido de admitir o recurso

intrínseco relativo ao cabimento o adjetivo *decidida*, que no texto constitucional qualifica a palavra *causa*, impõe-se, preliminarmente, compreender o sentido e a extensão da locução *causa decidida*.

Sabe-se que toda *questão* representa um *ponto controvertido* (Carnelutti), o qual é entendido como toda e qualquer matéria discutida no processo e com alguma repercussão jurídica no deslinde da causa.

Em regra, toda e qualquer matéria discutida no processo deve ser objeto de apreciação e decisão pelo juiz, que não pode se furtar à prestação jurisdicional (art. 126 do CPC). Da mesma forma, não pode o juiz conhecer de questões não suscitadas e a cujo respeito a lei exige iniciativa da parte (art. 128 do CPC).

No âmbito dos Juizados Especiais, mesmo as questões suscitadas e discutidas pelas partes e que não tenham sido apreciadas e decididas pelo juiz são devolvidas ao Colégio Recursal, sem que isso importe em vício da sentença (cf. art. 515, § 1º, do CPC, aplicável nos Juizados Especiais). É o que Barbosa Moreira denoMin.u de efeito devolutivo da apelação (que também se aplica ao recurso inominado) quanto à *profundidade*[22].

Já no âmbito do recurso extraordinário não se aplica o disposto no art. 515, § 1º, do CPC. A Constituição Federal exige para a admissibilidade do recurso extremo que a questão tenha sido efetivamente debatida e *decidida*. Não basta as partes terem suscitado questões constitucionais durante todo o curso do processo se o acórdão nada decidiu quanto a elas.

Ressalte-se, porém, que, havendo mais de um fundamento para o cabimento do recurso extraordinário, a admissão pelo Presidente do Colégio Recursal ou da Turma de um deles não impede que o STF conheça dos demais. É o que se extrai da conjugação das Súmulas 292 e 528, que permite a aplicação do disposto no art. 515, § 2º, do CPC[23]. Isto não significa exceção ao requisito que exige *causa decidida*. Mesmo que o recorrente tenha indicado um único fundamento para o recurso extraordinário, para que o STF possa conhecer e julgar por outro, é preciso que no acórdão recorrido haja efetiva decisão a respeito deste. Assim, se o recorrente interpôs recurso extraordinário com fundamento na alínea *a* (contrariedade a dispositivo da Constituição), somente poderá o Supremo conhecer e julgar o recurso por outro fundamento (*v.g.*, declaração de inconstitucionalidade de tratado ou lei

---

extraordinário nos procedimentos de jurisdição voluntária, como observa Roberto Rosas em artigo inserto na obra *Recursos no Superior Tribunal de Justiça*, 1991, p. 212, intitulado *A causa como pressuposto do recurso*, no qual cita José Afonso da Silva, José Frederico Marques e Moacyr Amaral Santos, e os julgados insertos na *RT 191*/430 e *RF 180*/892.

22. *O novo processo civil brasileiro*, 18. ed., Rio de Janeiro: Forense, 1996, p. 157.

23. Nelson Nery Junior considera que os limites objetivos do recurso de apelação, previstos no art. 515, § 2º, do CPC, são também aplicáveis aos recursos especial e extraordinário. São suas palavras: "Quanto ao recurso extraordinário ocorre o mesmo: recebido o apelo extremo interposto com base em vários fundamentos, todos eles poderão ser examinados pelo STF, ainda que o tribunal 'a quo' o haja recebido somente por um deles" (*Princípios Fundamentais...*, cit., p. 123).

federal – alínea *b*) se a respeito deste fundamento houve explícita decisão pela Turma Recursal[24].

Não se exige a menção expressa ao dispositivo constitucional aplicável à situação, mas o fundamento jurídico é sempre necessário. Em outras palavras, a Turma Recursal, ao decidir a questão constitucional suscitada, deve expor as razões que indiquem a solução adotada, mas não precisa citar o artigo do texto constitucional que fundamenta o *decisum*.

*Causa decidida* implica, pois, em efetiva decisão quanto às questões constitucionais suscitadas pelas partes (pontos controvertidos). Se houve decisão quanto ao objeto da lide sem análise das questões constitucionais debatidas, não há falar-se, para fins de admissibilidade do recurso extraordinário, em *causa decidida*.

Dessa forma, o sentido e a extensão da locução *causa decidida* no texto constitucional são mais abrangentes que a simples *decisão sobre a lide*. A mera solução do conflito, sem análise da matéria constitucional, importa em decisão da causa, mas não em *causa decidida* como pressuposto de admissibilidade do recurso extraordinário previsto na Lei Maior.

Nem mesmo as matérias de ordem pública, se não tiverem sido questionadas e decididas no curso do processo, podem ser alegadas em recurso extraordinário, sendo, portanto, inaplicáveis na jurisdição extraordinária os arts. 267, § 3º e 301, § 4º, do CPC. Nesse sentido, aliás, já decidiu o Pretório Excelso: "A arguição de incompetência, mesmo absoluta, necessita ter sido discutida e apreciada na instância 'a quo'. Se isto não ocorreu, não é admissível o recurso extraordinário" (*RT 687*/220). Isso se explica, pois o requisito *causa decidida*, exigido para o cabimento do recurso extraordinário, é de ordem constitucional e, portanto, sobrepõe-se à norma dos arts. 267, § 3º e 301, § 4º, do CPC que, neste ponto, apenas se aplica à instância ordinária.

Denota-se, pois, que todas as questões constitucionais debatidas pelas partes, de ordem pública ou não, hão de ser efetivamente decididas pela Turma Recursal, a fim de ensejar o cabimento do recurso extremo.

Registre-se que, se a Turma Recursal confirmou a sentença recorrida por seus próprios fundamentos (art. 46, segunda parte, da Lei nº 9.099/1995) e esta apreciou expressamente as questões constitucionais, preenchido estará o requisito *causa decidida* exigido pelo art. 102, III, da Constituição Federal, não havendo necessidade

24. Note-se que a Súmula 528 (*Se a decisão contiver partes autônomas, a admissão parcial, pelo Presidente do Tribunal 'a quo', de recurso extraordinário que sobre qualquer delas se manifestar, não limitará a apreciação de todas pelo Supremo Tribunal Federal, independentemente de interposição de agravo de instrumento*) é mais abrangente que a 292 (*Interposto o recurso extraordinário por mais de um dos fundamentos indicados no art. 101, inciso III, da CF, a admissão apenas por um deles não prejudica o seu conhecimento por qualquer dos outros*), pois nesta exigia-se que o recurso houvesse sido interposto *por mais de um dos fundamentos*, enquanto aquela contentou-se com a possibilidade de o recurso versar sobre apenas um dos fundamentos (*sobre qualquer delas se manifestar*). Não dispensou, porém, a necessidade de constar, na própria decisão recorrida, *as partes autônomas* que versarem sobre os diversos fundamentos constitucionais de admissibilidade do RE.

da interposição de embargos de declaração para prequestionar a matéria. De outro lado, se a sentença recorrida nada mencionou quanto ao tema constitucional suscitado, e tendo a Turma Recursal aplicado o disposto no art. 46, segunda parte, da Lei nº 9.099/1995, ausente estará o referido requisito, sendo inadmissível a interposição do recurso extraordinário. Neste caso, nem mesmo a interposição de embargos de declaração com a finalidade de prequestionamento suprirá a ausência do requisito *causa decidida*. Isto porque, a omissão quanto ao tema constitucional suscitado é da sentença e não do acórdão proferido pela Turma Recursal. Logo, se o recorrente não interpôs embargos de declaração contra a sentença, a fim de que o tema constitucional fosse expressamente apreciado pelo juiz, não poderá fazê-lo contra o acórdão proferido pela Turma Recursal, se esta se limitou a confirmar a sentença por seus próprios fundamentos.

Tal entendimento, a propósito, acha-se sufragado no Enunciado 125 do FONAJE: "Nos juizados especiais não são cabíveis embargos declaratórios contra acórdão ou súmula na hipótese do art. 46 da Lei nº 9.099/1995, com finalidade exclusiva de prequestionamento, para fins de interposição de recurso extraordinário".

O mesmo se extrai do Enunciado 36 do Colégio Recursal de São Paulo: "Não são cabíveis embargos de declaração contra acórdão que confirma a sentença pelos próprios fundamentos, nos termos do art. 46 da Lei nº 9.099/1995".

### 4.1.2. Legitimação para recorrer

O art. 499 do Código de Processo Civil diz que *"O recurso pode ser interposto pela parte vencida, pelo terceiro prejudicado e pelo Ministério Público"*. Malgrado pareça suficientemente esclarecedor o referido dispositivo legal, não se pode olvidar que a legitimidade recursal está também ligada à ideia de sucumbência[25]. Assim, apenas estarão legitimados a recorrer de uma decisão judicial aqueles que tenham sucumbido, isto é, sofrido algum prejuízo.

A pertinência subjetiva recursal é verificada a partir da *eficácia* da decisão judicial. Claro que a sentença sempre irá surtir efeitos em relação às partes no processo e, se o caso, em relação a eventuais terceiros juridicamente interessados. Entretanto, não é dessa eficácia a que estamos nos referindo, mas à *eficácia negativa*, ou seja, aquela que causa efeitos *prejudiciais* às partes ou aos terceiros. Nesse sentido, o Código de Processo Civil foi preciso ao definir os legitimados a recorrer como parte *vencida* e terceiro *prejudicado*. Não é qualquer das partes que tem legitimidade para recorrer, mas apenas a parte *vencida*, isto é, aquela que tenha sucumbido. Assim também em relação aos terceiros: não é qualquer terceiro que tem legitimidade para recorrer, mas apenas o terceiro *prejudicado*.

25. É o que salienta, com propriedade, Lorenzo Anastasi: "A legitimidade para apelar, além de depender da posição processual do apelante, está estreitamente ligada à existência de um gravame, que pode ser considerado um aspecto particular do interesse de agir" (*Il sistema dei mezzi d´impugnazione del Codice di Procedura Civile Ticinese*, Zurique, Schultess Polygraphischer Verlag, 1981, p. 129).

Eduardo Couture esclarece que "(...) estando a faculdade de apelar subordinada ao fato de não ter a parte visto triunfar as pretensões que deduziria em juízo, chega-se naturalmente à conclusão de que só se pode valer do recurso quem tenha tido insatisfeita alguma das suas pretensões... Por conseguinte, a parte que venceu a causa não pode apelar"[26].

Tais considerações, embora de suma importância para se entender a legitimidade recursal, não resolvem todos os problemas.

Faz-se necessário, ainda, definir quando efetivamente estamos diante de uma *sucumbência*[27] e em que medida ela representa um *prejuízo juridicamente relevante* de molde a caracterizar a legitimidade e, como se verá mais adiante, o interesse recursal.

A questão se situa, basicamente, no estudo das partes que compõem o *decisum*, quais sejam, a fundamentação e o dispositivo. Indaga-se, pois, em qual, ou em quais, parte(s) do *decisum* se identifica a existência de sucumbência e, mais ainda, se ela é juridicamente relevante para justificar a interposição de algum recurso.

Em regra, a sucumbência é identificada na parte dispositiva da decisão judicial, que é onde o juiz impõe a vontade da lei, resolvendo uma questão incidente ou a própria lide que lhe é submetida à apreciação[28]. É o dispositivo, pois, a síntese do silogismo que deve desenvolver o juiz para a solução das controvérsias que lhe são submetidas.

É falso, porém, imaginar-se que dessa estrutura silogística apenas a síntese interessa para verificação da sucumbência. A motivação é de fundamental importância para fixar os limites e as consequências do dispositivo e, assim, verificar se existe *prejuízo juridicamente relevante* a ensejar o recurso por parte daquele que se diz atingido pela decisão.

Situações existem em que nem sempre a parte *vencida* é a única legitimada a interpor recurso. É perfeitamente possível que da fundamentação do *decisum* se extraia um *prejuízo* àquele que se saiu formalmente vencedor, tornando-o, pois, *legitimado* a recorrer. Essa questão será tratada com mais propriedade quando discorrermos sobre o interesse recursal.

Aqui nos interessa apenas demonstrar que, para a verificação da legitimidade recursal, não se prescinde da análise da sucumbência.

Quanto aos terceiros *prejudicados*, a lei, com muita propriedade, cuidou de delimitar a legitimidade recursal somente àqueles que efetivamente tenham sido, ou que possam vir a ser, atingidos pelos efeitos da decisão judicial. A tanto se refere, repita-se, qualificando os terceiros como *prejudicados*.

---

26. *Fundamentos do Direito Processual Civil*, Campinas–São Paulo: RED Livros, 1999, p. 284-285.

27. Barbosa Moreira ressalta que a tão só desconformidade da decisão com os requerimentos formulados pelas partes não basta, por si só, para caracterizar a sucumbência (O juízo de admissibilidade no sistema dos recursos cíveis, *Revista de Direito da Procuradoria Geral do Estado da Guanabara*, p. 139 e s.).

28. *"Ora, se l'impugnazione costituisce il potere della parte a rimovere un provvedimento per il pregiudizio che ad essa ne deriva, e se tale pregiudizio non può derivare se non dal dispositivo, e non mai dai motivi per se stessi, di conseguenza il potere di impugnazione deve necessariamente rivolgersi contro il dispositivo"* (Provinciali, Renzo, ob. cit., p. 81-82).

É certo que, em regra, as decisões judiciais não atingem terceiros, mas apenas as partes do processo. Isso, em princípio, seria suficiente para negar aos terceiros legitimidade recursal, mormente quanto à sentença, porquanto os próprios limites subjetivos da coisa julgada já seriam razão bastante para justificar a inexistência de legitimidade do terceiro que pretenda recorrer dizendo-se prejudicado pelo *decisum*. Não necessitaria recorrer, e nem poderia, para alegar este óbice; bastaria se opor posteriormente, quando e se viesse a sofrer algum ato executório, recusando os efeitos da sentença, exatamente porque, como terceiro, não fez parte da relação jurídica processual[29].

No Direito Processual Civil paraguaio há, inclusive, ação própria para tanto. Denomina-se ação autônoma de nulidade e está prevista no capítulo que trata dos recursos, especificamente no art. 409 do *Código Procesal Civil, verbis: "Las resoluciones judiciales no hacen cosa juzgada respecto de los terceros a quienes perjudiquen. En caso de indefensión, ellos dispondrán de la acción autónoma de nulidad, cuando la excepción de falsedad de la ejecutoria o la inhabilidad de tituto fuese insuficiente para reparar los agravios aquellas resoluciones pudiesen haberles ocasionado".*

No Direito italiano, o terceiro que tenha sido atingido por uma decisão judicial tem, à sua disposição, a denominada *opposizione di terzo*, regulada pelo art. 404 e s. do *Codice di Procedura Civile, verbis: "Un terzo può fare opposizione contro la sentenza passata in giudicato o comunque esecutiva pronunciata tra altre persone quando pregiudica i suoi diritti"*. Este meio de impugnação de terceiro prejudicado é interposto após o trânsito em julgado da sentença, perante o mesmo juiz que prolatou a sentença (art. 405) e no mesmo procedimento da ação principal (art. 406), daí a doutrina identificá-lo como um misto de recurso e ação revocatória[30].

Entre nós, também os terceiros que não intervieram no feito podem ser atingidos pelas decisões judiciais. Surge então a legitimidade para recorrerem no mesmo procedimento, desde que o façam dentro do prazo legal estabelecido para o respectivo recurso.

Não nos parece correto, outrossim, afirmar que somente o terceiro que poderia ter ingressado no feito como assistente simples ou litisconsorcial no procedimento de primeiro grau tem legitimidade para recorrer como terceiro prejudicado[31], mesmo porque, no sistema dos Juizados Especiais nem mesmo se admite intervenção de terceiros (art. 10 da Lei nº 9.099/1995).

29. Tal conclusão, ressalta Couture, "se apoia não somente no fato de ser a apelação uma faculdade concedida 'ao litigante', como também no de que os terceiros, normalmente, não são prejudicados pela sentença. A coisa julgada, em regra, não os atinge. Por conseguinte, no dia em que se pretendesse invocá-la contra eles, poderão sempre alegar validamente que o processo, a seu respeito, é 'res inter alios judicata'. Esta possibilidade os isenta de prejuízo, não se podendo, por conseguinte, falar de agravo a seu respeito" (Fundamentos de Direito Processual Civil, p. 286-287).

30. Diferencia-se, pois, de nosso recurso de terceiro prejudicado, como anota Nelson Nery Junior, Princípios Fundamentais, p. 263.

31. Conforme sustenta Nelson Nery Junior, *Princípios Fundamentais...*, cit., p. 263.

A legitimidade recursal do terceiro deve ser aferida em função do *prejuízo* que venha, ou que possa vir, a sofrer com a decisão, o que, à evidência, poderá surgir somente após a decisão ser prolatada. É o caso, *v.g.*, da decisão que, em ação movida por *A* contra *B*, determina que *C*, terceiro estranho ao processo, exiba documento que se encontra em seu poder, sem que seja observado o procedimento traçado nos arts. 360 e s. do Código de Processo Civil. Nesse caso, por ter sido atingido por uma decisão proferida em processo alheio, *C* tem legitimidade para interpor agravo de instrumento.

Corroborando tal entendimento, Nelson Luiz Pinto assevera: "Pode eventualmente ocorrer que o interesse jurídico do terceiro apareça apenas após a decisão, embora não existisse desde o início da demanda. Trata-se de interesse jurídico superveniente, que também legitimará esse terceiro para o recurso de terceiro prejudicado"[32].

Já decidiu a jurisprudência, outrossim, que não basta o mero interesse econômico para exercer o poder de recorrer; é preciso ter interesse jurídico (*RT 647*/159). Necessário, ainda, demonstrar que a decisão recorrida afetará, direta ou indiretamente, a relação jurídica de que o terceiro é titular[33].

Enfim, deve o terceiro, além de preencher os pressupostos inerentes ao recurso que pretende interpor, demonstrar que a decisão recorrida poderá afetar, direta ou indiretamente, relação jurídica de que é titular. Tal requisito, que se enquadra entre os pressupostos intrínsecos dos recursos, na modalidade de *legitimação para recorrer*, há de ser observado pelos juízos *a quo* e *ad quem*, no âmbito de admissibilidade do recurso, importando a sua ausência no indeferimento liminar do recurso (art. 557 do CPC[34]).

Em relação ao Ministério Público é indubitável que, mesmo na condição de *custos legis*, tem legitimidade para recorrer. Essa assertiva decorre, a propósito, do texto expresso da lei processual (art. 499, § 2º, do CPC).

Não teria sentido algum atribuir-se ao Ministério Público a condição de fiscal da lei se ele não pudesse recorrer das decisões que reputasse contrárias à lei. Seria, por assim dizer, um *meio fiscal*, já que sua atuação se limitaria a requerer ao juiz a aplicação de determinada lei, sem que lhe fosse possível recorrer em caso de não ser atendido. A função de *custos legis* do Ministério Público não se esgota no procedimento de primeiro grau e não se limita apenas a *requerer*. Pode e deve também *recorrer* quando não aplicada corretamente a lei ao caso concreto. Aliás, nem é necessário esse órgão ter efetivamente funcionado nos autos como fiscal da lei para que se legitime a recorrer; basta ter havido a possibilidade de fazê-lo[35].

32. *Manual dos recursos cíveis*, São Paulo: Malheiros, 1999, p. 64.

33. STJ-3ª Turma, REsp 19.082-0/MS, rel. Min. Eduardo Ribeiro, j. em 05/05/1992.

34. Aplicável também aos Juizados Especiais, conforme Enunciado 16 do Colégio Recursal de São Paulo: "O relator, nas turmas recursais, em decisão monocrática, pode negar seguimento a recurso manifestamente inadmissível, improcedente, prejudicado ou em desacordo com súmula ou jurisprudência dominante do próprio juizado ou de tribunal superior".

35. Cf. Nelson Nery Junior, Princípios Fundamentais., p. 261.

### 4.1.3. Interesse em recorrer

O interesse em recorrer, da mesma forma que o interesse de agir, deve ser analisado sob o prisma do binômio *necessidade-utilidade*. Logo, é preciso verificar, diante do *conteúdo* de uma decisão judicial, se o recurso que se pretende interpor contra ela é *necessário* para afastar um gravame, ou *útil* para obter-se um resultado mais vantajoso para o recorrente.

A *necessidade* aqui há de ser verificada a partir da sucumbência que, como já visto ao tratarmos da legitimidade recursal, pressupõe a existência de *prejuízo juridicamente relevante*.

Não é qualquer prejuízo que caracteriza a sucumbência, mas somente aquele que seja *relevante juridicamente* em face dos efeitos que a decisão irradia ou poderá irradiar. Assim, o simples indeferimento de uma pretensão, sem evidenciar se tal decisão traz ou poderá trazer consequências práticas no plano processual, não caracteriza *prejuízo juridicamente relevante* para desafiar algum recurso[36]. É o caso, *v.g.*, da decisão que indefere a penhora de alguns bens que guarnecem a residência do executado por impenhoráveis segundo o critério da essencialidade, no entanto, defere a de outros, suficientes para garantir o crédito.

Observe-se que nesse exemplo não se considera o critério da *utilidade*, já que não se discute a existência de situação mais vantajosa do ponto de vista prático (os outros bens cuja penhora foi indeferida não trariam qualquer vantagem para o exequente, já que estavam em excesso). Discute-se se a decisão de indeferimento da penhora de alguns bens em excesso trouxe para o exequente um *prejuízo juridicamente relevante*, a caracterizar o interesse recursal.

A questão da *utilidade* se coloca, normalmente, em face de pedidos sucessivos (art. 289 do CPC), ou quando a fundamentação do *decisum* possa trazer, no futuro, algum prejuízo. É o que a doutrina italiana denomina de *soccombenza sostanziale*, resultante não da análise objetiva da parte dispositiva da sentença ante o que foi pedido (*soccombenza formale*), mas da sua *fundamentação*.

Relativamente à primeira situação, imagine-se a hipótese de o autor formular mais de um pedido em ordem sucessiva, a fim de que o juiz conheça do posterior,

36. O Colégio Recursal de São Paulo, sistematicamente, vem decidindo pelo não conhecimento de agravo de instrumento quando não evidenciada a lesão grave e de difícil reparação. Confira-se: "Agravo de instrumento – Decisão que defere a antecipação de tutela para excluir o nome do autor dos cadastros do SERASA – Inexistência de ilegalidade flagrante ou de lesão grave e de difícil reparação a justificar a interposição do agravo de instrumento – Não conhecimento do agravo". (AI nº 988, 1ª Turma, rel. Jorge Tosta, j. em 03/09/2008); "Agravo de instrumento – Decisão que indefere aplicação de multa moratória instituída em acordo judicial – Depósito efetuado pelo agravado na data acordada, porém em Comarca diversa – Inexistência de prejuízo econômico ao agravante – Inexistência de ilegalidade flagrante ou de lesão grave e de difícil reparação a justificar a interposição do agravo de instrumento – Não conhecimento do agravo". (AI nº 1948, 1ª Turma, rel. Jorge Tosta, j. 01/07/2008); "Agravo de instrumento – Decisão que defere liminar para que o agravante se abstenha de cobrar ou lançar tarifas sobre conta-salário, sob pena de multa diária – Inexistência de dano irreparável ou de difícil reparação a justificar a interposição do agravo de instrumento – Não conhecimento do agravo". (AI nº 5234, 1ª Turma, rel. Jorge Tosta, j. 01/07/2008).

em não podendo acolher o anterior. Não resta a menor dúvida de que, se ele acolher o pedido posterior, sendo este menos vantajoso ao autor, do ponto de vista prático, poderá ele recorrer para que seja acolhido o primeiro pedido. Nesse caso, o autor tem interesse recursal porque o recurso lhe será *útil* para buscar uma situação mais vantajosa (o primeiro pedido lhe era mais benéfico)[37]. No entanto, ele não poderá recorrer para que seja acolhido o pedido subsidiário (segundo pedido), por lhe faltar interesse recursal, porquanto o autor obteve exatamente o que pediu. Em tal hipótese, é-lhe defeso modificar em sede recursal o pedido feito na inicial[38], em face do princípio da estabilidade da demanda (arts. 264, 303, 321 e 517 do CPC). É o que já sustentava Mortara[39] e, mais recentemente, Consolo e Luiso, embora sob prisma um pouco diverso[40], isto é, da falta de interesse em recorrer daquele que, totalmente vitorioso na demanda, entenda possuir um *direito superveniente mais vantajoso.*

A jurisprudência do Superior Tribunal de Justiça tem decidido que é até mesmo dispensável a apreciação do pedido subsidiário pelo juiz, se acolhido o principal (*RSTJ 102*/170, *109*/315). Logo, se é dispensável o juiz apreciar o pedido subsidiário, porquanto acolhida e satisfeita a pretensão do autor quanto ao pedido principal, é evidente que não poderá o autor recorrer para que seja apreciado aquele.

Outra questão que se coloca no que concerne à *utilidade* do recurso é a de se saber se podem as partes recorrer do *fundamento* da sentença.

Como já visto anteriormente, a sucumbência é identificada, em regra, na parte dispositiva da decisão judicial (*sucumbência formal*). Não é possível, no entanto, dissociar o dispositivo da motivação, pois é esta que irá fixar os limites e as consequências daquele.

É necessário lembrar que o fundamento da decisão pode, às vezes, causar gravame à parte, mesmo que o dispositivo lhe seja favorável, surgindo então a

37. Nesse sentido, Consolo e Luiso asseveram: "Per determinare la soccombenza bisogna aver riguardo all'**effetto pratico** della sentenza, cioè alle sue statuizioni. Se la sentenza contiene più capi una parte può risultare parzialmente soccombente e potrà impugnare la sentenza solo con riferimento ai capi in cui sia rimasta soccombente. Ciò può accadere anche nel caso di accoglimento della domanda proposta in via subordinata e di rigetto di quella proposta in via principale". (*Codice di Procedura Civile Commentato*, 1997, ed. IPSOA, p. 1051).

38. Em sentido contrário, Nelson Nery Junior afirma: "Quando o autor formular pedidos sucessivos (art. 289, CPC), terá ele interesse em recorrer se não for acolhido tanto o pedido principal como o subsidiário. O pedido principal seria o máximo por ele pretendido no processo; se obteve menos, tem interesse em recorrer. A recíproca é verdadeira. Acolhido o pedido principal, o autor pode convencer-se, pela sentença, de que o pedido subsidiário lhe atenderia melhor e, portanto, pretender impugnar a sentença para obtê-lo. Nos dois casos há interesse recursal" (Princípios Fundamentais, p. 277); Barbosa Moreira, O juízo de admissibilidade no sistema dos recursos civis, in *Revista de Direito da Procuradoria Geral do Estado da Guanabara*, v. 19, Rio de Janeiro, 1968, p. 149.

39. *Commentario del Codice e delle Leggi di Procedura Civile*, v. IV, 4. ed., Milano, 1923, n. 144, p. 245.

40. *"(...) va escluso l'interesse ad impugnare in capo alla totalmente vittoriosa che intenda far valere uno* ***ius superveniens più vantaggioso****, perchè in tal caso la modifica a proprio favore delle richieste già avanzate deve essere dedotta a fondamento di una nuova azione"* (ob. cit., p. 1052).

sucumbência caracterizadora do interesse recursal (*sucumbência substancial*). Alcides Mendonça Lima ressalta que, em regra, a sucumbência somente se origina da parte dispositiva da decisão. Mas nada impede, mesmo excepcionalmente, que, ainda vencedor, no tocante ao mérito propriamente dito, ou em questão preliminar substancial, um litigante se considere lesado pelos fundamentos da decisão e tenha interesse em recorrer. Mais adiante, citando Pontes de Miranda, arremata: "Na verdade, o que indica o prejuízo para autorizar o recurso é a conclusão da decisão, a sua parte dispositiva, e não seus fundamentos, a sua argumentação, salvo se influírem sobre os efeitos, mesmo acessórios, da própria decisão, porque, aí, é parte do preceito"[41].

São exemplos de interesse recursal, originados de sucumbência sob o aspecto *substancial*:

a) do embargado que tem acolhida em embargos a alegação de prescrição e, não obstante isso, recorre objetivando o reconhecimento de que houve pagamento[42].

b) do réu que, malgrado extinto o processo sem resolução de mérito, recorre pleiteando a rejeição da preliminar, com a consequente anulação da sentença, para que seja apreciado o mérito e julgado improcedente o pedido[43].

Casos existem, por outro lado, em que ao recorrente falece interesse recursal pela ausência de sucumbência. São eles, exemplificativamente:

a) do autor que, em ação de indenização por dano moral, pede que ela seja fixada *"segundo o livre convencimento do juiz"*. Fixada a indenização em sentença, recorre pleiteando a majoração daquela. Nessa hipótese, faltará ao autor interesse recursal, pois não poderá lograr um resultado mais vantajoso pela própria ausência de determinação do pedido. Ora, só se pode aferir a possibilidade de obtenção de situação mais vantajosa (*utilidade*) a partir da existência de parâmetros precisos. Por isso, e até para favorecer o exercício da ampla defesa e do contraditório, é que autorizada jurisprudência tem exigido que o pedido em tais casos seja certo e determinado. Nesse sentido:

> É de rigor que o pedido de indenização por danos morais seja certo e determinado, para que não fique somente ao arbítrio do juiz a fixação do *quantum*, como também para que seja dada ao réu possibilidade de contrariar a pretensão do autor de forma pontual, com objetividade e eficácia, de modo a garantir-lhe o direito à ampla defesa e ao contraditório (*RT 761*/242)[44].

41. *Introdução aos recursos cíveis*, 2. ed., São Paulo: RT, 1976, p. 335.

42. Teresa Arruda Alvim Wambier (*O novo regime do agravo*, 2. ed., São Paulo: RT, 1996, p. 146) parece não concordar com tal hipótese.

43. Independentemente de ter sido alegada a preliminar pelo réu em contestação (Nery Junior, in Princípios Fundamentais, p. 268-271).

44. Há, todavia, entendimento contrário, inclusive do Superior Tribunal de Justiça (STJ-3ª Turma, REsp 125.417-RJ, rel. Min. Eduardo Ribeiro, j. 26/06/1997, não conheceram, v.u.), o qual, a nosso ver, só poderá ser admitido em casos excepcionais onde as consequências do ato ou fato ilícito causador do dano moral se protraiam no tempo, mesmo após o ajuizamento da ação (art. 286, II, do CPC). Isso, contudo, é casuístico e

b) do recorrente que, mesmo sucumbente, tenha aceito a decisão, expressa ou tacitamente, quer renunciando ao direito de recorrer, quer praticando ato, no processo ou fora dele, incompatível com a vontade de recorrer[45]. É o que decidiu a 1ª Turma Cível do Colégio Recursal de São Paulo, nos autos do Recurso Inominado nº 16.478, relator Jorge Tosta, j. 17/09/2008:

> Impugnação ao cumprimento de sentença – Executado que, após ser intimado a cumprir a sentença, nos termos do art. 475-J do CPC, efetua o depósito judicial e requer a extinção da execução – Posterior oferecimento de impugnação, sob a alegação de que o depósito realizado foi para garantia do Juízo – Inadmissibilidade – Preclusão lógica – Sentença mantida, embora por outro fundamento – Recurso improvido.

A situação, aliás, enquadra-se também na ausência do pressuposto *extrínseco* de admissibilidade, o que será tratado mais adiante.

Relativamente ao recurso extraordinário, o interesse recursal decorre, basicamente, da expressão causas decididas *em única ou última instância* (art. 102, III, da CF). Com isso, pretendeu o legislador constituinte restringir o acesso à jurisdição extraordinária apenas quando esgotados os recursos existentes na jurisdição ordinária ou quando a causa tenha sido decidida em única instância pela Justiça local.

Assim, enquanto houver possibilidade de o recorrente impugnar a decisão judicial por meio dos recursos ordinários previstos no sistema jurídico, é incabível o recurso extraordinário, por falta de interesse em recorrer.

Em certa medida, o interesse recursal no recurso extraordinário se identifica com o cabimento. Logo, para que possa ser examinado adequadamente o juízo de admissibilidade, no aspecto relativo ao interesse em recorrer, deve o recorrente expor no que consiste seu gravame (sucumbência objetiva), além de demonstrar precisamente a violação ao dispositivo reclamado e em que permissivo constitucional seu recurso está fundado. Dita fundamentação, ensina Enrique Vescovi,

> *(...) debe consistir en determinar precisamente la violación legal que sustenta el remedio y también (dado el régimen taxativo legal), en qué disposición de la ley se asienta la recurrencia. Esto porque, reiteramos, no basta la existencia del agravio, deben concurrir las circunstancias que la ley establece expresamente en forma taxativa rigurosa y de manera específica, para cada uno de ellos (Podetti)*[46].

De fato, na análise do interesse recursal em sede de recurso extraordinário, além da existência da sucumbência, deve o recorrente demonstrar em que permissivo constitucional se assenta seu inconformismo. Como corolário, não tem interesse em recorrer quem saiu vitorioso na demanda (considerada a própria

deve ser analisado com critérios pelo juiz ao apreciar a inicial, mandando, se o caso, aditá-la.

45. O exemplo é de Nelson Pinto, *Manual dos recursos cíveis*, p. 65.

46. *Los recursos judiciales y demás medios impugnativos en Iberoamérica*. Buenos Aires: Depalma, 1988, p. 221.

conclusão do acórdão), ainda que na fundamentação do *decisum* tenha a Turma Recursal incidido em alguma das hipóteses do art. 102, III, da CF. Isto nada tem a ver com os enunciados das Súmulas 283 e 292[47], as quais, ante o teor da Súmula 528, deixaram de vigorar.

É que o óbice criado pela Súmula 283 que estabelecia a inadmissibilidade do recurso extraordinário quando a decisão se assentava em mais de um fundamento suficiente e *o recurso não abrangia a todos eles* e a exigência de que o recurso extraordinário se baseasse *em mais de um dos fundamentos indicados no art. 101, III, da CF* (Súmula 292), ficaram superados pelo enunciado da Súmula 528 que se contentou com a interposição de recurso extraordinário com base em apenas um dos fundamentos.

Logo, quando a Súmula 528 diz *se a decisão contiver partes autônomas* evidentemente está se referindo não só à hipótese de o acórdão recorrido ter-se utilizado de fundamentos diversos para definir a mesma situação (*v.g.*, ter contrariado mais de um dispositivo da Constituição em *partes autônomas*), como também ter incidido em mais de uma das situações elencadas no art. 102, III, da CF (em uma parte contrariou dispositivo da Carta Magna e em outra julgou válida lei ou ato de governo local contestado em face da Constituição).

A Súmula 528 não exige, como as anteriores sobre o assunto exigiam, que o recurso extraordinário verse sobre todas as hipóteses de cabimento previstas no art. 102, III, da CF (recurso extraordinário que *sobre qualquer delas se manifestar*). Logo, é perfeitamente possível ao Supremo Tribunal Federal conhecer e apreciar do recurso extremo por outros fundamentos que não constam dele, desde que sobre eles haja decidido o acórdão recorrido[48].

Não se pode olvidar, todavia, que ao recorrente também falecerá interesse recursal quando o acórdão recorrido contenha fundamentos constitucionais e infraconstitucionais suficientes, por si sós, para sustentar a conclusão do *decisum*. Nessa hipótese, faltará interesse recursal ao recorrente porque, mesmo que o acórdão fosse reformado pelo fundamento constitucional, ele subsistiria quanto ao fundamento infraconstitucional. Nesse sentido é firme jurisprudência tanto do STF[49] quanto do STJ[50].

Assim, como não cabe recurso especial contra decisão proferida pelas Turmas Recursais dos Juizados Especiais, conforme decorre da redação do art. 105, III, da CF (Súmula 203 do STJ), e havendo fundamento infraconstitucional suficiente

47. Nelson Nery Junior identifica tais súmulas com o interesse recursal para o recurso extraordinário, sustentando a inadmissibilidade do citado recurso contra a fundamentação do acórdão (ver, a propósito, *Princípios Fundamentais...*, cit., 5. ed., p. 277-278).
48. Cf. Tosta, Recurso extraordinário..., p. 372.
49. *RTJ 158*/268, *155*/609.
50. *RSTJ 37*/453 e *RePro 71*/310. Ver, também, Barbosa Moreira, *Comentários ao Código de Processo Civil*, cit., 7. ed., p. 299, com transcrição de vários julgados do STF e do STJ na p. 578 (nota 40 ao comentário 322 do art. 541 do CPC).

para sustentar o acórdão recorrido, falece interesse recursal para interposição do recurso extraordinário.

## 4.2. Requisitos extrínsecos

### 4.2.1. Tempestividade

Todo recurso tem prazo. Essa é uma máxima que não tem exceções e se funda na razão de que o processo não pode perdurar *ad aeternum*, sem que a atividade jurisdicional se esgote.

As decisões proferidas pelo juiz não podem ficar indefinidamente à espera de impugnação das partes, pois isso importaria em eternização do processo e, consequentemente, do conflito de interesses que a atividade jurisdicional procura resolver. Segundo Mortara, *per conciliare il principio della autorità giurisdizionale de una sentenza soggeta ad impugnazione con la massima del diritto, che aspetta a ciascuna parte interessata, di ottenere il controlo del giudizio mercè il riesame della controversia in altra sede processuale, fu indispensabile assegnare termini specialli all esercizio di tale diritto e stabilire che si medesimi avessero caracttere perentorio*[51] (para conciliar o princípio da autoridade jurisdicional de uma sentença sujeita à impugnação com a máxima de direito, que espera cada parte interessada, de obter o controle do Juízo, mercê o reexame da controvérsia em outra sede processual, foi indispensável assinalar termos especiais ao exercício de tal direito e estabelecer que eles tivessem característica peremptória)[52].

Trata-se de requisito indispensável ao próprio exercício da Jurisdição, que se expressa por meio de um procedimento obediente a prazos preestabelecidos, cuja finalidade é pôr termo às fases processuais e, enfim, prestar a efetiva tutela jurisdicional, ainda que sem apreciação de mérito, como ocorre nas sentenças terminativas. É, em verdade, o fenômeno da preclusão temporal analisado sob a ótica dos recursos[53].

De fato, falar em tempestividade do recurso é o mesmo que afirmar que o prazo estabelecido por lei para sua interposição foi observado e, portanto, não incidirá o fenômeno da preclusão temporal.

O Código de Processo Civil e a Lei nº 9.099/1995 estabelecem de maneira taxativa os prazos de interposição dos recursos (arts. 508, 522, 532, 536, 544, 545, 557, § 1º, e 42 da Lei nº 9.099/1995), os quais não podem ser prorrogados nem por convenção das partes. São prazos peremptórios fixados pela própria lei. Por isso, não comportam ampliação ou restrição pelas partes ou pelo juiz, salvo, quanto a este último, em casos excepcionais onde for difícil o transporte ou houver calamidade pública (art. 182 do CPC). Pode-se também suspender o curso do prazo e até mesmo ser devolvido integralmente, em virtude de obstáculo criado pela parte, ou ocorrendo

51. Ob. cit., p. 292, n. 181.
52. Tradução livre do autor.
53. Ibidem, p. 366.

qualquer das hipóteses previstas no art. 265, I e III, do CPC (art. 180 do CPC). Pelo próprio princípio da isonomia, essas observações também se aplicam em relação aos prazos para contrarrazões dos recursos.

Evidentemente, a tempestividade do recurso somente tem lugar a partir do momento em que a decisão judicial se tornou impugnável, isto é, a partir da prolação do provimento jurisdicional. O Direito brasileiro não conhece o recurso *ante tempus* contra decisão não definitiva a respeito da qual se fez reserva. O prazo é contado da intimação do ato judicial. Tal publicidade pode dar-se pela leitura do ato em audiência; pela intimação da parte quando o ato não for proferido em audiência; pela divulgação da súmula do julgamento no órgão oficial (art. 506 do CPC)[54]; ou pelo ingresso espontâneo da parte ou do terceiro nos autos, havendo decisão judicial ainda não preclusa (art. 214, § 1º, do CPC).

Registre-se que a Lei nº 11.419, de 19/12/2006 – diploma que trata da informatização do processo e que, dentre outras inovações, permitiu a publicação eletrônica em substituição aos tradicionais diários de justiça em papel, em seu art. 4º, § 3º, criou o conceito da disponibilização. Preceitua o dispositivo em comento que a primeira data em que a decisão aparece na *Internet* é chamada de data de disponibilização. A data de publicação é sempre considerada como sendo o dia seguinte[55]. Neste caso, se a parte é assistida por advogado, o profissional será cientificado da sentença pelo Diário Oficial, mas considerar-se-á a intimação efetuada apenas no dia seguinte ao da data em que a decisão efetivamente se tornou acessível no meio eletrônico.

No Estado de São Paulo, o Diário da Justiça Eletrônico foi implantado pelo Provimento nº 1.321/2007, do Conselho Superior da Magistratura, com as alterações dos Provimentos nº 1.414/2007 e nº 1.668/2009.

Quando a Fazenda Pública e o Ministério Público figurarem na relação jurídica processual como parte, os prazos para interpor ou contra-arrazoar os recursos serão contados de forma simples, não se aplicando o disposto no art. 188 do CPC. É o que dispõe o art. 9º da Lei nº 10.259, de 12/07/2001: "*Não haverá prazo diferenciado para a prática de qualquer ato processual pelas pessoas jurídicas de direito público, inclusive para interposição de recurso...* ".

Há de se ressaltar, outrossim, que no âmbito dos Juizados Especiais Federais também não se aplica o benefício a que alude o art. 188 do CPC às autarquias e fundações públicas. Muito menos às empresas públicas e às sociedades de economia mista que têm regime privado.

A recente Lei nº 12.153, de 22/12/2009, que trata dos Juizados Especiais da Fazenda Pública, também não contemplou prazos diferenciados para a prática de qualquer ato processual pelas pessoas jurídicas de direito público, inclusive a interposição de recursos (art. 7º).

54. Nery Junior, Nelson. *Pricípios Fundamentais*, p. 290.
55. Conforme o referido art. 4º, § 3º, da Lei nº 11.419/2006.

De tudo quanto se afirmou acerca da tempestividade, observa-se que, em se tratando de pressuposto *extrínseco* de natureza objetiva, deve ser verificado tanto pelo Juízo *a quo* como pelo Juízo *ad quem*. Logo, tratando-se de recurso cuja interposição deva ser feita perante o Juízo *a quo*, a tempestividade, como requisito de admissibilidade do recurso, deve ser analisada, primeiramente, e antes mesmo de qualquer outro pressuposto, pelo próprio Juízo *a quo*. Caso proclamada a intempestividade do recurso pelo Juízo *a quo*, somente por outro recurso poderá a parte que se sentiu prejudicada levar a questão ao órgão *ad quem*[56]. Provido o recurso, que será o de agravo de instrumento, deve o juiz determinar a subida do recurso inadmitido para, então, ser apreciado e julgado pelo Colégio Recursal[57].

### 4.2.2. Regularidade formal

Este pressuposto *extrínseco*, também de ordem objetiva, impõe ao recorrente a obediência à *forma* prevista em lei, a qual pode variar de acordo com a espécie de recurso. Entretanto, contém elementos essenciais inerentes a qualquer recurso, como, p. ex., o órgão para quem é dirigido, as razões do inconformismo e o pedido de reforma.

Assim, para o recurso inominado, o requisito da regularidade formal acha-se previsto nos arts. 42 da Lei nº 9.099/1995, 5º da Lei nº 10.259/2001 e 4º da Lei nº 12.153/2009; para o agravo, no art. 524 do CPC; para os embargos de declaração, nos arts. 536 do CPC e 48 e 49 da Lei nº 9099/1995; para o recurso extraordinário, nos arts. 541 do CPC, 15 da Lei dos Juizados Especiais Federais e 21 da Lei dos Juizados Especiais da Fazenda Pública.

A não observância de tais formalidades, ou seja, do requisito da regularidade formal, impõe o não conhecimento do recurso pelo órgão *ad quem*, salvo se se tratar de formalidade não essencial.

A jurisprudência tem entendido ser formalidade não essencial, p. ex., a apresentação das razões do recurso sem a petição de interposição dirigida ao juízo *a quo* (*RTJ 122/784*, *RJTJESP 119/268*[58]); a falta de assinatura do advogado na petição

56. Diferentemente do que ocorria com o antigo agravo de instrumento, o qual, mesmo quando intempestivo, não poderia o juiz negar-lhe seguimento. Era o que dispunha o já revogado art. 528 do Código de Processo Civil, *verbis*: *"O juiz não poderá negar seguimento ao agravo, ainda que interposto fora do prazo legal"*. Nesse caso, o requisito de admissibilidade relativo à tempestividade era exercido *privativamente* pelo órgão *ad quem*, embora o recurso fosse interposto perante o juízo *a quo*.

57. De bom alvitre seria que o Código de Processo Civil e as Leis nº 9.099/1995, 10.259/2001 e 12.152/2009 previssem para o agravo de instrumento interposto perante o 2º grau de jurisdição procedimento semelhante ao do art. 544, § 3º, do CPC em relação aos recursos extraordinários, nos casos de agravo contra decisões que denegam o processamento da apelação ou a julgam deserta. Assim, estar-se-ia observando o princípio da economia processual, decidindo-se num mesmo momento a questão relativa à admissibilidade da apelação ou do recurso inominado (*v.g.*, se houve ou não deserção) e, se o caso, o próprio mérito recursal. Isso, é claro, se já houvesse contrarrazões, para não ofender o princípio informativo do contraditório.

58. Embora exista entendimento contrário: *RT 659/160* e *RJTJESP 113/268*.

de interposição, estando assinadas as razões (STF–*RT 546*/243 e *RSTJ 102*/495[59]); a não indicação do Tribunal para onde é dirigido o recurso (*RT 480*/414); a falta de indicação de um dos litisconsortes recorrentes (STJ–1ª Turma, REsp 158.622-SC, rel. Min. José Delgado, j. 19/02/1998, v.u.); a qualificação das partes, quando já constante dos autos (*RJTJESP 60*/143); a não indicação do nome e endereço dos advogados, quando da interposição do agravo de instrumento, se nas cópias das procurações juntadas já constam tais dados (*RSTJ 110*/327).

De fato, tais requisitos não são essenciais e podem ser sanados sem qualquer prejuízo ao bom processamento do recurso. Aliás, pelo princípio da instrumentalidade das formas, deve-se reputar válido o ato que, embora realizado de forma diversa da prevista em lei, atingiu a sua finalidade (art. 154 do CPC). Quanto à petição de interposição do recurso, nada impede que, contendo ela alguma omissão ou irregularidade sanável, seja emendada ou corrigida. É a inteligência do art. 284 do CPC, que também se aplica à esfera recursal, dada a própria natureza do recurso como um prolongamento do direito de ação.

A jurisprudência, entretanto, tem sido rigorosa, a nosso ver com razão, em relação aos requisitos essenciais. É o caso, *v.g.*, da apresentação das razões do recurso de apelação fora do prazo recursal, embora a petição de interposição fosse tempestiva (STJ–4ª Turma, REsp 21.895-4-SP, rel. Min. Athos Carneiro, j. 14/09/1992, v.u.[60]); da inexistência de exposição do direito e das razões do pedido de nova decisão (*RT 624*/100, *JTA 97*/9[61]); da apresentação da petição de interposição com o protesto para oferecimento das razões *a posteriori* (STJ–4ª Turma, RMS 751-RO, rel. Min. Sálvio de Figueiredo Teixeira, j. 09/04/1991, v.u.); da interposição do recurso mediante simples cota lançada nos autos (*RTJ 87*/690, *RJTJESP 96*/210, *JTA 99*/112); da apresentação de razões totalmente dissociadas da decisão (*RJTJESP 135*/230; JTA 94/345; R.I. nº 989.09.007704-0, 1ª Turma do Colégio Recursal de São Paulo, rel. Jorge Tosta, j. 18/06/2009[62]); da apresentação da contestação em vez da apelação

59. Também aqui há divergência jurisprudencial. Entendendo que a assinatura do advogado no recurso é requisito essencial de existência: *RTJ 124*/1.269, *127*/364; STJ-2ª Turma, RMS 2.319-9/MG, rel. Min. José de Jesus Filho, j. 08/06/1994, v.u. Admitindo o recurso, a nosso ver com razão, fundado no princípio da instrumentalidade: STJ-4ª Turma, REsp 18.729/RJ, rel. Min. Sálvio de Figueiredo Teixeira, j. 25/02/1992, maioria, cuja ementa merece transcrição: "*Petição sem assinatura. Apelação não conhecida. Decisão cassada para ensejar sanação do vício. Precedentes da Turma. Recurso conhecido pelo dissídio.* Consoante precedentes da Turma, calcada no princípio da instrumentalidade do processo, salvo a hipótese de má-fé, se deve ensejar à parte recorrente oportunidade de seu procurador subscrever a petição recursal sem assinatura"; STJ-4ª Turma, REsp 3.368/CE, rel. Min. Athos Carneiro, j. 07/08/1990, v.u.: "*Petição recursal não assinada, considerada apócrifa e não conhecida pela instância recursal.* Evitando o sacrifício de eventual direito material da parte, deve ser proporcionada oportunidade para correção da falta, como prevê o art. 284 do CPC. Função instrumental do processo, indicando a necessidade de prevenir e sanar nulidades e irregularidades".

60. Esse entendimento foi inclusive sufragado, por unanimidade, no VI Encontro Nacional dos Tribunais de Alçada (conclusão 62).

61. A questão acha-se sumulada pelo 1º Tribunal de Alçada Civil de São Paulo. Súmula 4: "Não se conhece de apelação quando não é feita a exposição do direito e das razões do pedido de nova decisão".

62. "Serviços bancários – Empréstimo consignado – Recurso que não contradiz os fundamentos fáticos e

(JTA 146/104); da apresentação de razões que não combatam a decisão agravada, limitando-se a reportar-se ao que havia o agravante escrito antes desta (*RJTJESP 111/358*, *JTJ 157/230*); da interposição de embargos de declaração mediante simples cota lançada nos autos (*RJTJESP 109/320*[63]), ou sem a indicação do ponto obscuro, contraditório ou omisso; de simples petição juntando cópia de parecer entendendo pela ilegitimidade do recorrente (R.I. nº 989.09.006498-4, 1ª Turma, Colégio Recursal de São Paulo, j. 18/06/2009).

Em relação ao recurso extraordinário, que contém peculiaridades interessantes quanto ao requisito ora analisado, permitimo-nos transcrever o que já tivemos a oportunidade de salientar em artigo publicado na Revista de Processo nº 84/359:

> Especificamente quanto ao recurso extraordinário há previsão expressa no art. 541 do CPC, com a redação que lhe foi dada pela Lei nº 8.950/1994, dos requisitos formais que devem ser observados na petição do recurso. São eles: I – a exposição do fato e do direito; II – a demonstração do cabimento do recurso interposto; III – as razões do pedido de reforma da decisão recorrida.
>
> Quanto ao item I, embora a Lei exija a exposição do fato, há de se entender tal exigência à luz da Súmula 279 do STF, que não admite recurso extraordinário para simples reexame de prova. Os fatos a que alude a Lei são aqueles umbilicalmente ligados à matéria de direito deduzida, aqui entendida como questão constitucional, e sem os quais não é possível expor com sucesso o cabimento do recurso em alguma das hipóteses previstas no art. 102, III, da CF, que, aliás, é também exigência formal prevista no inciso II do art. 541 do CPC.
>
> A exposição do direito é o que, na realidade, irá justificar o cabimento do recurso extremo. Fala-se aqui em direito estritamente constitucional, que pode ser deduzido por alegação de ofensa direta (art. 102, III, letra *a*), ou por via indireta (art. 102, III, letras *b* e *c*). A ofensa será direta quando a própria decisão recorrida houver contrariado dispositivo expresso da Constituição; será indireta quando a ofensa referir-se à interpretação (declarando a inconstitucionalidade ou julgando válida lei ou ato de Governo local) de texto normativo infraconstitucional questionado e decidido sob o enfoque de algum dispositivo da Constituição.
>
> De toda forma, verifica-se que o requisito da "regularidade formal" previsto no inciso I do art. 541 do CPC (exposição do fato e do direito) era até mesmo dispensável ante o teor do inciso seguinte (II), pois na demonstração do cabimento do recurso o recorrente deve, necessariamente, expor o fato e o direito que justificam o pedido de reforma da decisão recorrida (inciso III do citado artigo).
>
> Importa salientar que a indicação do dispositivo constitucional que demonstra o cabimento do apelo extremo deve estar expressamente mencionada na petição, sob pena de não conhecimento do recurso por inobservância dos requisitos do art. 321 do Regimento Interno do Supremo Tribunal Federal, conforme já decidido pela 1ª Turma, rel. Min. Ilmar

jurídicos da sentença – Inadmissibilidade – Razões de recurso inteiramente dissociadas do pedido e do quanto decidido na sentença – Recurso não conhecido".

63. Também a falta de indicação do ponto obscuro, contraditório ou omisso constitui desatendimento ao requisito *extrínseco* da regularidade formal.

Galvão, nos autos do Ag. 154.367-2, j. em 26/04/1994, v.u., DJU de 11/11/1994, p. 30.639. Por identidade de razões, tem entendido o STF não ser possível conhecer-se de recurso extraordinário fundado em uma alínea, por outra não invocada. É o que se extrai do acórdão inserto na RTJ 90/516: "Os fundamentos do recurso extraordinário (CF 102-III), constantes da petição de interposição, não podem ser aditados ou alterados, pois não vigora, quanto à fase preliminar de conhecimento desse recurso, o princípio *jura novit curia*".

Entendimento diverso é sustentado por José Rogério Cruz e Tucci, para quem "aos recursos extraordinário e especial também se aplicam tais regramentos ('iura novit curia' e 'da mihi factum, dabo tibi ius'), uma vez que os tribunais superiores não ficam subordinados à iniciativa do recorrente na identificação do permissivo do recurso. Dispensa-se, destarte, a indicação deste dispositivo, mas não daquele do qual emerge a questão constitucional ou a questão federal"[64].

Com a devida vênia, filiamo-nos a esta posição que, outrossim, já foi até admitida, embora sob a égide da Constituição anterior, pelo Pleno do STF no julgamento do recurso extraordinário nº 78.353-9-ES, rel. Min. Aldir Passarinho, j. em 23/11/1982 – *apud* Theotonio Negrão, in "Código de Processo Civil e Legislação Processual em Vigor", 27ª edição, p. 1.261).

De fato, se houver equívoco na indicação do dispositivo constitucional que fundamenta o cabimento do recurso extraordinário, ou mesmo omissão dele, mas for perfeitamente possível identificar-se pelas razões expostas em qual das hipóteses previstas no art. 102, III, da CF, se enquadra o recurso, nada impede seja ele conhecido. A "precisa indicação do dispositivo ou alínea" que autoriza o recurso extraordinário há de ser entendida à luz da própria Constituição e, hoje, do art. 541 do CPC que não exigem o enquadramento formal do recurso com menção expressa do dispositivo ou alínea. O cabimento do recurso exigido como pressuposto formal de admissibilidade é verificado pelos fundamentos jurídicos expostos pelo recorrente e não pela mera indicação do permissivo constitucional.

Como ressalta Newton Doreste Baptista "é pela motivação que se demonstra a pertinência do recurso, a violação do direito federal, o injusto prejuízo sofrido com a decisão impugnada, o gravame – outro pressuposto, comum, aliás, a todos os recursos. Não há recurso sem prejuízo. Dele nasce o interesse na impugnação. A sua demonstração faz-se na motivação desenvolvida pelo recorrente"[65].

Consigne-se, por fim, o teor da Súmula 528 do STF que admite a apreciação pelo Supremo Tribunal de todas as questões decididas pelo acórdão recorrido, ainda que o recurso verse apenas sobre uma delas. Ora, se assim é, não há por que obstaculizar a admissão do recurso extraordinário quando haja omissão do permissivo constitucional, ou quando haja menção equívoca de um permissivo por outro.

Assim, tanto o Tribunal local como o STF podem admitir o recurso extraordinário independentemente da indicação expressa do dispositivo constitucional que o fundamenta, desde que, é claro, seja possível, sem grandes esforços, extrair-se das razões expostas pelo recorrente em qual das hipóteses previstas no art. 102, inciso III, da C.F., se enquadra o recurso[66].

64. *A causa petendi no Processo Civil*, São Paulo: RT, p. 185.
65. Baptista, Newton Doreste. *Da arguição de relevância no recurso extraordinário*, Rio de Janeiro, 1976, p. 20-21.
66. Recurso extraordinário – Ausência de fundamentação explícita..., *RePro 84*/366-368.

### 4.2.3. A repercussão geral como pressuposto extrínseco de admissibilidade do Recurso Extraordinário

Na atualidade, por força do disposto no art. 102, § 3º, da CF, regulamentado pelo art. 543-A do CPC, pode-se dizer que a demonstração da repercussão geral das questões constitucionais também constitui pressuposto *extrínseco*, de ordem objetiva, que deve ser observado pelo recorrente no momento da interposição do recurso extraordinário. A propósito, tal demonstração deve ser feita como preliminar do recurso extraordinário, conforme prevê o art. 543-A, § 2º, do CPC, sob pena de indeferimento do processamento do RE pelo próprio Presidente do Colégio ou da Turma Recursal[67].

Por *repercussão geral* se há de entender, conforme definição legal prevista nos §§ 1º e 3º do art. 543-A do CPC, *a existência de questões relevantes do ponto de vista econômico, político, social ou jurídico, que ultrapassem os interesses subjetivos da causa* ou de *decisão contrária a súmula ou jurisprudência dominante do próprio STF*. Não é, pois, a simples ofensa ao texto constitucional, direta ou indireta, que justifica a interposição do recurso extraordinário.

Nesse sentido, ressalta Teresa Arruda Alvim Wambier: "Hoje, no que diz respeito à ofensa à CF, é necessário um *plus*: não é qualquer questão que se considera como tendo repercussão geral, só pela circunstância de ter sido ofendido o *texto*, mas a questão deve gerar repercussão geral em si mesma"[68].

No âmbito dos Juizados Especiais, isto tem particular relevância, pois o STF é a única instância recursal possível contra as decisões das Turmas Recursais.

Para logo se deve afastar a ideia de que as *causas cíveis de menor complexidade*, referidas pelo art. 98, I, da CF, jamais traduzem questões relevantes do ponto de vista econômico, político, social ou jurídico. Em primeiro lugar porque a *complexidade* a que alude o texto está ligada ao aspecto exclusivamente probatório e não jurídico. Assim, questões fáticas cuja solução dependa da produção de prova pericial formal estão afastadas da competência dos Juizados Especiais, por serem de *maior complexidade* e, portanto, incompatíveis com a celeridade inerente ao procedimento sumaríssimo da Lei nº 9.099/1995. De outro lado, questões jurídicas complexas, com repercussão econômica, social ou jurídica, podem perfeitamente ser decididas pelos Juizados Especiais, daí não se excluindo, de antemão, a possibilidade do manejo do recurso extraordinário contra as decisões proferidas pelas

67. Embora o § 2º do art. 543-A do CPC diga que tal demonstração preliminar deve ser feita *para apreciação exclusiva do Supremo Tribunal Federal*, é evidente que o Presidente do Tribunal ou Colégio Recursal de origem pode e deve apreciar a questão, sob o enfoque formal, relativo ao juízo de admissibilidade recursal, vez que se trata de pressuposto extrínseco do recurso extraordinário. Não se trata de análise de *conteúdo* (se a questão é ou não relevante do ponto de vista econômico, político, social ou jurídico ou se houve decisão contrária a Súmula ou jurisprudência dominante do Tribunal), esta sim de competência exclusiva do STF, mas de apreciação acerca do atendimento pelo recorrente do pressuposto relativo à regularidade formal do RE, previsto expressamente nos arts. 102, § 3º, da CF e 543-A do CPC.

68. *Recurso especial, recurso extraordinário e ação rescisória*, 2. ed., São Paulo: RT, 2008, p. 293.

Turmas Recursais. Basta ver as questões relativas aos expurgos inflacionários decorrentes dos planos econômicos, as questões relativas aos planos de saúde e ao direito dos consumidores em geral. Além disso, não se pode descartar a hipótese de decisão proferida por uma Turma Recursal contrária a súmula do Supremo Tribunal Federal ou jurisprudência dominante daquele Tribunal (art. 543-A, § 3º, CPC).

#### 4.2.4. Preparo – Art. 42, § 1º, c.c. art. 54, parágrafo único, da Lei nº 9.099/1995

O preparo consiste na exigência de recolhimento das despesas necessárias ao processamento do recurso, aí incluídas as custas, as despesas com traslado e as despesas com porte de remessa e retorno dos autos. A não observância de tal requisito acarreta a deserção do recurso, impedindo-o de ser regularmente processado[69].

Sua instituição decorre de lei federal, porquanto se trata de matéria processual, de competência privativa da União (art. 22, I, da CF)[70]. Logo, aos Estados é defeso determinar o recolhimento de custas de preparo de recurso previsto em lei federal a qual não o exige explícita ou implicitamente. Há quem sustente, porém, que em matéria processual inerente aos Juizados Especiais poderiam os Estados e o Distrito Federal legislar, com fundamento no art. 24, X, da CF.

No caso específico do recurso inominado, o art. 42, § 1º, da Lei nº 9.099/1995 é claro ao dispor que "o preparo será feito, independentemente de intimação, nas quarenta e oito horas seguintes à interposição, sob pena de deserção". Além disso, o art. 54, parágrafo único, da referida lei dispõe que *"o preparo do recurso, na forma do § 1º do art. 42 desta Lei, compreenderá todas as despesas processuais, inclusive aquelas dispensadas em primeiro grau de jurisdição, ressalvada a hipótese de assistência judiciária gratuita"*.

Quanto ao valor do preparo a ser recolhido, à base de cálculo (se sobre o valor da condenação ou da causa), à alíquota correspondente (percentual incidente sobre a base de cálculo), têm os Estados e o Distrito Federal inteira autonomia e competência para legislar a respeito.

No Estado de São Paulo, a Lei nº 11.608, de 29/12/2003, que dispõe sobre a taxa judiciária incidente sobre os serviços públicos de natureza forense, prevê, em seu art. 4º, incisos I e II, que o recolhimento da taxa judiciária será feito da seguinte forma: I – 1% (um por cento) sobre o valor da causa no momento da distribuição ou, na falta desta, antes do despacho inicial; essa mesma regra se aplica às hipóteses de reconvenção e de oposição; II – 2% (dois por cento) sobre o valor da causa, nos termos do art. 511 do Código de Processo Civil, como preparo da apelação e do recurso adesivo, ou, nos processos de competência originária do Tribunal, como

69. Cf. Tosta, Do reexame necessário, p. 74.

70. Nelson Luiz Pinto entende de forma diversa. Para ele a matéria relativa ao preparo é de ordem procedimental, tendo, pois, os Estados competência concorrente com a União para disciplinar a respeito (*Recurso Especial para o STJ*, 2. ed., p. 241).

preparo dos embargos infringentes; III – 1% (um por cento) ao ser satisfeita a execução. § 1º – Os valores mínimo e máximo a recolher-se, em cada uma das hipóteses previstas nos incisos anteriores, equivalerão a 5 (cinco) e a 3.000 (três mil) UFESPs – Unidades Fiscais do Estado de São Paulo, respectivamente, segundo o valor de cada UFESP vigente no primeiro dia do mês em que deva ser feito o recolhimento. § 2º – Nas hipóteses de pedido condenatório, o valor do preparo a que se refere o inciso II, será calculado sobre o valor fixado na sentença, se for líquido, ou, se ilíquido, sobre o valor fixado equitativamente para esse fim, pelo MM. Juiz de Direito, de modo a viabilizar o acesso à Justiça, observado o disposto no § 1º.

Ao regulamentar esse dispositivo especificamente para os recursos interpostos no âmbito dos Juizados Especiais, o Provimento 1.670/2009 do Conselho Superior da Magistratura estabeleceu, no item 72, que o preparo, sob pena de deserção, será efetuado, independentemente de intimação, nas 48 horas seguintes à interposição do recurso e deverá corresponder à *soma* das seguintes parcelas: a) 1% sobre o valor da causa. O valor corresponde às custas submetidas à isenção condicional no momento da distribuição da ação. O valor mínimo desta parcela "a" corresponde a 5 UFESPs; b) 2% sobre o valor da causa, caso não haja condenação. Caso haja condenação, esta parcela, cujo valor mínimo corresponde a 5 UFESPs, será desconsiderada e incidirá a parcela explicitada na alínea "c"; c) 2% sobre o valor da condenação. O percentual terá por base de cálculo o valor fixado na sentença. Caso o valor da condenação não esteja explicitado na sentença, o juiz fixará equitativamente o valor da base de cálculo e sobre ele incidirá o percentual de 2%. O valor mínimo desta parcela corresponde a 5 UFESPs.

Veja-se, pois, que as despesas processuais, cujo recolhimento fora dispensado em primeiro grau, devem ser integralmente recolhidas no momento do preparo do recurso inominado, conforme, a propósito, prevê de forma expressa o art. 54, parágrafo único, da Lei nº 9.099/1995, juntamente com a parcela devida para a interposição do recurso que, no Estado de São Paulo, é de 2% sobre o valor da causa, caso não haja condenação, ou 2% sobre o valor da condenação, caso esta esteja devidamente explicitada na sentença. De qualquer forma, nenhuma das parcelas pode ser inferior a 5 UFESPs, conforme prevê o § 1º do art. 4º da Lei Estadual nº 11.608/2003.

Importante salientar que o parágrafo único do art. 54 da Lei nº 9.099/1995 dispõe que o preparo compreenderá todas as *despesas processuais*, gênero do qual são espécies as custas processuais. Assim, despesas com citação e intimações (por mandado ou postal), despesas acrescidas (art. 453, § 3º, CPC), inspeção judicial, desde que requerida pela parte (art. 440, CPC), eventual perícia informal ou inquirição de técnicos (art. 35, Lei nº 9.099/1995), a multa por litigância de má-fé[71], considerada

71. Desde que, evidentemente, o recurso não tenha por fundamento a própria imposição da penalidade de litigância de má-fé, pois neste caso, ainda pendente de reexame a questão pela Turma Recursal, ainda

por lei como custas (art. 35, CPC) etc. devem ser recolhidas juntamente com o percentual de 1% sobre o valor da causa ou 5 UFESPs, o que for maior.

Quanto à segunda parcela, por *valor da condenação* como base de cálculo para recolhimento do preparo se deve entender não apenas o bem da vida pretendido ou pedido mediato perseguido pelo autor e acolhido pelo juiz, mas toda e qualquer imposição judicial constante da sentença, tais como, a condenação em verbas de sucumbência (art. 20, CPC), a multa por ato atentatório ao exercício da jurisdição (art. 14, parágrafo único, CPC), a multa e a indenização por litigância de má-fé (art. 18, CPC), a multa cominatória (art. 287) e a multa por ato atentatório à dignidade da justiça (art. 601, CPC). Logo, devem ser somadas à condenação principal todas as penalidades impostas na sentença para, só então, incidir a alíquota de 2% referida no art. 4º, II e § 2º, da Lei Estadual nº 11.608/2003.

Nesse sentido, decidiu a 1ª Turma do Colégio Recursal de São Paulo, nos autos do Agravo de instrumento nº 989.09.004555-6, originário do Juizado Especial Cível Central – Anexo PUC, rel. Jorge Tosta, j. 07/05/2009, com a seguinte ementa:

> Recurso inominado – Preparo recolhido a menor – Cálculo do valor do preparo que deveria incluir o valor da condenação em litigância de má-fé e em honorários advocatícios – Falta de pressuposto extrínseco de admissibilidade recursal – Recurso não conhecido.

Pode ocorrer, todavia, de a sentença condenatória não especificar o valor exato da condenação. Nessa hipótese, dispõe o art. 4º, § 2º, da Lei Estadual nº 11.608/2003 e o Provimento CSM nº 1.670/2009, item 72, c), que o juiz fixará *equitativamente* o valor da base de cálculo sobre o qual incidirá o percentual de 2%.

Já tivemos a oportunidade de salientar em outro trabalho que a lei, quando confere ao juiz a possibilidade de decidir por *equidade*, está a ele atribuindo um poder discricionário que não se confunde com o arbítrio[72]. Assim, na fixação da base de cálculo sobre a qual deverá incidir a alíquota de 2% não tem o juiz inteira liberdade. Está pautado pelos princípios da facilitação do acesso à justiça e da proporcionalidade, de molde que, ao arbitrar o valor da base de cálculo, não pode impedir ou dificultar o recurso com a fixação de importância absurda e desproporcional ao objeto litigioso. À falta de parâmetros que permitam fixar um valor razoável, o melhor é estabelecer o valor da segunda parcela em 5 UFESPs, mínimo previsto na Lei nº 11.608/2003.

No âmbito dos Juizados Especiais não se aplica o disposto no art. 511 do CPC, sendo inadmissível a complementação do preparo.

---

não é exigível a cobrança da multa.

72. Tosta, Jorge. *Manual de interpretação do Código Civil – As normas de tipo aberto e os poderes do juiz*. Rio de Janeiro: Campus-Elsevier, 2008, p. 53-60.

Consoante dispõe o Enunciado 12 do Colégio Recursal de São Paulo, "Na hipótese de não se proceder ao recolhimento integral do preparo recursal no prazo do art. 42 da Lei nº 9.099/1995, o recurso será considerado deserto, sendo inaplicável o art. 511 do Código de Processo Civil".

De fato, a inaplicabilidade do art. 511, § 2º, do CPC ao procedimento sumaríssimo dos Juizados Especiais tem sido proclamada de forma uníssona pelo Colégio Recursal dos Juizados Especiais de São Paulo, conforme se vê dos Agravos nº 2.711, 2ª Turma, rel. Juiz Von Adamek, j. 30/06/2008 e nº 1.848, 1ª Turma, rel. Juiz Jorge Tosta, j. 18/07/2008, ante os termos do art. 42, § 1º, da Lei nº 9.099/1995, que não permite a complementação do preparo.

A propósito, esse era o entendimento que prevalecia mesmo em relação ao CPC antes da reforma determinada pela Lei nº 9.756, de 13/12/1998, a qual acrescentou o § 2º ao art. 511 do CPC.

Veja-se que, no sistema dos Juizados Especiais, exatamente por se permitir que o preparo se faça *nas quarenta e oito horas seguintes à interposição* do recurso inominado – diferentemente do CPC em que o preparo deve ser comprovado no ato da interposição –, prevalece a regra da impossibilidade de complementação.

Esse entendimento também se acha sufragado pelo Enunciado 80 do Encontro Nacional de Coordenadores dos Juizados Especiais do Brasil.

Impõe-se distinguir, por oportuno, custas de preparo do denominado *porte de retorno*: "Despesas são o gênero, de que custas são espécie. Todas as custas (que são previstas em lei tributária chamada Regimento de Custas) são despesas, mas nem todas as despesas são custas. E essa é a sistemática adotada pelo Código de Processo Civil, como se vê da seção onde inseridos os arts. 19 e 35. O recurso especial pode estar isento de custas, o que, porém, não exclui o porte de remessa e retorno, meras despesas, pelas quais deve arcar o recorrente, não se me afigurando razoável atribuir tal ônus aos cofres públicos, federais ou estaduais. E muito menos determinar diligências para suprir a inércia do interessado, onerando e retardando a prestação jurisdicional"[73].

De qualquer forma, seja quanto às custas de preparo, seja quanto às despesas de porte de remessa e retorno, a falta de recolhimento nas 48 horas seguintes à interposição do recurso acarreta a deserção[74].

Importa salientar que as despesas de porte de remessa e retorno apenas são exigíveis quanto há efetivo deslocamento dos autos. O Provimento CSM 1.670/2009, item 72, d), diz que o porte de remessa e retorno *será devido quando houver despesas de combustível para tanto.* Logo, se a Turma Recursal competente para julgamento do recurso inominado reúne-se no mesmo prédio onde funciona o Juizado Especial que prolatou a sentença recorrida, não há necessidade de recolhimento das despesas

73. Sálvio de Figueiredo Teixeira, citado por Nelson Pinto, ob. cit., p. 141.

74. Nesse sentido: Recurso Inominado nº 13.683, 1ª Turma do CRSP, rel. Jorge Tosta, j. 03/09/2008; Recurso Inominado nº 23.711, 1ª Turma do CRSP, rel. Jorge Tosta, j. 12/11/2008.

de porte de remessa e retorno, sendo incabível o decreto de deserção pela ausência do referido recolhimento.

Vale lembrar, ainda, que as referidas despesas levam em conta o número de volume dos autos. Logo, se no momento em que prolatada a sentença já havia se formado novo volume, em relação a este também deve ser recolhida a despesa de porte de remessa e retorno.

### 4.2.5. Inexistência de fato impeditivo ou extintivo do poder de recorrer

Tal requisito se traduz, na verdade, em um pressuposto negativo de admissibilidade, porquanto para que o recurso seja admitido e, pois, julgado o seu mérito, *não* deve existir qualquer fato impeditivo ou extintivo do poder de recorrer.

São fatos *impeditivos* a desistência da ação, o reconhecimento jurídico do pedido e a renúncia ao direito sobre o qual se funda a ação; são, por outro aspecto, *extintivos* do poder de recorrer a desistência ao recurso, a renúncia e a aquiescência à decisão.

A *desistência* ao recurso (art. 501 do CPC) é ato unilateral, que não se sujeita à concordância do recorrido, através do qual o recorrente manifesta, de forma expressa ou tácita, o desejo de não mais ver processado e julgado o recurso que interpôs, conformando-se, pois, com o *decisum*. Não se aplica aqui, portanto, o disposto no art. 267, § 4º, do CPC, aplicável apenas à *desistência da ação*. Malgrado seja o recurso um prolongamento do direito de ação, a norma que veda a desistência da ação sem o consentimento do réu tem por objetivo evitar que o autor disponha do direito de ação, sem que haja ao menos possibilidade de um pronunciamento judicial quanto ao mérito.

Ao réu pode não interessar a extinção do processo pela simples desistência da ação, mormente porque não estará o autor impedido de ajuizar nova demanda. Assim, impõe a lei processual a concordância do réu apenas para que o ato de desistência seja eficaz.

Isso não significa que o juiz, diante da recusa do réu quanto à desistência da ação, deva pronunciar-se acerca do mérito. O interesse do réu *in casu*, e que inclusive o legitima a recorrer da sentença que extingue o processo sem exame de mérito, como já visto anteriormente, cinge-se à *possibilidade* de haver um pronunciamento judicial quanto ao mérito.

No caso da *desistência ao recurso* já houve um pronunciamento judicial e, assim, nenhum interesse tem o réu em rebelar-se contra tal ato, mesmo porque o julgamento do recurso não lhe trará benefício algum, ante o princípio da proibição da *reformatio in pejus*. Por isso é que a lei dispensa qualquer assentimento do recorrido na *desistência ao recurso* (art. 501 do CPC), diferentemente do que ocorre na *desistência da ação* (art. 267, § 4º, do CPC), que se constitui em fato *impeditivo* do poder de recorrer em relação ao próprio desistente ou ao réu, caso tenha concordado com a desistência da ação.

Note-se que, tanto na *desistência ao recurso* como na *desistência à ação*, pode surgir o interesse em recorrer se a decisão judicial que a homologa extrapolar os limites do ato de disposição, incidindo em *error in procedendo*, ou impor a qualquer das partes algum ônus indevido.

A *desistência ao recurso* pode ser expressa, como no caso de o recorrente peticionar nos autos desistindo do recurso, ou tácita. Não produzirá efeito a desistência quando requerida por um litisconsorte unitário sem que os demais também o façam. O regime de uniformidade (ou unitariedade) do litisconsórcio, que não comporta soluções judiciais diversas, faz com que os efeitos do recurso interposto pelos demais litisconsortes se estendam ao litisconsorte desistente[75]. É o que Nelson Nery Jr. denomina corretamente de *efeito expansivo subjetivo*[76].

O Código de Processo Civil estabelece que a desistência ao recurso pode ocorrer *a qualquer tempo*. Isso não significa, no entanto, a inexistência de termo final para o recorrente desistir do recurso. A desistência pode ocorrer a partir do instante em que foi interposto o recurso e tem como termo final o momento em que o relator começa a prolatar seu voto. Até esse momento admite-se a desistência, porquanto não iniciado o julgamento pela Turma Recursal[77].

A desistência, como, a propósito, qualquer causa impeditiva ou extintiva do poder de recorrer, não comporta condição ou termo e deve ser sempre interpretada restritivamente.

Também o *reconhecimento jurídico do pedido* (art. 269, II, do CPC) e a *renúncia ao direito sobre o qual se funda a ação* (art. 269, V, do CPC) constituem fatos *impeditivos* do poder de recorrer. Nesses casos, tratando-se de atos de disposição do próprio objeto litigioso, o poder de recorrer também é irremediavelmente afetado. Isso não significa, como dissemos anteriormente ao discutirmos a desistência, que o recorrente não possa interpor recurso contra a decisão que eventualmente incida em *error in procedendo*. Como, p. ex., no caso de cúmulo objetivo, decidir o juiz que houve reconhecimento jurídico de todos os pedidos, quando houve apenas de um; ou quando o juiz extingue o processo com resolução de mérito, entendendo haver renúncia ao direito, quando na verdade o autor apenas desistiu da ação.

Os atos *extintivos* do poder de recorrer, a saber, a *renúncia ao recurso* (art. 502 do CPC) e a *aquiescência* (art. 503) tornam o recurso *inadmissível*, diferentemente do que ocorre com a *desistência*, que torna *inexistente* o recurso[78].

75. O mesmo não se pode dizer, no entanto, do litisconsorte simples e até do necessário não unitário, porquanto nesses casos, sendo distintos ou opostos os seus interesses, a desistência é eficaz em relação ao desistente, conforme os arts. 501 e 509 do CPC.

76. *Princípios Fundamentais...*, cit., p. 412.

77. Nelson Nery Junior advoga a tese de que o termo final para a desistência do recurso, na apelação, seria o momento em que o recorrente poderia sustentar oralmente, e, no agravo de instrumento, antes de o relator iniciar a prolação do voto na sessão de julgamento (*Princípios Fundamentais*, p. 362). Barbosa Moreira afirma ser até o instante "imediatamente anterior ao julgamento", e, mais adiante, esclarece que ela pode ocorrer oralmente "antes de iniciada a votação" (*Comentários ao Código de Processo Civil*, 7. ed., p. 328).

78. Barbosa Moreira, *Comentários...*, cit., p. 328.

Tanto o poder de renunciar ao recurso como o de aquiescer ao *decisum* nascem no momento em que a decisão judicial é proferida e tornam inadmissível o recurso. Ambos podem ser tácitos ou expressos. Diferem, todavia, quanto à forma em que se manifestam. A renúncia constitui *ato negativo de vontade*, enquanto a aquiescência constitui um *comportamento positivo*. Por outras palavras, enquanto o ato de renunciar é um ato de vontade em sentido negativo (não exercício de um direito), o ato de aquiescer resulta de um comportamento positivo (aceitação da decisão judicial), que pode até não ter sido *querido*, como anota Barbosa Moreira[79].

Discute-se em doutrina se a renúncia pode ser *antecipada*, isto é, antes da prolação da decisão judicial. Para uns, a renúncia pode ocorrer somente após a decisão, pois não se concebe alguém renunciar a algo incerto e indeterminado em seu conteúdo[80]. Para outros, porém, a renúncia pode ser *antecipada*, pois também se admite que as partes disponham do direito material e não é razoável que não possam fazê-lo em relação ao poder de recorrer. Além do mais, o direito de recorrer nasce com a propositura da ação, apenas não sendo exercitável antes da decisão. Assim, podem as partes renunciar a este direito que é futuro, mas não incerto: sentença haverá, com certeza, proporcionando o recurso inominado àquele que sucumbir[81].

Parece-nos mais acertada a corrente que não admite a renúncia antecipada. Permitimo-nos transcrever os argumentos utilizados por Barbosa Moreira, com os quais concordamos integralmente:

> Renunciar ao direito de recorrer antes de proferida a decisão é renunciar a um direito que ainda não se tem e, a rigor, nem sequer se sabe se nascerá – o que depende, como é intuitivo, do sentido em que venha a pronunciar-se o órgão judicial. Sem dúvida se pode conceber aí a renúncia, no plano dogmático, à maneira de ato praticado sob condição suspensiva (tácita), cujos efeitos se produzirão caso o renunciante, à vista da decisão, adquira na verdade o direito de recorrer. Tal construção, porém, só se tornaria aceitável se, ao praticar o ato, pudesse o renunciante prever-lhe as eventuais consequências com toda precisão, em ordem a ter noção exata da extensão de seu possível prejuízo; repugna admitir que se renuncie a um (futuro) direito não apenas incerto, senão também indeterminado no conteúdo. Ora, é imprevisível o teor da decisão que o juiz proferirá: basta pensar na hipótese de que, por erro, conceda ele ao adversário do renunciante mais do que pedira. Assim, a possibilidade de renunciar-se validamente apenas surge, ao nosso ver, no instante em que surge a possibilidade de interpor-se o recurso[82].

A renúncia, da mesma forma que a desistência, é exercida unilateralmente e não depende do consentimento da outra parte ou da concordância de eventuais

79. Ibid., p. 337.
80. Ver, por todos, Barbosa Moreira, *Comentários...*, cit., p. 338-340.
81. Nesse sentido, Nelson Nery Junior, *Princípios Fundamentais...*, cit., p. 339-355.
82. *Comentários...*, cit., p. 340.

litisconsortes. Entretanto, será ineficaz em se tratando de litisconsórcio unitário quando os demais litisconsortes não tenham idêntico procedimento, conforme já discorremos antes ao tratarmos da desistência.

## 5. EFEITOS DOS RECURSOS

A primeira impressão que se tem ao se discorrer sobre os efeitos dos recursos é a de que os meios de impugnação recursais são sempre dotados de efeitos próprios, abstraindo-se, pois, do efeito natural que, por vezes, resulta da própria decisão judicial e não do recurso.

Certo é, porém, que todo recurso tem como efeito imediato à sua interposição – desde que, evidentemente, admissível – impedir a preclusão ou a coisa julgada. Nesse sentido, pode-se dizer que o recurso prolonga a solução da lide ou das questões incidentes, impondo o reexame delas por outro ou pelo mesmo órgão jurisdicional.

Tradicionalmente a doutrina define duas espécies de efeitos dos recursos: o *devolutivo* e o *suspensivo*.

### 5.1. Efeito devolutivo

O efeito devolutivo é inerente a todos os recursos, ainda que interpostos perante o mesmo juízo que prolatou a decisão, como ocorre com os embargos declaratórios. A devolução, assim, deve ser entendida em face do Poder Judiciário, em sua estrutura e unidade: o recorrente provoca, novamente, a manifestação do Poder Judiciário a respeito da matéria controvertida, por via do recurso hábil. Com essa solução, simples e prática, afastam-se as digressões e divergências, doutrinárias e técnicas, sobre quais os recursos que ensejam, ou não, a devolução. Todos, por esse raciocínio, devolvem o conhecimento nos limites estabelecidos em lei para cada espécie[83].

De fato, entendida a *devolutividade* como reexame da decisão judicial objeto de impugnação no âmbito do próprio Poder Judiciário, torna-se fácil compreender que ela é inerente a todo e qualquer recurso, malgrado em certos casos a "devolução" ocorra mesmo *fora* do objeto da impugnação (arts. 267, § 3º, 302, § 4º, 515, §§ 1º, 2º e 3º, e 516 do CPC).

83. Cf. Alcides Mendonça Lima, ob. cit., p. 285-286 e, na atualidade, Nelson Nery Jr. para quem "mesmo os embargos de declaração e os infringentes do art. 34 da LEF, dirigidos ao mesmo órgão de onde proveio a decisão recorrida, têm efeito devolutivo, que é comum e existe em todos os recursos no sistema processual civil brasileiro, seja o da CF, do CPC ou, ainda, o de leis processuais extravagantes" (*Princípios Fundamentais...*, cit., p. 370). Também é do mesmo entendimento, Nelson Pinto, ob. cit., p. 34-35. Contrariamente pensa Barbosa Moreira: "Quando a lei, a título de exceção, atribui competência ao próprio órgão 'a quo' para examinar a matéria impugnada, o efeito devolutivo ou não existe (como nos embargos de declaração), ou fica diferido, produzindo-se unicamente após o juízo de retratação: assim no agravo retido (art. 523, § 2º, na redação da Lei nº 9.139)" (*Comentários...*, cit., p. 257-258).

Barbosa Moreira explica o fenômeno como um corolário do próprio efeito devolutivo, considerado em sua *profundidade* e *extensão*. Assim, quando a lei permite ao Tribunal ou Turma Recursal apreciar *"as questões suscitadas e discutidas no processo, ainda que a sentença não as tenha julgado por inteiro"* (arts. 515, § 1º, e 526), os *fundamentos* não acolhidos pelo juízo *a quo* (art. 515, § 2º), o próprio *mérito* quando a causa versar questão exclusivamente de direito e estiver em condições de imediato julgamento (art. 515, § 3º), ou ainda as questões de ordem pública (arts. 267, § 3º, 302, § 4º), isso nada mais representaria senão uma consequência do efeito devolutivo no que concerne à sua *profundidade*. Por outro aspecto, quando a lei permite que os efeitos do julgado proferido pelo órgão *ad quem* se estendam àquele que não recorreu (art. 509 do CPC) isso representaria o próprio efeito devolutivo em sua *extensão subjetiva*.

Modernamente, a doutrina nacional, atenta à necessidade de uma classificação mais abrangente que explique todos os fenômenos do sistema recursal brasileiro, passou a identificar outros efeitos, tais como o *expansivo*, o *translativo* e o *substitutivo*. Tal classificação, já conhecida no Direito estrangeiro, teve no Brasil o ilustre jurista Nelson Nery Junior como precursor.

Quanto ao efeito *devolutivo* propriamente dito, outras observações são necessárias.

Sem dúvida que a devolutividade está hoje adstrita ao princípio do *tantum devolutum quantum appellatum* e, consequentemente, ao próprio princípio dispositivo.

Pelo efeito devolutivo, devolve-se ao órgão *ad quem* somente aquilo que foi objeto de impugnação. Há, por assim dizer, à semelhança do que ocorre com o juiz em relação ao pedido feito na inicial, o que se pode denominar de *princípio da adstrição do juízo 'ad quem' à impugnação*.

Destarte, salvo quanto às hipóteses expressamente previstas na lei processual, não pode o juízo *ad quem* julgar aquém, fora ou além do que tenha sido objeto de impugnação. Se o fizer, não havendo previsão legal para tanto, o *decisum* proferido pelo juízo *ad quem* incorrerá nos mesmos vícios da sentença (arts. 128 e 460 do CPC).

Quando a lei processual autoriza o Tribunal ou a Turma Recursal a decidir *aquém*, *fora* ou *além* do que fora objeto de impugnação (arts. 267, § 3º; 302, § 4º; 515, §§ 1º, 2º e 3º[84], 516 do CPC), não ocorre o efeito devolutivo. Conforme a hipótese, ocorre o efeito *translativo* ou *expansivo*, os quais surgem em decorrência do recurso ou da própria lei.

Importante salientar que a *devolutividade* (entendida em seu sentido estrito como *efeito devolutivo*) pode ser *ampla* ou *restrita*, conforme a natureza da decisão ou a espécie de recurso.

O recurso que, por excelência, tem devolutividade ampla, de acordo, evidentemente, com a amplitude da impugnação do recorrente, é o inominado, o qual equivale, no sistema do CPC, ao recurso de apelação. Isso ocorre exatamente porque

84. O § 3º foi acrescentado pela Lei nº 10.352, de 26/12/2001.

o recurso inominado, à semelhança da apelação, é um recurso de *fundamentação livre*, nele podendo ser aduzidas todas as matérias debatidas e discutidas em primeiro grau de jurisdição.

Claro que o recorrente não poderá inovar no recurso, requerendo algo diverso do que formulara em primeiro grau. Isso ofenderia o princípio da *estabilidade da demanda*, que também tem aplicação na esfera recursal, e estaria *fora* do que a *devolutividade* natural do recurso lhe outorga.

Recursos existem, por outro lado, cuja devolutividade é *restrita* ou *mitigada*. São recursos de *fundamentação vinculada*. Neles a norma restringe o âmbito de devolutividade, já que também ao recorrente há restrição quanto às matérias que podem ser aduzidas no recurso. Tem-se como exemplo o recurso extraordinário, cuja matéria está restrita ao que está previsto no texto constitucional.

O agravo de instrumento, embora seja um recurso de fundamentação livre (aqui entendido no sentido de poderem ser aduzidos quaisquer fundamentos), tem devolutividade limitada pela própria natureza da decisão. Por ele, não se devolve ao órgão *ad quem* senão a questão incidente decidida pelo juiz da causa. Pode ocorrer, no entanto, que a Turma Recursal, ao julgar agravo de instrumento interposto contra decisão que rejeitou questão preliminar, venha a provê-lo, daí resultando uma *sentença* no sentido amplo, já que inserida entre as matérias previstas no art. 267 do CPC.

A devolução poderá ser *total* ou *parcial*, segundo o objeto da impugnação (*tantum devolutum quantum appellatum*). Isso se dá exatamente em virtude do princípio dispositivo. Logo, se a parte recorreu apenas de um capítulo da decisão, ela estará dispondo do restante e, dessa forma, permite que sobre esse capítulo restante incida a autoridade da coisa julgada ou a preclusão.

A possibilidade de o Tribunal julgar *fora* do objeto da impugnação não é, pois, decorrência do efeito devolutivo – corolário do princípio dispositivo[85], mas de resquício do princípio inquisitório[86]. Por isso é que, corretamente, Alcides Mendonça Lima propunha a substituição do termo *efeito devolutivo* por *efeito de transferência*, o que explicaria melhor o fenômeno, pois com o recurso apenas se *transfere* o conhecimento da causa ao órgão *ad quem*. Hoje, porém, até pelos avanços consideráveis da ciência processual, compreende-se com mais nitidez que a "devolução" de certas matérias ao órgão *ad quem* pode decorrer de outros efeitos.

Alguns recursos têm, ainda, certas características em relação à forma pela qual se manifesta o efeito devolutivo, de que vale a pena se tratar. Referimo-nos aos *efeitos regressivo* e *diferido*. Não são espécies novas de efeitos, mas mera *manifestação* do próprio efeito devolutivo.

85. É o que afirma, com razão, Nelson Nery Jr., citando Carnacini e Bonsignori, *Princípios Fundamentais*, cit., p. 368.
86. Ou, como preferem outros, *"uma espécie de benefício comum"* (Nelson Nery Junior, *Princípios Fundamentais*, cit., p. 370; Arruda Alvim, *Notas a respeito dos aspectos gerais e fundamentais da existência dos recursos*, *RePro* 48, p. 84; e Araújo Cintra, *Sobre os limites objetivos da apelação civil*, Tese, USP, 1986, p. 95).

Ocorre o *efeito regressivo*, segundo Alcides Mendonça Lima, quando, por via do recurso, a causa volta ao conhecimento do mesmo juízo prolator da decisão recorrida. Esse efeito decorre, aliás, do próprio juízo de retratação que a lei outorga ao juiz em determinadas hipóteses. É o que ocorre com o agravo de instrumento e, hoje, com o recurso inominado interposto contra a sentença que indefere a petição inicial (art. 296 do CPC) ou que julga improcedente o pedido em relação a matéria idêntica já decidida em outros casos (art. 285-A do CPC). Também nos embargos declaratórios há o *efeito regressivo*, pois é o próprio órgão prolator da decisão que os conhece e julga.

Do efeito devolutivo do recurso se extrai, ainda, outro princípio: o da proibição da *reformatio in pejus*.

De fato, embora não previsto esse princípio de forma expressa pela legislação processual civil, ele está imanente no sistema. Como o efeito devolutivo originado do recurso é um limite à cognição do órgão *ad quem* (*tantum devolutum quantum appellatum*), forçoso concluir que dele jamais se poderá extrair situação pior do que a que se encontrava o recorrente sem ele.

Inegável, enfim, que o efeito devolutivo é informado por dois princípios indissociáveis: o *dispositivo* e o da *proibição da reformatio in pejus*.

## 5.2. Efeito suspensivo

Enquanto o efeito devolutivo é inerente a todos os recursos, sendo até de sua essência, o efeito suspensivo é, na verdade, mera opção legislativa, ditada por fatores às vezes até metajurídicos[87].

Mendonça Lima noticia-nos que o direito romano sequer conheceu o recurso sem efeito suspensivo e que tal sistemática foi introduzida pela primeira vez no Direito Canônico[88].

Não há dúvida de que a tendência moderna é a de limitar ao máximo as hipóteses de recurso com efeito suspensivo, eliminando-se a desconfiança e, por que não dizer, o preconceito contra as decisões dos juízes de primeiro grau, ao mesmo tempo em que o processo passa a cumprir um de seus ideais há muito perseguido: *a efetividade*.

Ao discorrer sobre *efeito suspensivo* deve-se, primeiramente, distinguir os efeitos *do próprio recurso* dos efeitos *inerentes à decisão* e que o recurso apenas prolonga[89].

87. Alcides Mendonça Lima ressalta que as opiniões levantadas contra a não incidência do efeito suspensivo se achavam impregnadas do individualismo que regia o processo antigo, quando o interesse coletivo não era, a rigor, levado em conta na solução dos conflitos. Mais adiante, destaca que "do ponto de vista estritamente teórico, não há dúvida de que a execução de sentença na pendência de qualquer recurso choca e é um absurdo ou um contrassenso. Mas o direito não se pode encastelar nas concepções abstratas, devendo romper ou abrandar certos princípios, para atender à realidade social, que impõe soluções de acordo com a generalidade dos casos, ainda que, em outros, em menor número, haja o sacrifício particular. As regras de direito, portanto, por seu moderno alcance eminentemente social, devem visar, antes de tudo, aos fatos gerais, em benefício da coletividade" (*Introdução aos recursos cíveis*, p. 292).

88. Ibidem, p. 290-291.

89. Arguta, mais uma vez, a observação de Barbosa Moreira: "(...) a expressão 'efeito suspensivo' é, de certo modo, equívoca, porque se presta a fazer supor que só com a interposição do recurso passem a ficar tolhidos

Decisões judiciais existem que, pela sua própria natureza, são imediatamente executáveis, ou seja, tão logo proferidas passam a produzir efeitos no mundo fenomênico. Isso acontece pela necessidade, intuída pelo legislador, de que certas decisões judiciais são imprescindíveis à marcha do processo e não podem ficar à mercê de impugnações que motivem a interrupção dessa marcha. Nesses casos, a lei não suprime o recurso, porque é primordial ao aperfeiçoamento da atividade jurisdicional. No entanto, impossibilita-lhe paralisar o processo ou a execução da sentença até o julgamento da impugnação recursal pelo órgão *ad quem*. É o que ocorre, em regra, na Lei nº 9.099/1995 (art. 43).

Outras vezes, porém, dada também a natureza da decisão e o possível gravame que ela poderá causar se executada imediatamente, prefere a lei subtrair-lhe os efeitos *ab initio* até que seja reexaminada pelo juízo *ad quem* ou, ao menos, até que decorra o prazo legal para sua impugnação. É o que ocorre com as sentenças de um modo geral as quais, em regra, não são dotadas de eficácia instantânea ou imediata.

Dessa dicotomia de tratamento legislativo surgem os recursos que efetivamente *suspendem a eficácia* da decisão e aqueles que se limitam a *prolongar o estado natural de ineficácia* da decisão. Em relação aos primeiros há verdadeiramente o *efeito suspensivo* do recurso; os demais não têm efeito suspensivo, apenas estendem (prolongam) um efeito que não lhes é próprio, mas da decisão.

Quando, por exemplo, o Código de Processo Civil enumera os casos em que a apelação não terá efeito suspensivo (art. 520, I a VII), significa na verdade que aquelas sentenças produzem efeitos imediatos, isto é, tão logo publicadas em cartório e que o recurso não poderá obstar esses efeitos. Mas quando a lei autoriza, excepcionalmente, que tais efeitos sejam obstados a pedido da parte (art. 558, parágrafo único), aí sim está conferindo *ao recurso* efeito suspensivo.

O mesmo ocorre no caso das decisões interlocutórias. Por força do princípio da *irrecorribilidade em separado das interlocutórias*, não se permite que as decisões proferidas no curso do procedimento se sujeitem a um recurso que interrompa ou paralise o curso do feito, especial e particularmente se ele estiver sendo instruído[90]. Essas decisões, portanto, têm eficácia imediata tão logo publicadas e só podem ter suspensa sua autoexecutoriedade por meio de pedido expresso formulado em sede de agravo de instrumento (art. 558, *caput*, do CPC). Aqui também é o próprio recurso que tem efeito suspensivo.

Note-se que a possibilidade de o Tribunal conceder algo que o juiz de primeiro grau negou (*v.g.*, uma liminar), por meio do denominado *efeito ativo*, não diz respeito ao efeito suspensivo de que estamos falando. Trata-se, na realidade, de faculdade

os efeitos da decisão, como se até esse momento estivessem eles a manifestar-se normalmente. Na realidade, o contrário é que se verifica: mesmo antes de interposto o recurso, a decisão, pelo simples fato de estar-lhe sujeita, é ato ainda ineficaz, e a interposição apenas prolonga semelhante ineficácia, que cessaria se não se interpusesse o recurso" (*Comentários...*, cit., p. 255).

90. Cf. Teresa Arruda Alvim Wambier, *O novo regime do agravo*, cit., p. 190.

conferida ao Relator, por força do disposto no art. 557, III, do Código de Processo Civil, com redação dada pela Lei nº 10.352, de 26/12/2001, de deferir, total ou parcialmente, a pretensão recursal, valendo-se da *antecipação de tutela recursal*[91].

De outro lado, existem os recursos que se limitam a *prolongar* o estado natural de ineficácia da decisão. São as apelações contra as sentenças de um modo geral. Assim, tirantes as hipóteses do art. 520, I a VII, e outras previstas no próprio Código de Processo Civil e em leis esparsas, o recurso de apelação apenas *prolonga* o estado de ineficácia da sentença. Dessa forma, embora existente e válida, a sentença não tem eficácia plena senão depois de reexaminada pelo juízo *ad quem*, esgotados os meios de impugnação recursais com poder de prolongar esse estado de ineficácia ou até que decorra *in albis* o prazo legal para sua impugnação. Evidencia-se, portanto, que, pelo menos durante o prazo previsto em lei para impugnação recursal, não detém, a sentença, eficácia plena.

De se registrar, por importante, que na Lei nº 9.099/1995 a possibilidade de o juiz atribuir efeito suspensivo ao recurso inominado é excepcional e pressupõe a demonstração pelo recorrente da existência de dano irreparável, caso seja executada provisoriamente a sentença, conforme prevê o art. 43.

A regra legal é a imediata executoriedade da sentença proferida nos Juizados Especiais. A suspensividade é exceção e decorre de decisão judicial que reconheça a irreparabilidade do dano em caso de execução provisória (*ope judicis*).

Importante salientar que inexiste discricionariedade judicial na hipótese. Provada a existência de dano irreparável para a parte, deve o juiz atribuir efeito suspensivo ao recurso inominado.

## 5.3. Efeito expansivo

Quando a lei autoriza ao juízo *ad quem* conhecer e julgar *ex officio* de matérias que não foram objeto de impugnação recursal ou, ainda, estender os efeitos do julgado a quem não tenha recorrido, tem-se o que Nelson Nery Junior denominou precisamente de *efeito expansivo* do recurso. Esse efeito pode ser *objetivo* ou *subjetivo*, *interno* ou *externo*, conforme se refira ao objeto ou aos sujeitos da relação jurídica processual.

O julgado terá *efeito expansivo objetivo interno* sempre que a Turma Recursal, ao apreciar recurso inominado interposto contra sentença de mérito, decidir positivamente acerca de questão preliminar conhecível *ex officio*, extinguindo o processo sem resolução de mérito. Nesse caso ocorre a *expansão* porque a matéria de fundo (mérito da causa) é atingida por força de efeito decorrente do acolhimento de questões que logicamente antecedem e prejudicam o *meritum causae*. Logo, as questões

91. Ver, a propósito, o brilhante trabalho elaborado por William Santos Ferreira denominado *Antecipação de tutela recursal*, RT, 2000, com o qual obteve o título de mestre pela Pontifícia Universidade Católica de São Paulo.

de mérito apreciadas pelo *juízo a quo* são todas atingidas e destruídas pelos efeitos do acórdão, ainda que a tanto não se refira expressamente a decisão colegiada.

Nelson Nery Junior exemplifica com a hipótese de que o Tribunal, ao apreciar apelação interposta contra sentença de mérito, dá-lhe provimento e acolhe preliminar de litispendência. Essa decisão sobre questão preliminar estende-se por toda a sentença, invalidando-a, pois o resultado efetivo do julgamento da apelação é a extinção do processo sem julgamento de mérito (art. 267, V, do CPC). Assim, o reconhecimento da existência de litispendência faz com que a mesma sentença impugnada seja atingida pelo resultado do provimento do recurso e *inutiliter data* no que respeita ao julgamento do mérito[92]. Denomina-se *objetivo interno* porque se dá relativamente ao mesmo ato impugnado.

O *efeito expansivo objetivo externo* ocorre sempre que o provimento de um recurso afeta outros atos processuais os quais não foram objeto de impugnação específica, mas são logicamente incompatíveis com a nova decisão proferida pela Turma Recursal. Tal sucede no caso de provimento de recurso de agravo pela Turma Recursal, fazendo com que os atos processuais praticados após a sua interposição, que com a nova decisão sejam incompatíveis, fiquem *ipso facto* sem efeito, devendo ser renovados.

Nesse caso, embora tais atos processuais não tenham sido objeto de impugnação específica, a sua manutenção nos autos conflita com a nova situação processual surgida após o provimento do recurso de agravo pela Turma Recursal.

Isso também se sucede com os atos praticados no curso da execução provisória da sentença. Provido o recurso inominado, tais atos ficam sem efeito.

Nelson Nery Junior esclarece, ainda, que a extensão dos efeitos do julgamento do recurso pode acontecer do ponto de vista *subjetivo*, isto é, relativamente aos sujeitos da relação processual os quais não impugnaram a decisão judicial. Tem-se então o *efeito expansivo subjetivo externo*, que ocorre, basicamente, por força do que dispõe o art. 509 do CPC.

Nesse caso, em razão do regime unitário do litisconsórcio, a decisão proferida no julgamento do recurso de um litisconsorte expande seus efeitos ao litisconsorte que não recorreu, beneficiando-o.

## 5.4. Efeito translativo

Casos existem em que a lei autoriza o Tribunal ou a Turma Recursal a decidir *aquém*, *fora* ou *além* do que fora objeto de impugnação (arts. 267, § 3º; 302, § 4º; 515, §§ 1º, 2º e 3º[93], 516 do CPC). Isso se dá em virtude do efeito *translativo*.

Essa definição, cujo precursor é o ilustre processualista Nelson Nery Junior, parece-nos ser a expressão mais fiel do fenômeno. Entendida a devolutividade

92. *Princípios Fundamentais...*, p. 410.
93. Acrescentado pela Lei nº 10.352, de 26/12/2001.

como decorrência do princípio dispositivo (*tantum devolutum quantum appellatum*), não se poderia conceber que a possibilidade de a Turma Recursal julgar *aquém*, *fora* ou *além* da impugnação, e até mesmo sem ela, fosse consequência do efeito devolutivo. É certo que não se trata de *devolução*. Na realidade, o que acontece nesses casos é a manifestação do princípio inquisitório, o qual autoriza a Turma Recursal a reexaminar a decisão prolatada pelo juiz de primeiro grau, nos casos taxativamente previstos em lei, independentemente de impugnação do recorrente[94].

O *efeito translativo* ocorre, portanto, em relação às questões discutidas no processo, porém não decididas (arts. 515, § 1º e 516 do CPC), aos fundamentos[95] não acolhidos expressamente pelo juiz (art. 515, § 2º), às questões exclusivamente de direito, quando extinto o processo sem exame de mérito (art. 515, § 3º), e às questões de ordem pública (arts. 267, § 3º, 302, § 4º). Em todas essas hipóteses a translação se dá em consequência de ato *voluntário* da parte recorrente, ainda que não suscitada no recurso. Assim, se ninguém recorrer da sentença, o Tribunal ou a Turma Recursal não terá conhecimento de tais questões, as quais ficarão acobertadas pela autoridade da coisa julgada, por força do que dispõe o art. 474 do CPC, ou pela coisa julgada formal.

## 5.5. Efeito substitutivo

Ao discorrer sobre o juízo de admissibilidade e o juízo de mérito, abordamos o efeito substitutivo dos recursos, mas basicamente sob o enfoque da devolutividade.

O efeito substitutivo ocorre sempre que a Turma Recursal, apreciando o próprio mérito da sentença prolatada em primeiro grau, por força da interposição de recurso inominado, mantiver ou reformar o *decisum*. Assim, se a Turma Recursal se limitou a anular a sentença prolatada pelo juízo *a quo*, reconhecendo a existência de *error in procedendo*, não haverá substituição, já que o processo retornará ao Juízo *a quo* para que outra decisão seja proferida.

A substituição apenas se operará, em se tratando de sentença, se a Turma Recursal negar provimento ao recurso inominado, apreciando a própria lide[96], ou lhes der provimento pela existência de *error in judicando*.

94. Nesse sentido ressalta Nelson Nery Junior: "O poder dado pela lei ao juiz para, na instância recursal, examinar de ofício as questões de ordem pública não arguidas pelas partes não se insere no conceito de efeito devolutivo em sentido estrito, já que isso se dá pela atuação do princípio inquisitório e não pela sua antítese, que é o princípio dispositivo, de que é corolário o efeito devolutivo dos recursos. Mesmo porque, efeito devolutivo pressupõe ato comissivo de interposição do recurso, não podendo ser caracterizado quando há omissão da parte ou interessado sobre determinada questão não referida nas razões ou contrarrazões do recurso" (*Princípios Fundamentais...*, cit., p. 417).

95. É preciso estar atento para não confundir *fundamento jurídico* (qualificação jurídica da causa de pedir), que é exatamente ao que o art. 515, § 2º, do CPC se refere, com *fundamento fático* da causa de pedir. Em relação a este, não pode o Tribunal decidir. Ver, a propósito, a brilhante obra da ilustre processualista Teresa Arruda Alvim Wambier, sobre *Nulidades do processo e da sentença*, 4. ed., RT, p. 237-241.

96. Ou, ainda, negar provimento pela existência de *error in procedendo*, como observou argutamente Nelson Nery Junior, *Princípios Fundamentais...*, cit., p. 421.

A *substituição*, também sob o enfoque ora analisado, poderá ser *total* ou *parcial*, conforme o âmbito da impugnação recursal, ou conforme a Turma Recursal proveja o recurso inominado no todo ou apenas em parte.

## 6. APLICAÇÃO DO ART. 557 DO CPC NO JUIZADO ESPECIAL CÍVEL

Nos termos da nova sistemática do processo civil, admite-se a decisão monocrática em sede de 2º grau do Sistema Especial, nas hipóteses do art. 557 do CPC. Assim, o relator poderá negar seguimento ao recurso inominado, quando ele for manifestamente inadmissível, improcedente, prejudicado ou em confronto com súmula ou com jurisprudência dominante do respectivo tribunal, do Supremo Tribunal, ou de Tribunal Superior.

Também de forma monocrática, o relator poderá dar provimento ao recurso e reformar a sentença quando ela se apresentar em manifesto confronto com súmula ou com jurisprudência dominante do Supremo Tribunal Federal, ou de Tribunal Superior.

É sabido que, no âmbito dos Juizados Especiais, vários Enunciados são editados pelos Colégios Recursais, como forma de uniformizar o entendimento em relação a questões de direito material e também de direito processual. Neste caso, estando a Turma Recursal vinculada ao Colégio que editou o Enunciado, poderá o relator, por analogia ao art. 557 do CPC, negar seguimento ao recurso quando manifestamente inadmissível, improcedente, prejudicado ou em confronto com o referido Enunciado.

Também poderá o relator, de forma monocrática, dar provimento ao recurso inominado e reformar a sentença quando ela estiver em manifesto confronto com Enunciado do Colégio Recursal.

Não nos parece recomendável, porém, a aplicação do art. 557 do CPC no âmbito dos Juizados Especiais em caso de a decisão *a quo* afrontar ou estar em consonância com *jurisprudência dominante* do Colégio.

Primeiro porque, nem mesmo se sabe ao certo o que seja *jurisprudência dominante*. Qual o critério para identificá-la? É quantitativo? Cinquenta por cento mais um já pode ser considerada *jurisprudência dominante*? Em que momento se deve considerar o entendimento *dominante*? Por ocasião da prolação da sentença ou decisão ou no momento em que o relator aprecia o recurso?

Em segundo lugar porque o princípio da segurança jurídica impõe que as decisões judiciais se fundem em norma jurídica válida e em entendimento jurisprudencial sólido, isto é, que não possa ser alterado da noite para o dia, segundo a vontade e o ânimo do julgador ou pela simples mudança da composição dos juízes que integram o Colégio Recursal, o que, é bom que se diga, ocorre com razoável frequência. Basta ver a recém publicada Lei nº 12.153, de 22/12/2009 que, em seu art. 17, estabelece que as Turmas Recursais dos Juizados Especiais devem ser compostas por Juízes em exercício no primeiro grau com um mandato de 2 (dois) anos. Logo, bastará a mudança de composição dos membros do Colégio Recursal para que o entendimento que era até então *dominante* passe a não sê-lo mais.

Problema maior ainda surge, como bem lembra Teresa Arruda Alvim Wambier[97], quando a *jurisprudência dominante* do Tribunal (ou do Colégio Recursal) estiver em confronto com a *jurisprudência dominante* do STF ou do STJ. Como proceder? Nesse caso, o relator deveria escolher uma delas?

Diante das enormes dificuldades em se definir o que seja efetivamente *jurisprudência dominante*, à míngua inclusive de qualquer estatística das decisões judiciais quanto ao seu conteúdo, de bom alvitre reservar a aplicação do art. 557 do CPC ao sistema dos Juizados Especiais apenas quando houver Enunciado do Colégio Recursal ou Súmula do Supremo Tribunal Federal ou do Superior Tribunal de Justiça.

De se registrar que, embora o STJ não seja instância recursal das decisões proferidas pelas Turmas Recursais, é ele o órgão responsável pela uniformidade de interpretação do direito federal. A propósito, na atualidade, por força da Lei nº 12.153, de 22/12/2009, ao Superior Tribunal de Justiça reservou-se até mesmo a competência para julgar pedido de uniformização de interpretação de lei quando houver divergência entre decisões proferidas por Turmas Recursais de diferentes Estados da federação ou quando a decisão estiver em confronto com súmula do Superior Tribunal de Justiça (art. 18, § 3º).

De qualquer forma, contra a decisão do relator que julgar monocraticamente o recurso, poderá o recorrente se insurgir por meio do agravo previsto no § 1º do referido art. 557. Na hipótese, em não havendo retratação do relator, o recurso irá para o exame do órgão colegiado. Nestes termos, os Enunciados 16 e 17 do Primeiro Colégio Recursal dos Juizados Especiais Cíveis da Capital – SP e do extinto Colégio Recursal dos Juizados Especiais Cíveis e Criminais do Estado de São Paulo, bem como os Enunciados 102 e 103 do FONAJE.

## 7. APLICAÇÃO DO ART. 518, § 1º, DO CPC AOS JUIZADOS ESPECIAIS

Dispõe o art. 518, § 1º, do CPC, que *O juiz não receberá o recurso de apelação quando a sentença estiver em conformidade com súmula do Superior Tribunal de Justiça ou do Supremo Tribunal Federal.*

De início denota-se que o referido dispositivo não incidiu no mesmo equívoco do art. 557 do CPC ao permitir que o relator julgasse monocraticamente o recurso

97. *Os agravos no CPC brasileiro*, 3. ed., São Paulo: RT, 2000, p. 441. Mais adiante a referida jurista anota, com a argúcia que lhe é peculiar: "*Dissemos que as críticas que se fazem à adoção da súmula, como critério vinculativo da decisão do relator, devem ser ainda mais veementes, quando se pensa na adoção da jurisprudência dominante como critério para o mesmo fim, principalmente porque não se sabe ao certo o que seria jurisprudência dominante*" (Idem, p. 444).

com base em *jurisprudência dominante*. O art. 518, § 1º, do CPC faz referência apenas à *súmula* do STJ e do STF, com o que andou bem o legislador, afastando a dificuldade em se definir o que seja *jurisprudência dominante*, conforme já expusemos no item anterior.

Referido dispositivo é plenamente aplicável no âmbito dos Juizados Especiais, ante a aplicação subsidiária do CPC à Lei nº 9.099/1995, podendo o juiz deixar de receber o recurso inominado quando a sentença estiver em conformidade com entendimento sumulado junto ao Colégio Recursal respectivo ou perante o STF e STJ[98].

Também poderá o juiz negar seguimento ao recurso quando a decisão estiver em conformidade com entendimento sumulado por Fórum Estadual ou Nacional dos Juizados Especiais, pois referidos fóruns, em última análise, representam o entendimento da maioria dos juízes de determinado Estado ou de todo o território nacional.

O problema surge, no entanto, quando o entendimento sumulado pelo Fórum estadual ou nacional dos Juizados Especiais confronta com o entendimento sumulado pelo Colégio Recursal a que vinculado o juiz. Nesta hipótese, é recomendável que o juiz não aplique o disposto no art. 518, § 1º, do CPC, e determine o processamento do recurso para julgamento pela Turma recursal competente.

Não se pode perder de vista que o referido dispositivo, por afastar a regra de competência originária dos órgãos recursais, deve ser interpretado sempre restritivamente. Assim, e tendo por escopo desafogar o Colégio Recursal com recursos que não teriam probabilidade de sucesso, só se deve permitir que o juízo *a quo* negue seguimento ao recurso inominado, por aplicação do disposto no art. 518, § 1º, do CPC, quando a sentença estiver em absoluta sintonia com súmula do STJ ou do STF ou, ainda, com enunciado do Colégio Recursal.

Não é necessário que a sentença mencione expressamente a súmula ou enunciado a que se baseou. Basta que esteja em conformidade com o entendimento representado pela súmula ou enunciado.

De qualquer forma, não havendo absoluta coincidência entre o que se decidiu na sentença e o que consta da súmula ou enunciado, não deve o juiz aplicar o disposto no art. 518, § 1º, do CPC.

Contra a decisão do juiz que negar seguimento ao recurso inominado, ante a aplicação do dispositivo legal em questão, caberá agravo de instrumento, pois à evidência se trata de decisão capaz de causar lesão grave e de difícil reparação, mormente diante da inexistência de outro recurso contra a decisão que negou processamento ao recurso inominado. Neste caso, o relator deverá, primeiramente,

98. Nesse sentido, o Enunciado 14 do I FOJESP: "*O juiz não receberá o recurso inominado quando a sentença estiver em conformidade com a jurisprudência do Colégio Recursal ou de Súmula de Tribunal Superior, nos termos do artigo 518, § 1º, do CPC*".

analisar se houve a correta aplicação do disposto no art. 518, § 1º, do CPC e, em caso negativo, poderá monocraticamente dar provimento ao agravo para determinar o processamento do recurso inominado (art. 557/CPC). Em caso positivo, também poderá o relator decidir de forma monocrática, negando seguimento ao agravo, por estar em confronto com súmula do STJ ou STF, ou ainda, enunciado do Colégio Recursal.

À luz dos princípios da economia processual e da efetividade, nada impede que a Turma recursal dê provimento ao agravo para reformar a decisão que negou seguimento ao recurso inominado e, desde logo, aprecie o seu mérito, dando-lhe ou negando-lhe provimento. Para tanto, é necessário que o recurso inominado cujo processamento fora negado pelo juízo *a quo* tenha sido ao menos contra-arrazoado, para que não se ofenda ao princípio do contraditório.

## 8. INCIDENTE DE UNIFORMIZAÇÃO DE INTERPRETAÇÃO DE LEI – ART. 18 DA LEI Nº 12.153, DE 22/12/2009.

### 8.1. Divergência entre Turmas do mesmo Estado

Inspirada pela Lei nº 10.259, de 12/07/2001 (art. 14), a Lei nº 12.153, de 22/12/2009, criou o incidente de uniformização de interpretação de lei também para os Juizados Especiais estaduais. Embora a referida lei tenha instituído uma espécie nova de Juizado, destinado especificamente ao julgamento das causas de interesse da Fazenda Pública dos Estados, do Distrito Federal, dos Territórios e dos Municípios (art. 2º), ela trouxe inovações também em relação aos Juizados Especiais Cíveis e Criminais. Uma delas é exatamente o incidente de uniformização de interpretação de lei.

Note-se que o art. 18 da Lei nº 12.153/2009 instituiu o incidente de uniformização de interpretação de lei quando houver divergência sobre questões de direito material entre decisões proferidas por Turmas Recursais de qualquer Juizado integrante do sistema dos Estados e do Distrito Federal, o qual é formado, segundo disposto no art. 1º, parágrafo único, *pelos Juizados Especiais Cíveis, Juizados Especiais Criminais e Juizados Especiais da Fazenda Pública.*

Logo, independentemente da efetiva instalação dos Juizados Especiais da Fazenda Pública, a partir da entrada em vigor da Lei nº 12.153/2009, o que ocorrerá em 22/06/2010 (art. 28), e desde que já tenha sido regulamentado pelos respectivos Tribunais o incidente de uniformização de interpretação de lei (art. 20), poderão as partes e o Ministério Público suscitá-lo ao Presidente da Turma, o qual mandará processá-lo segundo o procedimento previsto na futura regulamentação.

Importa salientar que o pedido de uniformização de interpretação de lei só tem lugar quando a divergência entre as Turmas referir-se a questões de *direito material*. Portanto, se houver divergência acerca de questões de natureza processual ou procedimental incabível será o pedido de uniformização, o que talvez se explique pela circunstância de a competência da União, dos Estados e do Distrito Federal ser concorrente em relação à *criação, funcionamento e processo do juizado de pequenas causas* e também quanto aos *procedimentos em matéria processual* (art. 24, X e XI, da CF), possibilitando normatizações diversas no âmbito de cada Estado e do Distrito Federal.

Disposição semelhante há na Lei dos Juizados Especiais Federais (Lei nº 10.259, de 12/07/2001, art. 14), a qual também prevê o incidente de uniformização apenas sobre questões de *direito material*.

Tanto no sistema dos Juizados Especiais Federais quanto dos Juizados Especiais dos Estados e do Distrito Federal, o incidente de uniformização de interpretação de lei depende de *pedido* expresso da parte interessada ou do Ministério Público, sendo vedado a qualquer Juiz integrante do sistema fazê-lo de ofício. Isto porque o incidente tem natureza recursal e, como tal, aplica-se o princípio dispositivo, de onde se extraem outros princípios inerentes ao sistema recursal: da voluntariedade e da dialeticidade.

Assim, para que o incidente de uniformização de interpretação de lei seja instaurado, é necessário pedido escrito do interessado, no qual deverão ser expostas de forma pontual as teses jurídicas divergentes, com indicação precisa da origem, número do recurso, relator e data de julgamento, as razões acerca de qual delas deverá prevalecer (evidentemente o interessado irá sustentar a tese que lhe seja favorável) e o pedido para que seja uniformizado o entendimento a respeito de determinada matéria. Não basta, portanto, mero pedido, sob pena de rejeição liminar do incidente, por falta de pressuposto extrínseco de admissibilidade, relativo à regularidade formal.

Não se admite pedido de uniformização em relação a acórdãos divergentes proferidos pela mesma Turma Recursal, seja em razão da alteração da composição de seus membros ou da mudança de entendimento dos próprios membros que a compõem. Isto porque o objetivo do incidente é uniformizar o entendimento acerca do direito material em relação a Turmas diversas, a fim de trazer maior segurança jurídica. Quando há mudança de entendimento na interpretação de determinada norma dentro da mesma Turma não há risco ou prejuízo à segurança jurídica. O que ocorre em tal situação, no mais das vezes, é o amadurecimento de certas questões jurídicas, fazendo com que determinado entendimento não mais prevaleça no âmbito daquela Turma.

Diferente a situação quando a divergência se instaura entre Turmas do mesmo Colégio ou de Colégios diferentes, pertencentes ao mesmo Estado ou Distrito Federal. Neste caso, a divergência de entendimento sobre o mesmo tema acaba por trazer insegurança jurídica, tornando o Juizado Especial uma atividade lotérica, dependente da sorte do interessado para que seu recurso seja distribuído à Turma que adote o entendimento que lhe interessa.

Não se desconhece as críticas da doutrina, a propósito pertinentes, sobre a criação do referido incidente no âmbito dos Juizados Especiais Federais, por incompatível com o microssistema dos Juizados, já que acaba por postergar a entrega definitiva da prestação jurisdicional, exatamente num sistema que se propõe a ser célere e efetivo[99].

De qualquer forma, a solução legal encontrada, bem ou mal, acaba por trazer maior segurança jurídica no âmbito dos Juizados Especiais, na medida em que permite a uniformização da interpretação das leis sobre as questões de direito material. De outro lado, ainda que a instauração do incidente possa prejudicar a rápida solução do conflito em concreto, certamente agilizará sobremaneira o julgamento de outros conflitos envolvendo a mesma matéria, na medida em que os juízes integrantes do sistema poderão adotar o entendimento uniformizado, se o caso até mesmo aplicando o disposto nos arts. 518, § 1º, e 557 do Código de Processo Civil.

Por certo, não estão os juízes vinculados a decidirem as lides que lhes são submetidas em consonância com o entendimento adotado pelas Turmas de uniformização. A lei não prevê essa vinculação. Ademais, qualquer lei que pretenda afastar o princípio da livre convicção juiz, baseada em precedente jurisprudencial, é de manifesta inconstitucionalidade, por violar o disposto no art. 5º, XXXV, da CF. Somente por meio de emenda constitucional é que se pode cogitar de precedente judicial que vincule os demais órgãos do Poder Judiciário, tal como ocorre com as súmulas vinculantes editadas pelo Supremo Tribunal Federal e que foram instituídas pela Emenda Constitucional nº 45, de 08/12/2004 (art. 103-A, CF).

A lei não estabeleceu o prazo para o pedido de uniformização, deixando a critério dos Tribunais sua fixação (art. 20). Também não previu manifestação da parte contrária sobre o pedido, o que, no entanto, à luz do princípio do contraditório e considerando que a decisão do incidente poderá alterar o próprio julgado, deverá necessariamente ocorrer.

Destarte, admitido o pedido de uniformização pelo Juiz Presidente da Turma Recursal que proferiu o acórdão divergente, será dada vista à parte contrária para se manifestar. Em seguida, os autos serão distribuídos ao Desembargador indicado pelo Tribunal de Justiça, o qual designará data para a sessão de julgamento, convocando os juízes integrantes das Turmas em conflito.

Em regra, o Desembargador Presidente da sessão deverá apenas coordenar os debates, sendo a deliberação tomada por maioria de votos. Havendo empate, aí sim o Desembargador Presidente proferirá o voto de minerva, resolvendo o incidente em favor de uma das teses jurídicas conflitantes. Em seguida, será escolhido um relator, dentre os juízes que sustentaram a tese vitoriosa, para elaboração do acórdão e, se o caso, de enunciado.

99. Ver, por todos, Tourinho Neto, Fernando da Costa e Figueira Júnior, Joel Dias, *Juizados Especiais Federais Cíveis e Criminais*, 2. ed., p. 296-302.

Aconselhável, pois, que os Tribunais criem um banco de dados virtual com todos os acórdãos e enunciados extraídos das Turmas de uniformização, para consulta dos juízes do sistema e de eventuais interessados.

## 8.2. Divergência entre Turmas de diferentes Estados e do Distrito Federal

Diferentemente do que previu a Lei dos Juizados Especiais Federais (art. 14, § 2º, da Lei nº 10.259, de 12/07/2001), que criou a chamada *Turma de Uniformização*, integrada por juízes de Turmas Recursais, sob a presidência de Coordenador da Justiça Federal, para julgamento dos incidentes de uniformização quando a divergência ocorre entre turmas de diferentes regiões, a Lei nº 12.153, de 22/12/2009, atribuiu ao Superior Tribunal de Justiça a competência para julgar o incidente de uniformização em duas hipóteses: a) quando as turmas de diferentes Estados derem à lei federal interpretações divergentes, ou b) quando a decisão proferida por uma determinada Turma estiver em contrariedade com súmula do STJ.

Evidente a inconstitucionalidade do referido dispositivo legal.

É que a competência dos Tribunais Superiores está traçada pela Constituição Federal e qualquer ampliação que se pretenda fazer só pode ser implementada por emenda constitucional.

O art. 105 da Constituição Federal não contempla a hipótese prevista no art. 18, § 3º, da Lei nº 12.153/2009. Logo, não tem o Superior Tribunal de Justiça competência para julgar incidente de uniformização de interpretação de lei *quando as turmas de diferentes Estados derem a lei federal interpretações divergentes* ou *quando a decisão proferida estiver em contrariedade com súmula do Superior Tribunal de Justiça*, por absoluta falta de previsão constitucional.

Ainda que o objetivo da norma seja a segurança jurídica, decorrente da uniformização de entendimento quanto à legislação federal, não se pode atropelar princípios comezinhos em Direito, notadamente o do juiz natural, o qual pressupõe respeito às regras de competência, originária e recursal, traçadas pela Constituição Federal em relação aos Tribunais Superiores. A propósito, quando a Constituição quis atribuir ao legislador infraconstitucional a faculdade para criar e ampliar a competência dos Tribunais Superiores ela o fez de maneira expressa, conforme se vê do art. 111-A, § 1º (TST), art. 121 (TSE) e art. 124, par. único (STM).

A competência do Superior Tribunal de Justiça, à semelhança do que ocorre em relação ao Supremo Tribunal Federal, é *numerus clausus* e só pode ser ampliada por emenda constitucional.

No mesmo sentido, embora sob o enfoque da inconstitucionalidade do art. 14, *§§ 4º e 5º*, da Lei nº 10.259, de 12/07/2001, escreve Joel Dias Figueira Júnior:

> *Na verdade, o que se constata é a criação sorrateira, através da Lei no 10.259/2001, em seu art. 14, §§ 4o e 5o, de uma nova figura de recurso especial não previsto no art. 105, III, da CF e, por conseguinte, insustentável, inadmissível, ou melhor dizendo, de cunho*

*manifestamente inconstitucional. Destarte, a norma infraconstitucional jamais poderia ampliar o rol de matérias objeto da competência originária do Superior Tribunal de Justiça, fazendo-se mister, para tanto, a reforma da Lei Maior*[100].

Embora não comunguemos da tese da inconstitucionalidade do art. 14, *§§ 4º e 5º*, da Lei nº 10.259, de 12/07/2001, vez que não se trata de incidente de uniformização, embargos de divergência ou "recurso especial mascarado", mas de reclamação, expressamente prevista na competência do STJ (art. 105, I, *f*, da CF), como adiante trataremos, concordamos com a afirmação de que a ampliação da competência do STJ, na hipótese específica aqui tratada, só poderia ocorrer por emenda à Constituição.

## 9. RECLAMAÇÃO PERANTE O SUPERIOR TRIBUNAL DE JUSTIÇA – ART. 19 DA LEI Nº 12.153, DE 22/12/2009

O art. 19 da Lei nº 12.153, de 22/12/2009, prevê, ainda, a possibilidade de a parte interessada (e também o Ministério Público) provocar a manifestação do Superior Tribunal de Justiça *quando a orientação acolhida pelas Turmas de Uniformização contrariar súmula* daquele Tribunal Superior. Esta hipótese, diferentemente do previsto no artigo 18, § 3º, está prevista no artigo 105, I, *f*, da Constituição Federal, sendo perfeitamente possível a parte interessada ajuizar *reclamação* perante o Superior Tribunal de Justiça para garantir a autoridade de suas decisões.

Nesse sentido, a propósito, a recente decisão do Supremo Tribunal Federal, nos autos do Recurso Extraordinário n. 571572-BA, rel. Min. Ellen Gracie, j. 26/08/2009. Na oportunidade, decidiu-se que, por não existir previsão legal de órgão uniformizador da interpretação da legislação federal para os Juizados Especiais Estaduais, fato que poderia ocasionar a perpetuação de decisões divergentes da jurisprudência do STJ, além de provocar insegurança jurídica, promovendo uma prestação jurisdicional incompleta, e por não haver outro meio eficaz de sanar a situação, até que seja criado o órgão que possa estender e fazer prevalecer a aplicação da jurisprudência do STJ, em razão de sua função constitucional, da segurança jurídica e da devida prestação jurisdicional, a lógica da organização do sistema judiciário nacional recomendaria fosse dada à reclamação prevista no art. 105, I, f, da CF amplitude suficiente à solução desse impasse. Dessa forma, ante a ausência de outro órgão que possa fazê-lo, o próprio STJ deverá afastar a divergência com a sua jurisprudência, quando a decisão vier a ser proferida no âmbito dos Juizados Especiais Estaduais. Ficaram vencidos os Ministros Marco Aurélio e Carlos Britto que desproviam os embargos declaratórios. Precedente citado: AI 155684 AgR/SP (DJU de 29/04/1994).

100. *Juizados Especiais Federais Cíveis e Criminais*, p. 298-299.

De fato, quando a orientação acolhida pelas Turmas de uniformização de que trata o art. 18, § 1º, da Lei nº 12.153, de 22/12/2009, contrariar súmula do Superior Tribunal de Justiça nada impede que a parte interessada ou o Ministério Público provoque o referido Tribunal por meio de reclamação, com fundamento no art. 105, I, *f*, da Constituição Federal.

E, a partir do momento em que os Colégios Recursais forem formalmente comunicados pelo STJ sobre a existência de reclamação fundada no art. 19 da referida Lei, eventuais pedidos de uniformização, fundados em questões idênticas e recebidos subsequentemente em qualquer das Turmas Recursais, ficarão retidos nos autos, aguardando o pronunciamento do Superior Tribunal de Justiça.

## 9.1. Medida cautelar para sobrestar os processos nos quais a controvérsia esteja estabelecida

Prevê, ainda, o art. 19, § 2º, da Lei nº 12.153, de 22/12/2009, que o relator da reclamação junto ao STJ poderá, de ofício (valendo-se de seu poder geral de cautela) ou a requerimento do interessado ou Ministério Público (medida cautelar incidental), conceder medida liminar sobrestando todos os processos nos quais se discute a mesma matéria, a fim de evitar decisões conflitantes que ponham em risco a segurança jurídica.

Deferida a liminar, o Relator comunicará o Presidente do Colégio Recursal respectivo para que suspenda o processamento e julgamento de todos os recursos versando sobre a mesma matéria.

Se necessário, poderá solicitar informações ao Presidente da Turma Recursal ou da Turma de Uniformização, ouvindo, nos casos previstos em lei, o Ministério Público, no prazo de 5 dias.

Na sequência, a reclamação será incluída na pauta da sessão de julgamento, com preferência sobre todos os demais feitos, ressalvados os processos com réus presos, os *habeas corpus* e os mandados de segurança.

Publicado o acórdão, os demais pedidos de uniformização que ficaram retidos serão apreciados pelas Turmas Recursais, que poderão exercer juízo de retratação ou os declararão prejudicados, se veicularem tese não acolhida pelo Superior Tribunal de Justiça. Também os recursos pendentes de julgamento e que foram sobrestados por força de liminar concedida nos termos do art. 19, § 2º, da Lei 12.153/2009, serão apreciados pelas Turmas Recursais, as quais deverão observar o entendimento adotado pelo STJ *para preservação de sua competência e garantia da autoridade de suas decisões* (art. 105, *f*, CF).

Antônio Mário de Castro Figliolia*

15

# Arts. 41 a 46

**Art. 41. Da sentença, excetuada a homologatória de conciliação ou laudo arbitral, caberá recurso para o próprio Juizado.**
**§ 1º O recurso será julgado por uma turma composta por 3 (três) juízes togados, em exercício no primeiro grau de jurisdição, reunidos na sede do Juizado.**
**§ 2º No recurso, as partes serão obrigatoriamente representadas por advogado.**

## 1. RECURSO INOMINADO

A Lei nº 9.099/1995 previu uma única espécie de recurso, tratado de forma singela em seus arts. 41 a 46. Na prática forense, é costume se referir a ele como recurso inominado.

O recurso inominado é interposto contra as sentenças proferidas em 1º grau de jurisdição dentro do Sistema dos Juizados Especiais.

O recurso não cabe contra a decisão homologatória de conciliação ou laudo arbitral. Aparentemente, o legislador entendeu que tal espécie de decisão não poderia comportar carga de lesividade, daí não ser passível de recurso.

Cumpre destacar que a decisão homologatória – tanto de conciliação como de laudo arbitral – pode ser lesiva à parte. Não é cerebrino imaginar a hipótese de um acordo feito com vício de consentimento – até com a aquiescência ou interferência direta do juiz que homologou a composição –, ou, ainda, de um laudo elaborado por árbitro parcial. Como a decisão homologatória, em tais casos, não será passível de ser combatida pelo recurso inominado, é inevitável que se conclua que a parte prejudicada poderá apresentar o questionamento que tiver diretamente em 1º grau – por meio de ação anulatória.

Pode-se, ainda, de forma mais remota, sustentar-se o cabimento de recurso extraordinário perante o Supremo Tribunal Federal, por infração a preceito constitucional. A possibilidade se apresenta quase como exclusivamente teórica, quer por ser difícil vislumbrar a ocorrência de violação a dispositivo

* Juiz de Direito Substituto em 2º grau, compõe a 12ª Câmara de Direito Privado do Tribunal de Justiça de São Paulo, foi membro do Colégio Recursal Unificado dos Juizados Especiais de São Paulo. Mestre em Direito Civil pela Universidade de Lisboa. Ex-professor de Direito Civil da Unip, campus Campinas.

da CF no caso de simples homologação de acordo ou de laudo arbitral, quer pela barreira da repercussão geral[1].

## 2. PRAZO PARA INTERPOSIÇÃO DO RECURSO INOMINADO

O prazo para a interposição do recurso inominado é de dez dias, contados da ciência da sentença. Não se admite a forma oral. O recurso deve ser interposto mediante petição escrita.

Observe-se que dentro do sistema especial, caracterizado, dentre outros aspectos, pelos critérios da simplicidade e informalidade (art. 2º da Lei nº 9.099/1995), não há necessidade de intimação formal a respeito da sentença para que se inicie a contagem do prazo. Nesta linha, se por qualquer modo – devidamente comprovado – a parte tomou ciência da sentença, este será o termo inicial da contagem do prazo do art. 42 da Lei nº 9.099/1995. Assim, a parte será considerada cientificada da sentença quando estiver presente por ocasião da audiência em que se deu o julgamento. Ainda, quando for pessoalmente intimada pelo correio, ou por oficial de justiça, ou quando por qualquer outro meio – *v.g.*, pelo exame do processo em cartório – tenha ciência inequívoca da sentença.

Convém observar também que por conta dos princípios da celeridade e da informalidade, a contagem do prazo se dá, no caso de intimação por via postal, a partir da data do recebimento da correspondência ou do cumprimento do mandado pelo oficial de justiça. Não da juntada aos autos do mandado cumprido ou do aviso de recebimento, como ocorre no processo ordinário.

Quanto ao termo inicial da contagem do prazo para o oferecimento do recurso inominado, nos Estados que já adotam a publicação eletrônica do Diário Oficial, há uma peculiaridade digna de nota.

A Lei nº 11.419, de 19/12/2006 – diploma que trata da informatização do processo e que, entre outras inovações, permitiu a publicação eletrônica em substituição aos tradicionais diários de justiça em papel –, em seu art. 4º, § 3º, criou o conceito da disponibilização. Preceitua o dispositivo em comento que a primeira data em que a decisão aparece na *Internet* é chamada de data de disponibilização. A data de publicação é sempre considerada como sendo o dia seguinte[2]. Neste caso, se a parte é assistida por advogado, o profissional será cientificado da sentença pelo Diário Oficial, mas considerar-se-á a intimação efetuada apenas no dia seguinte

1. A repercussão geral, implementada no ordenamento jurídico brasileiro pela Emenda Constitucional nº 45/2004, é um instituto que tem por escopo "delimitar a competência do STF, no julgamento de recursos extraordinários, às questões constitucionais com relevância social, política, econômica ou jurídica, que transcendam os interesses subjetivos da causa". Ainda, visa "uniformizar a interpretação constitucional sem exigir que o STF decida múltiplos casos idênticos sobre a mesma questão constitucional". Na página do STF: <http://www.stf.jus.br/portal/cms/verTexto.asp?servico=jurisprudenciaRepercussãoGeral&pag ina =apresentacao>. O acesso à página eletrônica ocorreu em 15/09/2009.

2. Conforme o referido art. 4º, § 3º, da Lei nº 11.419/2006.

ao da data em que a decisão efetivamente se tornou acessível no meio eletrônico.

Em se tratando do sistema especial, como a disponibilização dá ciência inequívoca ao advogado sobre o teor da sentença, em tese seria admissível que a contagem do prazo para a interposição do recurso começasse do dia seguinte – justamente o dia da intimação. Entretanto, descarta-se tal solução porque ela traz ao Sistema Especial mais problemas do que soluções.

Com o escopo de evitar a justa confusão que se formaria no espírito dos profissionais do direito que atuam no Sistema Especial, faz-se a contagem da data de intimação – ainda que seja inequívoco que a parte assistida por advogado teve ciência da sentença no dia anterior, o da disponibilização.

Por uma questão de celeridade – princípio regente do Sistema Especial (art. 2º da Lei nº 9.099/1995) –, é conveniente que se eleja como o termo inicial para a interposição do recurso inominado o da data de intimação e não o da disponibilização do julgado no meio eletrônico.

Diz-se que se preserva a celeridade na hipótese em comento, porque a fixação da data de disponibilização como a do termo inicial de contagem do prazo certamente redundaria em questionamento, sempre que fosse reconhecida a extemporaneidade do recurso inominado. É bom que se diga que por causa da lei mencionada, haveria, no mínimo, justo motivo para a confusão quanto ao termo inicial da contagem do prazo – indicativo sólido de que seria bem-sucedida posterior insurgência contra eventual decisão que reconhecesse a extemporaneidade do recurso[3]. Sem qualquer resultado prático, a circunstância seguramente acabaria por retardar o desfecho do processo, ou seja, prejudicaria a celeridade.

Em se tratando do Diário de Justiça eletrônico, a intimação é o único critério válido de cientificação a respeito da sentença. O que não implica, absolutamente, a exclusão de outras possibilidades de ciência sobre o julgado fora do meio eletrônico. Nesta linha, a parte – e, evidentemente, o seu procurador – deve estar atenta para a manipulação certificada dos autos, hipótese em que a contagem do prazo se iniciará a partir de tal ciência inequívoca e não da intimação do advogado pela Imprensa Oficial.

No Estado de São Paulo, o Diário da Justiça Eletrônico foi implantado pelo Provimento nº 1.321/2007, do Conselho Superior da Magistratura, com as alterações dos Provimentos nº 1.414/2007 e nº 1.668/2009.

O prazo para o oferecimento das contrarrazões do recurso inominado é de dez dias, nos termos do art. 42, § 2º, da Lei nº 9.099/1995. Da mesma forma, conta-se o prazo da intimação ou da ciência inequívoca da parte a respeito do recurso interposto pelo contrário. As mesmas observações pertinentes à contagem do prazo recursal valem para as contrarrazões.

3. Como ocorreu, *v.g.*, no A.I. nº 1.925, originário da Comarca de Santos, 1ª Turma, rel. Jorge Tosta, j. 16/12/2008 e no A.I. nº 7.537, originário da Comarca de Piracicaba, 1ª Turma, rel. Jorge Tosta, j. 26/11/2008.

## 3. RECURSO ADESIVO

Há possibilidade de interposição de recurso inominado adesivo?

O entendimento predominante é pela negativa. Sobre o assunto, o Primeiro Colégio Recursal dos Juizados Especiais Cíveis da Capital – SP lançou o Enunciado nº 5, acolhido pelo extinto Colégio Recursal dos Juizados Especiais Cíveis e Criminais do Estado de São Paulo, vazado nos seguintes termos: *Não cabe recurso adesivo no Juizado Especial Cível.* Ainda, no mesmo sentido, o Enunciado nº 88 do FONAJE[4]: "Não cabe recurso adesivo em sede de Juizado Especial, por falta de expressa previsão legal".

**Art. 42. O recurso será interposto no prazo de 10 (dez) dias, contados da ciência da sentença, por petição escrita, da qual constarão as razões e o pedido do recorrente.**
**§ 1º O preparo será feito, independentemente de intimação, nas 48 (quarenta e oito) horas seguintes à interposição, sob pena de deserção.**
**§ 2º Após o preparo, a Secretaria intimará o recorrido para oferecer resposta escrita no prazo de 10 (dez) dias.**

## 4. PREPARO DO RECURSO INOMINADO

O recurso deve ser preparado.

O preparo ocorrerá, nos termos do § 1º do art. 42, independentemente de intimação, no prazo de 48 h. Trata-se de prazo peremptório. Não se admite a dilação.

Diversamente do que ocorre no processo comum, não há no sistema especial, por conta do invocado princípio da celeridade, a possibilidade de concessão de prazo adicional para a efetivação ou para a complementação do preparo, no caso de recolhimento inicial deficiente.

O entendimento sobre a não concessão de prazo extra para o complemento do preparo – ou para a efetivação integral dele – é predominante no Estado de São Paulo. Inclusive, chegou a ser objeto do Enunciado nº 12 do Primeiro Colégio Recursal dos Juizados Especiais Cíveis da Capital – SP e do extinto Colégio Recursal dos Juizados Especiais Cíveis e Criminais do Estado de São Paulo, de seguinte teor: "Na hipótese de não se proceder ao recolhimento integral do preparo recursal no prazo do art. 42 da Lei nº 9.099/1995, o recurso será considerado deserto, sendo inaplicável o art. 511 do Código de Processo Civil".

É bom que se diga que o entendimento acima referido é o mesmo do FONAJE, consubstanciado no Enunciado nº 80, de seguinte redação: "O recurso inominado

4. Fórum Nacional dos Juizados Especiais.

será julgado deserto quando não houver o recolhimento integral do preparo e sua respectiva comprovação pela parte, no prazo de 48 horas, não admitida a complementação intempestiva (art. 42, § 1º, da Lei nº 9.099/1995)".

O enunciado do FONAJE fala em complementação intempestiva. Então, poderia haver "complementação tempestiva"? A resposta é afirmativa. Se a parte recolheu o valor do preparo em montante insuficiente, mas dentro das quarenta e oito horas fez novo recolhimento complementar, aí não houve a deserção. Deu-se a tempestiva complementação do preparo.

Fora do prazo legal de 48 horas, contadas do último dia do prazo para a interposição do recurso inominado (art. 42, § 1º, da Lei nº 9.099/1995), a complementação já não mais será possível.

A concessão de prazo adicional para a complementação do preparo é contrária ao expresso texto legal e não se compatibiliza com a celeridade que necessariamente norteia o sistema, nem com a razoável duração do processo assegurada aos litigantes como garantia fundamental, prevista no art. 5º, LXXVIII, da Constituição Federal[5]. Equivale à importação, para o novo processo do Sistema Especial, dos ranços paternalistas do processo tradicional. Esta, aliás, a razão para que fosse expressamente afastada, no enunciado paulista, a possibilidade de aplicação do art. 511 do Código de Processo Civil[6].

O preparo varia de Estado para Estado, uma vez que é a legislação estadual que regula o valor das custas.

No Estado de São Paulo, o preparo se faz nos termos da Lei Estadual nº 11.608/2003 e consoante o Enunciado nº 13 do Primeiro Colégio Recursal dos Juizados Especiais Cíveis da Capital – SP e do extinto Colégio Recursal dos Juizados Especiais Cíveis e Criminais do Estado de São Paulo, assim redigido:

> O preparo no Juizado Especial Cível, sob pena de deserção, será efetuado, independentemente de intimação, nas quarenta e oito horas seguintes à interposição do recurso e deverá corresponder **à soma das parcelas** previstas nos incisos I e II do art. 4.º da Lei nº 11.608/2003[7], sendo **no mínimo cinco UFESP's para cada parcela**, em cumprimento ao art. 54, parágrafo único, da Lei nº 9.099/1995.

5. É o que decidiu a 2ª Turma do Colégio Recursal de São Paulo, nos autos do A.I. nº 2.711, rel. Carlos von Adamek, j. 30/06/2008.
6. O dispositivo tem a seguinte redação: "*Art. 511. No ato da interposição do recurso, o recorrente comprovará, quando exigido pela legislação pertinente, o respectivo preparo, inclusive porte de remessa e de retorno, sob pena de deserção. § 1º São dispensados de preparo os recursos interpostos pelo Ministério Público, pela União, pelos Estados e Municípios e respectivas autarquias, e pelos que gozam de isenção legal. § 2º A insuficiência no valor do preparo implicará deserção, se o recorrente, intimado, não vier a supri-lo no prazo de cinco dias*".
7. O dispositivo tem a seguinte redação: "*Art. 4º O recolhimento da taxa judiciária será feito da seguinte forma: I – 1% (um por cento) sobre o valor da causa no momento da distribuição ou, na falta desta, antes do despacho inicial; essa mesma regra se aplica às hipóteses de reconvenção e de oposição; II – 2% (dois por cento) sobre o valor da causa, nos termos do art. 511 do Código de Processo Civil, como preparo da apelação e do recurso adesivo, ou, nos processos de competência originária do Tribunal, como preparo dos embargos infringentes*".

As UFESP's são as unidades fiscais do Estado de São Paulo. Seu valor é reajustado anualmente. Para o ano de 2009, a unidade foi fixada em R$ 15,85.

Nos termos do enunciado supratranscrito, o valor mínimo do preparo em moeda corrente é de R$ 158,50, ou seja, no mínimo cinco UFESP's para cada uma das parcelas previstas na Lei nº 11.608 – o que evidentemente não impede que cada uma das parcelas tenha valor superior a cinco UFESP's.

Não há a possibilidade de uma das parcelas ter valor inferior ao piso. De fato, as parcelas do preparo são sempre consideradas separadamente. A atenção a este aspecto é muito importante, para evitar a deserção.

Não é incomum que a parte recolha 10 UFESP's, por conta do somatório que fez das duas parcelas – uma inferior e outra superior a cinco unidades fiscais –, implementando uma espécie de compensação entre elas. Tal compensação não é possível e acaba por levar ao reconhecimento da insuficiência do preparo.

Se uma das parcelas é superior a cinco UFESP's e o cálculo percentual da outra aponta montante inferior ao piso, o recolhimento não será equivalente tão só à resultante da soma delas. Na hipótese, a parte recolherá, no mínimo, cinco UFESP's para a parcela cujo cálculo percentual previsto na lei resulte valor inferior ao piso. Recolherá, ainda, o valor percentual encontrado para a outra – desde que igual ou superior ao piso de cinco UFESP's.

O preparo será de dez UFESP's só quando cada uma das parcelas for de valor igual ou inferior a cinco UFESP's. Se uma delas tiver valor superior ao piso, o preparo na hipótese será sempre superior a dez UFESP's. Justamente por não se admitir o pagamento, **para cada parcela**, de valor inferior ao piso previsto em lei.

Parece confuso. E é. É que ao elaborar a Lei Estadual nº 11.608/2003, o legislador tinha os olhos voltados para o processo comum. Não para o Sistema Especial.

Nesse passo, convém lembrar que o art. 4º, I, da lei estadual em destaque previu o recolhimento da primeira parcela das custas para o momento da distribuição e a segunda, nos moldes do inciso II, para a oportunidade do recurso.

Como no Sistema Especial não há recolhimento de custas iniciais e o pagamento das custas só se dá na hipótese de recurso, as parcelas previstas na Lei Estadual nº 11.608/2003 acabam por ser recolhidas ao mesmo tempo. É daí que surge a confusão com o piso – que, mais uma vez se frisa, não é de dez UFESP's, mas de cinco unidades fiscais para cada parcela. A possibilidade de equívoco, por óbvio, não se apresenta no processo comum, porque a parte só recolhe uma das parcelas de cada vez, em momentos processuais distintos – o que torna mais simples a compreensão de que deve ser observado o piso com relação a cada uma delas e não de forma englobada.

O valor do preparo – insiste-se – será sempre de, no mínimo, cinco UFESP's para cada parcela e não de dez UFESP's, ainda que sendo uma de menos de cinco unidades fiscais, a soma delas resulte em valor igual, ou inferior, ao referido montante. E o não recolhimento com a observância de que **cada parcela é de pelo menos cinco unidades fiscais,** leva à deserção pela insuficiência do preparo.

Assim é, como regra, no Estado de São Paulo. Neste sentido, o entendimento jurisprudencial predominante[8].

Também leva à deserção a falta de recolhimento do porte de remessa e retorno. Trata-se de valor destinado ao encaminhamento e devolução dos autos ao Colégio Recursal, cujo valor é de público conhecimento, com a indicação no Diário Oficial e nas diversas serventias judiciais. Em São Paulo, a verba encontra expressa previsão nos Provimentos 833/2004 e 1.670/2009, item 72, letra *d*, do Conselho Superior da Magistratura.

## 5. NECESSIDADE DE ADVOGADO PARA INTERPOSIÇÃO DO RECURSO INOMINADO

O recurso é interposto sempre por advogado. É o que consta do comando contido no art. 41, § 2º da Lei nº 9.099/1995. E aqui andou mal o legislador. Supõe-se que ele acabou por sucumbir à pressão feita pelos órgãos de classe dos advogados.

A exigência da presença do advogado para a interposição do recurso vai contra o espírito da lei, principalmente no que concerne à informalidade, à simplicidade e à economia processual – critérios de orientação do Sistema Especial, consoante disposto no já referido art. 2º da Lei nº 9.099/1995.

Ao impor à parte a contratação de advogado para a interposição de recurso, o art. 41, § 2º acaba por tornar o processo mais complexo, mais formal e menos econômico.

A complexidade e a formalidade em graus mais elevados advêm da elaboração teoricamente mais sofisticada e mais técnica do recurso – o que, em termos do Sistema Especial, não é necessariamente uma vantagem. O benefício de a parte obter uma exposição mais bem elaborada, em termos técnicos, do caso em discussão se contrapõe à desvantagem de a peça processual elaborada por advogado, naturalmente, sofrer um exame mais rigoroso sob a perspectiva formal. A circunstância, consequentemente, acaba por ampliar a possibilidade de rejeição preliminar do recurso por vício de forma. De outra banda, se o recurso pudesse ser apresentado diretamente pela parte, eventuais equívocos formais possivelmente seriam relevados, o que, de rigor, já ocorre na análise dos pedidos feitos em 1º grau pelo leigo não patrocinado por advogado.

Quanto à economia processual, entende-se que o termo abrange também os dispêndios que a parte tem para demandar em juízo. E tais dispêndios seguramente são ampliados, quando se impõe à parte a necessidade de contratação de profissional do direito.

8. A 1ª Turma do extinto Colégio Recursal dos Juizados Cíveis e Criminais do Estado de São Paulo, composta pelos juízes Antônio Mário, Jorge Tosta e Alcides Leopoldo e Silva Júnior, decidiu pela insuficiência do preparo quando o recolhimento não se deu nos moldes explicitados. Neste sentido, os seguintes julgados: Recurso nº 12.368, Votuporanga, julgado na sessão de 21 de maio de 2008; Recurso nº 12.714 – Jacareí e Recurso nº 12.824, Ibitinga, julgados na sessão de 18 de junho de 2008.

A imposição do art. 41, § 2º, da Lei nº 9.099/1995 não é coerente com o seu espírito. Mais afinada com os princípios gerais do Sistema Especial seria a possibilidade de, a seu critério, a parte contratar ou não advogado para a interposição de recurso.

Em verdade, a imposição de intervenção de advogado deveria se dar quando o contrário tivesse assistido por profissional do direito. E – tal qual ocorre no processo criminal – deveria se apresentar como obrigação imposta ao Estado em favor do usuário da Justiça. O Estado é que deveria manter quadros próprios de profissionais – ou convênios com os órgãos de classe dos advogados –, para atuar no Sistema Especial em favor da parte, sempre que o contrário estivesse assistido por advogado.

Mas assim não se deu. Consequentemente, a capacidade de postulação direta da parte no Sistema Especial se encerra em 1º grau de jurisdição. Proferida a sentença, caso a parte pretenda interpor o recurso inominado, deverá se valer dos préstimos profissionais de um advogado.

Da mesma forma que o preparo, o porte de remessa e retorno deve ser recolhido dentro do prazo de 48 horas previsto no art. 42, § 1º, da Lei nº 9.099/1995, sob pena de deserção[9].

**Art. 43. O recurso terá somente efeito devolutivo, podendo o juiz dar-lhe efeito suspensivo, para evitar dano irreparável para a parte**

## 6. EFEITO DEVOLUTIVO DO RECURSO INOMINADO

O recurso inominado é recebido, como regra, tão só no efeito devolutivo. Excepcionalmente, o magistrado concederá ao recurso também o efeito suspensivo, quando houver possibilidade séria da ocorrência de dano irreparável para a parte. É o comando do art. 43 da Lei nº 9.099/1995.

Note-se que no Sistema Especial, diversamente do que ocorre no processo civil comum[10], só no caso da possibilidade de dano irreparável – e não de lesão grave e de difícil reparação[11] – é que será concedido o duplo efeito ao recurso inominado.

9. Nesse sentido, a decisão da 1ª Turma do extinto Colégio Recursal dos Juizados Cíveis e Criminais do Estado de São Paulo, no julgamento do Recurso nº 13.433, Pinheiros, 1º de julho de 2008.

10. No Código de Processo Civil, a apelação, como regra, é recebida nos efeitos devolutivo e suspensivo. O tema é tratado nos arts. 520 e 558, parágrafo único. Os dispositivos têm a seguinte redação: Art. 520 – *"A apelação será recebida em seu efeito devolutivo e suspensivo. Será, no entanto, recebida só no efeito devolutivo, quando interposta de sentença que: I – homologar a divisão ou a demarcação; II – condenar à prestação de alimentos; III – (revogado); IV – decidir o processo cautelar; V – rejeitar liminarmente embargos à execução ou julgá-los improcedentes; VI – julgar procedente o pedido de instituição de arbitragem; VII – confirmar a antecipação dos efeitos da tutela"*. Art. 558 – *"O relator poderá, a requerimento do agravante, nos casos de prisão civil, adjudicação, remição de bens, levantamento de dinheiro sem caução idônea e em outros casos dos quais possa resultar lesão grave e de difícil reparação, sendo relevante a fundamentação, suspender o cumprimento da decisão até o pronunciamento definitivo da turma ou câmara. Parágrafo único. Aplicar-se-á o disposto neste artigo às hipóteses do art. 520"*.

11. Nos termos do que preconiza o parágrafo único do art. 558, transcrito na nota anterior.

A exigência legal para a concessão do duplo efeito no Sistema Especial é mais severa do que a do processo comum. Neste, basta a possibilidade de lesão grave e de difícil reparação. Naquele, há necessidade de a lesão se apresentar como irreparável – requisito, sem dúvida, mais rígido.

Desta forma, pode-se dizer que, como regra predominante, é recebida no duplo efeito a apelação interposta contra a sentença proferida no processo civil comum. Há a previsão legal de algumas hipóteses específicas em que o recurso não suspende o curso do processo, mas fica sempre resguardada a possibilidade de suspensão, desde que se verifique a hipótese da ocorrência de lesão grave e de difícil reparação.

Já em se tratando do Sistema Especial, a exceção é a concessão do duplo efeito. A regra – sempre com base no princípio da celeridade – é que o recurso inominado tão só devolva o conhecimento da matéria à instância revisora, sem suspender o regular curso do processo, salvo se houver risco concreto de lesão irreparável.

**Art. 44. As partes poderão requerer a transcrição da gravação da fita magnética a que alude o § 3º do art. 13 desta Lei, correndo por conta do requerente as despesas respectivas**

## 7. TRANSCRIÇÃO DA GRAVAÇÃO DA FITA MAGNÉTICA

Também a oralidade é uma das linhas mestras do Sistema Especial da Lei nº 9.099/1995. Assim sendo, como regra, as audiências são gravadas em fita magnética ou em mídia digital (CD-ROM, DVD-ROM), apesar de o art. 43 não fazer menção expressa a esta espécie de gravação. Dá-se a gravação do som e da imagem, ou só do som. Por conta disso, o art. 43 faculta às partes que requeiram a transcrição da gravação da audiência.

A degravação se apresenta como faculdade da parte. Ela não é necessária para o conhecimento do recurso, uma vez que o material gravado é encaminhado ao Colégio Recursal. Necessário, pelo dispositivo em comento, é que a parte que requereu a transcrição arque com os custos da tarefa. Anote-se, de passagem, que não é incomum – por conta das deficiências crônicas das serventias judiciais – que o próprio interessado faça a transcrição, abrindo-se vista ao contrário para a conferência a respeito da autenticidade do que foi transcrito.

Registre-se, por fim, que é ônus do recorrente verificar se houve a juntada aos autos da fita magnética ou da mídia digital. Logo, se impossível a compreensão da controvérsia ou o conhecimento da prova oral produzida, em decorrência da falta de juntada aos autos da fita magnética ou da mídia digital, poderá o relator negar seguimento ao recurso inominado ou dele não conhecer, por falta de pressuposto de admissibilidade recursal.

**Art. 45. As partes serão intimadas da data da sessão de julgamento**

**Art. 46. O julgamento em segunda instância constará apenas da ata, com a indicação suficiente do processo, fundamentação sucinta e parte dispositiva. Se a sentença for confirmada pelos próprios fundamentos, a súmula do julgamento servirá de acórdão**

## 8. PROCESSAMENTO DO RECURSO

Designada a data de julgamento pela Turma Julgadora do recurso, as partes serão intimadas para, caso queiram, comparecerem ao ato. Esta a dicção dos arts. 45 e 46 da Lei nº 9.099/1995. Não há previsão legal para a manifestação das partes, mas, de ordinário é concedida a palavra ao advogado para sustentação oral, circunstância que não retira a informalidade do Sistema Especial.

No Estado de São Paulo, o Provimento CSM nº 1.670/2009 prevê, nos itens 86, 87 e 88, a possibilidade de sustentação oral no recurso inominado, a ser requerida pelo advogado do recorrente antes de iniciada a sessão de julgamento, pelo prazo máximo de 10 (dez) minutos. Referido Provimento prevê que a sustentação oral deve ser feita após a leitura do relatório. Todavia, em sendo dispensado o relatório pelo art. 46 da Lei nº 9.099/1995, poderá o Presidente da sessão de julgamento, após prévia consulta ao juiz relator, dar a palavra diretamente ao advogado logo em seguida ao pregão do recurso.

A lei não prescreve como se dará o julgamento. O art. 46 se limita a permitir que a decisão conste apenas da ata, com indicação suficiente do processo. Também possibilita a apresentação de fundamentação sucinta e parte dispositiva. E, mais: é possível que a súmula do julgamento sirva de acórdão, no caso de confirmação da sentença.

Depreende-se do teor do dispositivo em exame que ele incentiva a informalidade e a oralidade. Não obstante, a despeito de não constar da lei com maiores detalhes o procedimento a ser adotado, é inevitável que algumas regras de processamento do recurso inominado sejam observadas. Uma mínima formalidade há que se seguir para que o julgamento do recurso possa se desenvolver regularmente. No Estado de São Paulo, deve ser observado o Provimento CSM nº 1.670/2009, em seus itens 80 a 93, quanto ao processamento do recurso no Colégio Recursal.

O artigo em análise faz menção ao acórdão. Assim, a decisão coletiva do Colégio Recursal, da mesma forma que no processo comum, leva o nome de acórdão.

O recurso, depois de preparado e respondido (ou não) dentro do prazo legal, é encaminhado para a Secretária do Colégio Recursal – ou para a serventia de 1º grau nos lugares onde não há cartórios separados – que o distribui para um dos juízes integrantes do órgão julgador. Tal juiz é, de ordinário, denominado relator.

O relator é o primeiro a votar e fará exposição sucinta do caso em julgamento, bem como de seu voto. Caso haja pedido de sustentação oral, depois do relatório, a palavra é concedida aos advogados das partes para a exposição de seus argumentos. Se houver mais de um pedido de sustentação oral, "falará em primeiro lugar o advogado do recorrente e, se ambos forem recorrentes e recorridos, a preferência será do advogado do autor originário" (item 87 do Prov. CSM 1.670/2009). Na sequência, o relator oralmente apresenta o seu entendimento a respeito das razões das partes e propõe, por meio de voto, a decisão a ser tomada pelo órgão colegiado.

Da mesma maneira que se dá nos demais tribunais, o relator examina a matéria preliminar eventualmente invocada no recurso ou nas contrarrazões. Se superadas as preliminares, o relator se manifesta quanto ao mérito das questões que lhe foram devolvidas para exame pelo recurso e vota pela manutenção, ou pela reforma – parcial ou total –, da sentença. O relator também poderá propor o conhecimento de ofício daquelas questões que não dependem de provocação da parte – como, *v.g.*, a ocorrência de nulidade insanável, ou a falta de preparo que obsta o conhecimento do recurso.

Na sequência, os demais juízes componentes da Turma Recursal (sempre em número de três e todos togados – cf. o art. 41, § 1º, da Lei nº 9.099/1995) proferem os seus votos, pelos quais acompanham ou divergem – parcial ou totalmente – do entendimento externado pelo relator. No caso de o relator ficar vencido, o acórdão será lavrado pelo prolator do primeiro voto vencedor (item 91 do Prov. 1.670/2009) – caso isso seja necessário, pois se a maioria decidir pela manutenção da sentença, a lei permite que a Súmula do julgamento sirva de acórdão.

O recurso é interposto sempre por advogado. É o que consta do comando contido no art. 41, § 2º, da Lei nº 9.099/1995. E aqui andou mal o legislador. Supõe-se que ele acabou por sucumbir à pressão feita pelos órgãos de classe dos advogados.

A exigência da presença do advogado para a interposição do recurso vai contra o espírito da lei, principalmente no que concerne à informalidade, à simplicidade e à economia processual – critérios de orientação do Sistema Especial, consoante disposto no já referido art. 2º da Lei nº 9.099/1995.

Ao impor à parte a contratação de advogado para a interposição de recurso, o art. 41, § 2º, acaba por tornar o processo mais complexo, mais formal e menos econômico.

A complexidade e a formalidade em graus mais elevados advêm da elaboração teoricamente mais sofisticada e mais técnica do recurso – o que, em termos do Sistema Especial, não é necessariamente uma vantagem. O benefício de a parte obter uma exposição mais bem elaborada, em termos técnicos, do caso em discussão se contrapõe à desvantagem de a peça processual elaborada por advogado, naturalmente, sofrer um exame mais rigoroso sob a perspectiva formal. A circunstância, consequentemente, acaba por ampliar a possibilidade de rejeição preliminar do recurso por vício de forma. De outra banda, se o recurso pudesse ser apresentado diretamente pela parte, eventuais equívocos formais possivelmente seriam relevados, o que, de rigor, já ocorre na análise dos pedidos feitos em 1º grau pelo leigo não patrocinado por advogado.

Quanto à economia processual, entende-se que o termo abrange também os dispêndios que a parte tem para demandar em juízo. E tais dispêndios seguramente são ampliados, quando se impõe à parte a necessidade de contratação de profissional do direito.

A imposição do art. 41, § 2º, da Lei nº 9.099/1995 não é coerente com o seu espírito. Mais afinada com os princípios gerais do Sistema Especial seria a possibilidade de, a seu critério, a parte contratar ou não advogado para a interposição de recurso.

Em verdade, a imposição de intervenção de advogado deveria se dar quando o contrário tivesse assistido por profissional do direito. E – tal qual ocorre no processo criminal – deveria se apresentar como obrigação imposta ao Estado em favor do usuário da Justiça. O Estado é que deveria manter quadros próprios de profissionais – ou convênios com os órgãos de classe dos advogados –, para atuar no Sistema Especial em favor da parte, sempre que o contrário estivesse assistido por advogado.

Mas assim não se deu. Consequentemente, a capacidade de postulação direta da parte no Sistema Especial se encerra em 1º grau de jurisdição. Proferida a sentença, caso a parte pretenda interpor o recurso inominado, deverá se valer dos préstimos profissionais de um advogado.

## 9. DO RECURSO DE AGRAVO

Como visto precedentemente, em se tratando de recursos, o Sistema Especial foi demasiadamente lacônico. A Lei nº 9.099/1995 prevê apenas o recurso inominado, a ser interposto contra a sentença – desde que não homologatória de acordo ou de laudo arbitral (art. 41).

A adoção de um único recurso voltado apenas contra a sentença, hipoteticamente em prol da celeridade e da informalidade fez surgir um problema grave: nem todas as decisões proferidas no Sistema Especial são sentenças e não é só da sentença que surge a lesividade para a parte. Em sendo assim, a falta de previsão de recurso acaba por deixar a parte, literalmente, de "mãos amarradas". A decisão que não é sentença, mas que tem potencial para provocar lesão imediata à parte, permaneceria intacta, porque a lei não previu recurso.

Suponha-se, *v.g.*, que o magistrado de 1º grau determine a antecipação de tutela em circunstâncias que o cumprimento da decisão implicará, de forma clara, prejuízo irreparável para a parte. No exemplo, a interpretação estrita do Sistema Especial – não há recurso – levará ao cometimento do injusto. E o que é pior: o injusto imposto pelo Estado Juiz. Nesta trilha, o processo acaba por ser célere, mas, em contrapartida, draconiano.

Para evitar situações como a do exemplo, duas soluções foram adotadas nos diversos Colégios Recursais – com variação de circunscrição para circunscrição.

A primeira delas é a aceitação do agravo de instrumento, interposto diretamente junto ao Colégio Recursal, com observância das regras contidas nos arts. 522 e s. do CPC, nos mesmos moldes que se dá na Justiça comum.

O agravo é o recurso previsto no art. 522 do CPC para que a parte se insurja contra as decisões interlocutórias, ou seja, aquelas diversas da sentença, proferidas pelo juiz no curso da lide. O recurso em exame pode ficar retido nos autos do processo ou ser interposto diretamente junto ao órgão de jurisdição superior, em havendo a possibilidade de ocorrência de lesão grave ou de difícil reparação. Na segunda hipótese, o agravo é interposto com cópias das principais partes do processo. A este conjunto de cópias, dá-se o nome de instrumento. Daí se diz que o agravo é de instrumento ou retido.

No Estado de São Paulo, ao tempo do Colégio Unificado, convencionou-se sobre a possibilidade de utilização do agravo de instrumento, para os casos em que não cabia o recurso inominado e desde que patente a possibilidade de surgimento de lesão grave e de difícil reparação, em decorrência da decisão combatida. Nestes termos o Enunciado nº 2 do Primeiro Colégio Recursal dos Juizados Especiais Cíveis da Capital – SP, acolhido pelo extinto Colégio Recursal dos Juizados Especiais Cíveis e Criminais do Estado de São Paulo, de seguinte teor: "É admissível, no caso de lesão grave e de difícil reparação, o recurso de agravo de instrumento no Juizado Especial Civil".

A formação do recurso se processa nos mesmos moldes que na Justiça comum, ou seja, com a exibição, em anexo às razões do recurso, das peças obrigatórias e das necessárias. A respeito do instrumento, preconiza o Enunciado nº 3 dos mesmos órgãos colegiados referidos no parágrafo anterior: "O agravo de instrumento, sob pena de não conhecimento, deve ser instruído, no ato de sua interposição, não só com os documentos obrigatórios, mas também os necessários à compreensão da controvérsia, salvo justo impedimento".

Os documentos obrigatórios são aqueles previstos no art. 525, I, do CPC. O instrumento será formado com cópias da decisão agravada, da certidão de intimação e respectivas procurações outorgadas aos advogados das partes (quando houver).

Documentos necessários são aqueles cuja não exibição torna a controvérsia incompreensível, ou de difícil compreensão. Trata-se dos documentos indicados na lei como úteis e cuja exibição é facultativa – nos termos do art. 525, II, do CPC. Não obstante a lei fale em faculdade de exibição dos documentos, se a compreensão da controvérsia fica obstada pela falta deles, a circunstância levará ao não conhecimento do recurso.

O agravo é interposto no prazo do art. 522 do CPC, ou seja, em dez dias contados da ciência da decisão lesiva. A parte pode ser cientificada da decisão por qualquer meio inequívoco – da mesma forma que ocorre com a sentença.

Não cabe o agravo retido no Sistema Especial. É que as decisões proferidas no curso do processo não precluem – justamente pela falta de previsão de recurso para que sejam questionadas –, daí ser desnecessária qualquer insurgência meramente formal da parte antes da interposição do recurso inominado.

Diga-se que prevalecia no Estado de São Paulo, até há pouco tempo, o entendimento no sentido de que o agravo de instrumento se apresentava como o mecanismo hábil para o questionamento de decisões judiciais proferidas no Sistema Especial, desde que com potencial para causar lesão à parte. Depois da extinção do Colégio Recursal unificado, é conveniente que o profissional do direito previamente pesquise qual o entendimento de uma determinada circunscrição. Não será difícil se deparar com a hipótese de que em uma circunscrição se aceite o recurso e em outra, logo ao lado, não[12].

O próprio FONAJE aceita a utilização do agravo de instrumento apenas em moldes mais restritos: só contra a decisão que negou seguimento ao recurso extraordinário e contra a que decidiu de forma monocrática o recurso. A propósito, de se verificar o Enunciado nº 15, de seguinte redação: "Nos Juizados Especiais não é cabível o recurso de agravo, exceto nas hipóteses dos arts. 544 e 557 do CPC".

A segunda solução para as hipóteses de questionamento de decisão diversa da sentença, com potencial de causar lesão grave e de difícil reparação, é a utilização do mandado de segurança.

O mandado de segurança "é a ação civil de rito sumaríssimo pela qual a pessoa pode provocar o controle jurisdicional quando sofrer lesão ou ameaça de lesão a direito líquido e certo, não amparado por *Habeas Corpus* nem *Habeas Data*, em decorrência de ato de autoridade, praticado com ilegalidade ou abuso de poder"[13].

No Estado de São Paulo, pela adoção do agravo de instrumento de forma mais ampliada do que a preconizada pelo FONAJE, o Primeiro Colégio Recursal dos Juizados Especiais Cíveis da Capital – SP e o extinto Colégio Recursal dos Juizados Especiais Cíveis e Criminais do Estado de São Paulo não aceitavam a utilização do mandado de segurança contra decisão proferida no Sistema Especial. A proibição era explicitada pelo Enunciado nº 4, assim redigido: "Não cabe mandado de segurança contra ato judicial passível de recurso".

Pois bem, por interpretação às avessas do enunciado, desde que se entenda que não cabe recurso, é inevitável que o controle do ato judicial com potencial lesivo se faça por meio do mandado de segurança. Assim, nas hipóteses em que os colégios recursais não recebem o agravo, é imperativa a utilização da ação constitucional[14].

12. Veja-se, p. ex., o Enunciado 13 do Colégio Recursal de Campinas/SP: *"Nos Juizados Especiais Cíveis não é cabível recurso de agravo"*.

13. Di Pietro, Maria Sylvia Zanella. *Direito Administrativo*, São Paulo: Atlas, 1999, p. 612.

14. Registre-se que, conforme entendimento recente do STF, nem mesmo se admite o mandado de segurança contra decisões interlocutórias: "Recurso extraordinário. Processo civil. Repercussão geral reconhecida.

Para a observância da diretriz da celeridade do Sistema Especial, é preferível que se aceite a utilização do agravo contra as decisões interlocutórias com potencial lesivo imediato, ao invés do *mandamus*. Por conta do prazo mais dilatado para a interposição do mandado de segurança (cento e vinte dias, contados da ciência a respeito da prática da decisão lesiva – cf. dispõe o art. 23 da Lei nº 12.016, de 07/08/2009), o processo pode sofrer desnecessário retardamento em seu desfecho.

## 10. DO RECURSO EXTRAORDINÁRIO

Como regra, não há recurso contra as decisões de 2º grau, proferidas pelas turmas julgadoras do Colégio Recursal. Há, no entanto, exceções.

Em primeiro lugar, a decisão colegiada pode violar dispositivo constitucional, declarar a inconstitucionalidade de tratado ou lei federal, julgar válida lei ou ato de governo local contestado em face da Carta Magna, ou ainda julgar válida lei local contestada em face de lei federal. Em todas as hipóteses colacionadas, caberá recurso extraordinário para o Supremo Tribunal Federal, nos termos do art. 102, III, letras *a* a *d* – desde que demonstrada a já referida repercussão geral, nos termos do § 3º do mesmo artigo. Ver, a propósito, Capítulo 14, item 4.2.3.

O exame dos requisitos de admissibilidade do recurso extraordinário é feito, em primeiro momento, pelo Presidente do Colégio Recursal. Ele poderá deferir ou não o processamento do recurso para o Supremo Tribunal Federal. Feito o encaminhamento, a Suprema Corte é que evidentemente terá a palavra final a respeito da possibilidade ou não de ser conhecido o recurso.

Quando o Presidente do Colégio Recursal decide pelo não cabimento do recurso extraordinário, a parte pode lançar mão do agravo de instrumento, nos termos do art. 544 do CPC. Neste caso, o recurso será necessariamente encaminhado para o Supremo Tribunal Federal, a fim de ser feito o exame de admissibilidade.

---

Mandado de segurança. Cabimento. Decisão liminar nos Juizados Especiais. Lei nº 9.099/1995. Art. 5º, LV da Constituição do Brasil. Princípio constitucional da ampla defesa. Ausência de violação. 1. Não cabe mandado de segurança das decisões interlocutórias exaradas em processos submetidos ao rito da Lei nº 9.099/1995. 2. A Lei nº 9.099/1995 está voltada à promoção de celeridade no processamento e julgamento de causas cíveis de complexidade menor. Daí ter consagrado a regra da irrecorribilidade das decisões interlocutórias, inarredável. 3. Não cabe, nos casos por ela abrangidos, aplicação subsidiária do Código de Processo Civil, sob a forma do agravo de instrumento, ou o uso do instituto do mandado de segurança. 4. Não há afronta ao princípio constitucional da ampla defesa (art. 5º, LV da CB), vez que decisões interlocutórias podem ser impugnadas quando da interposição de recurso inominado. Recurso extraordinário a que se nega provimento". (Recurso Extraordinário nº 576.847/BA, rel. Min. Eros Grau, j. em 20/05/2009).

Jorge Tosta*

16

# Art. 47

**Art. 47 (VETADO). A lei local poderá instituir recurso de divergência desse julgamento ao Tribunal de Alçada, onde houver, ou ao Tribunal de Justiça, sem efeito suspensivo, cabível quando houver divergência com a jurisprudência do próprio Tribunal ou de outra turma de juízes, ou quando o valor do pedido julgado improcedente ou da condenação for superior a vinte salários-mínimos.**

Pretendia-se com o artigo em questão, vetado pelo Presidente da República, instituir o *recurso de divergência*, a ser interposto perante o Tribunal de Alçada ou o Tribunal de Justiça, em duas hipóteses: a) quando a decisão da Turma Recursal dos Juizados Especiais divergisse da jurisprudência do próprio Tribunal ou de outra turma de juízes; b) quando o valor do pedido julgado improcedente ou da condenação fosse superior a vinte salários-mínimos.

Quanto à segunda hipótese, era evidente a violação ao princípio da celeridade, insculpido no art. 2º da Lei nº 9.099/1995, pois referido artigo franqueava à lei estadual criar uma espécie de *terceira instância* apenas porque o valor do pedido julgado improcedente ou da condenação era superior a vinte salários-mínimos. Assim, uma causa que normalmente se encerraria com o julgamento do recurso inominado pelas Turmas Recursais, ainda passaria pelo crivo de outra instância revisora, prejudicando sobremaneira a efetividade buscada no sistema dos Juizados Especiais.

Não bastasse, se tal recurso fosse instituído, os Tribunais locais ficariam ainda mais sobrecarregados de serviço, prejudicando a prestação jurisdicional não só em relação às causas dos Juizados Especiais, mas também o julgamento dos recursos da Justiça comum.

Nesse sentido, a propósito, as razões do veto presidencial:

* Juiz de Direito em São Paulo, foi membro do Colégio Recursal Unificado dos Juizados Especiais de São Paulo. Mestre em Direito Processual Civil e doutor em Direito Civil pela PUC/SP. Docente formador e instrutor da Escola Paulista da Magistratura – EPM. Professor da PUC-Cogeae, da Universidade São Francisco-Bragança Paulista e do INPG – Instituto Nacional de Pós-Graduação.

> O art. 47 do projeto de Lei deve ser vetado, com fundamento no interesse público, porque a intenção que norteou a iniciativa parlamentar foi propiciar maior agilidade processual, o que não aconteceria com a sanção deste dispositivo, visto que ele ensejaria o aumento de recursos nos tribunais locais, em vez de sua diminuição. Daí, não haveria brevidade na conclusão das causas, contrariando todo o espírito que moveu a proposição e que traduz o anseio de toda a sociedade brasileira.

Já quanto à primeira hipótese (quando a decisão da Turma Recursal dos Juizados Especiais divergisse da jurisprudência do próprio Tribunal ou de outra turma de juízes), é interessante observar, nem mesmo para a Justiça comum ordinária há previsão semelhante, já que o recurso de *embargos de divergência* previsto no art. 546 do CPC é interposto exclusivamente perante os órgãos da jurisdição extraordinária, isto é, STJ e STF.

Há, todavia, projeto de lei em trâmite no Congresso Nacional (Projeto de Lei nº 4.723/2004) que objetiva instituir no âmbito dos Juizados Especiais Estaduais, à semelhança do que existe na Lei nº 10.259, de 12 de julho de 2001 (art. 14), o *incidente de uniformização de jurisprudência*, quando houver divergência entre decisões proferidas por Turmas Recursais do mesmo Estado sobre questões de direito material, a ser *"julgado em reunião conjunta das Turmas Recursais em conflito, sob a presidência de Desembargador indicado pelo Tribunal de Justiça"* (art. 50-A, § 1º).

Já quando a divergência é entre Turmas Recursais de diferentes Estados ou quando a decisão proferida estiver em contrariedade com súmula ou jurisprudência dominante do Superior Tribunal de Justiça, o incidente é por este julgado (art. 50-A, § 3º).

Denota-se que o referido projeto restaura, em certa medida, a ideia original do art. 47 da Lei nº 9.099/1995 quanto à uniformização da jurisprudência das Turmas Recursais.

Melhor seria, destarte, que o Projeto de Lei nº 4.723/2004 instituísse o incidente de uniformização no próprio art. 47 da Lei nº 9.099/1995, e não como acréscimo desnecessário e topograficamente inadequado dos arts. 50-A, 50-B, 50-C e 50-D.

De qualquer forma, embora a ideia de uniformizar a jurisprudência das Turmas Recursais de diferentes Estados ou do Distrito Federal seja importante para a própria segurança jurídica, atribuir ao Superior Tribunal de Justiça a competência para julgar o incidente de uniformização, por meio de lei federal, é de manifesta inconstitucionalidade.

É que a competência dos Tribunais Superiores está traçada pela Constituição Federal e qualquer ampliação que se pretenda fazer só pode ser implementada por emenda constitucional.

Veja-se que o art. 105 da Constituição Federal não contempla a hipótese prevista no art. 50-A, § 3º, do Projeto de Lei nº 4.723/2004. Logo, não tem o Superior Tribunal de Justiça competência para julgar incidente de uniformização de jurisprudência *"quando as turmas de diferentes Estados derem a lei federal interpretações divergentes* ou *quando a decisão proferida estiver em contrariedade com súmula ou jurisprudência dominante do Superior Tribunal de Justiça"*, por absoluta falta de previsão constitucional.

O referido projeto prevê, ainda, a possibilidade de a parte interessada provocar a manifestação do Superior Tribunal de Justiça *quando a orientação acolhida pelas Turmas de Uniformização contrariar súmula ou jurisprudência dominante* daquele Tribunal Superior (art. 50-B). Esta hipótese, diferentemente do previsto no art. 50-A, § 3º, do Projeto de Lei nº 4.723/2004, está prevista no art. 105, I, *f*, da Constituição Federal, sendo perfeitamente possível a parte interessada ajuizar *reclamação* perante o Superior Tribunal de Justiça para garantir a autoridade de suas decisões.

Nesse sentido a recente decisão do Supremo Tribunal Federal, nos autos do Recurso Extraordinário nº 571.572-BA, rel. Min. Ellen Gracie, j. 26/08/2009. Na oportunidade, decidiu-se que, por não existir previsão legal de órgão uniformizador da interpretação da legislação federal para os Juizados Especiais Estaduais, fato que poderia ocasionar a perpetuação de decisões divergentes da jurisprudência do STJ, além de provocar insegurança jurídica, promovendo uma prestação jurisdicional incompleta, e por não haver outro meio eficaz de sanar a situação, até que seja criado o órgão que possa estender e fazer prevalecer a aplicação da jurisprudência do STJ, em razão de sua função constitucional, da segurança jurídica e da devida prestação jurisdicional, a lógica da organização do sistema judiciário nacional recomendaria fosse dada à reclamação prevista no art. 105, I, *f*, da CF amplitude suficiente à solução desse impasse. Dessa forma, ante a ausência de outro órgão que possa fazê-lo, o próprio STJ deverá afastar a divergência com a sua jurisprudência, quando a decisão vier a ser proferida no âmbito dos Juizados Especiais Estaduais. Ficaram vencidos os Ministros Marco Aurélio e Carlos Britto que desproviam os embargos declaratórios. Precedente citado: AI 155.684 AgR/SP (*DJU* de 29/04/1994).

De fato, enquanto não for criado sistema próprio de controle das decisões das Turmas Recursais que afrontem Súmula ou jurisprudência dominante do Superior Tribunal de Justiça, nada impede que a parte interessada provoque o referido Tribunal por meio de reclamação, com fundamento no art. 105, I, *f*, da Constituição Federal.

Tal situação seria resolvida caso fosse aprovado o Projeto de Lei nº 16/2007, em trâmite no Congresso Nacional, o qual cria a Turma Nacional de Uniformização de Jurisprudência das Turmas Recursais dos Juizados Especiais.

Antônio Mário de Castro Figliolia*

17

# Arts. 48, 49 e 50

## Seção XIII
## Dos Embargos de Declaração

**Art. 48. Caberão embargos de declaração quando, na sentença ou no acórdão, houver obscuridade, contradição, omissão ou dúvida.**
**Parágrafo único. Os erros materiais podem ser corrigidos de ofício.**
**Art. 49. Os embargos de declaração serão interpostos por escrito ou oralmente, no prazo de cinco dias, contados da ciência da decisão.**
**Art. 50. Quando interpostos contra sentença, os embargos de declaração suspenderão o prazo para recurso.**

### 1. DOS EMBARGOS DE DECLARAÇÃO

Para o esclarecimento de obscuridades e/ou dúvidas, para a correção de contradições e para a supressão de omissões, a Lei nº 9.099/1995 previu os embargos de declaração.

Muitos conceituam os embargos de declaração como recurso, muito embora seja mais adequado dizer que se trata de mecanismo processual voltado a suprir as falhas da sentença ou do acórdão.

Salvo melhor juízo, a questão é mais acadêmica. Relevante constatar que a utilização do instrumento processual veio devidamente destacada na lei e que não há dúvidas a respeito do cabimento dos embargos de declaração no Sistema Especial.

Vale anotar que tudo o que se escreveu a respeito da contagem do prazo para a interposição do recurso inominado vale para os embargos de declaração.

* Juiz de Direito Substituto em 2º grau, compõe a 12ª Câmara de Direito Privado do Tribunal de Justiça de São Paulo, foi membro do Colégio Recursal Unificado dos Juizados Especiais de São Paulo. Mestre em Direito Civil pela Universidade de Lisboa. Ex-professor de Direito Civil da Unip, campus Campinas.

Não se deve confundir os efeitos da oposição dos embargos: eles suspendem o curso do prazo para a interposição de recurso – não o interrompem. Corolário é que com a intimação a respeito da decisão que apreciou os embargos de declaração, a contagem do eventual prazo recursal é recomeçada pelos dias faltantes. Não reiniciada.

Como regra, não são admissíveis embargos declaratórios contra acórdãos que, nos termos do art. 46 da Lei nº 9.099/1995, confirmam a sentença por seus próprios fundamentos[1]. Isto porque, se omissão, contradição ou obscuridade havia, o vício deveria ser sanado com a interposição de embargos perante o juiz prolator da sentença. Permitir a interposição de embargos de declaração contra o acórdão quando o vício é da sentença representa evidente burla ao devido processo legal, em particular quanto ao prazo recursal.

Situações existem, porém, em que a omissão, contradição ou obscuridade é do próprio acórdão que, ao confirmar a sentença pelos próprios fundamentos, deixa de apreciar questão relevante suscitada apenas no recurso inominado. Neste caso, cabíveis os embargos de declaração.

Em relação aos embargos de declaração para fins de presquestionamento, importa salientar que sua admissibilidade está restrita às questões constitucionais, vez que não se admite recurso especial contra acórdãos proferidos pelas Turmas Recursais dos Juizados Especiais. Isso decorre da circunstância de o art. 105, III, da CF referir-se às causas decididas, em única ou última instância, apenas pelos Tribunais Regionais Federais ou pelos Tribunais dos Estados, do Distrito Federal e Territórios. A propósito, a questão acha-se até mesmo sumulada pelo Superior Tribunal de Justiça: "Não cabe recurso especial contra decisão proferida por órgão de segundo grau dos Juizados Especiais" (Súmula 203).

Por fim, deve ser registrado que não se admite embargos de declaração para fins de prequestionamento quando o acórdão proferido pela Turma Recursal confirmou a sentença pelos próprios fundamentos, nos termos do art. 46 da Lei nº 9.099/1995. É o que, a propósito, dispõe o Enunciado 125 do FONAJE: "Nos juizados especiais não são cabíveis embargos declaratórios contra acórdão ou súmula na hipótese do art. 46 da Lei nº 9.099/1995, com finalidade exclusiva de prequestionamento, para fins de interposição de recurso extraordinário".

1. É o que dispõe o Enunciado 36 do Colégio Recursal de São Paulo: "Não são cabíveis embargos de declaração contra acórdão que confirma a sentença pelos próprios fundamentos, nos termos do art. 46 da Lei nº 9.099/1995".

Claudio Lima Bueno de Camargo*

18

# Art. 51

## Seção XIV
## Da Extinção do Processo Sem Julgamento do Mérito

**Art. 51. Extingue-se o processo, além dos casos previstos em lei:**
**I - quando o autor deixar de comparecer a qualquer das audiências do processo;**
**II - quando inadmissível o procedimento instituído por esta Lei ou seu prosseguimento, após a conciliação;**
**III - quando for reconhecida a incompetência territorial;**
**IV - quando sobrevier qualquer dos impedimentos previstos no art. 8º desta Lei;**
**V - quando, falecido o autor, a habilitação depender de sentença ou não se der no prazo de trinta dias;**
**VI - quando, falecido o réu, o autor não promover a citação dos sucessores no prazo de trinta dias da ciência do fato.**
**§ 1º A extinção do processo independerá, em qualquer hipótese, de prévia intimação pessoal das partes.**
**§ 2º No caso do inciso I deste artigo, quando comprovar que a ausência decorre de força maior, a parte poderá ser isentada, pelo Juiz, do pagamento das custas.**

Direito anterior – Lei nº 7.244, de 07/11/1984: art. 50 (de idêntica redação).

A extinção terminativa do procedimento sumaríssimo, ou seja, na dicção atual do art. 267 do Código de Processo Civil, *sem resolução de mérito*[1], enumerada no art. 51 em caráter enunciativo, como ressalva o *caput* ("além dos casos previstos em lei"), pode ser dividida em dois grupos, afetos às (*a*) partes (incs. I, IV, V e VI) e ao (*b*) processo (incisos II e III).

* Juiz de Direito em São Paulo, foi membro do Colégio Recursal Unificado dos Juizados Especiais de São Paulo. Mestre em Direito Processual Civil pela PUC/SP e professor assistente-mestre em Direito Processual Civil na Faculdade de Direito da PUC/SP.

1. Redação conforme a Lei nº 11.232, de 21/12/2005.

• Sobre a **aplicação subsidiária do Código de Processo Civil** no Sistema do Juizado, reiteradamente, prestigiada, inclusive, pelo FONAJE, como se vê dos Enunciados Cíveis 75, 97 e 105[2]: comentários ao art. 1º, por Alcides Leopoldo e Silva Jr.

## 1. CAUSAS EXTINTIVAS RELATIVAS ÀS PARTES

### 1.1. Abandono pelo autor (inciso I)

Para assegurar a tentativa de conciliação, enfatizada pelo art. 2º, dita o inciso I do art. 51 a extinção do processo se ausente o autor *a qualquer das audiências do processo.*

Em consequência, *"o comparecimento pessoal da parte às audiências é obrigatório"* (Enunciado Cível 20 do FONAJE, V Encontro: 1999).

• Sobre a extinção reiterada (perempção): item 5.1 *infra.*

• "O comparecimento pessoal da pessoa física em audiência não pode ser suprido por mandatário, salvo se houver conciliação" (Enunciado 4 do I FJSP, agosto de 2009; no mesmo sentido: Enunciado 44 do CRSP/FCC, setembro de 2009).

• Em sentido contrário, Joel Dias Figueira Jr.:

> ...melhor que a parte compareça pessoalmente, pois esta foi a intenção do legislador, a fim de viabilizar a aproximação dos litigantes e facilitar a autocomposição; porém, tal assertiva não nos autoriza a rechaçar a hipótese de comparecimento por intermédio de procurador habilitado, o que significaria, em outras palavras, desprezar o instituto jurídico do mandato, que se reveste de natureza substantiva.
>
> Essa, aliás, sempre foi a tese que defendemos, pois nunca comungamos da interpretação literal defendida por alguns estudiosos ou turmas recursais baseada nas frases "as partes comparecerão pessoalmente", ou "não comparecendo o demandado", ou "quando o autor deixar de comparecer a qualquer das audiências", assinaladas em diversas passagens da norma referida (arts. 9º, *caput,* 20, 23, 51, I), tendo em vista que, apesar de não se fazerem pessoalmente presentes ao ato, autor ou réu assim o fizeram por interposta pessoa, qual seja o seu procurador regularmente habilitado. Para outra coisa não serve o mandato, diga-se de passagem...[3].

2. Enunciado 75 (substitui o Enunciado 45): "a hipótese do § 4º, do art. 53, da Lei nº 9.099/1995, também se aplica às execuções de título judicial, entregando-se ao exequente, no caso, certidão do seu crédito, como título para futura execução, sem prejuízo da manutenção do nome do executado no Cartório Distribuidor" (Redação conforme XXI Encontro: 2007). Textos anteriores: Enunciado 45: "a hipótese do § 4º, do art. 53, da Lei nº 9.099/1995, também se aplica às execuções de título judicial, entregando-se ao exequente, no caso, certidão de seu crédito" (VII Encontro: 2000) – Enunciado 75: "a hipótese do § 4º, do art. 53, da Lei nº 9.099/1995, também se aplica às execuções de título judicial, entregando-se ao exequente, no caso, certidão do seu crédito, como título para futura execução, sem prejuízo da manutenção do nome do exequente no Cartório Distribuidor" (X Encontro: 2001) – Enunciado 97: "o art. 475, 'j' do CPC – Lei nº 11.323/2005 – aplica-se aos Juizados Especiais, ainda que o valor da multa somado ao da execução ultrapasse o valor de *40* salários-mínimos" (XIX Encontro: 2006) – Enunciado 105: "caso o devedor, condenado ao pagamento de quantia certa, não o efetue no prazo de quinze dias, contados do trânsito em julgado, independentemente de nova intimação, o montante da condenação será acrescido de multa no percentual de 10%" (XIX Encontro: 2006).

3. *Manual dos Juizados Especiais Cíveis Estaduais e Federais,* cit., p. 300.

Em sentido intermediário, obtempera Jorge Alberto Quadros de Carvalho Silva que:

> A regra, todavia, não é absoluta, porque exceção não prevista na Lei nº 9.099/1995 é o caso do réu impossibilitado de comparecer a juízo por motivo de saúde, caso em que poderá se fazer representar por alguém de sua confiança, munido de procuração. Até porque não seria justo exigir o comparecimento de alguém que estivesse, por exemplo, internado[4].

### 1.1.1. Preposto (art. 9º, § 4º)

Tratando-se de pessoa jurídica, a 2ª parte do Enunciado Cível 20 do FONAJE orienta que, nos termos do art. 9º, § 4º, que "poderá ser representada por preposto" (V Encontro: 1999).

A Lei nº 12.137, de 18/12/2009, todavia, ao dar nova redação ao referido art. 9º, § 4º, ressalvou que o preposto deve apresentar-se "munido de carta de preposição com poderes para transigir, sem haver necessidade de vínculo empregatício".

Desse modo, apesar de permanecer a referência à figura do "preposto", este, ao contrário do quanto parece sugerir o art. 843, § 1º, da CLT, não precisa mais ostentar vínculo empregatício com a pessoa jurídica.

Perdura, todavia, que se trate de pessoa que, como previsto na citada legislação trabalhista, "tenha conhecimento do fato" *sub judice*.

De fato, atuando na qualidade de representante legal da ré poderá, nessa condição, ser chamado a prestar depoimento pessoal (art. 28, Lei nº 9.099) incidindo, portanto, no caso, os arts. 343, § 1º, e 345, ambos do Código de Processo Civil, *in verbis*:

> "Art. 343. Quando o juiz não o determinar de ofício, compete a cada parte requerer o depoimento pessoal da outra, a fim de interrogá-la na audiência de instrução e julgamento.
>
> ...
>
> § 2º Se a parte intimada não comparecer, ou comparecendo, se recusar a depor, o juiz lhe aplicará a pena de confissão".
>
> "Art. 345. Quando a parte, sem motivo justificado, deixar de responder ao que lhe for perguntado, ou empregar evasivas, o juiz, apreciando as demais circunstâncias e elementos de prova, declarará, na sentença, se houve recusa de depor".

- Em **sentido diverso** para Joel Dias Figueira:

> ressalta-se que os poderes conferidos ao preposto limitam-se a representação judicial da pessoa jurídica, não se estendendo à possibilidade de prestar depoimento pessoal, por se tratar de ato privativo do representante legal da entidade representada.[5]

4. *Lei dos Juizados Especiais Cíveis Anotada*, 3. ed. São Paulo: Saraiva, 2003, p. 62.
5. Juizados Especiais Estaduais Cíveis e Criminais: Comentários à Lei 9.099/1995, 5. ed., 2007, RT, p. 187.

• No **sentido do texto**:

> *"Ressalte-se que o preposto deve ter conhecimento dos fatos, sob pena de confissão, nos termos do art. 843, parágrafo 1º da CLT"* (TRT 2ª Região, RO 01704.2006.016.02.00-8, 4ª Turma, rel. Des. Ivani Contini Bramante, v.u., j. 1.12.2009).[6]
>
> *"A teor do parágrafo 1º do artigo 843 da CLT, é facultada a representação da pessoa jurídica por preposto em audiência, cuja missão é prestar declarações que o vincularão para fins de confissão, devendo, por tais fundamentos, ter conhecimento acerca dos fatos deduzidos na relação processual"* (TRT 3ª Região, RO 00692-2006-082-03-004, 3ª Turma, rel. Des. Bolívar Viégas Peixoto, v.u., j. 28.3.2007).[7]
>
> *"Acerca do depoimento do preposto da reclamada, dispõe o § 2º do art. 343 do CPC que... Por outro lado, o preposto deve ter conhecimento dos fatos articulados na inicial, nos termos do art. 843 da CLT, do que decorre que a alegação de desconhecimento dos fatos é evasiva, equiparada a recusa a depor. É o que dispõe o art. 345 do CPC...*
>
> ...
>
> *Examinando-se o depoimento pessoal do preposto da reclamada, verifica-se que ele demonstra claramente desconhecer os fatos referentes à relação jurídica havida entre as partes. Ao ser questionado, o preposto declara...* ***não ter conhecimento dos fatos que cercam a presente reclamação trabalhista****... Nesse contexto, está correta a aplicação da pena de confissão ficta à reclamada..."* (TRT 4ª Região, RO 0203000.57.2007.5.04.0611, rel. Des. Cleusa Regina Halfen, v.u., j. 09/06/2009).[8]

• Com a alteração introduzida no § 4º, do art. 9º, restou prejudicado o **Enunciado Cível 5** do I FJSP, segundo o qual "o preposto credenciado deve ser aquele que pertença ao quadro pessoal da empresa, devendo tal condição ser provada juntamente com a carta de preposição" (agosto de 2009).

• A respeito da controvérsia sobre a "necessidade de vínculo empregatício" do *preposto*, extirpada no Sistema do Juizado com a alteração acrescida pela Lei nº 12.137, colhe-se do magistério de Amauri Mascaro Nascimento a advertência de que:

> A doutrina é inconclusa e contraditória. A lei não impõe, como requisito, que o preposto seja vinculado ao empregador que representa, através de relação de emprego. As fundamentações, embora não muito sólidas, permitem concluir que a representação por não empregado facilitaria uma verdadeira advocacia de não empregados, isto é, dos prepostos, que seriam tanto os próprios advogados como os contadores ou outra pessoa experiente. Poderia surgir também uma verdadeira "profissão do preposto". Permitida a presença do advogado não empregado como preposto, praticamente estaria anulada a presença da parte em juízo. O advogado nem sempre tem conhecimento detalhado dos fatos, em especial quando acumula elevado número de processos trabalhistas, daí porque o seu depoimento pessoal seria em muitos casos pouco elucidativo. Pode-se ponderar, em outro sentido, que a empresa deve ter a

6. www.trt2.jus.br.
7. www.trt3.jus.br.
8. www.trt4.jus.br.

liberdade de indicação daquele que quer seja representante, também nos processos judiciais. A representação por terceiros não empregados é admitida mesmo para os negócios gerais da empresa, não devendo ser diferente o critério para os processos trabalhistas. Os titulares da empresa sem sempre podem comparecer às audiências e em muitos casos conhecerão os fatos menos que os próprios contadores autônomos, aos quais confiam, inclusive, serviços atribuídos aos denominados departamentos de pessoal. Em síntese, a exigência da qualidade de empregado, do preposto que representa a empresa nos processos trabalhistas, predominante na jurisprudência, não é exigida por lei e encontra resistência na doutrina.[9]

• Prevalece na Justiça do Trabalho que: "*Exceto à reclamação de empregado doméstico, ou contra micro empresa ou pequeno empresário, o preposto deve necessariamente empregado do reclamado. Inteligência do art. 843, § 1º, da CLT e do art. 54 da Lei Complementar nº 123, de 14 de dezembro de 2006*" (TST, Súmula nº 377).

• Sobre preposto e atividade empresarial: itens 1.2.a e 1.2.a.1, *infra*.

• Sobre preposto e condomínio: item 1.2.b, *infra*.

**a) Advogado**

O Enunciado 98 do FONAJE, editado em substituição ao de nº 17, adverte que "é vedada a acumulação SIMULTÂNEA das condições de preposto e advogado na mesma pessoa (art. 35, I e 36, II da Lei nº 8.906/1994 combinado com o art. 23 do Código de Ética e Disciplina da OAB" (XIX Encontro: 2006)[10].

Sendo evidente a salvaguarda ética da restrição, ante a expressa referência ao art. 23 do Código de Ética e Disciplina da OAB[11], o Enunciado comporta, a princípio, abrandamento.

De fato, o óbice em questão tem origem na incompatibilidade entre a atuação simultânea do advogado como patrono e representante da parte: "as condições de preposto e de advogado não podem ser acumuladas em uma só pessoa, pois na primeira condição estaria obrigada a prestar depoimento, sob pena de confissão (CPC 343, § 2º) e na segunda lhe seria facultado recusar-se a depor (EOAB 7º, XIX)" (7ª T. Recursal do RJ, Rec. 0944-2, rel. Juiz José de Samuel Marques, JE-RJ 8/98, em. 113)[12].

Nada, portanto, compromete essa intervenção conjunta na fase inicial de conciliação. Destarte, a restrição só se justifica depois desse esforço, em respeito, inclusive, ao princípio maior do Juizado de promover a conciliação (art. 2º).

9. *Curso de Direito Processual do Trabalho*, 4. ed., 1981, Saraiva, p. 141.
10. Texto anterior: "é vedada a acumulação das condições de preposto e advogado, na mesma pessoa (arts. 35, I e 36, II, da Lei nº 8.906/1994, c/c art. 23 do Código de Ética e disciplina da OAB)" (IV Encontro: 1998).
11. "É defeso ao advogado funcionar no mesmo processo, simultaneamente, como patrono e preposto do empregador ou cliente."
12. Apud Nery Jr., Nelson e Nery, Rosa Maria de Andrade, *Código de Processo Civil Comentado e legislação extravagante*, 10. ed., RT, 2007, p. 1478.

Aliás, no rigor da forma, nem mesmo após a conciliação o impedimento poderia ser admitido, pois, como observa Erick Linhares a respeito do tema, com irrefutável acerto:

> Este Enunciado continua incidindo no mesmo vício que contaminava o revogado Enunciado 17.
>
> Com efeito, não há vedação legal à acumulação das funções de preposto e advogado. A proibição vem do Código de Ética da OAB (art. 23), que é norma *interna corporis*, sem eficácia externa. Ou seja, não obriga o juiz nem as partes. Apenas o advogado que a descumprir poderá sofrer sanção administrativa da OAB.
>
> ...
>
> Destarte, embora a atuação do advogado como preposto possa encerrar eventual infração ética (art. 33 da EOAB c/c art. 23 do Código de Ética da OAB), não tem o condão de configurar qualquer defeito na representação processual, pois inexiste norma legal que vede a acumulação, na mesma pessoa, das condições de preposto e advogado. E, como ninguém é obrigado a fazer ou deixar de fazer alguma coisa senão em virtude de lei (princípio da legalidade – art. 5º, II, da CF), revela-se nula a exigência pontuada no enunciado[13].

De outro turno, nada obsta a indicação do preposto pelo advogado, constituído para a defesa da pessoa jurídica, desde que conte com poderes para tanto.

- "Preposto nomeado por advogado, a quem outorgada procuração com poderes *ad judicia et negotia*, inclusive para a nomeação de preposto – Regularidade. Revelia – Inocorrência... Recurso provido" (CRSP, R.I. 30.376, j. em 19/12/2007)[14].
- Em sentido contrário, Mônica Rodrigues Dias de Carvalho: comentários ao art. 9º.

**b) Vício de representação**

Reza o Enunciado 99 do FONAJE que "o preposto que comparece sem carta de preposição, obriga-se a apresentá-la no prazo que for assinado, para validade de eventual acordo, sob as penas dos arts. 20 e 51, I, da Lei nº 9.099/1995, conforme o caso" (XIX Encontro: 2006)[15].

Todavia, não se pode olvidar que o vício de representação é sanável (art. 13, CPC) e, assim, lícito à parte-pessoa jurídica comparecer em juízo sem a imediata apresentação da *carta de preposição*, sujeitando-se, todavia, caso deixe de suprir a pendência no prazo que for assinalado, à extinção do processo, quando autora, ou decretação de sua revelia, quando ré.

13. *Juizados Especiais Cíveis – Comentários aos Enunciados do FONAJE* – Fórum Nacional de Juizados Especiais, 3. ed., 1. reimp., 2009, Juruá, p. 128-129.
14. As decisões do CRSP sem identificação do relator são do Autor.
15. Editado em substituição ao Enunciado Cível 42: "O preposto que comparece sem carta de preposição obriga-se a apresentá-la, no prazo que for assinado, para a validade de eventual acordo. Não formalizado o acordo, incidem, de plano, os efeitos de revelia" (VI Encontro: 1999). Texto anterior: "O preposto que compareça sem carta de preposição obriga-se a apresentá-la, no prazo que for assinado, para a validade de eventual acordo. A inexistência de acordo opera, de plano, os efeitos de revelia" (V Encontro: 1999).

• Sobre a legitimidade *ad processum* das pessoas jurídicas: item 1.2.a, *infra*.

• Como adverte Erick Linhares o Enunciado 99 "estabelece restrição e formalidade não contemplada em lei e que ofende os princípios pontuados no art. 2º da LJE. Em outras palavras, caso a pessoa jurídica se faça representar por preposto desprovido de carta de preposição, mesmo que não haja acordo, não haverá contumácia. A Carta de preposição poderá ser apresentada até a audiência de instrução, sem qualquer prejuízo"[16].

• "Ação de rescisão contratual, cumulada com cobrança e indenização por danos morais – Sentença: procedência (revelia) – Recurso: Ré. Juizado Especial: revelia – Pessoa jurídica: preposto que comparece na audiência sem a respectiva carta e estatutos social. Necessidade de assinalação de prazo para suprir a pendência – Enunciado 99, FONAJE... Recurso provido" (CRSP, R.I. 989.09.008485-3, j. 29/05/2009; no mesmo sentido: AI 3.769, j. 29/05/2009; AI 989.09.000301-2, j. 29/05/2009; R.I. 28.716, j. 12/03/2009; e R.I. 989.09.006927-7, j. 29/05/2009).

• Em sentido contrário, Ricardo Cunha Chimenti, com arrimo no Enunciado 11 do I Encontro de Colégio Recursais da Capital de São Paulo[17], aponta o caráter restritivo da possibilidade de saneamento, válida, tão só, para fins de eventual acordo, salientando que, "em razão do princípio da concentração, que determina a apresentação de todos os documentos e outras provas em audiência, considera-se ineficaz o protesto ou apresentação posterior de carta de preposição"[18].

• Com alteração introduzida pela Lei nº 12.137, de 18/12/2009, no § 4º do art. 9º, o preposto deve comparecer à audiência "munido de carta de preposição".

Não se pode, porém, com arrimo na interpretação literal desse novo texto, sustentar a impossibilidade de regularização posterior. Mesmo antes disso, a dita "carta de preposição" já era necessária porquanto representa, na exata medida, o instrumento pelo qual a empresa habilita o preposto.

**c) Estatutos sociais**

Menos, ainda, se justifica exigir a apresentação dos estatutos sociais, cautela que só tem razão de ser "*havendo dúvida razoável*" a respeito da qualificação[19].

• "Revelia – Enunciado 99, FONAJE. Audiência na qual presente o preposto, com apresentação, inclusive, do respectivo termo de preposição – Revelia decretada pela falta de exibição dos estatutos sociais – Necessidade de assinalação de prazo para saneamento da pendência que, ademais, só se justifica 'havendo dúvida razoável'. Recurso provido, para reabertura de instância" (CRSP, R.I. 4.463, j. 08/05/2008; no mesmo sentido: R.I. 29.264, j. 12/03/2009; 989.09.008485-3, j. 29/05/2009).

---

16. *Juizados Especiais...*, ob. cit., p. 131.
17. "É inadmissível a concessão de prazo para regularização da representação processual, não se aplicando o art. 13 do CPC" (maio de 2006).
18. *Teoria e Prática dos Juizados Especiais Cíveis Estaduais e Federais*, 10. ed., Saraiva, 2008, p. 97.
19. Nesse sentido: *RT 601/66* e *JTJ 180/127* (apud Negrão, Theotonio e Gouveia, José Roberto F., *Código de Processo Civil e legislação processual em vigor*, 40. ed., Saraiva, 2008, nota 13.4, p. 139).

• "Caderneta de poupança – Diferenças: Plano Collor I. Sentença: procedência parcial – Recurso: Réu. Revelia – Enunciado 99, FONAJE. Audiência na qual presente o preposto, com apresentação, inclusive, do respectivo termo de preposição – Revelia decretada pela falta de exibição dos estatutos sociais – Necessidade de assinalação de prazo para saneamento da pendência que, ademais, só se justifica 'havendo dúvida razoável'. Assim, houve, de fato, rigor extremo no tratamento dispensado ao Recorrente. Todavia, de qualquer modo, a r. sentença dedicou análise integral ao caso, inclusive, aos temas suscitados na contestação. Destarte, inexiste na espécie prejuízo que justifique a anulação do processo (art. 13, § 1º, Lei nº 9.099, de 26/09/1995). Recurso não provido" (CRSP, R.I. 14.533, j. 28/08/2008).

### 1.1.2. Desistência tácita

Nos termos do art. 267, § 4º, do Código de Processo Civil, *"depois de decorrido o prazo para a resposta, o autor não poderá, sem o consentimento do réu, desistir da ação"*.

E, como "o abandono é uma forma de desistência tácita... se o réu desejar, pode pedir que o processo continue mesmo com a desistência expressa ou o abandono, até a sentença de mérito" (Vicente Greco Filho)[20].

De outro turno, conforme a Súmula 240 do STJ, "a extinção do processo por abandono da causa pelo autor, depende de requerimento do réu", entendendo esta Corte que "não há presunção de desinteresse do autor no prosseguimento da causa, por isso, a parte contrária deve requerer a extinção prevista no art. 267, III, do CPC, não podendo o juiz fazê-lo de ofício" (Roberto Rosas)[21].

Prevalece, portanto, que a extinção terminativa não pode ser decretada de ofício, máxime porque o "art. 28 [*também do CPC*] dá a entender que somente a pedido do réu é que tal sentença seria possível" (Cassio Scarpinella Bueno)[22].

Assim, por idênticos motivos, não cabe a extinção no Juizado por abandono do autor depois de ofertada a contestação, salvo anuência do réu, obstando isso que aquele, prevendo a sentença de mérito a seu desfavor, impeça o julgamento da causa.

• No sentido do texto, para Humberto Theodoro Jr.: "quando... o abandono for... do autor (art. 267, nº III), e o réu não for revel, não deve o juiz decretar a extinção sem antes ouvir o demandado. É que, também, o réu tem legítimo interesse na composição da lide, através da sentença de mérito, e, por isso, pode tomar diligência para contornar a omissão do autor e ensejar o andamento do feito paralisado. Só quando a inércia de ambos os litigantes demonstrar que há total desinteresse pela causa, é que o juiz, então, decretará a extinção do processo sem julgamento de mérito"[23].

20. *Direito Processual Civil Brasileiro*, v. 2, cit., p. 70.
21. *Direito Sumular*: Comentários às Súmulas do Supremo Tribunal Federal e do Superior Tribunal de Justiça, 13. ed., Malheiros, 2006, p. 427.
22. *Curso Sistemático de Direito Processual Civil*, v. 2, tomo I, Saraiva, 2007, Saraiva, p. 336, ressalvando, todavia, sua posição contrária ao enunciado.
23. *Curso de Direito Processual Civil*, v. I, 41. ed., Forense, 2004, p. 286.

• Em sentido contrário, para Ricardo Cunha Chimenti: "indiretamente... o autor pode obter a extinção do processo, sem o julgamento do mérito, mesmo sem o consentimento do réu e ainda que já decorrido o prazo para a resposta (§ 4º do art. 267 do CPC)"[24], sendo no particular, escudado pelo Enunciado 90 do FONAJE: "a desistência do autor, mesmo sem a anuência do réu já citado, implicará na extinção do processo sem julgamento do mérito, ainda que tal ato se dê em audiência de instrução e julgamento" (XVI Encontro: 2004).

Jorge Alberto Quadros de Carvalho Silva, de seu turno, observa que: "pode o autor desistir do processo, antes da produção da resposta, sem que seja necessário o consentimento do réu, já que a sua mera ausência a qualquer das audiências acarreta de plano a extinção do feito, sem o julgamento de mérito, nos termos do inciso deste artigo"[25].

### 1.1.3. Verbas de sucumbência (§ 2º)

Embora o art. 54, *caput*, consagre que *"o acesso ao Juizado Especial independerá, em primeiro grau de jurisdição, do pagamento de custas, taxas ou despesas"*, essa isenção não se aplica aos casos de extinção do processo por abandono do autor, diante da ressalva ditada, *a contrario sensu*, pelo art. 51, § 2º: *"no caso do inciso I deste artigo, quando comprovar que a ausência decorre de força maior, a parte poderá ser isentada, pelo Juiz, do pagamento das custas"*.

Assim, "havendo extinção do processo com base no inc. I, do art. 51, da Lei nº 9.099/1995, é necessária a condenação em custas" (Enunciado 28 do FONAJE, VI Encontro: 1999).

• E, "caso... não relevada, a renovação da ação dependerá do [*seu*] prévio depósito... nos termos do art. 268 do CPC" (Ricardo Cunha Chimenti)[26].

## 1.2. Legitimidade *ad processum* (art. 8º, § 1º)

A legitimidade *ad processum*, ou seja *"para ser sujeito de uma dada relação processual.... para estar em juízo"* (Ovídio A. Baptista da Silva e Fábio Gomes)[27], no Sistema do Juizado é regulamentada pelo art. 8º[28].

O *caput* desse dispositivo exclui as causas que digam respeito ao *"incapaz, o preso, as pessoas jurídicas de direito público, as empresas públicas da União, a massa falida e o insolvente civil"*.

De outro turno, o § 1º restringe que: *"somente as pessoas físicas capazes serão admitidas a propor ação perante o Juizado Especial"*.

24. *Teoria e Prática...*, cit., 10. ed., 2008, p. 236.
25. *Lei dos Juizados...*, ob. cit., p. 186.
26. *Teoria e Prática...*, cit., 10. ed., 2008, p. 243.
27. *Teoria Geral do Processo Civil*, 3. ed., RT, 2002, p. 140.
28. Matéria afeta, portanto, aos pressupostos processuais de validade. A esse respeito: Figueira Jr., Joel Dias, *Juizados Especiais*, ob. cit., p. 169 e 171.

Desse modo, por princípio, o Juizado Especial é destinado à tutela das *pessoas físicas*, nas causas tidas como de *menor complexidade* (art. 3º, *caput*).

• Sobre o art. 3º: item 2.1, *infra*.

**a) Microempresas, empresas de pequeno porte e empresário individual**

O art. 74 da Lei Complementar nº 123, de 14/12/2006, todavia, ampliou essa legitimidade *ad processum*, estabelecendo que "aplica-se às microempresas e às empresas de pequeno porte de que trata esta Lei Complementar o disposto no § 1º do art. 8º da Lei nº 9.099, de 26 de setembro de 1995, e no inciso I do *caput* do art. 6º da Lei nº 10.259, de 12 de julho de 2001, as quais, assim como as pessoas físicas capazes, passam a ser admitidas como proponentes de ação perante o Juizado Especial, excluídos os cessionários de direito de pessoas jurídicas".

O art. 3º, *caput*, desse Estatuto, por sua vez, define que, "para os efeitos desta Lei Complementar, consideram-se microempresas ou empresas de pequeno porte a sociedade empresária, a sociedade simples e o empresário a que se refere o art. 966 da Lei nº 10.406, de 10 de janeiro de 2002, devidamente registrados no Registro de Empresas Mercantis ou no Registro Civil de Pessoas Jurídicas, conforme o caso".

O benefício em tela, portanto, compreende as pessoas jurídicas da *microempresa* e da *empresa de pequeno porte*, além do *empresário individual* (*a que se refere o art. 966 do Cód. Civil*).

A Lei nº 12.126, de 16/12/2009, por sua vez, deu nova redação ao § 1º do art. 8º que, assim, passou a prever que:

> "§ 1º Somente serão admitidas a propor ação perante o Juizado Especial:
>
> I – as pessoas físicas capazes, excluídos os cessionários de direito de pessoas jurídicas;
>
> II – as microempresas, assim definidas pela Lei nº 9.841, de 5 de outubro de 1999;
>
> III – as pessoas jurídicas qualificadas como Organização da Sociedade Civil de Interesse Público, nos termos da Lei nº 9.790, de 23 de março de 1999;
>
> IV – as sociedades de crédito ao microempreendedor, nos termos da Lei nº 10.194, de 14 de fevereiro de 2001".

Nota-se, portanto, a aparente definição de "microempresas" de acordo com a "Lei nº 9.841, de 5 de outubro de 1999".

Todavia, essa norma foi revogada, de modo expresso, pelo art. 89 da Lei Complementar nº 123.

Aproveita-se, portanto, do acrescido inc. II apenas a referência da legitimidade *ad processum* das referidas "microempresas".

Ademais, a falta de menção às "empresas de pequeno porte" e ao "empresário a que se refere o art. 966 da Lei nº 10.406, de 10 de janeiro de 2002" em nada afeta o seu acesso ao Juizado porquanto *"não há como admitir-se que uma lei ordinária, aprovada por maioria simples, possa revogar a disciplina da lei complementar, aprovada por maioria absoluta dos membros da Câmara dos Deputados e do Senado Federal"* (Alexandre de Moraes).[29]

• A respeito do art. 966, *caput*, do Cód. Civil observa Marcelo Fortes Barbosa Filho:

> O presente artigo, tomando como modelo o... Código [*Civil*] italiano de 1942, não se refere, porém, à empresa, mas, sim... ao empresário... Sua atuação é sempre vinculada a um mercado, concebendo, organizando e gerenciando continuadamente a produção e a circulação de bens, assumindo tanto a forma de pessoa física quanto a de jurídica. Distingue-se, então, o empresário individual (pessoa física), tratado no presente título do Código, como o empresário coletivo (pessoa jurídica)[30].

• "A microempresa e a empresa de pequeno porte, quando autoras, devem ser representadas em audiência pelo empresário individual ou pelo sócio dirigente" (Enunciado 110 do FONAJE, redação conforme XXI Encontro: 2007)[31].

O Enunciado, porém, comporta reservas por afronta direta ao art. 9º, § 4º.

• "O acesso da microempresa ou empresa de pequeno porte no sistema dos Juizados Especiais depende da comprovação de sua qualificação tributária e documento fiscal referente ao negócio jurídico" (Enunciado 2 do I FJSP, agosto de 2009; no mesmo sentido: Enunciado 42 do CRSP/FCC, setembro de 2009).

**a.1) Organizações da Sociedade Civil de Interesse Público e Sociedades de Crédito ao Microempreendedor**

Como acima anotado,[32] a Lei nº 12.126, de 16/12/2009, com a nova redação dispensada ao art. 8º, § 1º, autorizou a postular perante o Juizado também a "Organização da Sociedade Civil de Interesse Público" (inc. III) e "as sociedades de crédito ao microempreendedor".

Assim, por expressa menção, remete, respectivamente, às Leis nº 9.790, de 23/03/1999, e 10.194, de 14/02/1991.

Nessa ordem, de acordo com a Lei nº 9.790, as denominadas "Organizações da Sociedade Civil de Interesse Público" (art. 1º), são "as pessoas jurídicas de direito privado, sem fins lucrativos" (art. 1º).

Define o art. 1º, § 1º, da norma supra que se entende como Organização da Sociedade Civil aquela que "não distribui, entre os seus sócios ou associados, conselheiros, diretores, empregados ou doadores, eventuais excedentes operacionais,

29. *Direito Constitucional*, 24ª ed., Atlas, p. 669, acrescendo, em nota ao texto, que "nesse sentido, posicionou-se o Supremo Tribunal Federal: Pleno – Adin n. 1570/df – Rel. Min. Maurício Corrêa, decisão: 12-2-2004, Informativo STF n. 336".

30. Código Civil comentado: Doutrina e Jurisprudência, coordenador Min. Cezar Peluso, 2. ed., Manole, 2008, p. 911.

31. Texto anterior: "a microempresa, quando autora, deve ser representada em audiência pelo empresário individual ou pelo sócio dirigente" (XX Encontro: 2006).

32. Item 1.2 *supra*.

brutos ou líquidos, dividendos, bonificações, participações ou parcelas do seu patrimônio, auferidos mediante o exercício de suas atividades, e que se aplica integralmente na consecução do seu respectivo objeto social".

Contudo, a "outorga da qualificação como Organização da Sociedade de Interesse Público" (art. 1º, § 2º), confiada ao "Ministério da Justiça" (art. 5º, *caput*), só será concedida às pessoas jurídicas, conforme o art. 3º, *caput*:

"... cujos objetivos sociais tenham pelo menos uma das seguintes finalidades:

I – promoção da assistência social;
II – promoção da cultura, defesa e conservação do patrimônio histórico e artístico;
III – promoção gratuita da educação, observando-se a forma complementar de participação das organizações de que trata esta Lei;
IV – promoção gratuita da saúde, observando-se a forma complementar de participação das organizações de que trata esta Lei;
V – promoção da segurança alimentar e nutricional;
VI – defesa, preservação e conservação do meio ambiente e promoção do desenvolvimento sustentável;
VII – promoção do voluntariado;
VIII – promoção do desenvolvimento econômico e social e combate à pobreza;
IX – experimentação, não lucrativa, de novos modelos sócio-produtivos e de sistemas alternativos de produção, comércio, emprego e crédito;
X – promoção de direitos estabelecidos, construção de novos direitos e assessoria jurídica gratuita de interesse suplementar;
XI – promoção da ética, da paz, da cidadania, dos direitos humanos, da democracia e de outros valores universais;
XII – estudos e pesquisas, desenvolvimento de tecnologias alternativas, produção e divulgação de informações e conhecimentos técnicos e científicos que digam respeito às atividades mencionadas neste artigo".

Ademais, restringe o art. 2º que:

"Não são passíveis de qualificação como Organizações da Sociedade Civil de Interesse Público, ainda que se dediquem de qualquer forma às atividades descritas no art. 3º desta Lei:
I – as sociedades comerciais;
II – os sindicatos, as associações de classe ou de representação de categoria profissional;
III – as instituições religiosas ou voltadas para a disseminação de credos, cultos, práticas e visões devocionais e confessionais;
IV – as organizações partidárias e assemelhadas, inclusive suas fundações;
V – as entidades de benefício mútuo destinadas a proporcionar bens ou serviços a um círculo restrito de associados ou sócios;
VI – as entidades e empresas que comercializam planos de saúde e assemelhados;
VII – as instituições hospitalares privadas não gratuitas e suas mantenedoras;
VIII – as escolas privadas dedicadas ao ensino formal não gratuito e suas mantenedoras;
IX – as organizações sociais;
X – as cooperativas;

XI – as fundações públicas;
XII – as fundações, sociedades civis ou associações de direito privado criadas por órgão público ou por fundações públicas;
XIII – as organizações creditícias que tenham quaisquer tipo de vinculação com o sistema financeiro nacional a que se refere o art. 192 da Constituição Federal".

Nos termos do art. 4º, *caput*, "exige-se, ainda, para qualificaram-se como Organizações da Sociedade Civil de Interesse Público" que "regidas por estatutos cujas normas expressamente disponham sobre".

"I – a observância dos princípios da legalidade, impessoalidade, moralidade, publicidade, economicidade e da eficiência;
II – a adoção de práticas de gestão administrativa, necessárias e suficientes a coibir a obtenção, de forma individual ou coletiva, de benefícios ou vantagens pessoais, em decorrência da participação no respectivo processo decisório;
III – a constituição de conselho fiscal ou órgão equivalente, dotado de competência para opinar sobre os relatórios de desempenho financeiro e contábil, e sobre as operações patrimoniais realizadas, emitindo pareceres para os organismos superiores da entidade;
IV – a previsão de que, em caso de dissolução da entidade, o respectivo patrimônio líquido será transferido a outra pessoa jurídica qualificada nos termos desta Lei, preferencialmente que tenha o mesmo objeto social da extinta;
V – a previsão de que, na hipótese de a pessoa jurídica perder a qualificação instituída por esta Lei, o respectivo acervo patrimonial disponível, adquirido com recursos públicos durante o período em que perdurou aquela qualificação, será transferido a outra pessoa jurídica qualificada nos termos desta Lei, preferencialmente que tenha o mesmo objeto social;
VI – a possibilidade de se instituir remuneração para os dirigentes da entidade que atuem efetivamente na gestão executiva e para aqueles que a ela prestam serviços específicos, respeitados, em ambos os casos, os valores praticados pelo mercado, na região correspondente a sua área de atuação;
VII – as normas de prestação de contas a serem observadas pela entidade, que determinarão, no mínimo:
a) a observância dos princípios fundamentais de contabilidade e das Normas Brasileiras de Contabilidade;
b) que se dê publicidade por qualquer meio eficaz, no encerramento do exercício fiscal, ao relatório de atividades e das demonstrações financeiras da entidade, incluindo-se as certidões negativas de débitos junto ao INSS e ao FGTS, colocando-os à disposição para exame de qualquer cidadão;
c) a realização de auditoria, inclusive por auditores externos independentes se for o caso, da aplicação dos eventuais recursos objeto do termo de parceria conforme previsto em regulamento;
d) a prestação de contas de todos os recursos e bens de origem pública recebidos pelas Organizações da Sociedade Civil de Interesse Público será feita conforme determina o parágrafo único do art. 70 da Constituição Federal".

As "sociedades de crédito ao microempreendedor", por sua vez, conforme regulamentado pela Lei nº 10.194, de 14/02/2001, são aquelas que (art. 1º):

> "I – terão por objeto social a concessão de financiamentos a pessoas físicas, a microempresas e a empresas de pequeno porte, com vistas na viabilização de empreendimentos de natureza profissional, comercial ou industrial, equiparando-se às instituições financeiras para os efeitos da legislação em vigor, podendo exercer outras atividades definidas pelo Conselho Monetário Nacional;[33]
>
> II – terão sua constituição, organização e funcionamento disciplinados pelo Conselho Monetário Nacional;
>
> III – sujeitar-se-ão à fiscalização do Banco Central do Brasil;
>
> IV – poderão utilizar o instituto da alienação fiduciária em suas operações de crédito;
>
> V – estarão impedidas de captar, sob qualquer forma, recursos junto ao público, bem como emitir títulos e valores mobiliários destinados à colocação e oferta públicas".

**b) Condomínio**

A admissibilidade dos condomínios no Juizado decorre do permissivo ditado pelo art. 3º, *caput*, inc. II[34], o qual, quando se reporta ao art. 275, inciso II, do Código de Processo Civil, não faz restrição às suas alíneas, sendo princípio básico de hermenêutica que onde o legislador não restringe é defeso ao intérprete fazê-lo[35].

• "O condomínio, se admitido como autor, deve ser representado em audiência pelo síndico, ressalvado o disposto no § 2º do art. 1.348 do Código Civil" (Enunciado 111 do FONAJE, redação conforme XXI Encontro: 2007)[36].

Condomínios, enquanto entes despersonalizados[37], não são, de qualquer modo, pessoa jurídica para que possam ser representados através de preposto.

A ressalva ao *disposto no § 2º do art. 1.348 do Código Civil* reafirma a conclusão acima, visto que essa norma trata da "delegação" dos "poderes e atribuições" do síndico a terceira pessoa, mediante "prévia e expressa autorização da assembleia" (Francisco Eduardo Loureiro)[38]. Assim, o indicado não representa ao síndico,

33. Redação conforme Lei nº 11.524, de 24/09/2007.

34. Nesse sentido: Enunciado 9 do FONAJE: "o condomínio residencial poderá propor ação no Juizado Especial, nas hipóteses do art. 275, inciso II, item b, do Código de Processo Civil" (IV Encontro: 1998).

35. Do clássico magistério de Carlos Maximiliano: "quando o texto dispõe de modo amplo, sem limitações evidentes, é dever do intérprete aplicá-lo a todos os casos particulares que se possam enquadrar na hipótese geral prevista explicitamente" (*Hermenêutica e Aplicação do Direito*, 9. ed., 2. tir., Forense, p. 247); mas, como ressalva o Jurista: "seria erro generalizar; a regra não é tão absoluta como parece à primeira vista. O seu objetivo é excluir a interpretação estrita; porém esta será cabível e concludente quando houver motivo sério para reduzir o alcance dos termos empregados" (ob. loc. cit). Há, portanto, forçoso reconhecer, fundamento razoável para a restrição ao acesso dos condomínios, pena de sobrecarga do Sistema.

36. Texto anterior: "O condomínio, se admitido como autor, deve ser representado em audiência pelo síndico" (XX Encontro: 2006).

37. Mera "universalidade de fato", como pondera Lopes, João Batista, *Condomínio*, 8. ed., RT, 2003, p. 49.

38. *Código Civil comentado*: Doutrina e Jurisprudência, ob. cit., p. 1343-1344.

assume, isso sim, no todo ou em parte, suas funções, dentre elas, inclusive, a possibilidade de representação em juízo, podendo, portanto, nesse caso, atuar no Juizado em nome do condomínio.

• Em sentido contrário, Mônica Rodrigues Dias de Carvalho: comentários ao art. 8º.

"O condomínio e o espólio não podem propor ação no Juizado Especial em razão do disposto no art. 8º, § 1º, da Lei nº 9.099/1995" (Enunciado 10 do I EJSP, agosto de 2009; no mesmo sentido: Enunciado 49 do CRSP/FCC, setembro de 2009).

**c) Espólio**

De acordo com o Enunciado 72 do FONAJE "inexistindo interesse de incapazes, o Espólio pode ser autor nos Juizados Especiais Cíveis" (X Encontro: 2001).

Jorge Alberto Quadros de Carvalho Silva objeta que "não sendo o espólio pessoa física e sim uma universalidade de bens, não possui capacidade para propor ação nos Juizados Especiais Cíveis"[39].

Procede a crítica, embora não se possa negar, na fase recursal, aproveitamento a eventual ação que tenha sido admitida:

> O deslinde da causa centra-se... nas interpretações que comporta a Lei nº 9.099, de 26/09/1995, ao restringir, no art. 8º, § 1º, a capacidade para estar em juízo (*legitimatio ad processum*) às pessoas naturais:
>
> Somente as pessoas físicas capazes serão admitidas a propor ação perante o Juizado Especial... .
>
> ...
>
> Os doutos divergem, rejeitando, por princípio, o acesso ou admitindo-o, ainda que com reservas:
>
> "Não sendo o espólio pessoa física e sim uma universalidade de bens, não possui capacidade para propor ação nos Juizados Especiais, embora possa suceder ao autor e prosseguir com a demanda, consoante os incisos V e VI do art. 51" (Jorge Alberto Quadros de Carvalho Silva)[40].
>
> ... bastante diferente é a situação do *espólio*, que entendemos no atual microssistema poder participar como autor, tendo em vista as próprias características jurídicas. Nos dizeres de Cândido Dinamarco, "o espólio é entidade efêmera, instituída para administração de direitos e interesses deixados pelo *de cujus*, mas que já ao momento da sucessão consideram-se transferidos aos seus herdeiros... Sendo deste o interesse a tutelar, portanto, e figurando o espólio como mera entidade administrativa, conclui-se pela sua não exclusão e plena admissibilidade de propor demandas perante o Juizado Especial de Pequenas Causas (entenda-se: na medida e casos em que os próprios herdeiros teriam acesso a ele)" (Joel Dias Figueira Jr.)[41].

39. *Lei dos Juizados...*, ob. cit., p. 53.
40. *Lei dos Juizados...*, ob. loc., p. 53.
41. *Lei dos Juizados...*, ob. cit., p. 173-174.

Também na jurisprudência, e apesar da orientação traçada pelo Enunciado Cível nº 72 do FONAJE, graça igual contenda, como se pode constatar de doutos precedentes deste Colégio Recursal, admitindo a postulação (R.I. 5.001)[42] e negando sua admissibilidade (R.I. 1.377)[43].

E nesse duelo de Titãs... no rigor da forma, prevalece a tese restritiva, não só pelos *conceitos*, pois *espólio*, enquanto pessoa formal, não se enquadra dentre as naturais (físicas)[44], e pela necessidade de *preservação da função social dos Juizados*, cuja gênese remonta ao ideal de atender a *litigiosidade contida*[45], como, também, pela de *salvaguarda da estrutura funcional do Juizado*, com a inevitável sobrecarga do Sistema se alçado a mera opção procedimental[46].

Tal postura, todavia, deve ser recebida *secundum eventus litis*, pena de se sobrepor a regularidade formal do processo ao seu caráter instrumental, em violação não só aos princípios informativos do Juizado (art. 2º, da Lei nº 9.099) como ao da razoabilidade.

Desse modo, tal como o indeferimento *prima facie* da inicial na qual figure o espólio como autor é digno de confirmação, o processamento da causa, uma vez admitido, exige esforço maior visando o seu aproveitamento[47].

Nesse contexto, como a inicial recebeu despacho liminar positivo (fls. 14) e, consumada a citação (fls. 18), já superado, inclusive, o contraditório, com a contestação de fls. 20/30, justifica-se, *in casu*, o empenho" (CRSP, R.I. 17.618, j. 15/09/2008).

- "Juizado Especial Cível: espólio (art. 8º, § 1º) – Ilegitimidade *ad processum*: pessoa formal que não enquadra dentre as naturais, incompatível, ademais, com a função social dos Juizados e necessidade de sua preservação funcional que não comporta redução a mera opção procedimental. Espólio: inventário não aberto – Herdeiros: legitimidade que deriva da sucessão *causa mortis*... Recurso parcialmente provido, com observação" (CRSP, R.I. 25.340, j. 05/02/2009).
- Em sentido diverso, Ricardo Cunha Chimenti compartilha do entendimento de Cândido Rangel Dinamarco, segundo o qual: "figurando o espólio como mera entidade administrativa, conclui-se pela sua não exclusão e plena admissibilidade de propor demandas perante o Juizado Especial de Pequenas Causas (entenda-se: na medida e casos em que os próprios herdeiros teriam acesso a ele)"[48].

42. CRSP, rel. Juíza Mariella Ferraz de Arruda Pollice Nogueira, j. em 20/05/2008.
43. CRSP, rel. Juiz Carlos Vieira von Adamek, j. em 24/03/2008.
44. "A capacidade de ser parte no processo civil... não cabe apenas às pessoas naturais e jurídicas. Há, também, certas massas patrimoniais necessárias, que, embora não gozem de personalidade jurídica, são admitidas a figurar em relações processuais como parte ativa ou passiva. Tais são a massa falida, o espólio e herança vacante ou jacente... a massa do insolvente civil... e as sociedades sem personalidade jurídica... A essa atribui-se a denominação de pessoas formais. Têm, portanto, capacidade para figurar como parte na relação processual: a) as pessoais naturais. b) as pessoas jurídicas e c) as pessoas formais" (Theodoro Jr., Humberto. *Curso...*, cit., 41. ed., 2004, p. 75).
45. Nesse sentido: *Juizado Especial de Pequenas Causas*, coordenação Kazuo Watabane, ed. 1986, RT.
46. Sobre a questão estrutural dos Juizados e demanda: Figueira Jr., Joel Dias, Juizados Especiais..., cit., p. 173.
47. Malgrado tratando-se de matéria afeta aos pressupostos processuais de validade e, assim, não sujeita a preclusão, comporte pronunciamento a qualquer tempo e grau de jurisdição, como, inclusive, decretado *ex officio* pelo TJSP no julgamento da Ap. Cív. 7.226.963-3, rel. Des. Simões de Vergueiro, v.u., j. 23/04/2008.
48. *Manual das Pequenas Causas*, cit., p. 35/36 (apud Chimenti, *Teoria e Prática...*, cit., p. 90).

"O condomínio e o espólio não podem propor ação no Juizado Especial em razão do disposto no art. 8º, § 1º, da Lei nº 9.099/1995" (Enunciado 10 do I EJSP, agosto de 2009; no mesmo sentido: Enunciado 46 do CRSP/FCC, setembro de 2009).

- Sobre a presença do espólio como sucessor da parte: item 1.3, *infra*.

### 1.2.1. Perda superveniente da legitimidade passiva *ad processum* (inciso IV)

Defesa a presença da *massa falida* e do *insolvente civil* no Juizado (art. 8º, *caput*), a regra, por evidente, impede o ajuizamento de ações perante réus em tais condições.

De igual modo, quando se trata de *incapaz* ou *preso* (art. 8º, *caput*).

Não prejudica, todavia, o processamento das ações em curso quando ocorra a declaração de falência ou insolvência posterior, como pondera o Enunciado 51 do FONAJE, "os processos de conhecimento contra empresas sob liquidação extrajudicial, concordata ou recuperação judicial devem prosseguir até a sentença de mérito, para constituição do título executivo judicial, possibilitando a parte habilitar o seu crédito, no momento oportuno, pela via própria" (redação conforme XXI Encontro: 2007)[49].

Louvável, aliás, a expressão adotada no texto de que *devem prosseguir*, evidenciado tratar-se de permissivo incidental para situações nas quais o impedimento se apresenta quando já em curso a ação.

Como observa Ricardo Cunha Chimenti, "são inaplicáveis à concordata e à recuperação judicial o juízo universal da falência e a denominada *vis attractiva*, previstos respectivamente no art. 7º, § 2º, do Decreto-Lei nº 7.661/1945 e no art. 76 da Lei nº 11.101/2005", circunstância que autoriza a continuidade do processo perante o Juizado "enquanto o valor devido for ilíquido"[50].

Não se olvida da inconveniência dilatória do procedimento, gerada pela necessidade de intervenção no processo do gestor do insolvente (síndico, comissário ou administrador) ou do incapaz e do preso (curador). Prejuízo maior, porém, resulta de impor ao autor a instauração de nova instância. Assim, dos *males o menor*, o aproveitamento da ação já em curso é medida que melhor se enquadra à diretriz ditada pelo *princípio da razoabilidade*[51], justificando, a benefício da parte, o sacrifício da celeridade.

- Sobre a intervenção da Curadoria nos casos incidentais de incapacidade e custódia: comentários ao art. 56, item 2.1.1.
- "Ação de obrigação de fazer: custeio de atendimento médico-hospitalar à filha dos Autores – Sentença: procedência – Recurso: Ré. Plano de saúde: contratos

49. Texto anterior: "os processos de conhecimento contra empresas sob liquidação extrajudicial devem prosseguir até a sentença de mérito, para constituição do título executivo judicial, possibilitando à parte habilitar o seu crédito, no momento oportuno, pela via própria" (VII Encontro: 2000).

50. *Teoria e Prática...*, cit., 10. ed., 2008, p. 240-241.

51. "*Batizado pelo Direito alemão, de princípio da proporcionalidade*" (Alves, Eliana Calmon, *Princípios e Garantias Constitucionais do Processo*, in Biblioteca Digital do STJ: www.stj.jus.br), segundo o qual "exigem-se, continuadamente, do Poder Judiciário decisões razoáveis, equilibradas, coerentes e atinentes aos postulados de Justiça" (Góes, Gisele Santos Fernandes, *Princípio da Proporcionalidade no Processo Civil*, Saraiva, 2004, p. 57).

sucessivos – Menor que assume a condição de titular: ilegitimidade ativa *ad causam* dos pais para pleitear, em nome próprio, o cumprimento do contrato (art. 6º, CPC). Recurso provido em parte" (CRSP, R.I. 989.09.006404-6, j. 29/05/2009).

• Em sentido contrário, Mônica Rodrigues Dias de Carvalho: comentários ao art. 8º.

Para Jorge Alberto Quadros de Carvalho Silva: "se no curso do processo for decretada a falência do réu ou declarada a insolvência do autor ou do réu, deverá o juiz extinguir o processo, sem o julgamento do mérito, conforme dispõe o inciso IV do art. 51, da Lei nº 9.099/1995"[52].

Humberto Theodoro Jr.: "Haverá, segundo o art. 51 da Lei nº 9.099, extinção do processo sem julgamento de mérito... *d*) quando sobrevier qualquer dos impedimentos previstos no art. 8º da Lei nº 9.099, ou seja, quando, por fato superveniente, o direito disputado passar a titularidade de incapaz, massa falida, insolvente civil ou pessoa jurídica (inciso IV)"[53].

Ricardo Cunha Chimenti, de seu turno, entende que: "o credor pode acionar o concordatário ou aquele que estiver em recuperação perante o Sistema dos Juizados Especiais"[54].

### 1.2.2. Perda superveniente da legitimidade ativa *ad processum* (inciso IV)

A crise pode se apresentar também no polo ativo da ação, no caso de insolvência, falência ou concordata decretada depois do ajuizamento, visto que franqueado o acesso de pessoas jurídicas ao Juizado como autoras.

Ademais, não se pode olvidar da possibilidade de interdição do autor, ou mesmo de sua custódia no curso do processo.

Nesses casos, uma vez mais, para salvaguarda do *princípio da razoabilidade*, como acima exposto[55], prevalece o aproveitamento da ação em curso.

• Sobre a legitimidade *ad processum* das pessoas jurídicas: item 1.2.a, *supra*.

• Em sentido contrário, para Ricardo Cunha Chimenti: "é possível que no curso da ação alguma das partes se torne incapaz, seja presa ou mesmo caia em insolvência... a solução imposta pelo legislador é a extinção do processo de conhecimento sem o julgamento de seu mérito"[56].

## 1.3. Morte da parte (incisos V e VI)

Para preservação da celeridade, dita o inciso V, do art. 51, que o processo será

52. *Lei dos Juizados...*, ob. cit., p. 52, ressalvando, na sequência, que "se houver fraude à lei e se verificar uma das hipóteses do art. 28 do Código de Defesa do Consumidor, poderá o juiz desconsiderar a personalidade jurídica da empresa e continuar o processo diante dos sócios, que responderão com os seus bens particulares".

53. *Curso de Direito Processual Civil*, v. III, 35. ed., Forense, 2005, p. 482-483.

54. *Teoria e Prática...*, cit., p. 241.

55. Item 1.2.1 *supra*.

56. *Teoria e Prática...*, cit., 10. ed., 2008, p. 240.

extinto *"quando, falecido o autor, a habilitação depender de sentença ou não se der no prazo de trinta dias"*[57].

De outro turno, *"quando falecido o réu"*, dar-se-á a extinção, se *"o autor não promover a citação dos sucessores no prazo de trinta dias..."* (inciso VI).

Assim, também no particular distancia-se o Sistema do Juizado do Código de Processo Civil (art. 265, I), onde prevalece que "o falecimento de uma das partes tem o efeito de suspender o processo, e ele só retoma o curso após a habilitação dos sucessores ou a prova de que, intimados a fazê-lo, silenciaram, desinteressando-se, assim, da sorte da causa; quando os sucessores não acodem espontaneamente ao processo, cabe à contraparte indicar-lhes o nome e o endereço para a devida intimação" (STJ, AgRg no REsp 248.625, 3ª Turma, rel. Min. Ari Pargendler, j. 19/11/2001).

Encontra, porém, na falta de disposição específica da Lei nº 9.099, tratamento único em relação ao termo *a quo* de suspensão, a cujo respeito esclarece Fábio Gomes que:

> No que diz respeito ao termo inicial da suspensão nos casos de morte... de qualquer dos litigantes, não obstante algumas vozes discordantes, entendemos mais judicioso e adequado o entendimento que aponta para "exato momento em que o fato ocorre, a despeito de somente mais tarde o juiz vir a ter conhecimento dele e declarar suspenso o processo, despacho de efeitos evidentemente retroativos"[58].
>
> Ainda que o juiz venha a tomar conhecimento da morte ou da incapacidade dias, ou mesmo depois, a eficácia da decisão suspensiva do processo será preponderantemente declaratória e, por via de consequência, com efeitos *ex tunc*, retroagindo, portanto, ao momento da ocorrência. Entendimento contrário com toda a certeza poderia ensejar consequências inaceitáveis, como pondera Moniz de Aragão em sua crítica a Hamilton de Moraes e Barros, bastando atentar-se para a hipótese da morte de um réu logo após a citação, com a decretação da revelia e o julgamento antecipado da lide, por haver o juiz tomado conhecimento do fato somente após sentenciar[59]. Além da abalizada doutrina, também a jurisprudência se inclina claramente no sentido de que "a suspensão do processo, em razão da morte de uma das partes, é automática e se inicia no momento em que se dá a ocorrência do fato, tendo a decisão que a declara efeito *ex tunc*"[60-61].

Não significa, contudo, a inarredável anulação do processo, "pois não basta a existência de irregularidade processual, é necessário que se verifique prejuízo, considerando que o Código de Processo Civil adotou o princípio *pas de nullité sans*

57. Sobre o procedimento de habilitação: arts. 1.055/1.062, CPC.
58. Conforme anotado no texto: "*E. D. Moniz de Aragão, Comentários ao Código de Processo Civil*, v. II, 7. ed., 1991, Forense, p. 520.
59. *Comentários*, loc. cit.
60. STJ, REsp 32.667, j. 24/06/1996; acrescentando o Autor serem "nulos os atos praticados após o falecimento (*RT 606/90, RJTJTESP* 84/160, *JTA 88/97*, 94/265, 112/162, 1112/367)" (Negrão, Theotonio, *Código de Processo Civil e legislação processual em vigor*, 30. ed., Saraiva, 1999, p. 316, nota 17d ao art. 265).
61. *Comentários ao Código de Processo Civil*, v. 3, coordenação Ovídio A. Batista da Silva, RT, 2000, p. 191-192.

*grief* (não há nulidade sem prejuízo)" (STJ, REsp 767.186, 2ª Turma, rel. Min. Castro Meira, j. 24/08/2005).

Assim, deve o juiz, "ao pronunciar a nulidade" *supra* e declarar "que atos são atingidos" (art. 249, *caput*, CPC), levar em consideração o prejuízo efetivo experimentado pela parte.

É certo que a concentração dos atos processuais que informa o procedimento sumaríssimo torna de difícil ocorrência o incidente *supra*[62].

Todavia, não se pode olvidar que a realidade do foro, com a inevitável sobrecarga das pautas, vem impondo o abrandamento do rito, como bem ilustra o Enunciado 15 do CRSP: "não é obrigatória a designação de audiência de conciliação e de instrução no Juizado Especial Cível em se tratando de matéria exclusivamente de direito" (novembro de 2007), circunstância que aumenta a possibilidade da ausência do réu no processo, bem como do autor, quando sobrevier a sentença.

• "Não é obrigatória a designação de audiência de conciliação e de instrução no Juizado Especial Cível em se tratando de matéria exclusivamente de direito" (Enunciado 15 do CRSP/FCC, setembro de 2009).

• A sucessão *causa mortis* tem por pressuposto que não se trata de direito "*intransmissível por disposição legal*" (art. 267, IX, CPC).

• Jorge Alberto Quadros de Carvalho Silva adverte que: "... se a sucessão se der em favor de incapaz, o processo deverá ser extinto, obedecendo-se ao disposto no art. 8º, *caput*, da Lei nº 9.099/1995. De igual modo, se a sucessão ocorrer pela morte do réu, o espólio só poderá figurar no polo passivo se não houver herdeiro incapaz"[63].

## 2. CAUSAS EXTINTIVAS RELATIVAS AO PROCESSO

### 2.1. Inadmissibilidade do procedimento (inciso II, 1ª parte)

O campo de atuação do Juizado, além das restrições ditadas em relação à legitimidade *ad processum*, é informado (art. 3º) pelas competências em razão da matéria (incisos II a IV) e valor de alçada (inciso I), que entendeu o legislador serem de *menor complexidade*.

62. "O procedimento é o seguinte: (a) o processo se instaurará via postulação escrita ou oral na Secretaria do Juizado; (b) registrada a postulação, o secretário designará dia para a sessão de conciliação, determinando a citação do réu; (c) aberta a sessão, o juiz esclarecerá as partes sobre as vantagens da conciliação, a qual será conduzida por ele ou por um conciliador, sob a sua orientação. (d) obtida a conciliação, esta será reduzida a escrito e homologada pelo juiz; (e) não obtida a conciliação, as partes poderão optar, de comum acordo, pelo juízo arbitral, passando o processo a ser conduzido pelo árbitro, que deverá apresentar o seu laudo ao térMin. da audiência ou nos cinco dias subsequentes; (f) não sendo instituído o juízo arbitral, após a oportunidade de defesa que poderá ser escrita ou oral, proceder-se-á de imediato a instrução e ao julgamento" (Borges, Marcos Afonso, Resenha da justiça especial das pequenas causas, in *Processo e Constituição*: Estudos em homenagem ao Professor José Carlos Barbosa Moreira, coordenação Luiz Fux, Nelson Nery Jr. e Teresa Arruda Alvim Wambier, RT, 2006, p. 472).

63. *Lei dos Juizados...*, ob. cit., p. 190.

A primeira categoria, por referência ao art. 275, II, do Cód. de Proc. Civil (art. 3º, II), contempla as ações, "qualquer que seja o valor"[64], e que digam respeito a: (*a*) "arrendamento rural e de parceria agrícola", (*b*) "cobrança ao condôMin. de quaisquer quantias devidas ao condomínio", (*c*) "ressarcimento por danos em prédio urbano ou rústico", (*d*) "ressarcimento por danos causados em acidente de veículo de via terrestre", (*e*) "cobrança de seguro, relativamente aos danos causados em acidente de veículo, ressalvados os casos de processo de execução".

Receber essa norma como mera referência aos casos previstos no inciso II do art. 275, mantida a restrição de alçada, implica admitir que o texto seria, em verdade, despiciendo, já autorizado o acesso ao Juizado pelo art. 3º, inciso I.

Prevalece, portanto, como previsto no Enunciado 58 do FONAJE[65], que "as causas enumeradas no inciso II são de menor complexidade pelo critério material, independentemente de seu valor... O autor pode escolher se quer deduzir sua pretensão perante o juízo comum, utilizando-se do procedimento sumário do CPC, com todas as garantias processuais daí decorrentes (recursos amplos, REsp ao STJ, ação rescisória etc.), ou perante o juizado especial cível, com as restrições que nele existem" (Nelson Nery Jr. e Rosa Maria de Andrade Nery)[66].

Ao lado destas, "as ações de despejo para uso próprio" (art. 3º, III) e as "possessórias sobre bens imóveis de valor não excedente ao fixado no inciso I deste artigo" (inciso IV).

No segundo grupo, as "causas cujo valor não exceda a quarenta vezes o salário-mínimo" (art. 3º, inciso I)[67], excluídas, ainda que respeitada a alçada, as ações "de natureza alimentar, falimentar, fiscal e de interesse da Fazenda Pública, e também as relativas a acidentes de trabalho, a resíduos e ao estado e capacidade das pessoas, ainda que de cunho patrimonial" (art. 3º, § 2º).

Nesse contexto, o ajuizamento de eventual ação que desrespeite as regras acima deve receber pronto indeferimento.

- Sobre legitimidade *ad processum*: item 1.2, *supra*.
- Cabe ao Juizado, também, o cumprimento de seus julgados (art. 3º, § 1º, I), bem

64. Nesse sentido: Lei Complementar de São Paulo nº 851, de 21, inciso II, *in fine*, ao prever como de competência do Juizado as causas *enumeradas no art. 275, inciso II, do Código de Processo Civil, sem limitação de valor* (embora, como adverte Ricardo Cunha Chimenti, de "duvidável constitucionalidade, pois não há lei complementar delegando ao Estado de São Paulo competência para legislar sobre normas processuais relacionadas aos Juizados Especiais Cíveis" (*Teoria e Prática*, cit., p. 32).

65. "As causas cíveis enumeradas no art. 275, II, do CPC admitem condenação superior a 40 salários-mínimos e sua respectiva execução, no próprio Juizado" (IX Encontro: 2001). Editado em substituição ao Enunciado Cível 2: "as causas cíveis enumeradas no art. 275, inciso II, do Código de Processo Civil, ainda que de valor superior a 40 salários-mínimos, podem ser propostas no Juizado Especial" (IV Encontro: 1998).

66. *Código...*, 10. ed., 2007, p. 1470; também nesse sentido: Silva, Jorge Alberto Quadros de Carvalho, *Lei dos Juizados...*, ob. cit., p. 20-21.

67. Quanto a esse critério, como pontificado por Calmon de Passos: "a consideração do valor da causa, para efeito de exceção ao rito ordinário, é regra velha. Conservou-a o Código. Pessoalmente temos aversão invencível à adoção de critérios econômicos para fins de administração da Justiça. Mas isso é irrelevante" (*Comentários ao Código de Processo Civil*, v. III, 8. ed., 2. tiragem, 1988, p. 59).

como a execução "dos títulos executivos extrajudiciais, no valor de até quarenta vezes o salário-mínimo, observado o disposto no § 1º do art. 8º desta Lei" (inciso II).

• *"Nas causas enumeradas no art. 275, II, do CPC, não há o limite de valor previsto no inciso I do art. 3º da Lei nº 9.099/1995 porque nesse caso, a competência é definida em razão da natureza da causa e não do seu valor"* (STJ, REsp 151.703, 4ª Turma, rel. Min. Ruy Rosado Aguiar, j. 24/03/1998; no mesmo sentido da Turma: REsp 146.189, rel. Min. Barros Monteiro, j. 24/03/1998).

• "Em observância ao art. 2º da Lei nº 9.099/1995, o valor da causa corresponderá à pretensão econômica objeto do pedido" (Enunciado 39 do FONAJE, V Encontro: 1999).

• "Para efeito de alçada, em sede de Juizados Especiais, tomar-se-á como base o salário-mínimo nacional" (Enunciado 50 do FONAJE, VII Encontro: 2000).

"Para aferição do valor da causa levar-se-á em conta o salário-mínimo nacional em vigor na data da propositura da ação" (Enunciado 3 do I FJSP, agosto de 2009; no mesmo sentido: Enunciado 43 do CRSP/FCC, setembro de 2009).

• "O Juizado Especial Cível é competente para julgar ações que discutem diferenças de expurgos inflacionários" (Enunciado 38 do CRSP/FCC, setembro de 2009).

• "Ação de cobrança: diferença entre débito e o quanto apurado pela venda em leilão extrajudicial de veículo apreendido – Sentença: extinção terminativa em razão do valor do contrato e o de alçada do Juizado – Recurso: Autor. Valor da ação: contrato – Proporcionalidade com o objeto da causa. Recurso provido" (CRSP, R.I. 989.09.007729-6, j. 29/05/2009).

• "Embargos à execução... Cumprimento de sentença... Restrição de alçada – Questão que exige rever os fundamentos da sentença, defeso em sede de impugnação... Recurso não provido" (CRSP, R.I. 13.146, j. 31/07/2008).

• Em sentido contrário:

Mônica Rodrigues Dias de Carvalho: comentários ao art. 3º.

Ricardo Cunha Chimenti: "a interpretação sistemática da Lei nº 9.099/1995, em especial a análise conjunta dos seus arts. 3º, § 3º, 15 e 39, autoriza a conclusão de que a sentença condenatória, mesmo nas hipóteses do inciso II do art. 275 do CPC, será ineficaz na parte que superar a alçada do sistema especial"[68].

Joel Dias Figueira Jr., após detalhada abordagem do tema, inicia suas conclusões, também contrárias ao texto, observando que:

> Além do que já dissemos..., havemos ainda de assinalar que o inciso II do art. 3º da Lei nº 9.099/1995 não traz a ressalva encontrada no inciso II do art. 295 do CPC, ou seja, que será observado, no caso, o procedimento sumaríssimo "nas causas qualquer que seja o valor: a) (...)". O que o legislador fez na Lei dos Juizados Especiais foi tão somente referir-se genericamente aos vários tipos de demandas enumeradas nas alíneas do inciso II do art. 275, e não à inexistência de limitação.

68. *Teoria e Prática...*, cit., 10. ed., 2008, p. 32.

> Por outro lado, não se pode deixar de admitir que a técnica redacional empregada, também neste particular, foi de uma infelicidade extrema, dando margem a discussões que poderiam ser facilmente eliminadas.
>
> Se é exato que o legislador negligenciou a redação do art. 3º, por outro lado, também não é menos verdadeiro que a sua intenção era apenas aludir às demandas enumeradas nas alíneas contidas no inciso II, do art. 275, que representam, ao menos em princípio, causas de **menor complexidade**. A limitação de valor já estava implicitamente inserida na Constituição Federal, art. 98, inciso I, e no *caput* do art. 3º da Lei nº 9.099/1995 e, de maneira explícita, no inciso I e § 3º, do art. 3º e nos arts. 15 e 39[69].

Cássio Scarpinella Bueno discorda também, objetando, inclusive, que:

> não há **opção, alternativa** ou **faculdade**... pelo "procedimento sumário" ou mediante o "procedimento" dos Juizados Especiais. Se o... conflito for daqueles que a **lei** reservou para o âmbito dos Juizados Especiais... é aquele **órgão jurisdicional** (aquele **juízo**) que deverá ser provocado para prestar tutela jurisdicional com exclusão de qualquer outro.
>
> ...
>
> A pertinência do procedimento sumário... pressupõe que não se esteja diante de uma das hipóteses que a lei, legitimamente, reserva (com exclusividade) para os Juizados Especiais.
>
> No âmbito estadual, o procedimento sumário, tal qual regulado pelo Código de Processo Civil, justifica-se para o julgamento das demandas em que o valor da causa for superior a quarenta e sessenta salários-mínimos **desde que** a matéria não seja uma daquelas previstas nos §§ 1º e 2º do art. 3º da Lei nº 9.099/1995, ou que as partes não observem as prescrições do art. 8º, *caput* e respectivo § 1º do mesmo diploma legal. É importante destacar... que as causas referidas no inciso II do precitado art. 3º precisam **também** observar o limite dos quarenta salários-mínimos...
>
> Se, fora daqueles casos, o autor quiser litigar perante o Juizado Especial poderá fazê-lo desde que renuncie, nos termos do art. 3º, § 3º, da Lei nº 9.099/1995, ao que seu direito exceder ao parâmetro dos quarenta salários-mínimos. Para este fim, porque a referência legislativa é feita ao direito **material**, há pleno sentido de sustentar haver uma opção ou uma alternativa, o que não ocorre... nas demais hipóteses[70].

Em sentido intermediário, para Humberto Theodoro Jr.:

> Pela **matéria**, são de competência do Juizado Especial: a) **as causas enumeradas no art. 275, II, do Código de Processo Civil**, ou seja, todas aquelas que, *ratione materiae*, devem, na Justiça contenciosa comum, seguir o rito sumário (Lei nº 9.099/1995, art. 3º, inciso II). A maioria delas refere-se à cobrança de créditos (aluguéis, danos, rendas,

69. *Juizados Especiais...*, cit., p. 104.
70. *Curso*, v. 2, tomo I, cit., p. 411-412 e 414-415.

honorários, seguros etc.). Algumas, porém, referem-se a coisas, como as derivadas do arrendamento rural e da parceria agrícola. Nas primeiras, o procedimento do Juizado Especial ficará restrito ao teto de 40 salários. Nas últimas, não haverá restrição ao valor da causa, por não se tratar de cobrança de crédito (Lei nº 9.099, art. 3º, § 3º)[71].

**a) Complexidade jurídica e probatória**

Diante da opção do legislador de estabelecer o alcance das denominadas *causas cíveis de menor complexidade*, como aquelas que se enquadrem nos critérios de valor (inciso I) e matéria (incisos II a IV) do art. 3º, a complexidade jurídica que possam encerrar não interfere na definição de competência do Juizado.

Assim, atendidas as diretrizes *supra*, "a menor complexidade da causa para a fixação da competência é aferida pelo objeto da prova e não em face do direito material" (Enunciado 54 do FONAJE, VIII Encontro: 2000).

Nesse contexto, só não comportam admissibilidade as causas que demandem prova pericial complexa (art. 35, *caput*).

- Sobre prova pericial complexa: 2.1.1.b, *infra*.
- "As ações envolvendo danos morais não constituem, por si só, matéria complexa" (Enunciado 69 do FONAJE, X Encontro: 2001).
- "As ações nas quais se discute a ilegalidade de juros não são complexas para o fim de fixação da competência dos Juizados Especiais" (Enunciado 70 do FONAJE, X Encontro: 2001).
- "É cabível, em Juizados Especiais Cíveis, a propositura de ação de revisão de contrato, inclusive quando o autor pretenda o parcelamento de dívida, observado o valor de alçada" (Enunciado 94 do FONAJE, XVIII Encontro: 2005).
- "A perícia é incompatível com o procedimento da Lei nº 9.099 e afasta a competência dos juizados especiais" (Enunciado 6 do I EJSP, agosto de 2009; no mesmo sentido: Enunciado 45 do CRSP/FCC, setembro de 2009).

Perícia complexa, por evidente, *ex vi* do art. 35, *caput*.

- "Juizado Estadual Cível – Competência – Critérios de alçada e matéria – Art. 3º, I a IV, Lei nº 9.099, de 26/09/1995. Complexidade jurídica da causa – Irrelevância para fins de alçada. Prova técnica complexa – Art. 35, *caput*, Lei nº 9.099 – Questão de mérito, cujo exame é posterior ao juízo de admissibilidade... Recurso provido" (CRSP, R.I. 30.376, j. 19/12/2007).
- "Ação de cobrança: despesas com exames laboratoriais não reembolsadas pelo seguro saúde – Sentença: terminativa (art. 51, II, Lei nº 9.099, de 26/09/1995) – Recurso: Autor. Juizado Especial Cível: competência de alçada (art. 3º, I, Lei 9.099) – Complexidade jurídica da causa: irrelevância. Recurso provido" (CRSP, R.I. 989.09.005373-7, j. 17/04/2009).

71. *Curso*, v. III, cit., p. 466.

**b) Procedimentos especiais e cautelares**

A *ratio essendi* do Juizado, pondera Joel Dias Figueira Jr., reside em viabilizar "**tutela diferenciada** *dos direitos, em que o instrumento deve, necessariamente, fornecer aos litigantes os indispensáveis valores representados pelo quadrinômio* **rapidez, segurança, economia** *e* **efetividade**"[72], como expresso no art. 2º.

Reforçam esse ideal os mecanismos restritivos de cognição (art. 3º, *caput*), competência (art. 3º, incisos I a IV, §§ 1º e 2º), e impossibilidade de liquidação posterior da "sentença condenatória" (art. 38, parágrafo único).

Nesse contexto, "é taxativo o elenco das causas previstas no art. 3º da Lei nº 9.099/1995" (Enunciado 30 do FONAJE, V Encontro: 1999), sendo, pois, incompatível com ações de procedimento especial, bem assim os cautelares:

> As causas que podem ser apresentadas ao Juizado Especial Cível são aquelas expressamente previstas no art. 3º da Lei nº 9.099/1995, não se admitindo interpretação extensiva, sob pena de tornar comum um Juizado Especial.
>
> Para o processo de conhecimento, o único procedimento previsto é o descrito nos arts. 14 e s. da lei. Não há possibilidade legal de aplicação de procedimentos especiais ou de sua adaptação ao procedimento do Juizado Especial... procedimento é matéria de ordem pública e não pode ser modificado pela vontade das partes ou do Juiz.
>
> ... os procedimentos especiais não o são gratuitamente. Vale mencionar as palavras de Antonio Carlos Marcato *"A especialidade não resulta, então, do simples encurtamento do rito processual, mas das próprias características que envolvem o litígio submetido à apreciação jurisdicional, assim como das exigências das pretensões nele contidas. O conflito de interesses a ser dirimido apresenta particularidades que escapam ao alcance de um tratamento processual comum, daí por que os procedimentos especiais se ajustam às peculiaridades das exigências das relações jurídicas nele deduzidas, tornando mais aparente e efetiva a relação existente entre o direito e o processo"* (in 'Procedimentos Especiais', Ed. Revista dos Tribunais, 4ª ed., 1991, p. 23).
>
> O espírito da lei é o de reservar ao Juizado **causas cíveis de menor complexidade** (art. 3º, da Lei nº 9.099/1995), e a admissão de outras de maior especialidade prejudicaria o objetivo de dar maior celeridade às chamadas pequenas causas.
>
> O art. 3º, em seu rol taxativo, prevê nos três primeiros incisos causas de procedimento comum, seja ordinário ou sumário (quanto ao inciso III, veja o art. 59 da Lei nº 8.245/1991). O único caso de procedimento especial é o do inciso IV, relativo a possessórias de imóveis, cuja única especialidade é a possibilidade de concessão inicial de liminar, prosseguindo pelo procedimento ordinário (art. 931 do CPC). Essa isolada exceção bem se adapta ao procedimento único do processo de conhecimento do Juizado Especial Cível, até porque aplicável tão só aos imóveis de pequeno valor.
>
> O mesmo se diga em relação a cautelares, que inclusive guardam relação de acessoriedade com dito processo principal que no caso concreto nem foi proposto ainda. O sistema admite apenas a apresentação de pedido de tutela antecipada no próprio procedimento padrão da Lei nº 9.099/1995, mas não a propositura de ações cautelares.

72. *Juizados Especiais...*, cit., p. 92.

Assim, nenhum outro procedimento especial pode ser admitido ao Juizado Especial Cível, dada sua flagrante incompatibilidade (CRSP, R.I. 22.335, rel. Juíza Mônica Rodrigues Dias de Carvalho, j. 23/10/2008).

Não significa, contudo, obste a concessão da tutela antecipada ou de natureza cautelar incidental, previstas no art. 273, *caput*, e § 7º, do Código de Processo Civil, cuja aplicação subsidiária informa os demais procedimentos (art. 272, parágrafo único, do mesmo Diploma).

De igual modo as antecipações previstas nos arts. 461, § 3º, e 461-A, § 3º, também do Diploma Processual.

Mas, a exemplo do quanto ocorre com as ações ajuizadas por espólio e admitidas no juízo de origem, também não se justifica, *ex vi* dos princípios da instrumentalidade e economia processual (art. 2º), a extinção na fase recursal das cautelares assim processadas.

- Sobre legitimidade *ad processum* do espólio: item 1.2.c, *supra*.
- "São cabíveis a tutela acautelatória e a antecipatória nos Juizados Especiais Cíveis, em caráter excepcional" (Enunciado 26 do FONAJE, V Encontro: 1999).
- "Juizado Especial Cível (art. 3º, Lei nº 9.099): cognição e competência (Enunciado 30, FONAJE) – Processo cautelar: incompatibilidade, sem prejuízo da tutela interinal (art. 273, CPC), satisfativa e cautelar (Enunciado 26, FONAJE). Recurso não provido" (CRSP, R.I. 14.624, j. 28/08/2008; no mesmo sentido: R.I. 17.955, j. 20/01/2009; 21.637, j. 20/01/2009; 21.658, j. 20/01/2009; e 989.09.007438-6, j. 29/05/2009).
- "Juizado Especial Cível (art. 3º, Lei nº 9.099, de 26/09/1995): cognição e competência (Enunciado 30, FONAJE) – Processo cautelar: incompatibilidade, sem prejuízo da tutela interinal (art. 273, CPC), satisfativa e cautelar (Enunciado 26, FONAJE). Procedimento, todavia, admitido e processado, inclusive com julgamento de mérito: extinção terminativa – Inadequação; Princípios da instrumentalidade e economia processual (art. 2º, Lei nº 9.099). Recurso não provido" (CRSP, R.I. 16.338, j. 25/09/2008; no mesmo sentido: R.I. 16.334, j. 16/10/2008; e 16.451, j. 15/09/2008).
- Em sentido contrário: "... o caráter acessório da cautelar tem um propósito específico, que é o de assegurar o resultado útil da pretensão do dito processo principal. Se assim é... excluir as cautelares da competência do JEC poderia equivaler, ao menos em certos casos, a negar jurisdição à parte" (CRSP, R.I. 22.202, rel. Juiz Theodureto Camargo, j. 23/10/2008).

### 2.1.1. Causa superveniente de inadmissibilidade (inciso II, 2ª parte)

**a) Juizado Informal de Conciliação**

Como autoriza o art. 58, *"as normas de organização judiciária local poderão estender a conciliação prevista nos arts. 22 e 23 a causas não abrangidas por esta Lei"*.

Desse modo, os Juizados Informais de Conciliação podem ser dotados de competência maior que o Juizado Especial.

Nesse diapasão, a 2ª parte do inciso II, do art. 51, determina a extinção terminativa do processo *"quando inadmissível o procedimento... após a conciliação".*

• A respeito dos Juizados Informais de Conciliação: comentários ao art. 58.

**b) Complexidade probatória em razão da defesa**

Embora a causa não apresente complexidade probatória *ab initio* é possível que tal decorra da defesa.

Nesse caso, por evidente, não se pode retirar do réu o acesso a essa prova, sob pena de violação ao art. 5º, inciso LV, da Constituição Federal.

Ademais, sendo opcional o procedimento sumaríssimo é preciso velar para que essa opção do autor não constitua expediente voltado, *rectius,* a cercear o direito de defesa do réu.

Havendo necessidade, pois, de prova complexa ditada pela defesa não resta, portanto, outra opção, senão a extinção do processo, com fundamento na 2ª parte do art. 51, inciso II.

• "O exercício do direito de ação no Juizado Especial Cível é facultativo para o autor" (Enunciado 1 do FONAJE, redação cf. VI Encontro: 1999)[73].

• "Ação de cobrança: valores a título de *pro labore* – Sentença: improcedência – Recurso: Autora. Juizado Especial Cível: complexidade probatória **após a apresentação da defesa** – Extinção terminativa: art. 51, II, Lei nº 9.099, de 26/09/1995. Recurso provido em parte" (CRSP, R.I. 989.09.005941-7, j. 03/06/2009).

• "Ação de obrigação de fazer, cumulada com cobrança: prestação de serviços de conexão à *Internet* (*speed*) – Sentença: procedência – Recurso: Ré. Obrigação de fazer: constatação técnica de impossibilidade de atendimento – Juizado Especial Cível: complexidade probatória após a apresentação da defesa – Extinção terminativa: art. 51, II, Lei nº 9.099, de 26/09/1995. Serviços não prestados: inclusão nas faturas – Inadmissibilidade. Recurso provido em parte" (CRSP, R.I. 989.09.006537-9, j. 29/05/2009).

• "Ação declaratória, cumulada com cobrança e indenização por danos morais: fatura indevida de serviços de telefonia e registro da pendência – Sentença: procedência parcial, rejeitado o pedido de cobrança – Recurso: Ré. Sindicância interna: constatação de chamadas a programa de televisão – Verossimilhança da tese defensiva: ligações sequenciadas – Prova pericial: razoabilidade. Juizado Especial Cível: complexidade probatória **após a apresentação da defesa** – Extinção terminativa: art. 51, II, Lei nº 9.099, de 26/09/1995. Recurso provido" (CRSP, R.I. 989.09.006838-6, j. 29/05/2009).

## 2.2. Incompetência relativa (inciso III)

Ao contrário do Código de Processo Civil, onde a incompetência relativa, informada pelos critérios territorial e de valor (art. 111, *caput,* 2ª parte, CPC), implica a

73. Texto anterior: "O procedimento do Juizado Especial Cível é facultativo para o autor" (IV Encontro: 1998).

remessa dos autos "ao juiz competente" (art. 311, CPC), no Juizado Especial trata-se de vício peremptório.

Resulta isso da preocupação do legislador em zelar pelo princípio da celeridade (art. 2º), salvaguarda incompatível com instrumentos processuais dilatórios do procedimento, como ocorre com o da correção da competência admitida no Código Processual.

### 2.2.1. Declaração *ex officio*

O tratamento peremptório dispensado à matéria pela Lei nº 9.099 retira das partes a possibilidade de *modificação voluntária* da competência relativa, que lhes é facultada pelo Código de Processo Civil, mediante a prorrogação autorizada pelo art. 114, 2ª parte.

Significa, portanto, que, "a incompetência territorial pode ser reconhecida de ofício no sistema de juizados especiais cíveis" (Enunciado 89 do FONAJE, XVI Encontro: 2004)[74].

A parte, por sua vez, querendo arguir o vício deverá suscitar o tema como preliminar de contestação, haja vista que o art. 30 reserva a arguição via exceção apenas aos casos de "suspeição ou impedimento".

• "Juizado Especial – Incompetência territorial. Matéria *ex officio* – Enunciado 89, FONAJE (art. 51, inciso III, Lei nº 9.099, de 26/09/1995)... Recurso não provido" (CRSP, R.I. 3.058, j. 08/05/2008; no mesmo sentido: R.I. 3.059, j. 08/05/2008; e 23.186, j. 05/02/2009).

• "Conflito de competência – Ação de cobrança: cheque. Recebimento dos autos com designação de audiência – Perpetuação de jurisdição: inocorrência – Remessa *ex officio* ao Juizado do domicílio do réu: possibilidade. Art. 87, CPC: elementos do incidente que não indicam alteração de endereço posterior ao ajuizamento. Cheque: praça de pagamento – Competência: Lei nº 7.357, de 02/09/1985, art. 2º, I, e art. 100, IV, *d*, CPC. Recebimento dos autos, onde suscitado o conflito – Fixação de competência a favor do Juizado Suscitante" (CRSP, CC 989.09.007928-0, j. 29/05/2009).

• "Incompetência relativa – Hipótese que autoriza a extinção terminativa do processo (art. 51, III, Lei nº 9.099), mas não implica em incompetência absoluta para que possa ser arguida a qualquer tempo e grau de jurisdição... Recurso não provido" (CRSP, R.I. 13.146, j. 31/07/2008; no mesmo sentido: R.I. 27.044, j. 05/02/2009).

• "Consórcio – Ação de cobrança de valores pagos. Relação de consumo – Juízo competente: autor. Remessa *ex officio* ao juízo do domicílio do réu – Expediente possível, todavia, *in casu*, equivocado. Recebimento dos autos com designação de audiência e recebimento de contestação, sobrevindo decisão que reconhece a

74. O Enunciado Cível 89 revigora o anterior de nº 16 ("A incompetência pode ser reconhecida, pelo juiz, de ofício, em razão dos princípios processuais informativos dos Juizados Especiais, extinguindo-se o processo na forma do art. 51, inciso III, da Lei nº 9.099/1995"), editado no IV Encontro: 1998 e cancelado no VI Encontro: 1999.

incompetência – Perpetuação de jurisdição: inocorrência. Conflito de competência procedente, fixada a competência do Juizado onde o autor tem domicílio" (CRSP, CC 4.197, j. 10/07/2008).

• "Cartão de crédito – Ação declaratória. Remessa *ex officio* ao juízo do domicílio do réu – Expediente possível, todavia, *in casu*, equivocado. Relação de consumo – Juízo competente: autor. Conflito de competência – Juizado do domicílio do autor" (CRSP, CC 4.383, j. 13/11/2008).

• "Caderneta de poupança: diferença de rendimentos – Competência: local da agência onde celebrado o contrato. Juizado Especial: incompetência territorial – Matéria *ex officio*: Enunciado 89, FONAJE (art. 51, inciso III, Lei nº 9.099, de 26/09/1995). Procedimento, todavia, admitido e processado: extinção terminativa – Inadequação: princípios da instrumentalidade e economia processual (art. 2º, Lei nº 9.099). Recurso provido" (CRSP, R.I. 25.381, j. 05/02/2009).

• Em sentido contrário, para Erick Linhares, o pronunciamento *ex officio* da incompetência relativa *"não encontra amparo na jurisprudência mais abalizada, pois sendo a incompetência territorial relativa, não pode ser declarada de ofício (Súmula 33/STJ)"*[75].

Súmula 33, do STJ: *"A incompetência relativa não pode ser declarada de ofício"*.

Também para Joel Dias Figueira Jr.:

> a incompetência relativa não pode ser declarada de ofício, cabendo ao réu alegá-la em contestação, o que fará na audiência de conciliação, instrução e julgamento. Não haverá, contudo, prorrogação da competência para os Juizados Especiais se a matéria ou o valor da causa não estiverem em perfeita harmonia com os enunciados do art. 3º da Lei nº 9.099/1995[76].

"Conflito de competência. Impossibilidade de arguição de oficio de incompetência relativa... Conflito julgado procedente..." (CRSP, CC 1.162, Rel. Juiz João Batista Silvério da Silva, j. 09/04/2008).

"Incompetência relativa – Necessidade de oposição da correspondente exceção – Inexistência – Competência *ratione loci* – Possibilidade de prorrogação – Preliminar rejeitada" (CRSP, R.I. 28.482, Rel. Roberto Caruso Costabile e Solimene, j. 15/01/2009).

"Conflito de competência – A incompetência relativa de natureza territorial não pode ser declarada de ofício – Conflito provido" (CRSP, CC 989.09.004367-7, rel. Juiz Alcides Leopoldo e Silva Jr., j. 30/07/2009).

**a) Desaforamento**

Malgrado a extinção terminativa ditada pela Lei nº 9.099, no âmbito do Tribunal

75. *Juizados Especiais...*, ob. cit., p. 121.
76. *Manual...*, cit., p. 304.

de Justiça de São Paulo constatada a incompetência territorial *ab initio*, ou seja, desde logo pela "seção de atendimento e triagem", esta cuidará de encaminhar "o expediente ao Juizado competente para processamento e julgamento da causa" (Prov. CSM nº 1.670, de 19/05/2009)[77].

De igual modo, como obtempera Joel Dias Figueira Jr.,

> a regra insculpida no art. 51 da Lei nº 9.099/1995 é a extinção do processo, nada impedindo que, em determinadas situações excepcionais, verificadas as particularidades do caso concreto, opte o magistrado pela redistribuição, por interpretação analógica e sistemática com o CPC, particularmente o art. 113, § 2º, c/c art. 311, ambos da lei adjetiva civil e em harmonia com os princípios insculpidos no art. 2º da Lei dos Juizados Especiais e no art. 98, inciso I, da Constituição Federal[78].

• Sobre o Prov. CSM nº 1.670: comentários ao art. 58, item 2.

• "Consórcio – Ação de cobrança de valores pagos. Relação de consumo – Juízo competente: autor. Remessa *ex officio* ao juízo do domicílio do réu – Expediente possível, todavia, *in casu*, equivocado. Recebimento dos autos com designação de audiência e recebimento de contestação, sobrevindo decisão que reconhece a incompetência – Perpetuação de jurisdição: inocorrência. Conflito de competência procedente, fixada a competência do Juizado onde o autor tem domicílio" (CRSP, CC 4.197, j. 10/07/2008).

• "Juizado Especial – Incompetência territorial. Extinção terminativa: matéria *ex officio* – Enunciado 89, FONAJE (art. 51, inciso III, Lei nº 9.099, de 26/09/1995). Caderneta de poupança – Diferença de rendimentos. Competência – Local da agência onde celebrado o contrato. Petição inicial dirigida a Juizado diverso do receptor – Remessa: Provs. 738/2000 e 806/2003, CSM. Documentos essenciais – Juízo de admissibilidade a cargo do Juizado competente. Recurso parcialmente provido, com observação" (CRSP, R.I. 23.186, j. 05/02/2009).

• "Ação de cobrança: caderneta de poupança – Diferenças Plano Bresser: agência depositária da Caixa Econômica Federal. Competência *ratione personae*: Juizado Especial Federal – Extinção terminativa: afastamento, para remessa dos autos, como medida de salvaguarda do direito da parte. Recurso provido" (CRSP, R.I. 8.574, j. 31/07/2008).

### 2.2.2. Incompetência absoluta

A respeito do art. 51 observa Cândido Rangel Dinamarco que "a lei não fala em extinção em virtude da *incompetência absoluta*, porque esta coincide, em sua ocorrência prática, com os casos de inadmissibilidade do processo especial"[79].

77. Que deu nova redação a dispositivos do Cap. IV das NSCGJ, revogando, dentre outros atos, os Provs. CSM nº 738/2000 e nº 806/2003.
78. *Manual...*, cit., p. 299.
79. *Manual das Pequenas Causas*, cit., p. 113-114 (apud Figueira Jr., Joel Dias, *Juizados Especiais...*, cit., p. 331).

Desse modo, uma vez mais se distanciando do Código de Processo Civil, no qual também o reconhecimento da incompetência absoluta implica na remessa dos autos (art. 113, § 2º, *in fine*), no Sistema o vício é causa de extinção do processo.

**a) Foros regionais ou distritais**

Para melhor administração da atividade jurisdicional, em São Paulo, no Município da Capital e em outros, além das varas especializadas "e varas cíveis comuns centrais, a lei de organização judiciária estabeleceu o sistema das varas distritais e Fóruns Regionais combinando critérios de valor, matéria e território. Não se trata de uma divisão de foro, porquanto todas estão na comarca da Capital, mas uma divisão de juízos, por critérios combinados, o que leva à conclusão de que a competência das varas distritais é absoluta e não territorial, ainda que o critério prevalecente seja o da territorialidade" (Vicente Greco Filho)[80].

Nesse diapasão, colaciona Ricardo Cunha Chimenti decisão da Câmara Especial do Tribunal de Justiça de São Paulo[81], a qual, a respeito da Comarca da Capital:

> ...reconheceu a possibilidade de a incompetência de juízo ser reconhecida de ofício, nos seguintes termos:
>
> "Firme é o entendimento desta E. Câmara Especial de ser absoluta a competência dos Foros desta Comarca, ainda que fixada pelo critério da territorialidade, por objetivarem as regras que definem o atendimento do interesse público da boa administração da Justiça"[82].

Tratando-se, pois, de acordo com essas diretrizes, de divisão de juízos da mesma comarca, como conclui o Autor, nada obsta "o reconhecimento de ofício da incompetência do juízo suscitado"[83].

## 3. DEMAIS CASOS

**a) Pressupostos processuais e condições da ação**

Apesar do abrandamento das formas, ditado "pelos critérios da oralidade, simplicidade, informalidade, economia processual e celeridade" (art. 2º), o processo no Juizado também se sujeita ao atendimento dos pressupostos processuais e das condições da ação.

Nesse sentido: CRRGS, Rec. 71001494947, rel. Juíza Mylene Maria Michel, j. em 28/11/2007.

80. *Direito Processual Civil Brasileiro*, v. 1, 16. ed., Saraiva, 2002, p. 206.
81. CC 19.606-0/0, j. 08/09/1994.
82. CC 14.337-0, rel. Des. Yussef Cahali; 13.488-0, rel. Des. Odyr Porto; e 16.178, rel. Des. Cesar de Moraes.
83. *Teoria e Prática...*, cit., 10. ed., 2008, p. 239.

Em consequência, eventual vício a esse respeito implica na extinção do processo sem resolução de mérito (art. 267, IV, V e VI, CPC).

Não se pode olvidar, inclusive, da eventual perda incidental da capacidade postulatória gerada pelo gentil permissivo sugerido pelo Enunciado 36 do FONAJE no sentido de que "a assistência obrigatória prevista no art. 9º da Lei nº 9.099/1995 tem lugar a partir da fase instrutória, não se aplicando para a formulação do pedido e a sessão de conciliação" (redação conforme VI Encontro: 1999)[84].

Admitida, assim, a possibilidade do ajuizamento e processamento até a audiência de tentativa de conciliação sem a intervenção do advogado, malgrado o art. 9º, *caput*, dite que obrigatória essa assistência nas causas de valor superior a 20 salários-mínimos, não sobrevindo a regularização da representação processual após essa fase pelo autor de rigor o decreto extintivo.

• Em sentido contrário, para Jorge Alberto Quadros de Carvalho Silva:

> ...em se tratando do autor, o juiz não poderá extinguir o processo, com fundamento no art. 51, inciso I, porque o autor estará presente.
>
> O que o juiz deverá fazer... uma vez... obrigatória a assistência?
>
> *A resposta consiste na concessão da assistência judiciária prestada por órgão instituído junto ao Juizado Especial, consoante o § 1º do art. 9º...*[85].

• "Ação de indenização por danos morais, cumulada com 'sustação de protesto': apontamento em cartório de duplicata quitada. Condições da ação: matéria *ex officio* (art. 301, § 4º, CPC) não sujeita a preclusão – Arguição na fase recursal: possibilidade. Exclusão da corré, indicada na inicial, como credora, por ilegitimidade passiva *ad causam*, por não figurar como sacadora do título apresentado no cartório. Condenação do banco-recorrente ao pagamento de danos morais pelo protesto do título, tido como abusivo em razão da quitação a favor da corré excluída – Interação de negócios jurídicos distintos: inadequação. Recurso provido" (CRSP, R.I. 989.09.008646-5, j. 29/05/2009).

• Sobre o abrandamento da representação processual obrigatória: comentários ao art. 56, item 1.2.

**b) Pedido ilíquido**

Somente a título excepcional, "quando não for possível determinar, desde logo, a extensão da obrigação" (art. 14, § 2º), é possível admitir o pedido ilíquido no Juizado, certo que sua definição deve ocorrer no curso do processo, porquanto "não se admitirá sentença condenatória ilíquida" (art. 38, parágrafo único).

84. Texto anterior: "a assistência obrigatória prevista no art. 9º da Lei nº 9.099/1995 tem lugar a partir da fase instrutória, não se aplicando para a formulação do pedido e a sessão de conciliação, sendo necessária à postulação" (V Encontro: 1999).

85. *Lei dos Juizados...*, ob. cit., p. 66.

De rigor, assim, o indeferimento da inicial quando, respeitada a ressalva *supra*, não individualizar o valor da condenação e deixe o autor de sanar a pendência (art. 284, CPC).

• Sobre a intimação prévia do advogado e da parte: item 4, *infra*.

• "Caderneta de poupança – Diferenças. Sentença – Extinção terminativa: falta de individualização do pedido. Possibilidade de emenda da petição inicial (art. 284, CPC) – Adequação. Recurso provido" (CRSP, R.I. 989.09.009009-8, j. 29/05/2009; no mesmo sentido: R.I. 989.09.009015-2, j. 29/05/2009).

• "Petição inicial – Indeferimento – Pedido genérico – Hipótese não especificada na lei – Procedimento inadequado – Vedação de sentença ilíquida – Recurso não provido" (CRSP, R.I. 24.512, rel. Juíza Maria do Carmo Honório, j. 09/09/2009).

**c) Citação por edital (art. 18, § 1º)**

Como o art. 18, § 2º, veda a "citação por edital", assim, desautorizada, *ab initio*, a causa "*quando desconhecido ou incerto o réu*" (art. 231, I, CPC), será extinto o processo "*quando ignorado, incerto ou inacessível o lugar em que se encontrar*" (art. 231, II, CPC).

## 4. INTIMAÇÃO PRÉVIA (§ 1º)

Nos termos do art. 51, § 1º, "*a extinção do processo independerá, em qualquer hipótese, de prévia intimação pessoal das partes*", ou seja, exclui diligências preparatórias, como, *v.g.*, a do art. 267, § 1º, do Código de Processo Civil.

O dispositivo, porém, dispensa, tão só, a "prévia intimação pessoal das partes", como condição da extinção terminativa do processo e, assim, não se aplica aos casos em que cabe a intimação do advogado, como, *v.g.*, para a emenda da petição inicial (art. 284, *caput*, CPC).

Significa, portanto, que, por princípio básico de isonomia, como a Lei nº 9.099 confere capacidade postulatória à própria parte (art. 9º, *caput*), sua intimação pessoal é devida quando seria destinada ao advogado, se constituído fosse.

## 5. RECURSO

O art. 162, § 1º, do Código de Processo Civil define "sentença" como "*o ato do juiz que implica alguma das situações previstas nos arts. 267 e 269 desta Lei*"[86].

Correspondendo o referido art. 267 ao art. 51 da Lei nº 9.099, evidente que a extinção ditada com fundamento nesse dispositivo encerra uma sentença, como tal sujeita ao recurso previsto no art. 41, *caput*.

86. Redação conforme a Lei nº 11.232, 21/12/2005.

Apesar dos doutos entendimentos pela restrição do recurso apenas às sentenças de mérito, é preciso considerar, uma vez mais[87], que *ubi lex non dintiguit nec nos distinguire debemus.*

O art. 41, *caput*, é expresso ao prever que *"da sentença, excetuada a homologatória de conciliação ou laudo arbitral, caberá recurso para o próprio Juizado"*. Fosse, portanto, intenção do legislador obstar o recurso da sentença terminativa e teria acrescido essa hipótese à da sentença *homologatória de conciliação ou laudo arbitral.*

Ademais, pesa também que *"a lei nova, que estabeleça disposições gerais ou especiais a par das já existentes, não revoga nem modifica a lei anterior"* (art. 2º, § 2º, da Lei de Introdução do Código Civil – Dec.-Lei nº 4.657, de 04/09/1942). "Quis, assim, o estatuto... prevenir a hipótese de uma disposição..., que podendo subsistir a par da disposição... já existente, não importa a revogação desta... que não declare expressamente revogada... nem seja com ela incompatível" (Eduardo Espínola e Eduardo Espínola Filho)[88].

Diante da possibilidade de indeferimento da petição inicial, o recurso, nesse caso, abre ensejo ao juízo de retratação (art. 296, *caput*, CPC)[89] e, *"não sendo reformada a decisão, os autos serão imediatamente encaminhados ao tribunal competente"* (art. 296, parágrafo único, CPC)[90], no Juizado: *Colégio Recursal* (art. 41, § 1º).

- Em sentido contrário, Ricardo Cunha Chimenti defende que:

> Após a vigência da Lei nº 10.295/2001, cujo art. 5º estabelece que somente cabe recurso da sentença definitiva, foram suscitadas discussões sobre a extensão da regra exposta no art. 41 da Lei nº 9.099/1995.
>
> A interpretação sistemática dos arts. 2º e 41 da Lei nº 9.099/1995 induz à conclusão de que a intenção do legislador foi a de propiciar o recurso apenas das decisões que ponham fim ao processo, com resolução do mérito. É que somente nessa hipótese – de julgamento do mérito – se pode considerar que a lide teve solução dada pela sentença, que faz coisa julgada material, impedindo seja reaberta a questão em ação posterior.
>
> O mesmo não ocorre com as sentenças que extinguem o processo sem resolução do mérito, porque, além de não darem solução à lide, não fazem coisa material e propiciam, conforme o caso, o ajuizamento de nova demanda com o mesmo pedido. Nesse sentido o entendimento de J. E. Carreira Alvim, no seu **Juizados Especiais Federais** (ob. cit., p. 95 e o Recurso Inominado nº 20.261, do Primeiro Colégio Recursal da Cidade de São Paulo, do qual fui relator).
>
> A mesma interpretação ao art. 5º da Lei nº 10.259/2001 foi dada pelo Enunciado 18 das Turmas Recursais Federais do Rio de Janeiro: "Não cabe recurso de sentença que não

87. Item 1.2.b, *supra.*
88. A Lei de Introdução ao Código Civil Brasileiro, atualizada por Silva Pacheco, v. 1º, 2. ed., Renovar, 1995, p. 68, onde os autores esclarecem que essa regra tem aplicação aos casos de "revogação da lei geral pela especial, e à da lei especial pela geral... (e) TAMBÉM, os casos da revogação de uma lei geral por outra também geral, e da revogação de uma lei especial por outra, igualmente, especial".
89. Redação conforme a Lei nº 8.952, de 13/12/1994.
90. Acrescido pela Lei nº 8.952, de 13/12/1994.

aprecia o mérito em sede de Juizado Especial Federal (art. 5º da Lei nº 10.259/2001)".
A conclusão é que recursos contra sentenças que extinguem o processo sem resolução do seu mérito e sem a imposição de ônus para a parte autora não impedem a renovação do pedido e, por isso, são contrários ao princípio da celeridade[91].

## 6. REPROPOSITURA DA AÇÃO

A exemplo do quanto ocorre com o Código de Processo Civil, também no Juizado, salvo os casos afetos aos pressupostos processuais negativos (art. 267, inciso V), *"a extinção"* (terminativa) *"do processo não obsta a que o autor intente de novo a ação"* (art. 268, *caput*).

De fato, não prestada a tutela jurisdicional, por evidente, fica ressalvada ao autor a reabertura de instância.

Mas, como advertem Nelson Nery Jr. e Rosa Maria de Andrade Nery:

> a repropositura não é admitida de forma automática, devendo implementar-se o requisito faltante que ocasionou a extinção do processo. Por exemplo: processo extinto por ilegitimidade de parte somente admite repropositura se sobrevier circunstância que implemente essa condição da ação faltante no processo anterior. Do contrário, a repropositura pura e simples, sem essa observância, acarretaria nova extinção do processo sem resolução do mérito por falta de interesse processual (CPC 267 VI)[92].

Aliás, a renovação da ação sem que alterada a condição legitimante justifica a punição por litigância de má-fé (arts. 17 e 18, CPC), porquanto "constitui essa possibilidade de reiteração um verdadeiro acoroçoamento às aventuras judiciais, arrimadas no brocado, *lites habent sidera*, que não podem ter o beneplácito do legislador" (Donaldo Armelin)[93].

- "Juizado Especial – Incompetência territorial – Extinção. Ajuizamento de nova ação, no mesmo Foro, com endereço diverso – Inadmissibilidade, com a condenação do autor como litigante de má-fé. Não tendo o autor recorrido da primeira sentença, descabe o ajuizamento de nova ação, valendo-se do caráter terminativo da decisão anterior – *Bis in idem* – Art. 253, II, CPC. Argumentos centrados na fixação de competência pelo domicílio legal e erro material na elaboração da petição inicial anterior – Temas que deveriam ser suscitados no âmbito recursal da decisão original... Recurso não provido" (CRSP, R.I. 30.380, j. 19/12/2007).

91. *Teoria e Prática...*, cit., 10. ed., 2008, p. 192-193.
92. *Código...*, cit., 10. ed., 2007, p. 514.
93. *Legitimidade para Agir do Direito Processual Civil Brasileiro*, São Paulo: RT, 1979, p. 155.

## 6.1. Perempção

Prevê o art. 268, parágrafo único, do Código de Processo Civil que: "*se o autor der causa, por três vezes, à extinção do processo pelo fundamento previsto no nº III do artigo anterior, não poderá intentar nova ação contra o réu com o mesmo objeto, ficando-lhe ressalvada, entretanto, a possibilidade de alegar em defesa o seu direito*".

Desse modo, se o autor der causa no Juizado à extinção terminativa do processo, com fundamento no art. 51, inciso I, por *três vezes* ficará, do mesmo modo, impossibilitado de *intentar nova ação contra o réu com o mesmo objeto*, sem prejuízo, por evidente, da *possibilidade de alegar em defesa o seu direito*, operando-se, assim, a perempção enquanto pressuposto processual negativo[94].

• Para Cassio Scarpinella Bueno: "a 'perempção' é figura de discutível constitucionalidade quando confrontada como não pode deixar de ser, com qualquer instituto processual, com o 'modelo constitucional do processo civil'... A crítica quanto à constitucionalidade do dispositivo reside em que não parece legítimo, à luz do art. 5º, XXXV, da Constituição Federal ('Princípio da inafastabilidade da jurisdição'), permitir que o legislador impeça que se instaure um novo processo... naqueles casos em que, por qualquer razão, ela não tiver sido prestada anteriormente. Uma nova tentativa pode até, consoante o caso, ser tachada de má-fé, abusiva... O que não pode ocorrer, contudo, é impedir, pura e simplesmente, que se peça tutela jurisdicional naqueles casos em que não tenha havido ainda a [sua] prestação"[95].

Compartilhando da possibilidade dessa reprimenda processual, adverte Ricardo Cunha Chimenti que: "renovada a ação e verificada nova ausência injustificada do autor a qualquer das audiências, além das custas processuais o praticante do procedimento temerário poderá ser condenado a indenizar à parte contrária os prejuízos que esta sofreu, mais os honorários advocatícios e despesas que efetuou (arts. 17, V, e 18, ambos do CPC)"[96].

94. Nesse sentido: Marques, José Frederico, *Manual de Direito Processual Civil*, v. II, 7. ed., Saraiva, 1984, p. 143.

95. *Curso Sistemático de Direito Processual Civil*, v. 1, 2007, cit., p. 408.

96. *Teoria e Prática...*, cit., 10. ed., 2008, p. 243, sem prejuízo do reconhecimento da perempção, cuja incidência no Sistema é admitida pelo Autor a fls. 235.

Carlos Vieira von Adamek*

# 19

# Art. 52

## Seção XV
## Da Execução

**Art. 52. A execução da sentença processar-se-á no próprio Juizado, aplicando-se, no que couber, o disposto no Código de Processo Civil, com as seguintes alterações:**
**I - as sentenças serão necessariamente líquidas, contendo a conversão em Bônus do Tesouro Nacional - BTN ou índice equivalente;**
**II - os cálculos de conversão de índices, de honorários, de juros e de outras parcelas serão efetuados por servidor judicial;**
**III - a intimação da sentença será feita, sempre que possível, na própria audiência em que for proferida. Nessa intimação, o vencido será instado a cumprir a sentença tão logo ocorra seu trânsito em julgado, e advertido dos efeitos do seu descumprimento (inciso V);**
**IV - não cumprida voluntariamente a sentença transitada em julgado, e tendo havido solicitação do interessado, que poderá ser verbal, proceder-se-á desde logo à execução, dispensada nova citação;**
**V - nos casos de obrigação de entregar, de fazer, ou de não fazer, o Juiz, na sentença ou na fase de execução, cominará multa diária, arbitrada de acordo com as condições econômicas do devedor, para a hipótese de inadimplemento. Não cumprida a obrigação, o credor poderá requerer a elevação da multa ou a transformação da condenação em perdas e danos, que o Juiz de imediato arbitrará, seguindo-se a execução por quantia certa, incluída a multa vencida de obrigação de dar, quando evidenciada a malícia do devedor na execução do julgado;**

* Juiz de Direito em São Paulo, foi membro e presidente do Colégio Recursal Unificado dos Juizados Especiais de São Paulo. Especialista em Direito Processual Civil pela Escola Paulista da Magistratura – EPM. Docente formador e instrutor da EPM. Professor Universitário.

**VI – na obrigação de fazer, o Juiz pode determinar o cumprimento por outrem, fixado o valor que o devedor deve depositar para as despesas, sob pena de multa diária;**
**VII – na alienação forçada dos bens, o Juiz poderá autorizar o devedor, o credor ou terceira pessoa idônea a tratar da alienação do bem penhorado, a qual se aperfeiçoará em juízo até a data fixada para a praça ou leilão. Sendo o preço inferior ao da avaliação, as partes serão ouvidas. Se o pagamento não for à vista, será oferecida caução idônea, nos casos de alienação de bem móvel, ou hipotecado o imóvel;**
**VIII – é dispensada a publicação de editais em jornais, quando se tratar de alienação de bens de pequeno valor;**
**IX – o devedor poderá oferecer embargos, nos autos da execução, versando sobre:**
**a) falta ou nulidade da citação no processo, se ele correu à revelia;**
**b) manifesto excesso de execução;**
**c) erro de cálculo;**
**d) causa impeditiva, modificativa ou extintiva da obrigação, superveniente à sentença.**

## 1. CUMPRIMENTO DE SENTENÇA (TÍTULO EXECUTIVO JUDICIAL)

### 1.1. Competência

No Sistema dos Juizados Especiais de Pequenas Causas (Lei nº 7.244/1984) não havia, originalmente, regras próprias para a execução das sentenças proferidas perante aqueles juizados, que eram feitas perante o juízo cível comum. A partir de 1993, com a alteração daquele primitivo diploma legal, atento o legislador à conveniência de que a execução se desse de forma mais célere e simples, estabeleceu-se que a execução da sentença se daria perante o próprio juizado, adotado, porém, o procedimento executivo estabelecido no Código de Processo Civil.

Com o advento da Lei nº 9.099/1995, criando-se os Juizados Especiais Cíveis e Criminais, estabeleceu-se um sistema dualista para a execução, com a instituição de processo autônomo para a execução dos títulos extrajudiciais com valor até 40 salários-mínimos (ou 60 salários-mínimos no âmbito dos Juizados Federais – art. 3º da Lei nº 10.259/2001) e de um processo sincrético para os títulos judiciais, a serem executados no mesmo processo onde proferida a sentença, inclusive sem necessidade de nova citação do devedor (regra essa, posteriormente, adotada no âmbito do cumprimento de sentença pelo Código de Processo Civil – arts. 475-I *usque* 475-R, estabelecidos pela Lei nº 11.232/2005).

Atualmente, admite-se o cumprimento forçado do título executivo judicial no âmbito dos Juizados Especiais, obtido em razão de decisão em processo de natureza civil ou criminal (na qual haja o Juiz igualmente imposto ao sentenciado obrigação reparatória civil – CPP, art. 387, IV), bem como das decisões homologatórias de transação ou conciliação obtidas perante os Juizados Especiais Cíveis ou Criminais (art. 74 da Lei nº 9.099/1995), independentemente de seu valor[1].

A execução se dá pelas regras específicas previstas no examinado art. 52, com a expressa menção à aplicação subsidiária das regras do Código de Processo Civil (diferentemente do que ocorre na fase de conhecimento – procedimento sumaríssimo, onde, preferencialmente, as omissões do texto específico devem ser supridas pela aplicação dos princípios básicos do sistema especial, mencionados no art. 2º da Lei nº 9.099/1995).

Observe-se, contudo, que mesmo aqui há expressa ressalva por parte do legislador, no sentido de que a aplicação subsidiária das regras processuais comuns apenas terá lugar *"no que couber"*, devendo o Juiz, sempre que possível, atender aos mesmos princípios básicos (art. 2º), valendo-se, para tanto, da liberdade preconizada no art. 5º da Lei nº 9.099/1995.

O cumprimento da decisão, todavia, se dará, sempre, perante o Juizado Especial Cível competente, não se admitindo a execução civil perante os Juizados Especiais Criminais.

Em princípio, o cumprimento se dará perante o juízo civil de origem do título em execução – art. 3º, § 1º, I (quando então o cumprimento da decisão se dará nos próprios autos do processo de conhecimento originário, por simples alteração de fase processual), ou, quando advindo de processo criminal, perante o Juizado Especial Cível do domicílio do credor ou do local do ato ou fato, admitindo-se o exercício pela vítima das prerrogativas estabelecidas no inciso III do art. 4º da Lei nº 9.099/1995[2].

É, também, facultado ao credor valer-se da regra prevista no parágrafo único do art. 475-P do CPC[3], que não conflita com os princípios basilares do Sistema Especial, deslocando-se o cumprimento da sentença para o Juizado Especial Cível onde se encontrem bens sujeitos à expropriação ou pelo novo domicílio do devedor, mediante requerimento a ser formalizado perante o Juizado de origem do título em execução.

Hipóteses excepcionalíssimas, contudo, podem ensejar o cumprimento da sentença proferida pelos Juizados Especiais perante o Juízo Comum, como, por

1. Enunciado Criminal 37 do FONAJE: "O acordo civil de que trata o art. 74 da Lei nº 9.099/1995 poderá versar sobre qualquer valor ou matéria".
2. Lei nº 9.099/1995 – *"Art. 4º É competente, para as causas previstas nesta Lei, o Juizado do foro: I – do domicílio do réu ou, a critério do autor, do local onde aquele exerça atividades profissionais ou econômicas ou mantenha estabelecimento, filial, agência, sucursal ou escritório; II – do lugar onde a obrigação deva ser satisfeita; III – do domicílio do autor ou do local do ato ou fato, nas ações para reparação de dano de qualquer natureza. Parágrafo único. Em qualquer hipótese, poderá a ação ser proposta no foro previsto no inciso I deste artigo"*.
3. CPC, art. 475-P, parágrafo único: *"No caso do inciso II do* caput *deste artigo, o exequente poderá optar pelo juízo do local onde se encontram bens sujeitos à expropriação ou pelo do atual domicílio do executado, casos em que a remessa dos autos do processo será solicitada ao juízo de origem."*

exemplo, se após o trânsito em julgado ou a interposição do recurso, o autor ou o réu venham a tornar-se incapazes para figurarem como parte perante os Juizados Especiais (art. 8º), ou em decorrência do falecimento do réu, sem deixar sucessores conhecidos, com a necessidade de empreender-se a citação editalícia dos interessados (vedada no sistema especial pelo art. 18, § 2º). O contrário, todavia, não se verifica: Jamais será possível a execução no âmbito dos Juizados Especiais de sentença proferida pelo Juízo Comum (mesmo com a renúncia do excedente a 40/60 salários-mínimos, conforme o caso).

A execução das decisões prolatadas perante os extintos Juizados de Pequenas Causas (embora atualmente dificilmente isso ainda possa ocorrer), salvo na hipótese de conversão, por lei específica ou regulamentação por norma própria de organização judiciária, daqueles Juizados de Pequenas Causas (JPCs) em Juizados Especiais Cíveis (JECivs), também não se processam perante esses Juizados, não obstante diversas vezes isso tenha ocorrido[4].

## 1.2. Especificidades do título

Na sistemática ímpar dos Juizados Especiais Cíveis, pressuposto jurídico básico para o cumprimento da sentença é a existência de um título líquido (uma vez que a sentença, por força do que dispõe o parágrafo único do art. 38 da Lei nº 9.099/1995 sempre deve ser líquida), certo e exigível (CPC, art. 580)[5].

Nesse aspecto, ressalte-se que o Colégio Recursal Unificado dos Juizados Especiais Cíveis do Estado de São Paulo entendia que a necessidade de realização de cálculos aritméticos não torna a decisão ilíquida[6].

Como pressuposto fático, tem-se a necessidade da coação estatal para obter-se o cumprimento da decisão (CPC, art. 580), em vista da recalcitrância do devedor em fazê-lo voluntariamente no prazo assinado no art. 475-J, *caput*, do CPC (15 dias).

## 1. 3. Propositura da execução

Com o trânsito em julgado da decisão ou a interposição de recurso inominado recebido sem efeito suspensivo, o credor poderá exigir-lhe o cumprimento, o que se dará mediante simples petição ou requerimento verbal, feito no cartório do Juizado

4. Nesse sentido: Rocha, Felippe Borring, in *Juizados Especiais Cíveis* – Aspectos Polêmicos da Lei nº 9.099, de 26/09/1995, 4. ed., rev., ampl., e atual., Rio de Janeiro: Lumen Juris, 2005, p. 224, citando lição de Araken de Assis, *Execução civil nos juizados especiais*, p. 36, a respeito de decisão do Superior Tribunal de Justiça (CC 948/GO – rel. Min. Sálvio de Figueiredo). Em sentido contrário as posições de Joel Dias Figueira Júnior e Maurício Antônio Ribeiro Lopes, *Comentários...*, cit., p. 221.

5. CPC, art. 580: *"A execução pode ser instaurada caso o devedor não satisfaça a obrigação certa, líquida e exigível, consubstanciada em título executivo"*.

6. (Rec. Inom. nº 989.09.008882-4 – 1ª Turma Cível – rel. Jorge Tosta; Rec. Inom. nº 989.09.006634-0 – 1ª Turma Cível – rel. Alcides Leopoldo e Silva Júnior; Rec. Inom. nº 14.244 – 2ª Turma Cível – rel. Carlos von Adamek; Rec. Inom. nº 24.010 – 3ª Turma Cível – rel. Theodureto Camargo; Rec. Inom. nº 14.119 – 4ª Turma Cível – rel. Cristina Cotrofe).

e reduzido a termo (normalmente em impresso próprio disponível às partes), conforme estabelece o inciso IV do art. 52 da Lei nº 9.099/1995.

Cumpre observar que, não obstante o inciso III do art. 52 determine que o Juiz inste o vencido ao cumprimento da decisão, isso não significa dizer que possa o Magistrado fazê-lo de ofício, sem provocação nesse sentido por parte do credor, e em conformidade com o princípio dispositivo que rege o processo de execução. Na ausência de provocação do interessado, deve o credor ser regularmente intimado a informar eventual cumprimento voluntário da decisão ou solicitar sua execução, sob pena de extinção.

## 1.4. Subsidiariedade do CPC

Como já aventado, as regras comuns ao cumprimento de sentença previstas no Código de Processo Civil devem ser aplicadas à execução do título judicial no sistema especial, com a ressalva de que isso apenas se dará *"no que couber"*, preservando as regras básicas preconizadas no art. 2º da Lei nº 9.099/1995.

### 1.4.1. Aplicação do art. 475-J do CPC ao cumprimento de sentença perante os Juizados Especiais

Com o advento de regras específicas para o cumprimento de sentença pelo Código de Processo Civil, passou-se a questionar sobre a aplicabilidade dessas novas disposições aos processos em curso perante os Juizados Especiais Cíveis, defendendo alguns que, por haver regra específica (art. 52, incisos V a IX), não seria o caso de proceder-se nos termos da regra geral estabelecida pelo CPC.

Essa orientação parece estar superada[7], vigorando, atualmente, o entendimento de que as novas disposições relativas ao cumprimento de sentença estão perfeitamente amoldadas aos princípios basilares do sistema especial (art. 2º), tendo, inclusive, maior efetividade no cumprimento da decisão judicial por parte do vencido, de molde a incidir, automaticamente, a contar do trânsito em julgado da decisão, o prazo legal de 15 dias para cumprimento voluntário da condenação por parte do devedor, sob pena de incidência de multa de 10% sobre o montante do débito.

Nesse sentido vinha se posicionado o Colégio Recursal Unificado dos Juizados Especiais Cíveis e Criminais do Estado de São Paulo:

> EXECUÇÃO POR TÍTULO JUDICIAL – Impugnação – São perfeitamente aplicáveis ao Juizado Especial as inovações do art. 475-J do CPC, que não contraria seu

7. Nesse sentido os Enunciados do FONAJE a respeito do tema: 97 – "O art. 475-J do CPC – Lei nº 11.232/2005 – aplica-se aos Juizados Especiais, ainda que o valor da multa somado ao da execução ultrapasse o valor de 40 salários-mínimos"; 105 – "Caso o devedor, condenado ao pagamento de quantia certa, não o efetue no prazo de quinze dias, contados do trânsito em julgado, independentemente de nova intimação, o montante da condenação será acrescido de multa no percentual de 10%"; 106 – "Havendo dificuldade de pagamento direto ao credor, ou resistência deste, o devedor, a fim de evitar a multa de 10%, deverá efetuar depósito perante o juízo singular de origem, ainda que os autos estejam na instância recursal".

procedimento executivo específico e está em perfeita sintonia com o Princípio da Celeridade, tornando efetivo o cumprimento da sentença, não havendo mais falar em embargos do devedor, mas em impugnação, a forma pela qual o devedor pode opor-se à execução ou ao título judicial[8].

Dita orientação, ademais, não discrepa do que já previa o Enunciado 104 do FONAJE[9], que estabelecia prazo compatível para o oferecimento dos embargos (atualmente processados por alguns como impugnação).

O recurso contra a decisão que decidir os embargos (sentença) ou a impugnação (decisão interlocutória) é o inominado ou o agravo de instrumento (admitido pelo Colégio Recursal Unificado dos Juizados Especiais Cíveis e Criminais em situações excepcionais como a presente[10], entendimento esse atualmente referendado pelo 1º Colégio Recursal da Capital do Estado de São Paulo), conforme vier a ser processada a manifestação do devedor.

Não obstante, deve-se ressaltar que o Excelso Pretório já decidiu pelo não cabimento do agravo de instrumento (orientação também adotada por diversos outros Colegiados[11]), e até mesmo do mandado de segurança, contra decisões interlocutórias, de modo que, nessa hipótese, qualquer que seja a forma admitida para defesa do devedor, eventual inconformismo contra a decisão que aprecie o tema deverá ser objeto de interposição de recurso inominado.

Nesse sentido:

> Recurso extraordinário. Processo civil. Repercussão geral reconhecida. Mandado de segurança. Cabimento. Decisão liminar nos Juizados Especiais. Lei nº 9.099/1995. Art. 5º, LV, da Constituição do Brasil. Princípio constitucional da ampla defesa. Ausência de violação. 1. Não cabe mandado de segurança das decisões interlocutórias exaradas em processos submetidos ao rito da Lei nº 9.099/1995. 2. A Lei nº 9.099/1995 está voltada à promoção de celeridade no processamento e julgamento de causas cíveis de complexidade menor. Daí ter consagrado a regra da irrecorribilidade das decisões interlocutórias, inarredável. 3. Não cabe, nos casos por ela abrangidos, aplicação subsidiária do Código de Processo Civil, sob a forma do agravo de instrumento, ou o uso do instituto do mandado de segurança. 4. Não há afronta ao princípio constitucional da ampla defesa (art. 5º, LV, da CB), vez que decisões interlocutórias podem ser impugnadas quando da interposição de recurso inominado. Recurso extraordinário a que se nega provimento[12].

8. Rec. Inom. nº 989.09.008281-8 – 1ª Turma Cível – rel. Alcides Leopoldo e Silva Júnior.
9. Enunciado 104 do FONAJE: "Na execução por título judicial o prazo para oferecimento de embargos será de quinze dias e fluirá da intimação da penhora, sendo o recurso cabível o inominado".
10. Enunciado 2 do Colégio Recursal Unificado dos Juizados Especiais Cíveis e Criminais do Estado de São Paulo: "É admissível, no caso de lesão grave e difícil reparação, o recurso de agravo de instrumento no Juizado Especial Cível".
11. P. ex.: Enunciado 13 do Colégio Recursal de Campinas/SP: "Nos Juizados Especiais Cíveis não é cabível recurso de agravo".
12. RE 576.847 – rel. Min. Eros Grau – Pleno – por maioria – j. 20/05/2009.

Dada a divergência de entendimentos sobre o tema, parece-nos que, em qualquer das hipóteses, deva ser o recurso inominado admitido[13-14],, interpretação essa mais razoável, porquanto não há, na hipótese, erro grosseiro a impedir a aplicação do princípio da fungibilidade recursal.

#### 1.4.1.1. Execução provisória

Observação deve ser feita ao caso específico de pretensão ao cumprimento provisório do julgado por parte do vencedor. Ainda que ordinariamente não esteja o recurso inominado sujeito ao efeito suspensivo (art. 43), é certo que, nessa hipótese, para que se veja o vencido compelido ao cumprimento da decisão, necessária se faz, nesse caso, a prévia intimação do devedor para cumprimento da decisão no prazo de 15 dias, sob pena de incidência de multa de 10% (CPC, art. 475-J).

Isso porque no sistema processual civil pátrio não se admite a execução de ofício do julgado, de sorte que, enquanto não manifestada pelo vencedor sua intenção de obter o cumprimento antecipado da decisão sujeita a recurso, não se pode compelir o devedor a fazê-lo, principalmente porque, dada a provisoriedade desse provimento, em caso de reforma da decisão, estará o exequente obrigado à reparação civil dos danos daí decorrentes[15] (CPC, art. 475-O, incisos I e II).

De igual forma, a caução somente será exigível para a hipótese de levantamento de depósito em dinheiro e a prática de atos que importem alienação de propriedade ou dos quais possa resultar grave dano ao executado, que deve sempre ser suficiente e idônea, arbitrada de plano pelo juiz e prestada nos próprios autos (CPC, art. 475-O, inciso III).

### 1.5. Conversão do valor da condenação fixada em BTN ou índice substitutivo

Repetindo o estabelecido no inciso I do art. 38 da Lei nº 9.099/1995, o inciso I do art. 52 do mesmo diploma legal determina que a sentença exequenda não possa ser ilíquida. Prevê, entretanto, que a decisão deva conter conversor em Bônus do Tesouro Nacional[16] (índice extinto desde 1991), o que se explica em razão do dilatado prazo de tramitação do processo legislativo da Lei dos Juizados Especiais e aos tempos em que a inflação galopante assolava o País, de modo a haver o legislador

13. Agr. Instr. nº 5.957 – 1ª Turma Cível – rel. Jorge Tosta – j. 22/10/2008: Agravo de instrumento – Decisão que deixa de receber recurso inominado por incabível contra decisão interlocutória – Recurso inominado interposto contra decisão que julgou embargos à execução de título judicial – Dúvida objetiva quanto ao recurso cabível – Aplicação do princípio da fungibilidade – Agravo provido.

14. "Acolhidos ou não os embargos o recurso cabível é o inominado, sendo inaplicável a regra do art. 475-M, § 3º, do CPC (já que a lei trata de embargos e prevê recurso inominado" (Chimenti, Ricardo Cunha, *Teoria e Prática...*, cit., 9. ed., rev. e atual., p. 278).

15. O retorno ao estado anterior faz-se nos mesmos autos em que se realizou o cumprimento provisório da decisão (*RT 552*/250; *RJTJESP 38*/77; *JTA 37*/320; *RF 254*/260).

16. O Bônus do Tesouro Nacional – BTN foi criado pela MP nº 57/89 e extinto pelo art. 3º, inciso II, da Lei nº 8.177/1991, sendo substituído pela Unidade Fiscal de Referência – UFIR, criada pela Lei nº 8.383/1991.

se preocupado em que o valor da condenação viesse a ser preservado no tempo, até regular satisfação do débito pelo devedor.

O índice atualmente adotado para correção das obrigações pecuniárias decorrentes de condenação judicial tem sido o INPC (Índice Nacional de Preços ao Consumidor – IBGE), embora não raras vezes decisões, especialmente no tocante ao arbitramento de danos morais, adotem a paridade em salários-mínimos, fator, todavia, imprestável à preservação do valor da obrigação no decorrer do tempo (conforme inclusive constitucionalmente vedado[17]), de modo a, nesses casos, entender-se que o valor da indenização deva converter-se para o padrão monetário correspondente ao tempo da fixação, com a aplicação, a partir desse instante[18], do índice oficial de correção (INPC-IBGE).

### 1.5.1. Elaboração dos cálculos

Antes mesmo da instituição do Sistema dos Juizados Especiais, o legislador processual afastou do rol da liquidação de sentença a elaboração de cálculos pelo contador judicial[19], imputando ao credor o ônus da apresentação da memória de seus cálculos (CPC, art. 604). A Lei dos Juizados, todavia, cujo processo legislativo se iniciara sob princípios processuais já derrogados, estabelece que os cálculos de conversão de índices, de honorários, juros e outras parcelas deverão ser providenciados por servidor judicial. Esse dispositivo, em primeira análise, pareceria sugerir a volta da liquidação por cálculo do contador, o que, entretanto, veio a ser mitigado pela doutrina e jurisprudência dominantes, que imputa ao credor a responsabilidade pela elaboração dos cálculos, salvo se se cuidar de pessoa hipossuficiente e desassistida por advogado, quando então caberá o envio dos autos ao contador judicial para esse fim.

## 1.6. Desnecessidade de nova citação

Não cumprida voluntariamente a sentença transitada em julgado, e desde que solicitado pelo credor o início da fase de seu cumprimento (porquanto, como já visto, não cabe a execução de ofício do título judicial), não se faz necessária nova citação do devedor (já dispensada na sistemática especial – art. 52, inciso IV, e atualmente pelo art. 475-J do CPC), iniciado-se esta fase com a efetivação da constrição sobre bens pertencentes ao devedor.

17. CF, art. 7º, inciso IV: "*São direitos dos trabalhadores urbanos e rurais, além de outros que visem à melhoria de sua condição social: IV – salário-mínimo, fixado em lei, nacionalmente unificado, capaz de atender a suas necessidades vitais básicas e às de sua família com moradia, alimentação, educação, saúde, lazer, vestuário, higiene, transporte e previdência social, com reajustes periódicos que lhe preservem o poder aquisitivo,* ***sendo vedada sua vinculação para qualquer fim***". (destaque nosso).

18. Súmula nº 362 do STJ: "A correção monetária do valor da indenização do dano moral incide desde a data do arbitramento".

19. Lei nº 8.988/1984.

A penhora poderá efetivar-se automaticamente mediante bloqueio de ativos financeiros do devedor (com primazia sobre outros bens – CPC, art. 655, I), através de ordem eletrônica (CPC, art. 655-A) pelo sistema denominado "BACEN-JUD" ou mediante expedição de mandado para penhora, avaliação, a ser cumprido e empreendida por Oficial de Justiça (CPC, art. 475-J, § 2º), bem como depósito e intimação do executado quanto ao prazo de quinze dias para oferecimento de impugnação ou embargos[20].

Como já salientado (1.3.1., *supra*), conforme o entendimento adotado pelo julgador (a respeito do meio processual idôneo para defesa por parte do devedor – impugnação ou embargos), o recurso contra a decisão que decidir a impugnação (que tem natureza de decisão interlocutória) será o de agravo de instrumento (admitido pelo Colégio Recursal Unificado dos Juizados Especiais Cíveis e Criminais em situações excepcionais como a presente – não obstante o Excelso Pretório tenha decidido em sentido contrário). Admitido o processamento de embargos, cabível a interposição do recurso inominado, e dada a diversidade de entendimentos sobre o tema, essa opção tem sido igualmente admitida (quando então, para prosseguimento da execução provisória, no caso de rejeição ou improcedência dos embargos, deva a mesma processar-se por autos suplementares – carta de sentença).

De acordo com a regra do inciso IV do art. 52 da Lei nº 9.099/1995, quando expedido o mandado de penhora, depósito, avaliação e intimação (inclusive de audiência de conciliação, acaso designada[21] – hipótese em que a impugnação ou embargos devem ser oferecidos na audiência), será considerado intimado o executado pela simples entrega da contrafé do referido mandado no endereço do devedor[22-23].

A avaliação será empreendida pelo próprio Oficial de Justiça[24], conforme atualmente estabelecido no art. 680 do CPC[25], salvo sejam necessários conhecimentos

20. Enunciado 104 do FONAJE: "Na execução por título judicial o prazo para oferecimento de embargos será de quinze dias e fluirá da intimação da penhora, sendo o recurso cabível o inominado".

21. Enunciado 71 do FONAJE: "É cabível a designação de audiência de conciliação em execução de título judicial".

22. Enunciado 38 do FONAJE: "A análise do art. 52, IV, da Lei nº 9.099/1995, determina que, desde logo, expeça-se o mandado de penhora, depósito, avaliação e intimação, inclusive da eventual audiência de conciliação designada, considerando-se o executado intimado com a simples entrega de cópia do referido mandado em seu endereço, devendo, nesse caso, ser certificado circunstanciadamente".

23. Enunciado 43 do FONAJE: "Na execução do título judicial definitivo, ainda que não localizado o executado, admite-se a penhora de seus bens, dispensado o arresto. A intimação de penhora observará o disposto no art. 19, § 2º, da Lei nº 9.099/1995".

24. "O valor estimado pelo oficial deve ser considerado uma simples característica do bem e portanto integra a própria penhora, nos termos do art. 665, III, do Código de Processo Civil. Não se confunde com as avaliações técnicas e não autoriza qualquer remuneração específica nos processos da Lei nº 9.099/1995". (Chimenti, Ricardo Cunha, *Teoria e Prática...*, cit., 9. ed., rev. e atual., p. 280).

25. CPC, art. 680: "*A avaliação será feita pelo oficial de justiça (art. 652), ressalvada a aceitação do valor estimado pelo executado (art. 668, parágrafo único, inciso V); caso sejam necessários conhecimentos especializados, o juiz nomeará avaliador, fixando-lhe prazo não superior a 10 (dez) dias para entrega do laudo*" (Redação dada pela Lei nº 11.382, de 2006).

especializados, quando então o juiz nomeará avaliador, fixando-lhe prazo não superior a 10 (dez) dias para entrega do laudo.

A formalização da constrição se dará onde quer que se encontrem os bens, mediante simples ofício dirigido à autoridade monetária[26-27-28], ou formalização de auto próprio em decorrência de mandado judicial, admitindo-se seja o ato deprecado, caso necessário.

A penhora considera-se realizada com a apreensão e o depósito dos bens (CPC, art. 664). Embora não seja comum a efetiva e real apreensão da coisa (que é meramente formal), já que, em regra, o bem penhorado permanece em depósito em mãos do próprio executado, na hipótese de risco de perecimento do objeto da garantia ou outro motivo relevante, será removido e depositado em mãos do credor ou de terceiro nomeado pelo Juiz.

Parece que, em vista do que ficou decidido pelo C. Supremo Tribunal Federal em relação ao descabimento da prisão do depositário infiel, mesmo na hipótese do depósito judicial[29-30], a relevância dos motivos para que se efetive de imediato a remoção deva ser sopesada com menor rigor, vez que, em regra, os casos de infidelidade do depositário ocorrem por parte do devedor, de modo que, se não revista essa interpretação, a médio prazo, provavelmente venha ela revelar-se em maior prejuízo daquele a quem, em princípio, se pretendia proteger.

Sendo o título em execução uma sentença transitada em julgado, não se faz necessário o cumprimento do disposto nos arts. 653/654 do CPC, porquanto não há necessidade de citação do devedor (art. 52, IV, e CPC, art. 475-J, *caput)*, bastando que sejam penhorados pelo Oficial de Justiça bens suficientes à cobertura do valor da execução, ainda que não localizado o devedor, que será intimado por meio postal (art. 19 da Lei nº 9.099/1995, regra atualmente adotada pelo art. 238, parágrafo único, do CPC), com comunicação ao órgão público ou de caráter público, caso ali sejam cadastrados (bens imóveis, veículos automotores etc.), embora a sua falta não seja considerada requisito indispensável.

---

26. Enunciado 83 do FONAJE: "A pedido do credor, a penhora de valores depositados em bancos poderá ser feita independentemente de a agência situar-se no juízo da execução".

27. Enunciado 93 do FONAJE: "O bloqueio on-line de numerários será considerado para todos os efeitos como penhora a partir do depósito judicial, dispensando-se a lavratura do termo e intimando-se o devedor da constrição".

28. Enunciado 100 do FONAJE: "A penhora de valores depositados em banco poderá ser feita independentemente de a agência situar-se no Juízo da execução".

29. "PRISÃO CIVIL. Depositário judicial infiel. Inadmissibilidade reconhecida pela maioria em julgamentos pendentes do RE nº 466.343 e outros, no Plenário. Razoabilidade jurídica da pretensão. Liberdade deferida de ofício, em 'habeas corpus' contra acórdão de Turma, até a conclusão daqueles. Caso excepcional. Defere-se, de ofício, liminar em 'habeas corpus' contra acórdão que, de Turma do Supremo, não reconheceu constrangimento ilegal em decreto de prisão da paciente, a título de infidelidade como depositária judicial. (STF, HC-QO 94307/RS – Rio Grande do Sul – Questão de Ordem no Habeas Corpus – relator(a): Min. Cezar Peluso – Julgamento: 14/04/2008 - Órgão Julgador: Tribunal Pleno)."

30. Súmula Vinculante nº 25 do STF – *"É ilícita a prisão de depositário infiel qualquer que seja a modalidade de depósito"*.

### 1.7. Imposição de multa periódica (*astreintes*) para o cumprimento das obrigações de dar, fazer, não fazer

O inciso V do art. 52 da Lei dos Juizados cuida da possibilidade de imposição pelo Juiz de multa pecuniária periódica (também denominada de *astreintes*) para a hipótese de atraso ou descumprimento das obrigações de dar, de fazer e de não fazer, judicialmente impostas por sentença.

Trata-se de tutela específica que foi introduzida em nosso ordenamento processual civil pela Lei nº 7.347/1985 (que regra o procedimento da Ação Civil Pública) e que se difundiu em diversos textos especiais, e, finalmente, migrou, de forma genérica, para o próprio estatuto processual comum (CPC, arts. 461 e 461-A).

O inciso VI do mesmo artigo prevê, inclusive, a possibilidade de imposição de multa visando impelir o devedor ao pagamento de quantia certa, para o caso de necessidade de adimplemento da obrigação de fazer por parte de outrem.

Sustentam alguns que a Lei nº 9.099/1995 não admita o arbitramento de multa em periodicidade diversa da "multa diária", ao contrário do que preceitua o Código de Processo Civil (que dependendo da natureza da obrigação admita a fixação da sanção em períodos distintos – semanas, quinzenas, meses etc.), o que não nos parece ser a melhor interpretação do dispositivo, uma vez que a referência no texto de lei à imposição de "multa diária" deve ser interpretada com maior amplitude, permitindo, caso necessário, a fixação da sanção em periodicidade diversa (até mesmo por ato = dia de descumprimento de eventual comando judicial).

O valor da sanção inicialmente fixada, caso se revele insuficiente ou demasiadamente oneroso, pode ser majorado ou reduzido, conforme a necessidade e o prudente arbítrio do Juiz, ainda que na disposição literal a lei apenas cogite de sua "elevação" (inciso V).

Nota-se, em alguns casos, inclusive que, à vista da fixação das *astreintes*, sua incidência possa superar, em alguns casos em muitas e multiplicadas vezes, o valor da própria obrigação, tornando-se para o credor mais interessante a cobrança da multa que o próprio cumprimento do comando judicial imposto ao devedor, o que não é razoável nem admissível, porquanto a própria lei prevê a transformação da condenação em perdas e danos, a serem judicialmente arbitradas, na qual se compreenderá a multa vencida.

Não está, ademais, limitada a aplicação das *astreintes* à alçada prevista no inciso I do art. 3º da Lei nº 9.099/1995, porém, nos termos do Enunciado 25 do XVI FONAJE[31], deve guardar relação com a obrigação principal, devendo, quando o caso, ser judicialmente revista e, se necessário, reduzida a patamar justo e adequado[32].

31. Enunciado 25 do FONAJE: "A multa cominatória não fica limitada ao valor de quarenta (40) salários-mínimos, embora deva ser razoavelmente fixada pelo juiz, obedecendo-se ao valor da obrigação principal, mais perdas e danos, atendidas as condições econômicas do devedor".

32. Nesse sentido: Colégio Unificado TJSP – A.I. nº 989.09.010083-2 – 2ª Turma Cível – rel. Carlos von Adamek – j. 30/06/2009; A.I. nº 989.09.008083-1 – 2ª Turma Cível – rel. Ronnie Herbert – j. 30/06/2009; A.I. nº 0567 – 1ª

Não pode a multa constituir fonte de enriquecimento ilícito para o vencedor da demanda, assim como, ao reverso, fator de descrédito e deboche da decisão judicial, a ensejar, quando necessária, a sua majoração pelo Juiz.

A incidência da multa terá como termo inicial o prazo estabelecido na própria sentença exequenda, ou, na falta deste, de seu trânsito em julgado. Na hipótese de execução provisória, será sempre dependente de prévio requerimento do credor, e realizada por sua conta e risco, e, assim como nas hipóteses de sua fixação em sede de antecipação de tutela, sua incidência apenas se dará a partir da efetiva intimação do devedor para cumprimento da decisão, observado o prazo assinado na própria decisão judicial ou de hipótese expressa de eventual descumprimento da ordem.

### 1.7.1. Cumprimento da obrigação por terceiro

Na sistemática do CPC, se o fato puder ser prestado por terceiro, é lícito ao Juiz, a requerimento do exequente, decidir que aquele se realize à custa do executado (CPC, art. 634), assim como, adimplida a obrigação pelo devedor, verificando-se que o fez de modo incompleto ou defeituoso, poderá o credor requerer ao Juiz, no prazo de 10 dias, que o autorize a concluí-lo ou repará-lo, por conta do contratante (CPC, art. 635).

Pela redação revogada do art. 634 do CPC, cabia ao Juiz selecionar, por meio de procedimento equiparado a uma licitação pública, a proposta mais vantajosa e menos onerosa ao devedor, o que, na prática, poucas vezes era requerido pelo credor.

Atualmente, não mais se exige a observância do procedimento burocrático equiparado às licitações, bastando que seja apresentada proposta de terceiro, previamente aprovada pelo Juiz, que, dentro de critérios de proporção e razoabilidade, poderá ou não autorizar o cumprimento da obrigação por terceiro, para oportuna imputação dos custos pecuniários ao devedor. Nessa hipótese, cabe ao exequente adiantar os honorários ou o preço necessário ao adimplemento da obrigação, não se cogitando, para tanto, da realização gratuita dos serviços (cujo custo não se encontra albergado pelas isenções processuais previstas na Lei de Assistência Judiciária).

Providências dessa natureza de há muito se encontram consagradas pela Lei nº 9.099/1995, possibilitando que, cumprida a obrigação por terceiro, providencie o devedor o depósito do valor correspondente, inclusive sob pena de imposição de multa periódica (art. 52, VI).

### 1.7.2. Medidas equivalentes ao cumprimento da obrigação inadimplida

Ainda que silente a Lei nº 9.099/1995 sobre a possibilidade de determinar o Juiz a realização de medidas alternativas, capazes de assegurar o resultado prático equivalente ao adimplemento da obrigação, quando possível, pode o julgador, valendo-se dos parâmetros fixados pelo § 5º do art. 461 do CPC, ordenar o cumprimento da obrigação através de medida específica, sem necessidade de concurso da vontade

Turma Cível – rel. Jorge Tosta – j. 07/05/2008.

do devedor (afastando, com isso, a necessidade de fixação de multa cominatória).

Medida de tal jaez pode ser estabelecida a pedido do credor ou mesmo de ofício, ordenando-se, conforme o caso, a realização de busca e apreensão de bens, desfazimento de obras ou mesmo o próprio cumprimento ou abstenção de realização de algo, diretamente perante terceiro a quem incumba essa providência (p. ex., como é comum nos dias atuais, a baixa de restrição perante órgãos de proteção ao crédito).

## 1.8. Penhora e depósito

À vista da falta de previsão específica na Lei dos Juizados sobre a penhora, uma das mais dificultosas e importantes fases do procedimento executório, devem ser aplicadas, subsidiariamente, as regras gerais previstas nos arts. 646 e seguintes do Código de Processo Civil.

A penhora poderá efetivar-se automaticamente mediante bloqueio de ativos financeiros do devedor (com primazia sobre outros bens – CPC, art. 655, I), através de ordem eletrônica (CPC, art. 655-A)[33] pelo sistema denominado "BACEN-JUD" ou mediante expedição de mandado para penhora, avaliação, a ser cumprido e empreendida por Oficial de Justiça (CPC, art. 475-J, § 2º), bem como depósito e intimação do executado quanto ao prazo de quinze dias para oferecimento de impugnação ou embargos[34].

Na hipótese de bloqueio de ativos financeiros (CPC, art. 655-A), sua efetivação constitui a própria penhora (art. 659, § 6º, do CPC), independente de auto ou termo[35].

## 1.9. Adjudicação e alienação extrajudicial de bem penhorado

Estabelece o inciso VII do art. 52 duas formas alternativas à hasta pública[36] de bem penhorado em execução por quantia certa: (i) **a adjudicação pelo credor**, atualmente erigida pelo legislador como forma preferencial de expropriação de bens e à satisfação do credor (CPC, arts. 647, I, c.c. 685-A e 685-B); e (ii) **a alienação extrajudicial** ou **por iniciativa particular**, também introduzida pelo legislador no ordenamento processual ordinário (CPC, art. 685-C).

### 1.9.1. Adjudicação

Efetivada a penhora e estimado o valor do bem sem impugnação pelo devedor ou efetivada a sua avaliação, abre-se, de imediato, a oportunidade para que requeira o credor lhe seja adjudicado o bem penhorado. Embora o artigo não se refira ao

33. Enunciado 119 do FONAJE: "A penhora de valores através do convênio Bacen/Jud poderá ser determinada de ofício pelo Juiz".

34. Enunciado 104 do FONAJE: "Na execução por título judicial o prazo para oferecimento de embargos será de quinze dias e fluirá da intimação da penhora, sendo o recurso cabível o inominado".

35. Nesse sentido: Colégio Unificado TJSP – Rec. Inom. nº 989.09.008725-9 – 1ª Turma Cível – rel. Alcides Leopoldo e Silva Júnior – j. 16/04/2009.

36. Enunciado 79 do FONAJE: "Designar-se-á hasta pública única, se o bem penhorado não atingir valor superior a sessenta salários-mínimos".

valor mínimo para a adjudicação, parece lógico que, se admitida para a alienação forçada por iniciativa particular que a venda se aperfeiçoe por valor inferior ao da avaliação, mediante prévia oitiva das partes, também no caso de adjudicação do bem pelo exequente possa isso vir a ocorrer, desde que haja prévia intimação do executado e ausência de impugnação.

Deve-se, ainda, observar que, mesmo requerida a adjudicação, deve o devedor ser cientificado do pedido para, querendo, efetuar o depósito da dívida pendente, no prazo de 24 horas, evitando, com isso, que seu bem seja adjudicado ao credor.

Ainda que seja esta a forma mais célere e imediata para a satisfação do credor, não é igualmente possível que seja o bem impingido compulsoriamente ao exequente, se a ele isso não interessar, como tem ocorrido em alguns casos.

### 1.9.2. Alienação extrajudicial

A expropriação também pode ocorrer sob a forma de alienação particular, mediante venda a ser tratada pelo credor, pelo próprio devedor (embora essa seja uma hipótese bastante rara) ou por terceira pessoa idônea.

Esse procedimento também recentemente instituído pelo CPC (onde essa faculdade é conferida exclusivamente ao exequente) tem-se mostrado eficaz e célere para a venda de bens penhorados. Nesse caso, a alienação realiza-se através de corretor autorizado ou por leiloeiro oficial indicado.

A autorização para eventual alienação por lanço inferior à avaliação deve ser precedida de consentimento do credor e intimação ao devedor, bastando a impugnação de qualquer um deles para obstar a venda.

A alienação particular pode ser realizada concomitantemente com a própria designação de hastas públicas, de modo que, se alcançada a venda antes da data designada para o leilão ou praça, reste prejudicado este ato; do contrário, realiza-se normalmente o público pregão.

Em ambas as hipóteses, contudo, havendo diferença entre o valor apurado com a venda do bem e o débito, o bem apenas será expropriado do devedor mediante prévio depósito judicial pelo credor ou pelo arrematante daquela importância.

### 1.9.3. Parcelamento

Por último, visando facilitar a alienação do bem penhorado, abre a lei a possibilidade ao arrematante de requerer ao Juiz do feito o pagamento parcelado do bem arrematado, para o que, entretanto, exige-se o oferecimento de caução idônea no caso de bem móvel ou o oferecimento de hipoteca, no caso de imóvel.

Parece-nos que, se ao arrematante é dado o direito de postular o parcelamento do lanço ofertado, igual postulação também possa ser admitida por parte do próprio devedor, desde que iguais garantias sejam por ele prestadas, o que vem de encontro com o próprio espírito da lei (inclusive atualmente admitido nas execuções por título extrajudicial – CPC, art. 745-A).

### 1.9.4. Publicação de editais

A alienação de bens de pequeno valor (de até 40 salários-mínimos, conforme preconizado no art. 3º, inciso I, da Lei nº 9.099/1995) dispensa a publicação dos editais de leilão em jornais (CPC, art. 687), o que, entretanto, não significa dizer que está dispensada a expedição do edital e sua afixação em local apropriado na sede do Juízo, visando seja dada a devida publicidade à alienação (seja ela por iniciativa particular ou por meio de hasta pública).

Bens de valor superior ao limite de dispensa legal de publicação deverão ter sua alienação precedida pela publicação de edital apenas pela imprensa oficial, com antecedência mínima de cinco dias, e afixação no local de costume, estando dispensada a publicação de editais em outros jornais particulares (conforme estabelecido pelo art. 54 da Lei nº 9.099/1995, c.c. o § 1º do art. 687 do CPC)[37].

Necessária, ainda, a intimação do devedor sobre o dia, hora e local da alienação, e que se aperfeiçoará, quando existente, por meio de intimação de seu advogado na imprensa oficial (CPC, art. 687, § 5º) e, quando o caso, com antecedência mínima de 10 dias, o senhorio direto, o credor hipotecário ou com outra garantia real ou terceiro com penhora anteriormente averbada (CPC, art. 689).

### 1.9.5. Remição da execução ou de bens

O executado pode, enquanto não adjudicados ou alienados os bens penhorados, remir, a todo tempo, a execução, pagando ou consignando a importância atualizada da dívida, mais juros e eventuais custas e ônus sucumbenciais arbitrados (CPC, art. 651). O prazo para essa finalidade é o da assinatura do competente auto de adjudicação ou arrematação. O comprovante do pagamento ou do depósito deve ser apresentado em juízo no prazo de 24 horas entre a adjudicação ou a arrematação e a lavratura do respectivo auto.

Igual direito assistia ao cônjuge, companheiro, ascendente ou descendente do executado, visando o resgate de bens determinados levados a praça ou leilão, mediante depósito do preço correspondente à adjudicação ou arrematação (CPC, art. 787), instituto, todavia, revogado pela Lei nº 11.382, de 2006.

### 1.9.6. Concurso de preferências

Na hipótese de se verificar a existência de uma ou mais penhoras sobre o mesmo bem, estabelece-se o concurso de preferências sobre o produto da arrematação.

O pagamento se dará observado, em primeiro lugar, a existência de credores com preferência legal (CC, arts. 955 a 965). O credor hipotecário tem direito de preferência ao levantamento do preço depositado, desde que manifestado seu interesse antes da adjudicação ou arrematação do bem penhorado, mesmo que não tenha

37. Dessa mesma opinião, Ricardo Cunha Chimenti, in *Teoria e Prática...*, cit., 9. ed., rev. e atual., p. 289.

proposto anteriormente a execução e procedido à penhora do bem sobre o qual fora instituída a garantia real (hipoteca).

Na hipótese de inexistência de título legal de preferência ou havendo saldo após a satisfação do crédito dos credores privilegiados, a preferência será daquele que em primeiro lugar logrou penhorar o bem em disputa (CPC, arts. 612, 613 e 711), exceto quando instaurado o concurso universal em sede de procedimento de insolvência do devedor (CPC, art. 751, III).

## 1.10. Embargos do devedor (Impugnação)

Após o advento de nova sistemática para o cumprimento de sentença dos títulos executivos judiciais (CPC, art. 475-A e s.), não mais se admite, nesses casos, a interposição de embargos do devedor (que ficaram restritos às execuções fundadas em títulos executivos extrajudiciais – CPC, art. 745[38]).

Assim, a defesa do devedor no cumprimento de sentença judicial transitada em julgado, restrita às hipóteses enumeradas no art. 475-L do CPC[39]), deve ser empreendida através da interposição de simples impugnação (CPC, art. 475-J), a ser apresentada no prazo de 15 dias contados da intimação do devedor da efetivação da penhora.

Embora a aplicação desses novos dispositivos tenha sido admitida no Sistema dos Juizados Especiais, sustentam alguns[40] que continuaria a defesa do executado a processar-se por meio de pertinentes embargos de devedor (inciso IX da Lei nº 9.099/1995) e não por meio de impugnação.

Como já ressaltado (item 1.3.1., *supra)*, embora o prazo para oferecimento de embargos ou impugnação seja idêntico (15 dias), o problema surgirá por ocasião da interposição de eventual recurso contra a decisão que venha a decidir a questão.

A se admitir a interposição de embargos, estar-se-á frente a uma sentença, cujo recurso adequado é o inominado; na hipótese, porém, de processamento da defesa sob a forma de simples impugnação, a decisão que venha pôr termo à controvérsia será de cunho interlocutório, desafiando, em regra, a interposição do agravo de instrumento.

38. CPC, art. 745, *caput*: "*Nos embargos, poderá o devedor alegar: I – nulidade da execução, por não ser executivo o título apresentado; II – penhora incorreta ou avaliação errônea; III – excesso de execução ou cumulação indevida de execuções; IV – retenção por benfeitorias necessárias ou úteis, nos casos de título para entrega de coisa certa (art. 621); V – qualquer matéria que lhe seria lícito deduzir como defesa em processo de conhecimento*".

39. CPC, art. 475-L, *caput*: "*A impugnação somente poderá versar sobre: I – falta ou nulidade da citação, se o processo correu à revelia; II – inexigibilidade do título; III – penhora incorreta ou avaliação errônea; IV – ilegitimidade de partes; V – excesso de execução; VI – qualquer causa impeditiva, modificativa ou extintiva da obrigação, como pagamento, novação, compensação, transação ou prescrição, desde que superveniente à sentença*".

40. "Acolhidos ou não os embargos o recurso cabível é o inominado, sendo inaplicável a regra do art. 475-M, § 3º, do CPC (já que a lei trata de embargos e prevê recurso inominado" (Chimenti, Ricardo Cunha, *Teoria e Prática...*, cit., 9. ed., rev. e atual., p. 278).

A orientação predominante parece ser aquela estabelecida pelo Enunciado 104 do FONAJE[41], que prevê a manutenção dos embargos, com a possibilidade de interposição do recurso inominado.

O Colégio Recursal Unificado dos Juizados Especiais Cíveis e Criminais orientou-se pela necessidade de processamento da defesa sob a forma de impugnação, admitindo-se, em situações excepcionais como a presente[42], a interposição do agravo de instrumento.

Não obstante, deve-se, mais uma vez, ressaltar que o Excelso Pretório já decidiu pelo não cabimento do agravo de instrumento (orientação também adotada por diversos outros Colegiados[43]), e até mesmo do mandado de segurança, contra decisões interlocutórias, de modo que, nessa hipótese, qualquer que seja a forma admitida para defesa do devedor, eventual inconformismo contra a decisão que aprecie o tema deverá ser objeto de interposição de recurso inominado, conhecendo-se, como tal, ainda que interposto o agravo de instrumento, em conformidade com o princípio da fungibilidade recursal e a inexistência de erro grosseiro por parte do recorrente. A melhor solução, quer-nos parecer, dada a inegável natureza impugnativa desse incidente, seria a criação, pelo legislador, de recurso próprio para esse fim no âmbito dos Juizados Especiais, pondo fim à celeuma existente.

Os embargos ou a impugnação fundados em título judicial serão sempre processados no bojo dos próprios autos da ação (em fase de execução), sem efeito suspensivo à execução, salvo se relevantes seus fundamentos e o prosseguimento da execução seja manifestamente suscetível de causar ao executado dano de difícil ou incerta reparação (CPC, art. 475-M), venha o Juiz conceder, fundamentadamente, e em caráter excepcionalíssimo, a concessão de efeito suspensivo.

Reputamos que, assim como está previsto para o cumprimento de sentença pelo ordenamento processual comum, mesmo se deferido o efeito suspensivo aos embargos ou à impugnação, é licito ao exequente requerer o prosseguimento da execução, oferecendo e prestando caução suficiente e idônea, arbitrada pelo Juiz e prestada nos próprios autos (CPC, art. 475-M, § 1º).

O oferecimento de embargos ou impugnação somente se admite, mesmo nas causas com valor inferior a 20 salários-mínimos, onde o réu tenha atuado sem a assistência de profissional habilitado, através de petição escrita e assinada por advogado.

41. Enunciado 104 do FONAJE: "Na execução por título judicial o prazo para oferecimento de embargos será de quinze dias e fluirá da intimação da penhora, sendo o recurso cabível o inominado".

42. Enunciado 2 do Colégio Recursal Unificado dos Juizados Especiais Cíveis e Criminais do Estado de São Paulo: "É admissível, no caso de lesão grave e difícil reparação, o recurso de agravo de instrumento no Juizado Especial Cível".

43. P. ex.: Enunciado 13 do Colégio Recursal de Campinas/SP: "Nos Juizados Especiais Cíveis não é cabível recurso de agravo".

Como já visto, o prazo para o oferecimento dos embargos ou da impugnação, à similitude daquele conferido ao devedor para cumprimento voluntário da obrigação, será de quinze (15) dias, contados da intimação do advogado do vencido, ou, na falta deste, mediante sua intimação pessoal ou de seu representante legal (por mandado ou correio) da penhora e avaliação (CPC, art. 475-J, § 1º).

Nesse aspecto, portanto, não mais vige a regra do revogado art. 669 do CPC, e tampouco se procede na forma estabelecida para as execuções fundadas em título executivo extrajudicial (Lei nº 9.099/1995, art. 53, §§ 2º e 3º), embora alguns Juizados ainda designem, mesmo na hipótese de título judicial, audiência para fins conciliatórios (quando então, devido à subversão do rito por determinação judicial, deve ser admitido o oferecimento dos embargos ou da impugnação até a audiência).

### 1.10.1. Fundamentos dos embargos

Em que pese, embora disponha o inciso IX do art. 52 da Lei nº 9.099/1995 que nos embargos do devedor, nas execuções calcadas em título executivo judicial, somente se admite discussão versando sobre: a) falta ou nulidade da citação no processo, se ele correu à revelia; b) manifesto excesso de execução; c) erro de cálculo; e d) causa impeditiva, modificativa ou extintiva da obrigação, superveniente à sentença, conforme, inclusive, sustentado em enunciados recentes de Colegiados Paulistas e do FONAJE[44], com o advento do art. 475-L do CPC[45], em que além dessas questões, admitiu o legislador discussão específica sobre nulidade da penhora, erro na avaliação e arguição de ilegitimidade de parte, parece-nos que devam ser admitidos questionamentos dessa mesma natureza, atento à diretriz insculpida no *caput* do art. 52 da Lei dos Juizados.

#### *1.10.1.1. Falta ou nulidade da citação, se o processo correu à revelia*

Somente se na fase de conhecimento tenha o processo corrido à revelia do réu, e se eventualmente se verificar a falta da citação ou alguma nulidade no chamamento do réu para a relação jurídica processual, se admitirá a interposição de embargos ou impugnação, e cujo eventual acolhimento importará em verdadeira rescisão do julgado e de todos os atos praticados a partir do chamamento viciado do réu ao processo.

44. Enunciado 121 do FONAJE/Enunciado 44 do Colégio Recursal de Campinas: "Os fundamentos admitidos para embargar a execução da sentença estão disciplinados no art. 52, inciso IX, da Lei nº 9.099/1995, e não no art. 475-L do CPC, introduzido pela Lei nº 11.232/2005".

45. CPC, art. 475-L, *caput*: *"A impugnação somente poderá versar sobre: I – falta ou nulidade da citação, se o processo correu à revelia; II – inexigibilidade do título; III – penhora incorreta ou avaliação errônea; IV – ilegitimidade de partes; V – excesso de execução; VI – qualquer causa impeditiva, modificativa ou extintiva da obrigação, como pagamento, novação, compensação, transação ou prescrição, desde que superveniente à sentença"*.

Frise-se que é inadmissível a impetração de mandado de segurança ou a interposição de agravo de instrumento como sucedâneo dos embargos de devedor ou da impugnação[46].

*1.10.1.2. Inexigibilidade do título*

Cuida-se, aqui, de arguição decorrente de eventual inexigibilidade do título, quer em razão de alegada falta de liquidez da sentença, quer em razão da falta de sua exigibilidade (em decorrência de termo ou condição ainda não implementados – CPC, art. 460, parágrafo único). Não se admite, todavia, com fundamento nesse dispositivo, pretender o executado reavivar matéria já arguida e decidida na fase de conhecimento, ou mesmo de matéria que, sendo deduzível naquela ocasião, se repute igualmente decidida e repelida (CPC, art. 474).

*1.10.1.3. Penhora incorreta ou avaliação errônea*

Ainda que eventual arguição de nulidade da penhora possa ensejar a interposição de incidente específico, independente de formal oferecimento de embargos ou impugnação, abriu-se a possibilidade de fazê-lo o devedor nessa fase da execução, não só com fundamento nas disposições atinentes ao bem de família (previsto na Lei nº 8.009/1990), como nas disposições gerais do art. 649 do CPC.

Igualmente oportuna a possibilidade de impugnar-se, nessa oportunidade, eventual erro na avaliação do bem penhorado, porquanto, ao ser o devedor intimado da constrição e do prazo para sua defesa, deverá, igualmente, se não houver ele próprio estimado o valor da coisa, sem impugnação pelo credor, ser cientificado do valor da avaliação empreendida pelo Oficial de Justiça ou, quando necessário, por perito nomeado pelo Juiz, evitando-se, com isso, questionamentos futuros dessa natureza, em sede de embargos à adjudicação ou à arrematação.

*1.10.1.4. Ilegitimidade das partes*

Igualmente como na hipótese de inexigibilidade do título, aqui somente se admite eventual arguição de ilegitimidade, ativa ou passiva, fundada no próprio título em execução (CPC, arts. 566 *usque* 568), e não mais na relação jurídica de direito material já apreciada e julgada na fase de conhecimento da demanda.

46. STJ – ROMS 2.353/ES – rel. Min. Pádua Ribeiro – 2ª Turma – citado por Chimenti, Ricardo Cunha, *Teoria e Prática...*, cit., p. 292. No mesmo sentido: "Agravo de instrumento – Decisão que reconhece a incidência da multa de 10% prevista no art. 475-J do CPC a partir do trânsito em julgado, independentemente de intimação – Cabimento da impugnação prevista nos arts. 475-J, § 1º, e 475-L do CPC – Inadmissibilidade do agravo de instrumento sem prévio esgotamento da questão perante a instância ordinária – Prazo de 15 dias para cumprimento do julgado, ademais, que se conta 'in casu' a partir do trânsito em julgado – Aplicação do Enunciado 105 do FONAJE: Agravo não conhecido". (Agr. de Inst. nº 8404, Rel. Jorge Tosta, 1ª Turma do Colégio Recursal Unificado de São Paulo, j. 02/02/2009).

#### *1.10.1.5. Excesso de execução*

Cuida-se, aqui, de impugnação ao montante da execução (e no que se subsume o "erro de cálculo" previsto no inciso IX do art. 52 da Lei nº 9.099/1995), e no que não se insere eventual "excesso de penhora", que constitui na apreensão de bens com valor(es) superior(es) ao do débito em execução.

Eventual excesso de penhora, como é curial, pode ser alegado por simples petição do devedor na execução[47-48], ou mesmo o pedido de suspensão da alienação tão logo se tenha obtido valor suficiente para o pagamento do credor (CPC, art. 692, parágrafo único).

#### *1.10.1.6. Qualquer causa impeditiva, modificativa ou extintiva da obrigação*

Por último, repetindo o disposto no revogado inciso VI do art. 741 do CPC e repetindo a letra *d* do inciso IX do art. 52 da Lei nº 9.099/1995, pode o devedor arguir qualquer causa impeditiva, modificativa ou extintiva da obrigação, tais como o pagamento, a novação, a compensação, a transação ou a prescrição, desde que superveniente à sentença.

### 1.10.2. Exceção de pré-executividade

Embora não encontre a exceção de pré-executividade normatização expressa no ordenamento processual brasileiro, tem ela sido admitida, por construção doutrinária e jurisprudencial, no curso de execução fundada em título executivo judicial.

Considerando que na fase de cumprimento de sentença se exige do devedor a garantia do juízo pelo depósito ou penhora como condicionante ao recebimento dos embargos ou da impugnação[49], tem-se admitido o uso da exceção de pré-executividade, restrita, porém, às hipóteses de carência da execução.

Quando presentes questionamentos de ordem pública, sujeitos a pronunciamento judicial independente de provocação das partes, tais como ausência de uma das condições da ação ou de seus pressupostos processuais, admite-se, caso não obstando de plano o início da fase executiva, venha o devedor argui-lo em sede de exceção, independentemente de prévia garantia da execução.

O fundamento pelo qual deva ser admitida a exceção nessas hipóteses é o de que não se justifica submeter o executado a maiores ônus quando, desde logo, seja possível aferir a impossibilidade de desenvolvimento válido e regular do processo ou de nulidade insanável.

47. Nesse sentido *vide* nota 2 ao art. 743 do CPC, pelo Prof. Theotonio Negrão et al., obra conhecidíssima, 34. ed., p. 782, citando julgados insertos nas *RT 610*/106; *JTA 59*/323, *106*/377, *LEX-JTA 146*/86).

48. "A redução da penhora é incidente da execução e naqueles autos deve ser decidida, descabida sua apreciação em embargos". No mesmo sentido: STJ-*RT 793*/217 e *787*/400. (*Vide* nota 1 ao art. 685, Theotônio Negrão et al., ob. cit., p. 732, 2ª coluna).

49. Enunciado 117 do FONAJE: "É obrigatória a segurança do Juízo pela penhora para apresentação de embargos à execução de título judicial ou extrajudicial perante o Juizado Especial".

### 1.10.3. Embargos à adjudicação e à arrematação

Ainda que contrariando os princípios da celeridade e oralidade que informam os Juizados Especiais, por força da regra do *caput* do art. 52 da Lei nº 9.099/1995, assim como ocorre nas execuções civis em geral, também é possível que nas execuções por títulos judicial ou extrajudicial processadas perante os Juizados Especiais Cíveis venham a ser opostos, pelos devedores, competentes embargos à adjudicação ou à arrematação.

Deferido o pedido de adjudicação ao credor ou aceito lance para arrematação ofertado pelo credor ou terceiros interessados, será lavrado, nas 24 horas seguintes, o respectivo auto. De sua assinatura, passa a fluir o prazo de 5 (cinco) dias (CPC, art. 746)[50] para oposição dos embargos à adjudicação ou à arrematação, independente de nova intimação do executado, que foi anteriormente intimado do pedido de adjudicação ou para a hasta pública designada.

Embargos dessa natureza, obrigatoriamente, devem versar sobre questões supervenientes à penhora.

### 1.10.4. Embargos de retenção e de terceiro

Tem sido igualmente admitidos no âmbito do cumprimento de sentença perante os Juizados Especiais Cíveis o ajuizamento de embargos de retenção por parte do devedor e embargos de terceiros por eventuais legitimados.

Os embargos de retenção por benfeitorias serão interpostos pelo possuidor de boa-fé (CC, art. 1.219)[51] ou seus sucessores, nas execuções de entrega de coisa certa (CPC, art. 745, IV), no prazo de 15 (quinze) dias estabelecido pelo § 1º do art. 475-J do CPC, relativamente às benfeitorias necessárias e úteis.

Poderá o exequente, todavia, requerer a compensação de seu valor com o dos frutos ou danos considerados devidos pelo executado, cumprindo ao juiz, para a apuração dos respectivos valores, nomear perito, fixando-lhe breve prazo para entrega do laudo (CPC, art. 745, § 1º).

Os embargos de terceiro (regulados pelos arts. 1.046 *usque* 1.054 do CPC) constituem instrumento de defesa colocado à disposição de quem, não sendo parte na execução, venha a sofrer turbação ou esbulho na posse de seus bens, por ato de constrição judicial. Seu ajuizamento deve ocorrer até 5 (cinco) dias, contados da adjudicação ou da arrematação, sempre, contudo, antes da assinatura da respectiva carta (CPC, art. 1.048).

---

50. Enunciado 81 do FONAJE: "A arrematação e a adjudicação podem ser impugnadas, no prazo de cinco dias do ato, por simples pedido".

51. CC/2002, art. 1.219: "*O possuidor de boa-fé tem direito à indenização das benfeitorias necessárias e úteis, bem como, quanto às voluptuárias, se não lhe forem pagas, a levantá-las, quando o puder sem detrimento da coisa, e poderá exercer o direito de retenção pelo valor das benfeitorias necessárias e úteis*".

Fernando Geraldo Simão*

20

# Art. 53

**Art. 53. A execução de título executivo extrajudicial, no valor de até quarenta salários-mínimos, obedecerá o disposto no Código de Processo Civil, com as modificações introduzidas por esta Lei.**

**§ 1º Efetuada a penhora, o devedor será intimado a comparecer à audiência de conciliação, quando poderá oferecer embargos (art. 52, IX), por escrito ou verbalmente.**

**§ 2º Na audiência, será buscado o meio mais rápido e eficaz para a solução do litígio, se possível com dispensa da alienação judicial, devendo o conciliador propor, entre outras medidas cabíveis, o pagamento do débito a prazo ou a prestação, a dação em pagamento ou a imediata adjudicação do bem penhorado.**

**§ 3º Não apresentados os embargos em audiência, ou julgados improcedentes, qualquer das partes poderá requerer ao juiz a adoção de uma das alternativas do parágrafo anterior.**

**§ 4º Não encontrado o devedor ou inexistindo bens penhoráveis, o processo será imediatamente extinto, devolvendo-se os documentos ao autor.**

## 1. DA EXECUÇÃO DE TÍTULO EXTRAJUDICIAL

Com a reforma decorrente da Lei nº 11.441/2007, foi possibilitada a agilização para que o credor obtenha a satisfação do seu direito, decorrente do mandamento da sentença judicial. Evitam-se as antigas burocracias e tudo acontece no bojo do próprio processo de conhecimento, como antes estudado.

Mas é lógico que o processo de execução autônomo não está extinto, prevalece plenamente para a satisfação do direito do credor, lastreado em título executivo extrajudicial, tais como cheque, nota promissória etc.

Conforme pondera Humberto Theodoro Júnior,

* Juiz de Direito em São Paulo, foi membro do Colégio Recursal Unificado dos Juizados Especiais de São Paulo. Pós-graduado em Direito Processual Penal pela Escola Paulista da Magistratura – EPM. Docente formador e instrutor da Escola Paulista da Magistratura – EPM. Professor Universitário.

> Processo de execução, como relação processual instaurada apenas para a realização ou satisfação de direito subjetivo já acertado, é remédio processual que apenas se aplica à execução de títulos executivos extrajudiciais.
>
> Atualmente, no direito processual brasileiro, cumprimento de sentença e processo de execução são realidades distintas e inconfundíveis. Embora o juiz utilize atos e procedimentos do processo de execução para fazer cumprir a sentença condenatória, isto se passa sem a instauração de uma nova relação processual, ou seja, sem a relação própria do processo de execução. Em lugar de receber uma citação para responder por um novo processo, o devedor recebe um mandado para realizar a prestação constante da condenação, sujeitando-se imediatamente à inovação em sua esfera patrimonial, caso não efetive o cumprimento do mandamento sentencial.
>
> Em sendo o caso de título extrajudicial, é claro que os atos executivos sobre o patrimônio do devedor somente serão possíveis mediante a instauração de uma relação processual típica, correspondente a uma ação executiva em sentido estrito[1].

Nessa esteira, cumpre ressaltar que o procedimento abreviado da Lei nº 9.099/1995 não está reservado unicamente ao processo de conhecimento, estendendo-se também para a execução forçada, estimulando em vários momentos a solução do impasse entre devedor e credor, pela composição, parcelamento da dívida, tudo de modo a evitar, na medida do possível, maiores entraves da máquina judiciária.

## 2. COMPETÊNCIA

Dispõe o art. 53 da Lei nº 9.099/1995 que *"a execução de título executivo extrajudicial, no valor de até quarenta salários-mínimos, obedecerá ao disposto no Código de Processo Civil, com as modificações introduzidas por esta lei"*. Até o valor de vinte salários-mínimos a parte credora pode formular o pedido no próprio balcão da secretaria do juizado, mas o processo sempre deverá estar instruído com os documentos mínimos indispensáveis ao seu regular desenvolvimento. O título de crédito representativo da dívida líquida, certa e exigível acompanhará o pedido. Quando o objeto do processo de execução tiver por base título de crédito extrajudicial em valor superior a vinte salários-mínimos, até o limite de quarenta salários-mínimos, diante da necessidade de advogado para que a pretensão seja deduzida em juízo, a petição inicial também deverá estar acompanhada da procuração *"ad juditia"*.

A par disso, para se orientar sobre qual o foro competente para o ajuizamento da ação, a parte deverá observar a regra do art. 4º da Lei em questão, ou seja, no lugar onde a obrigação deva ser satisfeita, ainda, no domicílio do réu, ou a critério do autor, do local onde ele exerça suas atividades profissionais ou econômicas, ou mantenha estabelecimento, filial, agência, sucursal ou escritório (parágrafo único,

1. Theodoro Júnior, Humberto. *Curso de Direito Processual Civil*, cit., v. II, 41. ed., p. 129.

incisos I e II do art. 4º). No estado de São Paulo, o Provimento CSM nº 1.670/2009, no art. 3º, subseção XX, item 119, está regulamentado a respeito da citação do devedor para pagar em 3 (três) dias, sob pena de penhora, que poderá ser efetivada por variadas formas: *on-line*, ou mandado de penhora e estimativa do valor do bem penhorado pelo oficial de justiça, dispensadas maiores formalidades, inclusive a lavratura de auto (item 119.1 do Provimento). Inexiste qualquer previsão legal referente à fixação de honorários advocatícios nesta fase[2]. É o mesmo procedimento a ser seguido em outros estados da federação, porque é assim que se disciplina na aplicação subsidiária do art. 652 do CPC.

É perfeitamente possível a citação por edital e arresto de bens "em exegese ao art. 53, § 4º, da Lei nº 9.099/1995, não se aplica ao processo de execução o disposto no art. 18, § 2º, da referida Lei, sendo autorizados o arresto e a citação editalícia quando não encontrado o devedor, observados, no que couber, os arts. 653 e 664 do Código de Processo Civil"[3]. É o que também vem orientado no item 119.6 do Provimento nº 1.670/2009 do TJSP. Caso não se admitisse a citação por edital e o arresto de bens, decorreria uma incoerência legal com benefício ao mal pagador em detrimento do credor. Lembre-se que o arresto nada mais é que pré-penhora. "Pode acontecer de o oficial de justiça não localizar o devedor, depois de procurá-lo razoavelmente, mas encontrar bens que respondam pela dívida. Nessa hipótese, aplica-se o art. 653: o oficial de justiça arrestará tantos bens do devedor quantos bastem para garantir a execução"[4]. No dizer do mesmo autor, com rigoroso acerto, trata-se de uma penhora prévia, tudo para garantir o crédito do autor da ação de execução.

## 3. TENTATIVA DE CONCILIAÇÃO E DEFESA DO DEVEDOR

Em sintonia com os parâmetros da celeridade e economia processual, no item 119.2 do Provimento já mencionado, recomenda-se a realização de tentativa de conciliação entre as partes, a qual, se infrutífera, será o termo final para a apresentação dos embargos pelo devedor.

Caso a audiência conciliatória seja dispensada, o executado será intimado para apresentação dos embargos em 15 (quinze) dias, mas em quaisquer das hipóteses, para o exercício da oposição, é indispensável que a execução esteja garantida.

Apesar de mencionar sobre a possibilidade de dispensa da audiência de conciliação, já é consenso de que "a audiência de conciliação, na execução de título executivo extrajudicial, é obrigatória e o executado, querendo embargar, deverá fazê-lo nesse momento (art. 53, §§ 1º e 2º)"[5].

2. Chimenti, Ricardo Cunha. *Teoria e Prática...*, cit., 11. ed., p. 275.
3. FONAJE, Enunciado 37.
4. Wambier, Luiz Rodrigues. *Curso Avançado de Processo Civil*, v. 2. 8. ed., Revista dos Tribunais, 2006, p. 157.
5. FPJC, Enunciado 19.

A audiência de conciliação é de fundamental importância, porque, nesse ensejo, "será buscado o meio mais rápido e eficaz para a solução do litígio, se possível com dispensa da alienação judicial, devendo o conciliador propor, entre outras medidas cabíveis, o pagamento do débito a prazo ou a prestação, a dação em pagamento, ou a imediata adjudicação do bem penhorado" (§ 2º do art. 53). Vê-se, dessa maneira, que, durante a audiência, existe um grande leque de opções para pôr fim ao processo de forma rápida, econômica e satisfatória quanto ao aspecto da prestação da tutela jurisdicional.

Caso alguma das soluções mencionadas não venha pela composição, poderá decorrer de requerimento de quaisquer das partes, nas hipóteses de não apresentação dos embargos, ou quando julgados improcedentes (§ 3º do art. 53).

Diferentemente do que acontece no processo de conhecimento, em que no cumprimento da sentença já foram ultrapassadas as fases do contraditório e ampla defesa do devedor, isso não ocorre na execução forçada, razão pela qual, nos embargos, na forma como previsto no art. 52, inciso X, o devedor poderá versar sobre vício na citação, excesso de execução, erro de cálculo, ou causas que retiram as características do título de crédito porque ausente a liquidez, certeza ou exigibilidade. E não é só, "a defesa do devedor não pode ser limitada exclusivamente às hipóteses do art. 52, IX, pois é claro que também poderá alegar qualquer outra que lhe seria lícito deduzir como defesa no processo de conhecimento"[6]. Não fosse assim, seria atribuir força de coisa julgada ao título de crédito extrajudicial com valor dentro do limite de alçada dos Juizados Especiais Cíveis.

Pelo princípio da informalidade, os embargos devem ser apresentados e processados nos próprios autos da execução, independente de distribuição. É o que também está expresso no item 123 do Provimento nº 1.670/2009 do TJSP.

## 4. POSSIBILIDADE DE RECONHECIMENTO DA DÍVIDA E PEDIDO DE PARCELAMENTO

Trata-se de previsão que não decorre do art. 53 e seus parágrafos, mas sim do item 119.3 do Provimento mencionado, que assim estipula: "no prazo dos embargos à execução, reconhecendo o crédito do exequente e comprovado o depósito de 30% (trinta por cento) do valor em execução, poderá o executado requerer seja admitido a pagar o restante em até seis parcelas mensais, acrescidas de correção monetária e juros de 1% (um por cento) ao mês". Aliás, essa regulamentação se harmoniza com o que preconiza o art. 745-A do CPC, benefício possível ao devedor somente na execução de título extrajudicial[7]. A parte contrária deverá ser ouvida a respeito

6. Negrão, Theotonio. *Código de Processo Civil e legislação processual em vigor*, cit., 41. ed., p. 1691.
7. Negrão, Theotonio. *Código de Processo Civil e legislação processual em vigor*, cit., 41. ed., p. 956.

da proposta, para observância do princípio do contraditório, após o que o juiz homologará ou não a proposta de parcelamento.

## 5. AVALIAÇÃO DO BEM PENHORADO, POSSIBILIDADE DE IMPUGNAÇÃO DO VALOR E SANÇÃO PARA A IMPUGNAÇÃO PROTELATÓRIA

Tratando da execução, a Lei nº 9.099/1995 nada disse a respeito da avaliação, pelo que é correto dizer da viabilidade de aplicação subsidiária do art. 680 do CPC, frisando, ainda, que o Provimento nº 1.670/2009, do TJSP, itens 119 e 120, aclarou ser a avaliação providência a ser tomada pelo oficial de justiça, mas a estimativa do valor do bem penhorado pode ser substituída por laudo ou orçamento idôneo apresentado por qualquer das partes.

Havendo impugnação ao valor dos bens, o juiz poderá designar avaliador, cujas despesas correrão por conta do impugnante. Caso a impugnação seja julgada meramente protelatória, ocorrerá a imposição de multa (item 121 do Provimento). Não se fala a respeito de critérios para o estabelecimento da multa, mas é claro que a condição de quem protela é a mesma do litigante de má-fé. Aplicam-se, então, subsidiariamente, os arts. 17, 18, §§ 1º e 2º, e 35 do CPC.

## 6. IMPENHORABILIDADE E INEXISTÊNCIA DE BENS PENHORÁVEIS

Fala-se no provimento em tela que as verbas decorrentes de salários, proventos de aposentadoria ou pensão são impenhoráveis (item 119.5 do referido provimento). Entretanto isso é redundância ao que já está disciplinado no art. 649 do CPC, quando nos deparamos com rol bem mais extenso daquilo que não pode sofrer constrição judicial, a saber: os móveis, pertences e utilidades domésticas que guarnecem a residência do executado; os vestuários, bem como os pertences de uso pessoal do executado; verbas de caráter alimentar, inclusive subsídios, remunerações em sentido amplo, ganhos de trabalhador autônomo e os honorários de profissional liberal; as subvenções do Poder Público a entidades privadas; o saldo de caderneta de poupança. Os bens públicos são igualmente impenhoráveis. Conforme art. 730 do CPC, não existe penhora na execução contra a Fazenda Pública.

Pode acontecer de não serem localizados bens do executado para a penhora. Disciplina o art. 53, § 4º, que nessa situação o processo será extinto, com devolução dos documentos ao autor. É lógico que enquanto não operada a prescrição a dívida contínua passível de execução (Súmula 150 do STF).

Jorge Tosta*

21

# Art. 54

**Art. 54. O acesso ao Juizado Especial independerá, em primeiro grau de jurisdição, do pagamento de custas, taxas ou despesas. Parágrafo único. O preparo do recurso, na forma do § 1º do art. 42 desta Lei, compreenderá todas as despesas processuais, inclusive aquelas dispensadas em primeiro grau de jurisdição, ressalvada a hipótese de assistência judiciária gratuita.**

Com o objetivo de facilitar o acesso à Justiça no âmbito dos Juizados Especiais, previu o art. 54 da Lei nº 9.099/1995 a isenção do pagamento de custas, taxas e despesas processuais em primeiro grau de jurisdição[1].

Rigorosamente, bastaria a referência à isenção das despesas processuais que aí também se incluiriam as custas e taxas, porquanto estas são espécies daquela.

De qualquer forma, quis a lei deixar evidenciada a isenção plena de toda e qualquer despesa processual, aí incluídas, *v.g.*, as despesas com diligências, cumprimento de cartas precatórias, perícia informal etc., para que não fosse criado qualquer tipo de embaraço ao exercício do direito de ação perante os Juizados Especiais.

Vedada está, portanto, a intimação das partes para adiantamento ou pagamento de quaisquer despesas processuais em primeiro grau de jurisdição, ressalvada a hipótese de reconhecida litigância de má-fé, quando então deixa

* Juiz de Direito em São Paulo, foi membro do Colégio Recursal Unificado dos Juizados Especiais de São Paulo. Mestre em Direito Processual Civil e doutor em Direito Civil pela PUC/SP. Docente formador e instrutor da Escola Paulista da Magistratura – EPM. Professor da PUC-Cogeae, da Universidade São Francisco-Bragança Paulista e do INPG – Instituto Nacional de Pós-Graduação.

1. Comentando o art. 55 da Lei nº 9.099/1995, Carlos Vieira von Adamek ressalta que "A crítica de alguns, no sentido de que essa isenção possa ter aberto as portas do Poder Judiciário a aventureiros e ligantes de má-fé, incentivando o aforamento de disputas cujo exercício do direito de defesa pelo réu se revele antieconômico, a ponto de revelar-se mais barato 'pagar' o que é pedido pelo autor, do que comparecer a juízo, muitas vezes com a contratação de advogado, para defender-se, é procedente, porém, a nosso ver, não chega a comprometer o espírito da lei e as vantagens que levaram o legislador a dispensar o pagamento pelos serviços judiciários, que, em última análise, acabam sendo suportados pela própria sociedade, visto que custeados por meio de tributos cobrados da população em geral, mesmo que deles não se utilize. Ademais, para as hipóteses de manifesta litigância de má-fé, o próprio dispositivo em análise prevê o sancionamento daquele que venha a portar-se de modo antiético e ilegal".

de existir a referida isenção, devendo o juiz condenar o litigante de má-fé a pagar todas as despesas processuais, conforme prevê o art. 55 da Lei nº 9.099/1995.

Nada impede, de outro lado, que o autor cobre em Juízo, em cúmulo objetivo com o pedido principal, as despesas que tenha suportado extrajudicialmente para demonstrar seu direito, tais como despesas com extração de cópias, revelação ou impressão de fotografias, contratação de profissionais para elaboração de vistorias técnicas etc. É que tais despesas, embora possam se enquadrar da definição genérica de *despesas processuais*, têm caráter indenizatório, pois foram suportadas pelo autor, com diminuição de seu patrimônio, exatamente para demonstrar o direito material que pretende ver reconhecido em Juízo, não sendo justo que sejam excluídas da condenação em razão do disposto no art. 54 da Lei nº 9.099/1995.

Não há isenção, porém, em segundo grau. O próprio parágrafo único do art. 54 deixa claro que, em sendo interposto recurso inominado, deverá o recorrente recolher o preparo que, no caso, compreende todas as despesas processuais, inclusive aquelas dispensadas em primeiro grau de jurisdição, ressalvada a hipótese de assistência judiciária.

Veja-se que o parágrafo único do art. 54 da Lei nº 9.099/1995 dispõe que o preparo compreenderá todas as *despesas processuais*. Assim, despesas com citação e intimações (por mandado ou postal), despesas acrescidas (art. 453, § 3º, CPC), inspeção judicial, desde que requerida pela parte (art. 440, CPC), eventual perícia informal ou inquirição de técnicos (art. 35, Lei nº 9.099/1995), a multa por litigância de má-fé[2], considerada por lei como custas (art. 35, CPC) etc. devem ser recolhidas juntamente com a parcela devida para a interposição do recurso.

Especificamente quanto ao preparo remetemos o leitor aos comentários que fizemos no item 4.2.4. sobre o art. 42, § 1º, c.c. art. 54, parágrafo único, da Lei nº 9.099/1995.

2. Desde que, evidentemente, o recurso não tenha por fundamento a própria imposição da penalidade de litigância de má-fé, pois neste caso, ainda pendente de reexame a questão pela Turma Recursal, não é exigível a cobrança da multa.

Carlos Vieira von Adamek*



# Art. 55

**Art. 55. A sentença de primeiro grau não condenará o vencido em custas e honorários de advogado, ressalvados os casos de litigância de má-fé. Em segundo grau, o recorrente, vencido, pagará as custas e honorários de advogado, que serão fixados entre dez por cento e vinte por cento do valor de condenação ou, não havendo condenação, do valor corrigido da causa.**
**Parágrafo único. Na execução não serão contadas custas, salvo quando:**
**I - reconhecida a litigância de má-fé;**
**II - improcedentes os embargos do devedor;**
**III - tratar-se de execução de sentença que tenha sido objeto de recurso improvido do devedor.**

## 1. ISENÇÃO DE CUSTAS, DESPESAS E HONORÁRIOS ADVOCATÍCIOS

Buscando propiciar o amplo acesso à Justiça por parte de parcela da população carente de recursos ou que, diante de demandas de menor expressão econômica não justificassem a busca da resolução do litígio pelos meios ordinários de jurisdição, isentou o legislador as partes de custas e despesas judiciais nos procedimentos sujeitos aos Juizados Especiais, bem como afastou a incidência dos denominados ônus de sucumbência ao vencido no primeiro grau de jurisdição.

Se por um lado são nobres os propósitos do legislador, incentivando a resolução de disputas de menor complexidade por meio mais célere e econômico em favor do cidadão, fomentando disputas singelas que Kazuo Watanabe, com propriedade, denoMin.u de "litigiosidade contida" e que, normalmente, não acorreriam ao acertamento pela via judicial, a demonstrar o exercício pleno da cidadania, por outro lado parece não terem os governantes percebido a necessidade de investimentos significativos de recursos nesse ramo especializado, dotando-o de meios humanos e materiais condizentes com a realidade, de modo a não se verificar, como nos dias atuais, o sucateamento

* Juiz de Direito em São Paulo, foi membro e presidente do Colégio Recursal Unificado dos Juizados Especiais de São Paulo. Especialista em Direito Processual Civil pela Escola Paulista da Magistratura – EPM. Docente formador e instrutor da EPM. Professor Universitário.

de algumas das Varas Especializadas, que, a despeito de sua condição especial, se veem assoberbadas de causas e sem condições de prestar à população o serviço que delas se espera com a necessária presteza e eficiência.

A crítica de alguns, no sentido de que essa isenção possa ter aberto as portas do Poder Judiciário a aventureiros e ligantes de má-fé, incentivando o aforamento de disputas cujo exercício do direito de defesa pelo réu se revele antieconômico, a ponto de revelar-se mais barato "pagar" o que é pedido pelo autor, do que comparecer a juízo, muitas vezes com a contratação de advogado, para defender-se, é procedente, porém, a nosso ver, não chega a comprometer o espírito da lei e as vantagens que levaram o legislador a dispensar o pagamento pelos serviços judiciários, que, em última análise, acabam sendo suportados pela própria sociedade, visto que custeados por meio de tributos cobrados da população em geral, mesmo que deles não se utilize.

Ademais, para as hipóteses de manifesta litigância de má-fé, o próprio dispositivo em análise prevê o sancionamento daquele que venha a portar-se de modo antiético e ilegal.

Não julgamos correto a adoção de medidas visando à diminuição da demanda pelos serviços prestados pelos Juizados Especiais, parecendo-nos mais eficaz alterações legislativas visando possibilitar, em caso de manifesto abuso de direito, quer por parte do autor da demanda, quer pelo réu, sancionamento mais eficaz no que pertine ao valor das sanções por litigância abusiva, extensíveis, inclusive, quando o caso, ao procurador das partes, que, na condição de parte indispensável e essencial à distribuição da Justiça, deve se portar como "primeiro juiz" da causa, aconselhando tecnicamente, e de forma responsável, o seu constituinte, e, quando o caso, desaconselhar a judicialização da disputa e negar-se a patrocinar causa de tal jaez.

## 2. ÔNUS SUCUMBENCIAIS NA FASE DE CONHECIMENTO

Como regra geral, a sentença de primeiro grau não condenará o vencido ao pagamento dos ônus de sucumbência (custas, despesas processuais e honorários advocatícios da parte adversa).

Trata-se, como já dito, de opção política do legislador, visando estimular a busca pelas partes dos Juizados Especiais como meio de solução de litígios de menor complexidade jurídica ou de valores menos expressivos.

Excepcionando essa regra, temos a hipótese da incidência dos ônus de sucumbência quando constatar o Juiz tratar-se a parte vencida de litigante de má-fé (CPC, arts. 16 e 17). Nessa condição, será compelido a suportar todas as parcelas de que fora inicialmente dispensado, em todas as fases e etapas do procedimento, mesmo se beneficiário da assistência judiciária.

Destaque-se, ainda, a hipótese de pagamento das custas processuais para o caso de perempção da ação (Lei nº 9.099/1995, art. 51, I), em que venha o autor da demanda a faltar, injustificadamente, a qualquer das audiências designadas, quando, então, o reajuizamento da mesma causa somente se admitirá após prévio pagamento desses ônus.

## 3. ÔNUS SUCUMBENCIAIS NA FASE RECURSAL

Se por um lado dispensou o legislador as partes dos ônus de sucumbência por ocasião do julgamento da causa em primeiro grau de jurisdição, para o segundo grau, ou na sede recursal, estabelece a lei que aquele que vier a recorrer, tendo seu recurso inadmitido ou desprovido, será condenado no pagamento dos ônus de sucumbência em favor do vencedor e seu advogado. Ressalte-se que se, eventualmente, não possuir o recorrido patrono constituído nos autos (já que a atuação de advogado apenas é obrigatória pelo recorrente), não há lugar para imposição dessa parcela dos ônus sucumbenciais em seu favor.

O provimento em parte do recurso, porém, não enseja a imposição, mesmo que mitigada, dos ônus sucumbenciais ao recorrente, uma vez que, ainda que parcialmente, o inconformismo manifestado no recurso se mostrou acertado.

## 4. ÔNUS SUCUMBENCIAIS NA FASE DE EXECUÇÃO

Diversamente do tratamento dado à causa em sua fase recursal, para a hipótese de não cumprimento voluntário do devedor da obrigação imposta por sentença ou acórdão prolatado em processo que haja se iniciado perante o Juizado Especial Cível ou Criminal, não há, nesta fase, a incidência de custas e honorários de advogado.

Como já ressaltado anteriormente (item 55.1, *supra*), poderá haver a imposição desses ônus ao executado, em casos de manifesta litigância de má-fé nesta fase processual (art. 55, parágrafo único, I).

Por litigante de má-fé deve-se, contudo, considerar aquele que como tal tenha sido sancionado nas fases precedentes (de conhecimento ou recursal), onde originado o título executivo judicial. Isso porque, na fase executiva, existe regra específica para coibir a prática de atos de má-fé, subsumidos, inclusive, à prática de atos atentatórios à dignidade da Justiça (CPC, art. 600), e sem prejuízo de medidas outras, como a imposição ao executado de multa em favor do exequente, equivalente a até 20% do valor da dívida em cobrança (CPC, art. 601).

Como segunda hipótese de incidência dos ônus sucumbenciais, temos o caso de rejeição dos embargos (ou da impugnação), visando, mais uma vez, coibir o uso do processo para fins procrastinatórios. Caso o executado não se oponha ao prosseguimento da execução, ou se sagre vencedor nos embargos/impugnação, tal como na fase de conhecimento, continuará isento do pagamento das custas e despesas processuais.

É certo que parte da doutrina tem discrepado desse entendimento:

> As despesas processuais do cumprimento de sentença, naturalmente, correm por conta do executado, como consectário do inadimplemento. Não há, porém, como imputar-lhe nova verba advocatícia, uma vez que não há mais uma ação distinta para executar a sentença. Tudo se passa sumariamente como simples fase do procedimento condenatório. E, sendo mero estágio do processo já existente, não se lhe aplica a sanção do art. 20, mesmo quando se verifique o incidente da impugnação (art. 475-L). Sujeita-se este à mera decisão interlocutória (art. 475-M, § 3º), situação a que não se amolda a regra sucumbencial do art. 20, cuja aplicação sempre pressupõe sentença. (Humberto Theodoro Júnior, *As Novas Reformas do Código de Processo Civil*, Forense, 1ª edição, p. 139).

Ressalte-se que, em consonância com orientação ainda vacilante perante o Superior Tribunal de Justiça[1-2-3], entendemos que, se deduzida pelo devedor alguma defesa nessa fase processual, ainda que processada a defesa sob a forma de impugnação, em caráter, portanto, meramente incidental, responderá o impugnado pelos ônus da sucumbência, caso rejeitada a impugnação.

A terceira e derradeira hipótese de perda da isenção relativamente aos ônus de sucumbência refere-se à execução fundada em sentença que tenha sido objeto da interposição de recurso pelo executado, e que tenha sido desprovido. Compelido ao cumprimento da decisão, deverá o executado suportar, em acréscimo, a importância correspondente às custas do processo de execução.

1. STJ – "Na nova sistemática processual civil instituída pela Lei nº 11.232/2005, é cabível a condenação a honorários advocatícios no estágio da execução denominado 'cumprimento de sentença'. (AgRg no Ag. 1.051.596/RS – rel. Min. João Otávio de Noronha – 4ª Turma – j. 20/08/2009, *DJe* 31/08/2009).
2. STJ – "Não é cabível, por ausência de disposição legal, novos honorários advocatícios pelo fato de o exequente ser obrigado a requerer o cumprimento de sentença". (REsp 1.025.449/RS – rel. Min. José Delgado – 1ª Turma – j. 03/06/2008, *DJe* 22/06/2009).
3. STJ – "Cumprimento de Sentença – Honorários Advocatícios – Cabimento. São devidos honorários advocatícios no pedido de cumprimento de sentença". (REsp 987.388/RS – rel. Min. Humberto Gomes de Barros – 3ª Turma – j. 24/03/2008, *DJe* 26/06/2008).

# Art. 56

## Seção XVII
## Disposições Finais

**Art. 56. Instituído o Juizado Especial, serão implantadas as curadorias necessárias e o serviço de assistência judiciária.**

Direito anterior – Lei nº 7.244, de 07/11/1984:

*Art. 54. Não se instituirá o Juizado de Pequenas Causas sem a correspondente implantação das curadorias necessárias e do serviço de assistência judiciária.*

## 1. REPRESENTAÇÃO PROCESSUAL

Embora melhor que o Estado providenciasse o direito de todo cidadão contar com assistência jurídica, como previsto no art. 5º, inciso LXXIV, da Constituição Federal[1], para facilitar o acesso da parte ao Juizado a Lei nº 9.099 autoriza que ingresse em juízo sem esse concurso.

Desse modo, a representação processual no Sistema do Juizado pode ser (i) facultativa, (ii) obrigatória e (iii) recomendada.

Acerca da intervenção do advogado no Sistema do Juizado pontificou a Alta Corte que:

> 1. Juizado Especial. Lei nº 9.099/1995, art. 9º. Faculdade conferida à parte para demandar ou defender-se pessoalmente em juízo, sem assistência de advogado. Ofensa à Constituição Federal. Inexistência. Não é absoluta a assistência do profissional da advocacia em juízo, podendo a lei prever situações em que é prescindível a indicação de advogado, dados os princípios da oralidade e informalidade adotados pela norma para tornar mais célere e menos oneroso o acesso à justiça.
>
> 2. Lei nº 9.099/1995. Fixação de competência dos juízos especiais civis tendo como parâmetro o valor dado à causa. Razoabilidade da lei, que possibilita o acesso do cidadão ao judiciário de forma simples, rápida e efetiva, sem maiores despesas e entraves burocráticos.

* Juiz de Direito em São Paulo, foi membro do Colégio Recursal Unificado dos Juizados Especiais de São Paulo. Mestre em Direito Processual Civil pela PUC/SP e professor assistente-mestre em Direito Processual Civil na Faculdade de Direito da PUC/SP.

1. *"O Estado prestará assistência jurídica integral e gratuita aos que comprovarem insuficiência de recursos".*

Ação julgada improcedente[2].

O advento do Juizado Especial Federal, por sua vez, não alterou o entendimento acima, como também decidido a esse respeito por aquela Corte:

É constitucional o art. 10 da Lei nº 10.259/2001, que faculta às partes a designação de representantes para a causa, advogados ou não, no âmbito dos juizados especiais federais.

No que se refere aos processos de natureza cível, o Supremo Tribunal Federal já firmou o entendimento de que a imprescindibilidade de advogado é relativa, podendo, portanto, ser afastada pela lei em relação aos juizados especiais. Precedentes.

Perante os juizados especiais federais, em processos de natureza cível, as partes podem comparecer pessoalmente em juízo ou designar representante advogado ou não, desde que a causa não ultrapasse o valor de sessenta salários-mínimos (art. 3º da Lei nº 10.259/2001) e sem prejuízo da aplicação subsidiária integral dos parágrafos do art. 9º da Lei nº 9.099/1995[3].

## 1.1. Representação facultativa (art. 9º, *caput*)

Ao lado da ênfase da sua presença como elemento de fomento à composição (art. 2º), dando causa sua ausência, inclusive, à extinção do processo (art. 51, I), acrescenta o *caput* do art. 9º ser prerrogativa da própria parte, ainda que não conte com conhecimento técnico para tanto, atuar na defesa de seu direito, conferindo-lhe a possibilidade de ser assistida, ou não, por advogado.

Como a Lei nº 9.099 só cuidou de regulamentar a matéria de acordo com o critério de competência pelo valor de alçada, a regra, em consequência, se aplica também às causas admitidas *ratione materiae*, cujo valor não exceda o teto de 20 salários-mínimos.

Ação de indenização, por danos materiais e morais: ofensas e agressão física – Sentença: improcedência – Recurso: Autora. Assistência obrigatória por advogado: art. 9º, *caput*, Lei nº 9.099, de 26/09/1995 – Requisito ditado pelo valor do pedido: art. 14, § 1º, inciso III, Lei nº 9.099, que, ademais, deveria ser o atribuído à causa (Enunciado Cível 39, FONAJE). Libelo: pedidos líquidos, ao lado do ilíquido, de arbitramento judicial do ressarcimento moral, que não excedem ao teto de 20 salários-mínimos, vigentes quando do ajuizamento – Representação por advogado facultativa: capacidade postulatória pessoal da parte para o oferecimento de defesa... Recurso não provido. (CRSP, R.I. 989.09.008383-0, j. 29/05/2009)[4].

- Sobre a extinção pela ausência da parte: comentários ao art. 51, item 1.1.

2. ADIn 1.539-7, Tribunal Pleno, rel. Min. Maurício Corrêa, j. em 24/04/2003.
3. STF, ADIn 3.168-6, Tribunal Pleno, rel. Min. Joaquim Barbosa, j. em 08/06/2006.
4. As decisões do CRSP sem identificação do relator são do Autor.

### 1.2. Representação obrigatória (art. 9º, *caput*)

A representação por advogado, de outro turno, é obrigatória nas causas de "valor superior" a 20 salários-mínimos (art. 9º, *caput, in fine*).

Prestigiando o expediente do acesso direto ao Juizado pelo interessado, o Enunciado 36 do FONAJE, por sua vez, orienta que "a assistência obrigatória prevista no art. 9º da Lei nº 9.099/1995 tem lugar a partir da fase instrutória, não se aplicando para a formulação do pedido e a sessão de conciliação" (redação cf. VI Encontro: 1999)[5].

Assim, mesmo que excedido o referencial de 20 salários, o ajuizamento da ação é possível sem o concurso do advogado, prerrogativa que cessa, frustrada a conciliação.

Resulta, portanto, que caso não regularizada a representação do autor será extinto o processo, sem resolução de mérito, por desatendimento ao pressuposto processual da capacidade postulatória.

---

Na hipótese de pedido de valor até 20 salários-mínimos, é admitido pedido contraposto no valor superior ao da inicial, até o limite de 40 salários-mínimos, sendo obrigatória a assistência de advogados às partes (Enunciado 27 do FONAJE, V Encontro: 1999).

Juizado – Restrição alçada. Capacidade postulatória – Parte – 20 salários-mínimos. Advogado – Assistência – 40 salários-mínimos (arts. 3º, I, e 9º, *caput*, Lei nº 9.099, de 26/09/1995). Cobrança – Questionamento do débito. Inicial que invoca redução do valor da pendência – Enquadramento no limite de 40 salários-mínimos. Falta de provas da renegociação – Inadmissibilidade. Extinção – Art. 51, II, Lei nº 9.099. Recurso provido" (CRSP, R.I. 30.230, j. 14/12/2007).

---

• Sobre a extinção terminativa pela perda superveniente de capacidade postulatória: comentários ao art. 51, item 3.a.

### 1.3. Representação recomendada (art. 9º, §§ 1º e 2º)

Não sendo a parte assistida *ab initio*, cuidou a Lei nº 9.099/1995 de recomendar o concurso profissional por questões de (*a*) equidade e (*b*) complexidade da causa.

No primeiro caso, prevê o § 1º, do art. 9º, que *"sendo facultativa a assistência, se uma das partes comparecer assistida por advogado, ou se o réu for pessoa jurídica ou firma individual, terá a outra parte, se quiser, assistência judiciária prestada por órgão instituído junto ao Juizado Especial, na forma da lei local"*.

No segundo, a recomendação decorre da complexidade da causa: *"o Juiz alertará as partes da conveniência do patrocínio por advogado, quando a causa o recomendar"* (art. 9º, § 2º).

---

5. Texto anterior: "a assistência obrigatória prevista no art. 9º da Lei nº 9.099/1995 tem lugar a partir da fase instrutória, não se aplicando para a formulação do pedido e a sessão de conciliação, sendo necessária à postulação" (V Encontro: 1999).

O disposto no § 1º do art. 9º da Lei nº 9.099/1995 é aplicável às microempresas e às empresas de pequeno porte. (Enunciado 48 do FONAJE, redação cf. XXI Encontro: 2007)[6].

Juizado Especial – Ré, pessoa jurídica, representada por advogado: conveniência de nomeação de defensor aos autores (art. 9º, § 1º, da Lei nº 9.099, de 26/09/1995). Seguro saúde – Antecipação de tutela garantindo a manutenção do atendimento. Rescisão por atrasos superiores a 60 dias (art. 13, II, Lei nº 9.656, de 03/06/1998) – Contrato celebrado em data anterior: necessidade de dilação probatória quanto a cientificação do usuário e da prévia interpelação. Recurso não provido (CRSP, AI 685, j. 14/08/2008).

### 1.4. Mandato (art. 9º, § 3º)

Em perfeita harmonia com os princípios da informalidade e simplicidade (art. 2º), autoriza o art. 9º, § 3º, que *"o mandato ao advogado poderá ser verbal, salvo quanto aos poderes especiais"*.

Desse modo, pode ser constituído em audiência, com os poderes da cláusula *ad judicia*, sendo, assim, autorizado *"a praticar todos os atos do processo, salvo para receber citação inicial, confessar, reconhecer a procedência do pedido, transigir, desistir, renunciar ao direito sobre que se funda a ação, receber, dar quitação e firmar compromisso"* (art. 38, *caput*, CPC).

O advogado cujo nome constar do termo de audiência estará habilitado para todos os atos do processo, inclusive para o recurso (Enunciado 77 do FONAJE, XI Encontro: 2002).

## 2. ASSISTÊNCIA JUDICIÁRIA (ART. 9º, § 1º)

Não deixando a parte, todavia, em total desabrigo, dita o § 1º, do art. 9º, que *"sendo facultativa a assistência, se uma das partes comparecer assistida por advogado, ou se o réu for pessoa jurídica ou firma individual, terá a outra parte, se quiser, assistência judiciária prestada por órgão instituído junto ao Juizado Especial, na forma da lei local"*.

A faculdade, portanto, pela condição de que a assistência só se dará *se uma das partes comparecer assistida por advogado, ou se o réu for pessoa jurídica ou firma individual*, "tem por inspiração o princípio da paridade das armas analisado pelo jurista G. Tarzia[7], ou seja, visa a garantir a igualdade de condições entre aquele que dispõe de recursos (em especial o advogado) para o bom desenvolvimento de sua argumentação e aquele que não dispõe da mesma assistência" (Ricardo Cunha Chimenti)[8].

6. Texto anterior: "O disposto no § 1º do art. 9º, da Lei nº 9.099/1995, é aplicável às microempresas" (VII Encontro: 2000).
7. Conforme anotado no texto: "Silvana, Campos Moraes, *Juizado Especial Cível*, Rio de Janeiro: Forense, 1998, p. 27".
8. *Teoria e Prática...*, cit., 10. ed., 2008, p. 19.

Nesse contexto, como salienta Jorge Alberto Quadros de Carvalho Silva, "significa que a parte que, em tese, é considerada hipossuficiente deve ser compensada com a concessão de algum direito processual, para ser colocada par a par com a outra parte, possibilitando a disputa com igualdade. Tem-se, assim, que aos iguais será dispensado tratamento igualitário, ao passo que aos desiguais haverá, naturalmente, um tratamento diferenciado"[9].

## 2.1. Defensoria Pública (art. 56)

A par da ressalva de que a assistência jurídica dar-se-á "na forma da lei local" (art. 9º, § 1º), dita o art. 134, *caput*, da Constituição Federal que *"a Defensoria Pública é instituição essencial à função jurisdicional do Estado, incumbindo-lhe a orientação e a defesa, em todos os graus, dos necessitados, na forma do art. 5º, LXXIV"*.

E, como previsto no art. 134, § 1º, da Constituição Federal, o art. 97, da Lei Complementar nº 80, de 12/01/1994[10], prevê que *"a Defensoria Pública dos Estados organizar-se-á de acordo com as normas gerais estabelecidas nesta Lei Complementar"*.

Nesse contexto, no Estado de São Paulo, de acordo com a Lei Complementar Paulista nº 988, de 09/01/2006, "são atribuições institucionais da Defensoria Pública" (art. 5º, *caput*), dentre outras, "atuar nos Juizados Especiais Cíveis e Criminais" (inciso X).

Apesar de a Defensoria ter por finalidade precípua a "assistência jurídica... aos necessitados, assim considerados na forma de lei" (LC nº 80/1994, art. 1º; LC Paulista nº 988/2006, art. 2º), "no Sistema dos Juizados Especiais, observada a hipótese do § 1º do art. 9º, a nomeação do advogado à parte que o requerer dar-se-á independentemente da sua condição econômica" (Ricardo Cunha Chimenti)[11].

Ademais, o benefício vale "para o autor e para o réu, ainda que o primeiro seja microempresa, ou o último... firma individual ou pessoa jurídica" (Jorge Alberto Quadros de Carvalho Silva)[12].

> Com relação aos defensores públicos, há expressa exceção quanto à necessidade de apresentação da procuração. De acordo com os arts. 44, IX, 89, XI, e 128, XI, da Lei Complementar nº 80/1994, eles são dispensados, para a prática dos atos processuais em geral, de sua apresentação (Cássio Scarpinella Bueno)[13].

### 2.1.1. Curadorias

Compete, também, à Defensoria Pública *"atuar como Curador Especial nos casos previstos em lei"* (inciso VIII), ou seja, na representação dos interesses do *"incapaz,*

9. *Lei dos Juizados...*, ob. cit., p. 65.
10. "Organiza a Defensoria Pública da União, do Distrito Federal e dos Territórios e prescreve normas gerais para sua organização nos Estados, e dá outras providências".
11. *Teoria e Prática...*, cit., 10. ed., 2008, p. 19.
12. *Lei dos Juizados...*, ob. cit., p. 66.
13. *Curso Sistemático...*, cit., v. 1, 2007, p. 222.

*se não tiver representante legal, ou se os interesses deste colidirem com os daquele"* e do *"réu preso, bem como ao revel citado por edital ou com hora certa"* (art. 9º, *caput*, incisos I e II, CPC).

Como no Sistema do Juizado o incapaz e o réu preso não são dotados de legitimidade *ad processum* (art. 8º) e defesa a citação por edital (art. 18, § 1º), eventual intervenção da Curadoria Especial fica restrita aos casos incidentais de incapacidade e custódia e da citação por edital na execução (art. 53, § 4º).

> Em exegese ao art. 53, § 4º, da Lei nº 9.099/1995, não se aplica ao processo de execução o disposto no art. 18, § 2º, da referida Lei, sendo autorizados o arresto e a citação editalícia quando não encontrado o devedor, observados, no que couber, os arts. 653 e 654 do Código de Processo Civil (Enunciado 37 do FONAJE, V Encontro: 1999).

Em sentido contrário: "Na execução de título extrajudicial não é possível o arresto por envolver citação por edital, vedada pela Lei nº 9.099/1995" (Enunciado 7 do I EJSP, agosto de 2009; no mesmo sentido: Enunciado 46 do CRSP/FCC, setembro de 2009).

Esses Enunciados, todavia, comportam reservas porquanto, como salienta Erick Linhares, com arrimo no art. 53, § 4º, "a conjunção alternativa 'ou', expressa no referido dispositivo, indica que a execução prosseguirá se existentes bens passíveis de penhora, ainda que não localizado o devedor, ou seja, autoriza o arresto e a citação editalícia nas execuções por título extrajudicial"[14].

• Sobre a incapacidade e custódia incidental da parte: comentários ao art. 51, item 1.2.1.

14. *Juizados Especiais Cíveis...*, ob. cit., p. 61.

Claudio Lima Bueno de Camargo*

# Art. 57

**Art. 57. O acordo extrajudicial, de qualquer natureza ou valor, poderá ser homologado, no juízo competente, independentemente de termo, valendo a sentença como título executivo judicial.**
**Parágrafo único. Valerá como título extrajudicial o acordo celebrado pelas partes, por instrumento escrito, referendado pelo órgão competente do Ministério Público.**

Direito anterior – Lei nº 7.244, de 07/11/1984: art. 55 (de idêntica redação).

## 1. TRANSAÇÃO

A transação, enquanto negócio jurídico voltado, *rectius*, a prevenir ou extinguir "o litígio mediante concessões mútuas" (art. 840, CC)[1], recebe, na atualidade, o mesmo tratamento na Lei nº 9.099 e no Código de Processo Civil.

No Juizado cuida da matéria no art. 57, cujos equivalentes no Código de Processo Civil são os arts. 475N, inciso V[2], e 585, inciso II[3]:

* Juiz de Direito em São Paulo, foi membro do Colégio Recursal Unificado dos Juizados Especiais de São Paulo. Mestre em Direito Processual Civil pela PUC/SP e professor assistente-mestre em Direito Processual Civil na Faculdade de Direito da PUC/SP.

1. Com o advento do Código Civil de 2002, restou "superada a divergência que antes se erigia sobre a natureza contratual da transação, hoje textualmente reconhecida" (Godoy, Claudio Luiz Bueno de, *Código Civil Comentado – Doutrina e Jurisprudência*, coordenador Min. Cezar Peluso, 2. ed., Manole, 2008, p. 801). Sobre a contenda: Santos, J. M. Carvalho, *Código Civil Brasileiro Interpretado*, v. XIII, 13. ed., Freitas Bastos, 1988, p. 350.

2. Incluído pela Lei nº 11.232, de 22/12/2005, a cujo respeito salienta Ernani Fidélis dos Santos: "a disposição era prevista na Lei nº 9.099/1995, art. 57, e art. 584, III, do CPC, com a redação dada pela Lei nº 8.953/1994, restaurada pela Lei nº 9.307/1996, e pelo art. 584, VI, do CPC, este acrescido pela Lei nº 10.358/2001, com a consagração definitiva, agora, pelo novo art. 475-N, V" (*As Reformas de 2005 e 2006 do Código de Processo Civil*: Execução dos títulos judiciais e agravo de instrumento, 2. ed., Saraiva, 2006, p. 38).

3. Com a redação dada pela Lei nº 8.953, de 13/12/1994.

| Lei nº 9.099 | CPC |
|---|---|
| Art. 57. O acordo extrajudicial, de qualquer natureza ou valor, poderá ser homologado, no juízo competente, independentemente de termo, valendo a sentença como título executivo judicial. | Art. 475N. São títulos executivos judiciais:<br>...<br>V – o acordo extrajudicial, de qualquer natureza, homologado judicialmente; |
| Art. 57, Parágrafo único. Valerá como título extrajudicial o acordo celebrado pelas partes, por instrumento escrito, referendado pelo órgão competente do Ministério Público. | Art. 585. São títulos executivos extrajudiciais:<br>...<br>II – a escritura pública ou outro documento público assinado pelo devedor; o documento particular assinado pelo devedor e por duas testemunhas; o instrumento de transação referendado pelo Ministério Público, pela Defensoria Pública ou pelos advogados dos transatores; |

• Acerca dos conceitos de *conciliação* (objeto da homologação prevista no art. 22, parágrafo único) e de *transação*, aponta Ricardo Cunha Chimenti que: "a distinção está no fato de que a conciliação pressupõe a existência de um processo e é conduzida pelo juiz ou conciliador, enquanto a transação é ato de iniciativa exclusiva das partes e chega em juízo já formalizado: é o acordo extrajudicial"[4].

## 1.1. Limites objetivos e subjetivos

A equivalência entre o Juizado e o Código, de outro turno, conduz à partilha dessa atribuição de acordo com os limites objetivos da transação e a divisão de competência entre esses sistemas.

Assim, a redação do art. 57, ao prever que *"o acordo extrajudicial, de qualquer natureza ou valor, poderá ser homologado, no juízo competente"*, deve ser recebida com cautela.

Enquanto *Especial* a competência do *Juizado* é ditada pelo art. 3º, inclusive com as restrições afetas à legitimidade *ad processum* (art. 8º).

Nesse contexto, a precisa advertência de Ricardo Cunha Chimenti, no sentido de que "o juiz **competente** para a análise e homologação do acordo extrajudicial firmado com base neste art. 57 pode ou não ser o juiz do Sistema Especial, de acordo com a matéria e valor do pacto firmado entre as partes"[5].

Significa, portanto, que cabe ao Juizado a homologação da transação "de qualquer natureza", dentre as enumeradas no art. 3º, incisos II a IV, "ou valor", respeitada a alçada do inciso I desse dispositivo e, em ambos os casos, a restrição subjetiva traçada pelo art. 8º.

Reforça isso a previsão concorrente de atribuições da Justiça Comum e do Juizado para tal homologação, como acima observado.

• Sobre legitimidade *ad processum*: comentários ao art. 51, item 1.2.

4. *Teoria e Prática...*, cit., 10. ed., p. 291.
5. *Teoria e Prática...*, cit., 10. ed., p. 290.

• Em sentido contrário, para Joel Dias Figueira Jr.: *"segundo o próprio texto legal, as matérias de quaisquer natureza e valor (inexistência de limite qualitativo ou quantitativo) podem ser objeto de acordo e homologação perante o juiz togado dos Juizados Especiais, ampliando-se, em muito, o espectro de autocomposição"*[6].

Defende o Autor, inclusive, que "em sede de Juizados Especiais Estaduais, para fins de acordo (autocomposição – art. 57, Lei nº 9.099/1995), *não se aplicam as limitações estabelecidas* no tocante à matéria ou *pessoas*, previstas no art. 3º, § 2º, e no *art. 8º, 'caput' e § 1º*, ambos da Lei nº 9.099/1995"[7], porquanto "os limites referidos têm pertinência tão somente no que concerne às lides institucionalizadas, ou seja, para fins de resolução de conflitos em sede adversarial (lide e processo jurisdicionalizados)"[8].

**a) Juizado Informal de Conciliação**

O alcance dessa homologação, todavia, pode ser maior conforme a legislação local amplie o campo de atuação dos Juizados de Conciliação, *ex vi* do permissivo concedido pelo art. 58.

• A respeito da competência dos Juizados de Conciliação: comentários ao art. 58.

## 1.2. Homologação

Inexistindo regra específica no Código de Processo Civil acerca do procedimento a ser seguido para exame da transação apresentada pelas partes, "o pedido de homologação, *in casu*, deve ser processado como expediente de jurisdição voluntária" (Humberto Theodoro Jr.)[9].

Tal orientação, por idênticos motivos, vale para o Juizado.

**a) Recurso**

Embora certo, como adverte Humberto Theodoro Jr., que "nos casos de sentença homologatória de transação... o provimento jurisdicional apenas na forma pode ser considerado sentença... A intervenção do juiz é apenas para chancelar o acordo de vontade dos interessados... limitando-se à fiscalização dos aspectos formais do negócio jurídico"[10], se trata, de qualquer modo, de uma sentença.

Desse modo, como "não está entre aquelas que o *caput* do art. 41 da lei especial classifica como irrecorríveis (Ricardo Cunha Chimenti)[11], autoriza a interposição do recurso inominado previsto neste dispositivo.

---

6. *Juizados Especiais...*, cit., p. 363.
7. Figueira Júnior, Joel Dias, *Manual...*, cit., p. 367 (sem grifos no original).
8. *Juizados Especiais...*, cit., p. 363.
9. *As Novas Reformas do Código de Processo Civil*, 2. ed., 2. tir., Forense, 2007, p. 175. No mesmo sentido: Medina, José Miguel Garcia, Wambier, Luiz Rodrigues e Wambier, Teresa Arruda Alvim, *Breves Comentários à Nova Sistemática Civil*: v. II, RT, 2006, p. 171.
10. As Novas Reformas, ob. cit., p. 173.
11. *Teoria e Prática...*, cit., 10. ed. p. 292, acrescentando na sequência que: "há que se observar, porém, a incidência ou não da preclusão lógica na hipótese concreta (art. 503 do CPC)".

**b) Ação anulatória**

De outro turno, observa Berenice Soubhie Nogueira Magri, acerca das sentenças proferidas na jurisdição voluntária, que "em razão de... ser aplicada a lei processual, aplica-se, igualmente, o art. 486 do CPC"[12].

Assim, a tutela homologatória em análise, afeta, como visto, à jurisdição voluntária, sujeita-se, também, à ação anulatória, prevista no art. 486 do Código de Processo Civil.

### 1.3. Dispensa de termo nos autos

A previsão do art. 57, *caput*, no sentido de que "o acordo extrajudicial... poderá ser homologado... independente de termo", não afasta, como acima assinalado, a obrigação de o juiz zelar pela *"fiscalização dos aspectos formais do negócio jurídico"* apresentado pelas partes, ou seja, dos requisitos de validade previstos nos arts. 166 e 167 do Código Civil.

Deve o magistrado, ademais, dedicar especial atenção ao art. 129 do Código de Processo Civil e, assim, "convencendo-se, pelas circunstâncias da causa, de que autor e réu se serviram do processo para praticar ato simulado ou conseguir fim proibido por lei", proferir "sentença que obste aos objetivos das partes", negando a homologação pretendida.

De outro turno, no rigor da forma, a dispensa de que a transação conste de "termo" específico nos autos justificava-se como contraponto ao art. 1.028 do Código Civil de 1916 e perdeu valia à luz do art. 842 do Diploma vigente, a cujo respeito esclarece Claudio Luiz Bueno de Godoy que:

> Deve-se admitir, contudo, pese embora a exigência hoje de que a transação extintiva, quando extrajudicial, seja lavrada por escritura pública, que a petição das partes, portanto feita fora dos autos, seja a eles levada para homologação, de modo a subsumi-la ao conceito de termo nos autos... Sem a necessidade, portanto, de subsequente lavratura de termo próprio de transação, a tanto valendo o petitório das partes[13].

## 2. TRANSAÇÃO REFERENDADA

A previsão em separado da validade da transação referendada pelo Ministério Público como título executivo extrajudicial, consignada no parágrafo único do art. 57, só se explica como descompasso legislativo, quiçá por inspiração do art. 55, parágrafo único, da Lei nº 7.244, de 07/11/1984, de idêntica redação e que na época tinha razão de ser.

12. *Ação Anulatória*: art. 486 do CPC, RT, 1999, p. 62. No mesmo sentido: Machado, Antônio Cláudio da Costa, *Código de Processo Civil Interpretado*, 2. ed., Manole, 2008, p. 891, e as anotações de Nelson Nery Jr. e Rosa Maria de Andrade Nery (*Código de Processo Civil Comentado e legislação extravagante*, 10. ed., p. 791).
13. *Código Civil Comentado...*, ob. cit., p. 804.

Na redação original do Código de Processo Civil eram dotados de eficácia executiva, dentre outros títulos extrajudiciais, "o documento público, ou o particular assinado pelo devedor e subscrito por duas testemunhas, do qual conste a obrigação de pagar quantia determinada, ou de entregar coisa fungível" (art. 585, inciso II, CPC).

A Lei nº 8.953, de 13/12/1994, todavia, deu nova redação ao dispositivo *supra*, alargando o objeto das obrigações passíveis de negociação e prevendo como título executivo extrajudicial, ao lado dos demais, "o instrumento de transação referendado pelo Ministério Público, pela Defensoria Pública ou pelos advogados dos transatores".

Nesse diapasão, como o art. 3º, § 1º, da Lei dos Juizados confere competência ao Sistema para "promover a execução" dos "seus julgados" (inciso I) e, também, "dos títulos executivos extrajudiciais, no valor de até quarenta vezes o salário-mínimo, observado o disposto no § 1º do art. 8º desta Lei" (inciso II), compreendendo, assim, também a transação referendada pelo Ministério Público, não há necessidade de artigo próprio para tanto.

De outro turno, como o Sistema confere acesso também à transação referendada "pelos advogados dos transatores", digno de nota que: "a lei, ao mencionar o referendo dos **advogados**, quer se referir à hipótese de haver um advogado para cada parte. Mas, nada impede que apenas **um advogado** subscreva o acordo, se estiver representando ambas as partes" (Sérgio Shimura)[14].

14. *Título Executivo*, São Paulo: Saraiva, 1997, p. 290. No mesmo sentido: Assis, Araken de, *Manual da Execução*, 11. ed., São Paulo: RT, 2007, p. 177.

Claudio Lima Bueno de Camargo*

25

# Art. 58

**Art. 58. As normas de organização judiciária local poderão estender a conciliação prevista nos arts. 22 e 23 a causas não abrangidas por esta Lei.**

Direito anterior – Lei nº 7.244, de 07/11/1984:

***Art. 56.*** *As normas de organização judiciária local poderão:*

*I – estender a conciliação prevista nos arts. 22 e 23 a causas não abrangidas nesta lei;*

*II – criar colegiados constituídos por juízes em exercício no primeiro grau de jurisdição e atribuir-lhes competência para os recursos interpostos contra decisões proferidas em pequenas causas não processadas na forma desta lei.*

## 1. COMPETÊNCIA LEGISLATIVA LOCAL

O art. 58 prevê que "*as normas de organização judiciária local poderão estender a conciliação prevista nos arts. 22 e 23 a causas não abrangidas por esta Lei*".

Referidos arts. 22 e 23, por sua vez, rezam que:

***Art. 22.*** *A conciliação será conduzida pelo Juiz togado ou leigo ou por conciliador sob sua orientação.*

***Parágrafo único.*** *Obtida a conciliação, esta será reduzida a escrito e homologada pelo Juiz togado, mediante sentença com eficácia de título executivo.*

***Art. 23.*** *Não comparecendo o demandado, o Juiz togado proferirá sentença.*

Regulamentam, portanto, o procedimento sumaríssimo na fase prévia de conciliação (art. 22) e, inclusive, o julgamento antecipado, pelo "Juiz togado", caso ausente o réu (art. 23), isso porque, como previsto no art. 20, "não comparecendo o demandado à sessão de conciliação ou à audiência de instrução e julgamento, reputar-se-ão verdadeiros os fatos alegados no pedido inicial, salvo se o contrário resultar da convicção do Juiz".

* Juiz de Direito em São Paulo, foi membro do Colégio Recursal Unificado dos Juizados Especiais de São Paulo. Mestre em Direito Processual Civil pela PUC/SP e professor assistente-mestre em Direito Processual Civil na Faculdade de Direito da PUC/SP.

Em consequência, ao lado das reflexões que essa decretação de revelia na fase prévia de conciliação demanda, também a redação do art. 58 deve ser interpretada *cum grano salis.*

De fato, como esclarece Ricardo Cunha Chimenti, "o dispositivo em comento limitou-se a reproduzir o *caput* e o inciso I do art. 56 da Lei nº 7.244/1984, na qual tanto o art. 22 quanto o art. 23 tratavam da conciliação. Na lei atual, porém, o art. 23 não trata da conciliação"[1].

Assim, sem que interfira no procedimento, "as normas de organização judiciária local" podem ampliar o esforço de conciliação a outras causas, além das previstas "nos arts. 22 e 23".

Lei nº 7.244, de 07/11/1984:

> **Art. 22.** *Aberta a sessão, o Juiz esclarecerá as partes presentes sobre as vantagens da conciliação, mostrando-lhes os riscos e as consequências do litígio, especialmente quanto ao disposto no § 2º do art. 3º desta lei.*
>
> **Art. 23.** *A conciliação será conduzida pelo Juiz ou por conciliador sob sua orientação.*
>
> ***Parágrafo único.*** *Obtida a conciliação, será reduzida a escrito e homologada pelo Juiz, mediante sentença com eficácia de título executivo.*

A respeito da revelia decretada na fase de conciliação:

> A contestação poderá ser apresentada até a audiência de Instrução e Julgamento (Enunciado 10 do FONAJE, IV Encontro: 1998).
>
> Ação de indenização, por danos materiais e morais: interrupção indevida do fornecimento energia elétrica – Sentença: procedência (revelia) – Recurso: Ré. Juizado Especial: designação de audiência de tentativa de conciliação, com observação para oferecimento de defesa, nos 15 dias subsequentes, se frustrado aquele esforço, e, se o caso, designação posterior de audiência de instrução e julgamento – Ato posterior retomando o procedimento da Lei nº 9.099, de 26/09/1995, com a designação, desde logo, da audiência em continuação – Direito de apresentação nesta da contestação (Enunciado Cível 10, FONAJE). Recurso provido (CRSP, R.I. 989.09.006546-8)[2].

## 1.1. Juizado Especial Cível

Segundo o Enunciado 3 do FONAJE, a "lei local não poderá ampliar a competência do Juizado Especial" (IV Encontro: 1998).

Não é essa, todavia, a autorização prevista no art. 58, restrita, como de rigor, à *conciliação.*

De fato, como adverte Erick Linhares, "o Brasil é uma República Federativa, competindo a cada Estado-Membro sua organização judiciária por lei local, cujo

1. *Teoria e Prática...*, cit., 10. ed., p. 294.
2. As decisões do CRSP sem identificação do relator são do Autor.

conteúdo é limitado, pois 'os critérios de identificação das 'causas cíveis de menor complexidade...', a serem confiados aos Juizados Especiais, constituem matéria de Direito Processual, da competência legislativa privativa da União'"[3-4].

## 2. JUIZADOS INFORMAIS DE CONCILIAÇÃO

Bem diferenciado a diversidade de atuações, da conciliação como atividade fim e incidente jurisdicional, a Lei Complementar Paulista nº 851, de 09/12/1998, ao criar o "Sistema de Juizados Especiais, integrado pelos Juizados Especiais Cíveis e Criminais, e respectivas Turmas Recursais, como órgãos do Poder Judiciário, para a conciliação, processo, julgamento e execução das causas de sua competência, nos termos da Lei Federal nº 9.099, de 26 de setembro de 1995" (art. 1º), prevê, também, que "Juizados Informais de Conciliação", ao lado dos Especiais, "serão instalados em todas as Comarcas, Varas e Foros Regionais do Estado de São Paulo" (art. 2º).

O Capítulo IV das Normas de Serviço da Corregedoria Geral da Justiça[5], por sua vez, estabelece para o funcionamento do referido *Juizado Informal de Conciliação* (JIC):

(*i*) a dispensa de distribuição, registro e autuação do pedido (item 5);

(*ii*) designação da sessão de conciliação (item 5.3);

(*iii*) citação (item 6), "pelo Correio físico ou virtual, com AR ou meio similar" (item 6.1)[6];

(*iv*) havendo acordo, será lavrado termo, dele constando, de forma clara e concisa, o objeto da conciliação... e a sentença de homologação" (item 14);

(*v*) não havendo acordo, lavrar-se-á o termo correspondente, encerrando-se o expediente" (item 15).

De outro turno, tratando-se de *Juizado Especial Cível* (JEC), sem prejuízo das formalidades acima dispensadas, "passar-se-á, de imediato – desde que não resulte prejuízo para a defesa – ou na data mais próxima, à audiência de instrução e julgamento" (item 16)[7].

3. STF, ADIn 1.807-5, rel. Min. Sepúlveda Pertence.
4. *Juizados Especiais Cíveis*, ob. cit., p. 22.
5. Redação conforme Provimento CSM nº 1.670, de 19/05/2009 (*DJE*/SP de 17/09/2009).
6. E, se necessário, "por Oficial de Justiça ou pelas demais formas admitidas no Sistema" (item 6.3).
7. Nesse caso, "o procedimento é o seguinte: (a) o processo se instaurará via postulação escrita ou oral na Secretaria do Juizado; (b) registrada a postulação, o secretário designará dia para a sessão de conciliação, determinando a citação do réu; (c) aberta a sessão, o juiz esclarecerá às partes sobre as vantagens da conciliação, a qual será conduzida por ele ou por um conciliador, sob a sua orientação. (d) obtida a conciliação, esta será reduzida a escrito e homologada pelo juiz; (e) não obtida a conciliação, as partes poderão optar, de comum acordo, pelo juízo arbitral, passando o processo a ser conduzido pelo árbitro, que deverá apresentar o seu laudo ao térMin. da audiência ou nos cinco dias subsequentes; (f) não sendo instituído o juízo arbitral, após a oportunidade de defesa que poderá ser escrita ou oral, proceder-se-á de imediato a instrução e ao julgamento" (Borges, Marcos Afonso, Resenha da justiça especial das pequenas causas, in *Processo e Constituição*, cit., p. 472).

Nota-se, portanto, a diversidade de procedimentos, compatível, inclusive, com eventual competência maior que possa ser conferida aos referidos *Juizados Especiais de Conciliação*, sem prejuízo da competência destes, ditada pela Lei nº 9.099, que permanece íntegra.

Claudio Lima Bueno de Camargo*

26

# Art. 59

**Art. 59. Não se admitirá ação rescisória nas causas sujeitas ao procedimento instituído por esta Lei.**

Direito anterior – Lei nº 7.244, de 07/11/1984: art. 57 (de idêntica redação).

## 1. AÇÃO RESCISÓRIA

Como leciona José Carlos Barbosa Moreira, "chama-se rescisória à ação por meio da qual se pede a desconstituição de sentença trânsita em julgado, com eventual rejulgamento, a seguir da matéria nela julgada"[1].

Nesse contexto, observa Sérgio Gilberto Porto:

> Um dos suportes do ordenamento jurídico brasileiro, sem sombra de dúvida, é o instituto da coisa julgada, no qual, em face de seus propósitos ideológicos, encontra-se a ideia de oferecer paz social, eis que põe fim, no plano jurídico, ao conflito submetido à apreciação do Estado.
>
> ...O Estado, por opção de política legislativa, através do instituto da coisa julgada, lança um basta no conflito e, por decorrência, impede que seja retomada a discussão da causa em juízo. Eis um dos esteios do sistema jurídico brasileiro.
>
> No entanto, o Estado-legislador, atento à possibilidade da existência de contaminantes indesejáveis, por cautela, criou a possibilidade de ser perseguida a anulação da decisão que, embora trânsita em julgado, tiver sido inoculada por determinado vício.
>
> *Com tal propósito, instituiu no direito brasileiro a chamada ação rescisória...*[2].

Apresenta-se, pois, "como a última oportunidade de submeter ao Judiciário o exame de uma decisão definitivamente consagrada... injusta ou originária de um processo nulo... se presentes certas circunstâncias previstas em lei" (Vicente Greco Filho)[3].

* Juiz de Direito em São Paulo, foi membro do Colégio Recursal Unificado dos Juizados Especiais de São Paulo. Mestre em Direito Processual Civil pela PUC/SP e professor assistente-mestre em Direito Processual Civil na Faculdade de Direito da PUC/SP.

1. *Comentários ao Código de Processo Civil*, v. V, 8. ed., Forense, 1999, p. 99.
2. *Comentários ao Código de Processo Civil*, v. 6, coordenação Ovídio A. Batista da Silva, RT, 2000, p. 294-295.
3. *Direito Processual Civil Brasileiro*, cit., v. 2, 17. ed., p. 437.

Diante dessas ponderações, escorreita a crítica de Joel Dias Figueira Jr. ao assinalar, em comentários ao art. 57, que:

> Francamente, não encontramos razões plausíveis para excluir a **ação rescisória** do elenco dos meios de impugnação contra as decisões proferidas nestes Juizados, porquanto não nos parece razoável admitir (seria até ingenuidade) que os juízes de primeiro grau ou os Colégios Recursais não incidirão jamais em quaisquer das hipóteses figuradas no art. 485 do CPC.
>
> Assim como a estabilidade da relação jurídica entre as partes litigantes depende no futuro, após a decisão definitiva, da segurança da coisa julgada, a manutenção, no mundo jurídico, de sentenças proferidas ao arrepio da lei ou dos verdadeiros fatos causam, sem dúvida, o efeito reverso.
>
> Mas a lei assim afirmou, e com clareza meridiana, repetindo *ipsis litteris* o teor do art. 57 da revogada Lei nº 7.244/1984, razão pela qual não podemos deixar de aplicá-la. Porém, mais uma vez o alerta é dado, com a esperança de que, em momento no qual se proceder à reforma da Lei nº 9.099/1995 (e há muito tal já se exige, em face dos inúmeros problemas e atecnias verificadas no microssistema), o legislador se sensibilize e modifique a redação deste art. 59[4].

• Do mesmo modo que a Lei nº 7.244/1984, a Lei nº 9.099/1995, sob o aspecto constitucional, pauta-se pelo zelo na tentativa de obter a ampliação de acesso ao Poder Judiciário. Mas é importante relembrar que não se deve confundir "acesso à justiça com acesso ao judiciário. Segundo o professor Kazuo Watanabe 'acesso à justiça', longe de confundir-se com o 'acesso ao judiciário', significa algo mais profundo: pois importa o acesso ao justo processo"[5]. (Segundo Fátima Nancy Andrighi)[6].

• Agravo de instrumento – Decisão que desacolheu pedido de revisão de decisão (sentença e acórdão) – Não conhecimento do recurso – A decisão que põe termo à demanda constitui sentença, contra a qual o autor, caso dela não se conformasse, deveria interpor recurso inominado, na forma preceituada pelo art. 42 da Lei nº 9.099/1995. Inviável a pretensão de sua revisão em sede de agravo deduzido contra a decisão que indeferiu o pedido de alteração da sentença, e que acarreta a manifesta inadmissibilidade do agravo e seu não conhecimento. Descabimento da ação rescisória contra decisões proferidas em sede de Juizados Especiais – Recurso não conhecido (CRSP, AI 30.320, rel. Juiz Carlos Vieira von Adamek, j. 13/10/2008).

4. *Juizados Especiais...*, cit., p. 365.
5. Conforme anotado no texto: "*Juizado Especial de Pequenas Causas*, São Paulo: RT, 1985, p. 9".
6. Primeiras reflexões sobre o pedido de uniformização de interpretação no âmbito dos Juizados Especiais Cíveis e Criminais, in *Processo e Constituição*, cit., p. 461.

## 2. OUTROS MEIOS DE IMPUGNAÇÃO

Não havendo como, dar guarida no Juizado à ação rescisória, na forma como regulamentada pelos arts. 485 e 487/495 do Código de Processo Civil, sobreleva a importância de outros mecanismos de igual valia.

### 2.1. Ações anulatória e declaratória

Nesse esforço, destacam-se as ações *declaratória* e *anulatória*, a cujo respeito Rosalina P. C. Rodrigues Pereira observa que "em direito processual civil... os atos nulos devem ser desconstituídos por meio de ação anulatória e os atos inexistentes devem ser declarados como tal", advertindo, na sequência: "mas, acima de tudo, vale a ressalva de que, na jurisprudência, prevalece o princípio de que o *nomen iuris* não é relevante desde que estejam perfeitamente delimitados os elementos identificadores da ação"[7].

Assim, diante da restrição ditada pelo art. 59, a solução para o problema... encontra-se no ajuizamento de **ação anulatória** (ou **declaratória de inexistência de ato jurisdicional**, ou, **de inexistência de relação jurídica**, ou, simplesmente **ação anulatória** ou **ação de nulidade**) de sentença ou acórdão, desde que preenchidos os seus requisitos específicos, os quais permitem reavaliar todas essas questões, independentemente do prazo de dois anos estabelecido para a rescisória do CPC (Joel Dias Figueira Jr.)[8].

Humberto Theodoro Jr., por sua vez, observa que "restará, contudo, a possibilidade da ação ordinária de nulidade (*querella nullitatis*), quando configurada a sentença nula *ipso iure* ou a sentença inexistente"[9].

E, como esclarece o Professor mineiro:

> A sentença é nula *ipso iure* quando a relação processual em que se apoia acha-se contaminada de igual vício. Para reconhecê-lo não se reclama a ação rescisória, posto que dita ação pressupõe coisa julgada que, por sua vez, reclama, para sua configuração, a formação e existência de uma relação processual válida.
>
> ...
>
> Em regra, as nulidades dos atos processuais, observa Liebman, "podem suprir-se ou sanar-se no decorrer do processo". E, "ainda que não supridas ou sanadas, normalmente não podem mais ser arguidas depois que a sentença passou em julgado. A coisa julgada funciona como sanatória geral dos vícios do processo".

7. *Ações Prejudiciais à Execução*, São Paulo: Saraiva, 2001, p. 256.
8. *Juizados Especiais*, cit., p. 365, acrescentando que "não se confunde a chamada ação anulatória ou ação de nulidade de ato jurisdicional com a secular *querella nullitatis*, que se funda na existência de ato em si (*non nullus*) e que é ainda utilizada com o nome de ação declaratória de inexistência de sentença por ausência de requisito indispensável para a prestação da tutela jurisdicional (*v.g.* falta de citação)".
9. *Curso de Direito Processual Civil*, cit., v. III, 35. ed., p. 487.

"Há, contudo" – *adverte o processualista* – "vícios maiores, vícios essenciais, que sobrevivem à coisa julgada e afetam a sua própria existência. Neste caso a sentença, embora se tenha tornado formalmente definitiva, é coisa vã, mera aparência e carece de efeitos no mundo jurídico"[10].

...

Entre outros exemplos de nulidade absoluta da sentença, pode-se citar, além do caso de falta ou nulidade da citação do réu revel, aquele processo que revê curso e julgamento sem a participação de todos os litisconsortes necessários.

Outra hipótese de sentença **inexistente**, e por isso incapaz de produzir eficácia no mundo jurídico, é a do decisório proferido com violação da partilha constitucional da jurisdição[11].

• A Lei nº 9.099/1995, em seu art. 41, não prevê a hipótese de interposição de recurso da sentença homologatória de conciliação ou laudo arbitral, motivo pelo qual não se conhece de recurso interposto. Fica ressalvado à parte prejudicada, nas hipóteses legais, o ajuizamento da competente ação anulatória (CRSC, AC 2068/2001, rel. Juiz Francisco Oliveira Neto, j. 30.10.2001)[12].

• **Admitindo com restrições**, Ricardo Cunha Chimenti: "não há vedação quanto à propositura de ação anulatória em face das sentenças meramente homologatórias proferidas por órgão do Juizado Especial, observado o art. 486 do CPC"[13].

Também para Walter Vecchiato Jr.: "é admissível a ação declaratória de nulidade da sentença homologatória, com fulcro no art. 486 do Código de Processo Civil, que deve ser ajuizada no próprio juizado especial"[14].

Em **sentido contrário**, Jorge Alberto Quadros de Carvalho Silva: "a ação anulatória – por meio da qual a parte pode rescindir os atos judiciais, que não dependem de sentença, ou em que esta for meramente homologatória, como os atos jurídicos em geral, nos termos da lei civil (art. 486 do CPC) – é inviável nos Juizados Especiais, não só por causa da regra do art. 13, § 3º, que determina a inutilização das fitas magnéticas ou equivalente após o trânsito em julgado, mas também porque o art. 41 da Lei nº 9.099/1995, a contrário senso, dispõe não caber recurso da sentença homologatória de conciliação ou laudo arbitral"[15].

## 2.2. Embargos à execução

A Lei nº 9.099/1995 contém regra específica sobre a impugnação na fase de cumprimento dos julgados proferidos no âmbito dos Juizados (art. 52, inciso IX,

10. Conforme anotado no texto: "Liebman, Estudos sobre o Processo Civil Brasileiro, 1947, p. 182".
11. Theodoro Jr., Humberto, *Curso de Direito Processual Civil*, v. I, 41. ed., p. 634-635.
12. Figueira Jr., Joel Dias, *Juizados Especiais...*, cit., p. 366.
13. *Teoria e Prática...*, cit., 10. ed., p. 295.
14. *Tratado dos Recursos Cíveis*, São Paulo: Juarez de Oliveira, 2000, p. 421.
15. *Lei dos Juizados...*, cit., p. 221.

sob a denominação de "embargos"), sendo defesa *"a ampliação do rol"*, como adverte Araken de Assis[16].

Assim, o incidente, no quanto aqui interessa, tem aplicação em relação à "falta ou nulidade da citação no processo, se ele correu à revelia" (inciso I), a cujo respeito anota o Processualista:

> Sobreviveu, nessa rubrica, a antiga ***querela nullitatis insanabilis***. Na execução perante os juizados, ao contrário do modelo comum, a nulidade só pode ser alegada nos embargos ou por via de ação autônoma. Não cabe rescisória (art. 59 da Lei nº 9.099/1995). Existirá, então, concurso eletivo entre as ações. Porém, deduzida a nulidade nos embargos, ou na ação autônoma, fecha-se o outro remédio, haja vista a litispendência ou a coisa julgada decorrente da identidade absoluta das demandas (CPCD, art. 301, § 2º)[17].

## 2.3. Embargos de declaração

Seguindo idêntica posição que o Código de Processo Civil (art. 535), também no Juizado *"caberão embargos de declaração quando, na sentença ou acórdão, houver obscuridade, contradição, omissão ou dúvida"* (art. 48, *caput*).

Não se pode olvidar, porém, da possibilidade de sua oposição "com efeitos modificativos, para **correção de erro** relativo", dentre outros casos, (*i*) "a **nulidades 'pleno jure'**, tais as que decorram da falta de regular formação da relação processual, opostos até mesmo contra a decisão de segundo grau" e (*ii*) "**erro de fato**"[18].

Desse modo, os embargos de declaração, em relação às hipóteses acima lembradas, merecem especial atenção quanto:

– À possibilidade de seu conhecimento para correção, máxime, do *erro de fato*[19], o qual "se substancia na falta de percepção ou falsa percepção a respeito da existência de um fato incontroverso e essencial à alteração do resultado da decisão; uma e outra, na sua materialidade, emergentes dos autos do processo onde foi proferida a decisão rescindenda e configuradas, respectivamente, "por uma falha que escapou à vista do juiz no compulso dos autos do processo"[20] ou por uma suposição inexata" (Sérgio Rizzi)[21].

E, como indica o citado Processualista:

16. *Execução civil nos juizados especiais*, 4. ed., RT, 2006, p. 229.

17. Assis, Araken de, *Execução civil...*, loc. cit.

18. Conforme jurisprudência colacionada por Theotonio Negrão e José Roberto F. Gouveia. (*Cód. Proc. Civil e legislação processual em vigor*, 40. ed., 2008, nota 535.7, p. 720-721).

19. Nesse sentido: Nery Jr., Nelson, *Teoria Geral dos Recursos*, 6. ed., RT, 2004, p. 437.

20. Conforme anotado no texto: "Liebman ensina: 'jurisprudência e doutrina são unânimes em considerar que não deve tratar-se de um erro de julgamento, mas de um erro de percepção, de uma falha que escapou à vista do juiz no compulso dos autos do processo, relativo a um ponto decisivo da controvérsia...' (*Manuale di Diritto Processuale Civile*, v. III, 3. ed., Milano: Giuffrè, 1976, p. 117)".

21. *Ação Rescisória*, RT, 1979, p. 117.

> Em face do disposto no nº IX, e nos §§ 1º e 2º do art. 485, do Código, são seis os requisitos para a configuração do erro de fato:
>
> a) deve dizer respeito a fato(s);
>
> b) deve transparecer nos autos onde foi proferida a decisão rescindenda, sendo inaceitável a produção de provas, para demonstrá-lo, na ação rescisória;
>
> c) deve ser causa determinante da decisão;
>
> d) essa decisão deve ter suposto um fato que inexistiu, ou inexistente um fato que ocorreu;
>
> e) sobre esse fato, não pode ter havido controvérsia;
>
> f) finalmente, sobre o fato não deve ter havido pronunciamento judicial[22].

– No tocante às denominadas *questões de ordem pública*, âmbito no qual se enquadram os pressupostos processuais e as condições da ação, o tema, *de per se*, não autoriza a oposição de embargos se a matéria não foi antes ventilada, e restou sem exame por decisão *infra petita*, ou se aqueles não forem admitidos por outro motivo, como se colhe da jurisprudência do STJ:

> Processual civil. Embargos de declaração. Condições da ação. Matéria de ordem pública. Necessidade de prequestionamento, se não admitido o recurso por outros fundamentos. Embargos de declaração rejeitados.
>
> ...
>
> 1. Não prospera a irresignação da embargante em face do entendimento de que "as matérias de ordem pública, ainda que desprovidas de prequestionamento, podem ser analisadas excepcionalmente em sede de recurso especial, cujo conhecimento se deu por outros fundamentos, à luz do efeito translativo dos recursos" (REsp 1080808/MG, 1ª T., Min. Luiz Fux, DJe 03/06/2009). No caso, verifica-se que o apelo da União sequer foi conhecido, em razão do óbice da Súmula 07/STJ, não restando superado o juízo de admissibilidade, razão pela qual não poderiam ser conhecidas de ofício as questões ora suscitadas" (ED no REsp 765.426, rel. Min. Teori Albino Zavascki, j. 22/09/2009).
>
> Processo civil. Embargos de declaração. Omissão existente. Acolhimento dos embargos, mas sem alteração no resultado do julgamento. Agravo. Juízo de admissibilidade negativo. Exame do mérito do recurso. Impossibilidade, ainda que se trate de questão de ordem pública. Embargos acolhidos.
>
> ...
>
> Com efeito, apenas quando ultrapassado o juízo de admissibilidade, abre-se a possibilidade de o órgão destinatário do recurso examinar seu mérito e, nas instâncias ordinárias, de tratar das questões de ordem pública. Como afirma Nelson Nery Junior, "ultrapassada a fase de conhecimento do recurso, com a prolação de juízo positivo de admissibilidade, o órgão *ad quem* passará ao exame do mérito do recurso" (*Princípios fundamentais – Teoria Geral dos Recursos*, 2ª ed., p. 89) (ED no REsp 195.848, 4ª Turma, rel. Min. Sálvio de Figueiredo Teixeira, j. 18/04/2002).

22. Rizzi, Sérgio, ob. cit., p. 118-119.

• "Recurso inominado: não conhecido pela complementação indevida do preparo – Recolhimento que, todavia, diz respeito à taxa de remessa e retorno dos autos, não incidente quando da interposição, anterior à criação do Colégio Unificado. Embargos de declaração: erro de fato (art. 485, § 1º, CPC) – Caráter infringente: razoabilidade, dado à inadmissibilidade da ação rescisória no Juizado Especial (art. 59, Lei nº 9.099, de 26/09/1995)... Embargos acolhidos" (CRSP, ED no R.I. 10.522, j. 29/05/2009)[23].

• "Agravo de instrumento – Decisão que reconsidera o não recebimento de recurso, por deserto: benefício da gratuidade deferido e tido como ausente. **Embargos de declaração – Erro de fato (art. 485, § 1º, CPC). Caráter infringente – Razoabilidade, dado à inadmissibilidade da ação rescisória no Juizado Especial (art. 59, Lei nº 9.099, de 26/09/1995)**. Recurso não provido" (CRSP, AI 989.09.001173-2, j. 06/08/2009).

• "Recurso inominado: não conhecido pela notícia de acordo, o qual, todavia, não diz respeito ao caso dos autos. Embargos de declaração: erro de fato (art. 485, § 1º, CPC) – Caráter infringente: razoabilidade, dado à inadmissibilidade da ação rescisória no Juizado Especial (art. 59, Lei nº 9.099, de 26/09/1995)... Embargos admitidos para julgamento do recurso inominado: conhecido e não provido" (CRSP, ED no R.I. 989.09.016138-6, j. 29/05/2009).

• "Agravo de instrumento: decisão que, na fase de cumprimento de sentença, diante da superveniência de acórdão alterando o valor da condenação, ordena ao autor a devolução do quanto levantado em excesso – Alegação de preclusão lógica obstativa do julgamento do recurso inominado. Preparo: falta de recolhimento – Ausência de elementos que desautorizem a declaração de pobreza firmada pelo Agravante: benefício da gratuidade concedido. Juizado Especial: inadmissibilidade de ação rescisória (art. 59, Lei nº 9.099, de 26/09/1995) – Impossibilidade de desconstituição do acórdão: cujos termos prevalecem (art. 512, CPC). Execução provisória: aplicação subsidiária do art. 47-Q, III, CPC (art. 52, *caput*, Lei nº 9.099) – Obrigação de restituição das **partes ao estado anterior**. Recurso não provido" (CRSP, AI 989.09.012679-3, j. 29/05/2009).

• "Ação cautelar de exibição de documentos – Embargos de declaração: questão de ordem pública (edição da Súmula 372, STJ). Recurso inominado: insuficiência do preparo – Juízo negativo de admissibilidade que impede o exame, inclusive, de **matérias de ordem pública**. Embargos inadmitidos" (CRSP, ED no R.I. 989.09.019181-1, j. 25/09/2009).

23. As decisões do CRSP sem identificação do relator são do Autor.

# Anexo 1

## LEI Nº 9.099, DE 26 DE SETEMBRO DE 1995

**O PRESIDENTE DA REPÚBLICA** faço saber que o Congresso Nacional decreta e eu sanciono a seguinte Lei:

### Capítulo I
### DISPOSIÇÕES GERAIS

Art. 1º Os Juizados Especiais Cíveis e Criminais, órgãos da Justiça Ordinária, serão criados pela União, no Distrito Federal e nos Territórios, e pelos Estados, para conciliação, processo, julgamento e execução, nas causas de sua competência.

Art. 2º O processo orientar-se-á pelos critérios da oralidade, simplicidade, informalidade, economia processual e celeridade, buscando, sempre que possível, a conciliação ou a transação.

### Capítulo II
### DOS JUIZADOS ESPECIAIS CÍVEIS

#### Seção I
#### DA COMPETÊNCIA

Art. 3º O Juizado Especial Cível tem competência para conciliação, processo e julgamento das causas cíveis de menor complexidade, assim consideradas:

I – as causas cujo valor não exceda a quarenta vezes o salário-mínimo;

II – as enumeradas no art. 275, inciso II, do Código de Processo Civil;

III – a ação de despejo para uso próprio;

IV – as ações possessórias sobre bens imóveis de valor não excedente ao fixado no inciso I deste artigo.

§ 1º Compete ao Juizado Especial promover a execução:

I – dos seus julgados;

II – dos títulos executivos extrajudiciais, no valor de até quarenta vezes o salário-mínimo, observado o disposto no § 1º do art. 8º desta Lei.§ 2º Ficam excluídas da competência do Juizado Especial as causas de natureza alimentar, falimentar, fiscal e de interesse da Fazenda Pública, e também as relativas a acidentes de trabalho, a resíduos e ao estado e capacidade das pessoas, ainda que de cunho patrimonial.

§ 3º A opção pelo procedimento previsto nesta Lei importará em renúncia ao crédito excedente ao limite estabelecido neste artigo, excetuada a hipótese de conciliação.

Art. 4º É competente, para as causas previstas nesta Lei, o Juizado do foro:

I – do domicílio do réu ou, a critério do autor, do local onde aquele exerça atividades profissionais ou econômicas ou mantenha estabelecimento, filial, agência, sucursal ou escritório;

II – do lugar onde a obrigação deva ser satisfeita;

III – do domicílio do autor ou do local do ato ou fato, nas ações para reparação de dano de qualquer natureza.

Parágrafo único. Em qualquer hipótese, poderá a ação ser proposta no foro previsto no inciso I deste artigo.

## Seção II
## DO JUIZ, DOS CONCILIADORES E DOS JUÍZES LEIGOS

Art. 5º O Juiz dirigirá o processo com liberdade para determinar as provas a serem produzidas, para apreciá-las e para dar especial valor às regras de experiência comum ou técnica.

Art. 6º O Juiz adotará em cada caso a decisão que reputar mais justa e equânime, atendendo aos fins sociais da lei e às exigências do bem comum.

Art. 7º Os conciliadores e Juízes leigos são auxiliares da Justiça, recrutados, os primeiros, preferentemente, entre os bacharéis em Direito, e os segundos, entre advogados com mais de cinco anos de experiência.

Parágrafo único. Os Juízes leigos ficarão impedidos de exercer a advocacia perante os Juizados Especiais, enquanto no desempenho de suas funções.

## Seção III
## DAS PARTES

Art. 8º Não poderão ser partes, no processo instituído por esta Lei, o incapaz, o preso, as pessoas jurídicas de direito público, as empresas públicas da União, a massa falida e o insolvente civil.

§ 1º Somente serão admitidas a propor ação perante o Juizado Especial:

I – as pessoas físicas capazes, excluídos os cessionários de direito de pessoas jurídicas;

II – as microempresas, assim definidas pela Lei nº 9.841, de 5 de outubro de 1999;

III – as pessoas jurídicas qualificadas como Organização da Sociedade Civil de Interesse Público, nos termos da Lei nº 9.790, de 23 de março de 1999;

IV – as sociedades de crédito ao microempreendedor, nos termos do art. 1º da Lei nº 10.194, de 14 de fevereiro de 2001. (Redação dada pela Lei nº 12.126, de 16/12/2009)

§ 2º O maior de dezoito anos poderá ser autor, independentemente de assistência, inclusive para fins de conciliação.

Art. 9º Nas causas de valor até vinte salários-mínimos, as partes comparecerão pessoalmente, podendo ser assistidas por advogado; nas de valor superior, a assistência é obrigatória.

§ 1º Sendo facultativa a assistência, se uma das partes comparecer assistida por advogado, ou se o réu for pessoa jurídica ou firma individual, terá a outra parte, se quiser, assistência judiciária prestada por órgão instituído junto ao Juizado Especial, na forma da lei local.

§ 2º O Juiz alertará as partes da conveniência do patrocínio por advogado, quando a causa o recomendar.

§ 3º O mandato ao advogado poderá ser verbal, salvo quanto aos poderes especiais.

§ 4º O réu, sendo pessoa jurídica ou titular de firma individual, poderá ser representado por preposto credenciado, munido de carta de preposição com poderes para transigir, sem haver necessidade de vínculo empregatício. (Redação dada pela Lei nº 12.137, de 18/12/2009)

Art. 10. Não se admitirá, no processo, qualquer forma de intervenção de terceiro nem de assistência. Admitir-se-á o litisconsórcio.

Art. 11. O Ministério Público intervirá nos casos previstos em lei.

## Seção IV
## DOS ATOS PROCESSUAIS

Art. 12. Os atos processuais serão públicos e poderão realizar-se em horário noturno, conforme dispuserem as normas de organização judiciária.

Art. 13. Os atos processuais serão válidos sempre que preencherem as finalidades para as quais forem realizados, atendidos os critérios indicados no art. 2º desta Lei.

§ 1º Não se pronunciará qualquer nulidade sem que tenha havido prejuízo.

§ 2º A prática de atos processuais em outras comarcas poderá ser solicitada por qualquer meio idôneo de comunicação.

§ 3º Apenas os atos considerados essenciais serão registrados resumidamente, em notas manuscritas, datilografadas, taquigrafadas ou estenotipadas. Os demais atos poderão ser gravados em fita magnética ou equivalente, que será inutilizada após o trânsito em julgado da decisão.

§ 4º As normas locais disporão sobre a conservação das peças do processo e demais documentos que o instruem.

## Seção V
## DO PEDIDO

Art. 14. O processo instaurar-se-á com a apresentação do pedido, escrito ou oral, à Secretaria do Juizado.

§ 1º Do pedido constarão, de forma simples e em linguagem acessível:

I – o nome, a qualificação e o endereço das partes;

II – os fatos e os fundamentos, de forma sucinta;

III – o objeto e seu valor.

§ 2º É lícito formular pedido genérico quando não for possível determinar, desde logo, a extensão da obrigação.

§ 3º O pedido oral será reduzido a escrito pela Secretaria do Juizado, podendo ser utilizado o sistema de fichas ou formulários impressos.

Art. 15. Os pedidos mencionados no art. 3º desta Lei poderão ser alternativos ou cumulados; nesta última hipótese, desde que conexos e a soma não ultrapasse o limite fixado naquele dispositivo.

Art. 16. Registrado o pedido, independentemente de distribuição e autuação, a Secretaria do Juizado designará a sessão de conciliação, a realizar-se no prazo de quinze dias.

Art. 17. Comparecendo inicialmente ambas as partes, instaurar-se-á, desde logo, a sessão de conciliação, dispensados o registro prévio de pedido e a citação.

Parágrafo único. Havendo pedidos contrapostos, poderá ser dispensada a contestação formal e ambos serão apreciados na mesma sentença.

## Seção VI
## DAS CITAÇÕES E INTIMAÇÕES

Art. 18. A citação far-se-á:

I – por correspondência, com aviso de recebimento em mão própria;

II – tratando-se de pessoa jurídica ou firma individual, mediante entrega ao encarregado da recepção, que será obrigatoriamente identificado;

III – sendo necessário, por oficial de justiça, independentemente de mandado ou carta precatória.

§ 1º A citação conterá cópia do pedido inicial, dia e hora para comparecimento do citando e advertência de que, não comparecendo este, considerar-se-ão verdadeiras as alegações iniciais, e será proferido julgamento, de plano.

§ 2º Não se fará citação por edital.

§ 3º O comparecimento espontâneo suprirá a falta ou nulidade da citação.

Art. 19. As intimações serão feitas na forma prevista para citação, ou por qualquer outro meio idôneo de comunicação.

§ 1º Dos atos praticados na audiência, considerar-se-ão desde logo cientes as partes.

§ 2º As partes comunicarão ao juízo as mudanças de endereço ocorridas no curso do processo, reputando-se eficazes as intimações enviadas ao local anteriormente indicado, na ausência da comunicação.

### Seção VII
### DA REVELIA

Art. 20. Não comparecendo o demandado à sessão de conciliação ou à audiência de instrução e julgamento, reputar-se-ão verdadeiros os fatos alegados no pedido inicial, salvo se o contrário resultar da convicção do Juiz.

### Seção VIII
### DA CONCILIAÇÃO E DO JUÍZO ARBITRAL

Art. 21. Aberta a sessão, o Juiz togado ou leigo esclarecerá as partes presentes sobre as vantagens da conciliação, mostrando-lhes os riscos e as consequências do litígio, especialmente quanto ao disposto no § 3º do art. 3º desta Lei.

Art. 22. A conciliação será conduzida pelo Juiz togado ou leigo ou por conciliador sob sua orientação.

Parágrafo único. Obtida a conciliação, esta será reduzida a escrito e homologada pelo Juiz togado, mediante sentença com eficácia de título executivo.

Art. 23. Não comparecendo o demandado, o Juiz togado proferirá sentença.

Art. 24. Não obtida a conciliação, as partes poderão optar, de comum acordo, pelo juízo arbitral, na forma prevista nesta Lei.

§ 1º O juízo arbitral considerar-se-á instaurado, independentemente de termo de compromisso, com a escolha do árbitro pelas partes. Se este não estiver presente, o Juiz convocá-lo-á e designará, de imediato, a data para a audiência de instrução.

§ 2º O árbitro será escolhido dentre os juízes leigos.

Art. 25. O árbitro conduzirá o processo com os mesmos critérios do Juiz, na forma dos arts. 5º e 6º desta Lei, podendo decidir por equidade.

Art. 26. Ao térMin. da instrução, ou nos cinco dias subsequentes, o árbitro apresentará o laudo ao Juiz togado para homologação por sentença irrecorrível.

### Seção IX
### DA INSTRUÇÃO E JULGAMENTO

Art. 27. Não instituído o juízo arbitral, proceder-se-á imediatamente à audiência de instrução e julgamento, desde que não resulte prejuízo para a defesa.

Parágrafo único. Não sendo possível a sua realização imediata, será a audiência designada para um dos quinze dias subsequentes, cientes, desde logo, as partes e testemunhas eventualmente presentes.

Art. 28. Na audiência de instrução e julgamento serão ouvidas as partes, colhida a prova e, em seguida, proferida a sentença.

Art. 29. Serão decididos de plano todos os incidentes que possam interferir no regular prosseguimento da audiência. As demais questões serão decididas na sentença.

Parágrafo único. Sobre os documentos apresentados por uma das partes, manifestar-se-á imediatamente a parte contrária, sem interrupção da audiência.

### Seção X
### DA RESPOSTA DO RÉU

Art. 30. A contestação, que será oral ou escrita, conterá toda matéria de defesa, exceto arguição de suspeição ou impedimento do Juiz, que se processará na forma da legislação em vigor.

Art. 31. Não se admitirá a reconvenção. É lícito ao réu, na contestação, formular pedido em seu favor, nos limites do art. 3º desta Lei, desde que fundado nos mesmos fatos que constituem objeto da controvérsia.

Parágrafo único. O autor poderá responder ao pedido do réu na própria audiência ou requerer a designação da nova data, que será desde logo fixada, cientes todos os presentes.

### Seção XI
### DAS PROVAS

Art. 32. Todos os meios de prova moralmente legítimos, ainda que não especificados em lei, são hábeis para provar a veracidade dos fatos alegados pelas partes.

Art. 33. Todas as provas serão produzidas na audiência de instrução e julgamento, ainda que não requeridas previamente, podendo o Juiz limitar ou excluir as que considerar excessivas, impertinentes ou protelatórias.

Art. 34. As testemunhas, até o máximo de três para cada parte, comparecerão à audiência de instrução e julgamento levadas pela parte que as tenha arrolado, independentemente de intimação, ou mediante esta, se assim for requerido.

§ 1º O requerimento para intimação das testemunhas será apresentado à Secretaria no mínimo cinco dias antes da audiência de instrução e julgamento.

§ 2º Não comparecendo a testemunha intimada, o Juiz poderá determinar sua imediata condução, valendo-se, se necessário, do concurso da força pública.

Art. 35. Quando a prova do fato exigir, o Juiz poderá inquirir técnicos de sua confiança, permitida às partes a apresentação de parecer técnico.

Parágrafo único. No curso da audiência, poderá o Juiz, de ofício ou a requerimento das partes, realizar inspeção em pessoas ou coisas, ou determinar que o faça pessoa de sua confiança, que lhe relatará informalmente o verificado.

Art. 36. A prova oral não será reduzida a escrito, devendo a sentença referir, no essencial, os informes trazidos nos depoimentos.

Art. 37. A instrução poderá ser dirigida por Juiz leigo, sob a supervisão de Juiz togado.

## Seção XII
## DA SENTENÇA

Art. 38. A sentença mencionará os elementos de convicção do Juiz, com breve resumo dos fatos relevantes ocorridos em audiência, dispensado o relatório.

Parágrafo único. Não se admitirá sentença condenatória por quantia ilíquida, ainda que genérico o pedido.

Art. 39. É ineficaz a sentença condenatória na parte que exceder a alçada estabelecida nesta Lei.

Art. 40. O Juiz leigo que tiver dirigido a instrução proferirá sua decisão e imediatamente a submeterá ao Juiz togado, que poderá homologá-la, proferir outra em substituição ou, antes de se manifestar, determinar a realização de atos probatórios indispensáveis.

Art. 41. Da sentença, excetuada a homologatória de conciliação ou laudo arbitral, caberá recurso para o próprio Juizado.

§ 1º O recurso será julgado por uma turma composta por três Juízes togados, em exercício no primeiro grau de jurisdição, reunidos na sede do Juizado.

§ 2º No recurso, as partes serão obrigatoriamente representadas por advogado.

Art. 42. O recurso será interposto no prazo de dez dias, contados da ciência da sentença, por petição escrita, da qual constarão as razões e o pedido do recorrente.

§ 1º O preparo será feito, independentemente de intimação, nas quarenta e oito horas seguintes à interposição, sob pena de deserção.

§ 2º Após o preparo, a Secretaria intimará o recorrido para oferecer resposta escrita no prazo de dez dias.

Art. 43. O recurso terá somente efeito devolutivo, podendo o Juiz dar-lhe efeito suspensivo, para evitar dano irreparável para a parte.

Art. 44. As partes poderão requerer a transcrição da gravação da fita magnética a que alude o § 3º do art. 13 desta Lei, correndo por conta do requerente as despesas respectivas.

Art. 45. As partes serão intimadas da data da sessão de julgamento.

Art. 46. O julgamento em segunda instância constará apenas da ata, com a indicação suficiente do processo, fundamentação sucinta e parte dispositiva. Se a sentença for confirmada pelos próprios fundamentos, a súmula do julgamento servirá de acórdão.

Art. 47. (VETADO)

Seção XIII
## DOS EMBARGOS DE DECLARAÇÃO

Art. 48. Caberão embargos de declaração quando, na sentença ou acórdão, houver obscuridade, contradição, omissão ou dúvida.

Parágrafo único. Os erros materiais podem ser corrigidos de ofício.

Art. 49. Os embargos de declaração serão interpostos por escrito ou oralmente, no prazo de cinco dias, contados da ciência da decisão.

Art. 50. Quando interpostos contra sentença, os embargos de declaração suspenderão o prazo para recurso.

Seção XIV
## DA EXTINÇÃO DO PROCESSO SEM JULGAMENTO DO MÉRITO

Art. 51. Extingue-se o processo, além dos casos previstos em lei:

I – quando o autor deixar de comparecer a qualquer das audiências do processo;

II – quando inadmissível o procedimento instituído por esta Lei ou seu prosseguimento, após a conciliação;

III – quando for reconhecida a incompetência territorial;

IV – quando sobrevier qualquer dos impedimentos previstos no art. 8º desta Lei;

V – quando, falecido o autor, a habilitação depender de sentença ou não se der no prazo de trinta dias;

VI – quando, falecido o réu, o autor não promover a citação dos sucessores no prazo de trinta dias da ciência do fato.

§ 1º A extinção do processo independerá, em qualquer hipótese, de prévia intimação pessoal das partes.

§ 2º No caso do inciso I deste artigo, quando comprovar que a ausência decorre de força maior, a parte poderá ser isentada, pelo Juiz, do pagamento das custas.

Seção XV
## DA EXECUÇÃO

Art. 52. A execução da sentença processar-se-á no próprio Juizado, aplicando-se, no que couber, o disposto no Código de Processo Civil, com as seguintes alterações:

I – as sentenças serão necessariamente líquidas, contendo a conversão em Bônus do Tesouro Nacional – BTN ou índice equivalente;

II – os cálculos de conversão de índices, de honorários, de juros e de outras parcelas serão efetuados por servidor judicial;

III – a intimação da sentença será feita, sempre que possível, na própria audiência em que for proferida. Nessa intimação, o vencido será instado a cumprir a sentença tão logo ocorra seu trânsito em julgado, e advertido dos efeitos do seu descumprimento (inciso V);

IV – não cumprida voluntariamente a sentença transitada em julgado, e tendo havido solicitação do interessado, que poderá ser verbal, proceder-se-á desde logo à execução, dispensada nova citação;

V – nos casos de obrigação de entregar, de fazer, ou de não fazer, o Juiz, na sentença ou na fase de execução, cominará multa diária, arbitrada de acordo com as condições econômicas do devedor, para a hipótese de inadimplemento. Não cumprida a obrigação, o credor poderá requerer a elevação da multa ou a transformação da condenação em perdas e danos, que o Juiz de imediato arbitrará, seguindo-se a execução por quantia certa, incluída a multa vencida de obrigação de dar, quando evidenciada a malícia do devedor na execução do julgado;

VI – na obrigação de fazer, o Juiz pode determinar o cumprimento por outrem, fixado o valor que o devedor deve depositar para as despesas, sob pena de multa diária;

VII – na alienação forçada dos bens, o Juiz poderá autorizar o devedor, o credor ou terceira pessoa idônea a tratar da alienação do bem penhorado, a qual se aperfeiçoará em juízo até a data fixada para a praça ou leilão. Sendo o preço inferior ao da avaliação, as partes serão ouvidas. Se o pagamento não for à vista, será oferecida caução idônea, nos casos de alienação de bem móvel, ou hipotecado o imóvel;

VIII – é dispensada a publicação de editais em jornais, quando se tratar de alienação de bens de pequeno valor;

IX – o devedor poderá oferecer embargos, nos autos da execução, versando sobre:

a) falta ou nulidade da citação no processo, se ele correu à revelia;

b) manifesto excesso de execução;

c) erro de cálculo;

d) causa impeditiva, modificativa ou extintiva da obrigação, superveniente à sentença.

Art. 53. A execução de título executivo extrajudicial, no valor de até quarenta salários-mínimos, obedecerá ao disposto no Código de Processo Civil, com as modificações introduzidas por esta Lei.

§ 1º Efetuada a penhora, o devedor será intimado a comparecer à audiência de conciliação, quando poderá oferecer embargos (art. 52, IX), por escrito ou verbalmente.

§ 2º Na audiência, será buscado o meio mais rápido e eficaz para a solução do litígio, se possível com dispensa da alienação judicial, devendo o conciliador propor, entre outras medidas cabíveis, o pagamento do débito a prazo ou a prestação, a dação em pagamento ou a imediata adjudicação do bem penhorado.

§ 3º Não apresentados os embargos em audiência, ou julgados improcedentes, qualquer das partes poderá requerer ao Juiz a adoção de uma das alternativas do parágrafo anterior.

§ 4º Não encontrado o devedor ou inexistindo bens penhoráveis, o processo será imediatamente extinto, devolvendo-se os documentos ao autor.

### Seção XVI
### DAS DESPESAS

Art. 54. O acesso ao Juizado Especial independerá, em primeiro grau de jurisdição, do pagamento de custas, taxas ou despesas.

Parágrafo único. O preparo do recurso, na forma do § 1º do art. 42 desta Lei, compreenderá todas as despesas processuais, inclusive aquelas dispensadas em primeiro grau de jurisdição, ressalvada a hipótese de assistência judiciária gratuita.

Art. 55. A sentença de primeiro grau não condenará o vencido em custas e honorários de advogado, ressalvados os casos de litigância de má-fé. Em segundo grau, o recorrente, vencido, pagará as custas e honorários de advogado, que serão fixados entre dez por cento e vinte por cento do valor de condenação ou, não havendo condenação, do valor corrigido da causa.

Parágrafo único. Na execução não serão contadas custas, salvo quando:

I – reconhecida a litigância de má-fé;

II – improcedentes os embargos do devedor;

III – tratar-se de execução de sentença que tenha sido objeto de recurso improvido do devedor.

### Seção XVII
### DISPOSIÇÕES FINAIS

Art. 56. Instituído o Juizado Especial, serão implantadas as curadorias necessárias e o serviço de assistência judiciária.

Art. 57. O acordo extrajudicial, de qualquer natureza ou valor, poderá ser homologado, no juízo competente, independentemente de termo, valendo a sentença como título executivo judicial.

Parágrafo único. Valerá como título extrajudicial o acordo celebrado pelas partes, por instrumento escrito, referendado pelo órgão competente do Ministério Público.

Art. 58. As normas de organização judiciária local poderão estender a conciliação prevista nos arts. 22 e 23 a causas não abrangidas por esta Lei.

Art. 59. Não se admitirá ação rescisória nas causas sujeitas ao procedimento instituído por esta Lei.

## Capítulo III
## DOS JUIZADOS ESPECIAIS CRIMINAIS
## DISPOSIÇÕES GERAIS

Art. 60. O Juizado Especial Criminal, provido por Juízes togados ou togados e leigos, tem competência para a conciliação, o julgamento e a execução das infrações penais de menor potencial ofensivo. (*Vide* Lei nº 10.259, de 2001)

Art. 60. O Juizado Especial Criminal, provido por juízes togados ou togados e leigos, tem competência para a conciliação, o julgamento e a execução das infrações penais de menor potencial ofensivo, respeitadas as regras de conexão e continência. (Redação dada pela Lei nº 11.313, de 2006)

Parágrafo único. Na reunião de processos, perante o juízo comum ou o tribunal do júri, decorrentes da aplicação das regras de conexão e continência, observar-se-ão os institutos da transação penal e da composição dos danos civis. (Incluído pela Lei nº 11.313, de 2006)

Art. 61. Consideram-se infrações penais de menor potencial ofensivo, para os efeitos desta Lei, as contravenções penais e os crimes a que a lei comine pena máxima não superior a um ano, excetuados os casos em que a lei preveja procedimento especial. (*Vide* Lei nº 10.259, de 2001)

Art. 61. Consideram-se infrações penais de menor potencial ofensivo, para os efeitos desta Lei, as contravenções penais e os crimes a que a lei comine pena máxima não superior a 2 (dois) anos, cumulada ou não com multa. (Redação dada pela Lei nº 11.313, de 2006)

Art. 62. O processo perante o Juizado Especial orientar-se-á pelos critérios da oralidade, informalidade, economia processual e celeridade, objetivando, sempre que possível, a reparação dos danos sofridos pela vítima e a aplicação de pena não privativa de liberdade.

## Seção I
## DA COMPETÊNCIA E DOS ATOS PROCESSUAIS

Art. 63. A competência do Juizado será determinada pelo lugar em que foi praticada a infração penal.

Art. 64. Os atos processuais serão públicos e poderão realizar-se em horário noturno e em qualquer dia da semana, conforme dispuserem as normas de organização judiciária.

Art. 65. Os atos processuais serão válidos sempre que preencherem as finalidades para as quais foram realizados, atendidos os critérios indicados no art. 62 desta Lei.

§ 1º Não se pronunciará qualquer nulidade sem que tenha havido prejuízo.

§ 2º A prática de atos processuais em outras comarcas poderá ser solicitada por qualquer meio hábil de comunicação.

§ 3º Serão objeto de registro escrito exclusivamente os atos havidos por essenciais. Os atos realizados em audiência de instrução e julgamento poderão ser gravados em fita magnética ou equivalente.

Art. 66. A citação será pessoal e far-se-á no próprio Juizado, sempre que possível, ou por mandado.

Parágrafo único. Não encontrado o acusado para ser citado, o Juiz encaminhará as peças existentes ao Juízo comum para adoção do procedimento previsto em lei.

Art. 67. A intimação far-se-á por correspondência, com aviso de recebimento pessoal ou, tratando-se de pessoa jurídica ou firma individual, mediante entrega ao encarregado da recepção, que será obrigatoriamente identificado, ou, sendo necessário, por oficial de justiça, independentemente de mandado ou carta precatória, ou ainda por qualquer meio idôneo de comunicação.

Parágrafo único. Dos atos praticados em audiência considerar-se-ão desde logo cientes as partes, os interessados e defensores.

Art. 68. Do ato de intimação do autor do fato e do mandado de citação do acusado, constará a necessidade de seu comparecimento acompanhado de advogado, com a advertência de que, na sua falta, ser-lhe-á designado defensor público.

## Seção II
## DA FASE PRELIMINAR

Art. 69. A autoridade policial que tomar conhecimento da ocorrência lavrará termo circunstanciado e o encaminhará imediatamente ao Juizado, com o autor do fato e a vítima, providenciando-se as requisições dos exames periciais necessários.

Parágrafo único. Ao autor do fato que, após a lavratura do termo, for imediatamente encaminhado ao juizado ou assumir o compromisso de a ele comparecer, não se imporá prisão em flagrante, nem se exigirá fiança. Em caso de violência doméstica, o juiz poderá determinar, como medida de cautela, seu afastamento do lar, domicílio ou local de convivência com a vítima. (Redação dada pela Lei nº 10.455, de 13/05/2002)

Art. 70. Comparecendo o autor do fato e a vítima, e não sendo possível a realização imediata da audiência preliminar, será designada data próxima, da qual ambos sairão cientes.

Art. 71. Na falta do comparecimento de qualquer dos envolvidos, a Secretaria providenciará sua intimação e, se for o caso, a do responsável civil, na forma dos arts. 67 e 68 desta Lei.

Art. 72. Na audiência preliminar, presente o representante do Ministério Público, o autor do fato e a vítima e, se possível, o responsável civil, acompanhados por seus advogados, o Juiz esclarecerá sobre a possibilidade da composição dos danos e da aceitação da proposta de aplicação imediata de pena não privativa de liberdade.

Art. 73. A conciliação será conduzida pelo Juiz ou por conciliador sob sua orientação.

Parágrafo único. Os conciliadores são auxiliares da Justiça, recrutados, na forma da lei local, preferentemente entre bacharéis em Direito, excluídos os que exerçam funções na administração da Justiça Criminal.

Art. 74. A composição dos danos civis será reduzida a escrito e, homologada pelo Juiz mediante sentença irrecorrível, terá eficácia de título a ser executado no juízo civil competente.

Parágrafo único. Tratando-se de ação penal de iniciativa privada ou de ação penal pública condicionada à representação, o acordo homologado acarreta a renúncia ao direito de queixa ou representação.

Art. 75. Não obtida a composição dos danos civis, será dada imediatamente ao ofendido a oportunidade de exercer o direito de representação verbal, que será reduzida a termo.

Parágrafo único. O não oferecimento da representação na audiência preliminar não implica decadência do direito, que poderá ser exercido no prazo previsto em lei.

Art. 76. Havendo representação ou tratando-se de crime de ação penal pública incondicionada, não sendo caso de arquivamento, o Ministério Público poderá propor a aplicação imediata de pena restritiva de direitos ou multas, a ser especificada na proposta.

§ 1º Nas hipóteses de ser a pena de multa a única aplicável, o Juiz poderá reduzi-la até a metade.

§ 2º Não se admitirá a proposta se ficar comprovado:

I – ter sido o autor da infração condenado, pela prática de crime, à pena privativa de liberdade, por sentença definitiva;

II – ter sido o agente beneficiado anteriormente, no prazo de cinco anos, pela aplicação de pena restritiva ou multa, nos termos deste artigo;

III – não indicarem os antecedentes, a conduta social e a personalidade do agente, bem como os motivos e as circunstâncias, ser necessária e suficiente a adoção da medida.

§ 3º Aceita a proposta pelo autor da infração e seu defensor, será submetida à apreciação do Juiz.

§ 4º Acolhendo a proposta do Ministério Público aceita pelo autor da infração, o Juiz aplicará a pena restritiva de direitos ou multa, que não importará em reincidência, sendo registrada apenas para impedir novamente o mesmo benefício no prazo de cinco anos.

§ 5º Da sentença prevista no parágrafo anterior caberá a apelação referida no art. 82 desta Lei.

§ 6º A imposição da sanção de que trata o § 4º deste artigo não constará de certidão de antecedentes criminais, salvo para os fins previstos no mesmo dispositivo, e não terá efeitos civis, cabendo aos interessados propor ação cabível no juízo cível.

## Seção III
## DO PROCEDIMENTO SUMARÍSSIMO

Art. 77. Na ação penal de iniciativa pública, quando não houver aplicação de pena, pela ausência do autor do fato, ou pela não ocorrência da hipótese prevista no art. 76 desta Lei, o Ministério Público oferecerá ao Juiz, de imediato, denúncia oral, se não houver necessidade de diligências imprescindíveis.

§ 1º Para o oferecimento da denúncia, que será elaborada com base no termo de ocorrência referido no art. 69 desta Lei, com dispensa do inquérito policial, prescindir-se-á do exame do corpo de delito quando a materialidade do crime estiver aferida por boletim médico ou prova equivalente.

§ 2º Se a complexidade ou circunstâncias do caso não permitirem a formulação da denúncia, o Ministério Público poderá requerer ao Juiz o encaminhamento das peças existentes, na forma do parágrafo único do art. 66 desta Lei.

§ 3º Na ação penal de iniciativa do ofendido poderá ser oferecida queixa oral, cabendo ao Juiz verificar se a complexidade e as circunstâncias do caso determinam a adoção das providências previstas no parágrafo único do art. 66 desta Lei.

Art. 78. Oferecida a denúncia ou queixa, será reduzida a termo, entregando-se cópia ao acusado, que com ela ficará citado e imediatamente cientificado da designação de dia e hora para a audiência de instrução e julgamento, da qual também tomarão ciência o Ministério Público, o ofendido, o responsável civil e seus advogados.

§ 1º Se o acusado não estiver presente, será citado na forma dos arts. 66 e 68 desta Lei e cientificado da data da audiência de instrução e julgamento, devendo a ela trazer suas testemunhas ou apresentar requerimento para intimação, no mínimo cinco dias antes de sua realização.

§ 2º Não estando presentes o ofendido e o responsável civil, serão intimados nos termos do art. 67 desta Lei para comparecerem à audiência de instrução e julgamento.

§ 3º As testemunhas arroladas serão intimadas na forma prevista no art. 67 desta Lei.

Art. 79. No dia e hora designados para a audiência de instrução e julgamento, se na fase preliminar não tiver havido possibilidade de tentativa de conciliação e de oferecimento de proposta pelo Ministério Público, proceder-se-á nos termos dos arts. 72, 73, 74 e 75 desta Lei.

Art. 80. Nenhum ato será adiado, determinando o Juiz, quando imprescindível, a condução coercitiva de quem deva comparecer.

Art. 81. Aberta a audiência, será dada a palavra ao defensor para responder à acusação, após o que o Juiz receberá, ou não, a denúncia ou queixa; havendo recebimento, serão ouvidas a vítima e as testemunhas de acusação e defesa, interrogando-se a seguir o acusado, se presente, passando-se imediatamente aos debates orais e à prolação da sentença.

§ 1º Todas as provas serão produzidas na audiência de instrução e julgamento, podendo o Juiz limitar ou excluir as que considerar excessivas, impertinentes ou protelatórias.

§ 2º De todo o ocorrido na audiência será lavrado termo, assinado pelo Juiz e pelas partes, contendo breve resumo dos fatos relevantes ocorridos em audiência e a sentença.

§ 3º A sentença, dispensado o relatório, mencionará os elementos de convicção do Juiz.

Art. 82. Da decisão de rejeição da denúncia ou queixa e da sentença caberá apelação, que poderá ser julgada por turma composta de três Juízes em exercício no primeiro grau de jurisdição, reunidos na sede do Juizado.

§ 1º A apelação será interposta no prazo de dez dias, contados da ciência da sentença pelo Ministério Público, pelo réu e seu defensor, por petição escrita, da qual constarão as razões e o pedido do recorrente.

§ 2º O recorrido será intimado para oferecer resposta escrita no prazo de dez dias.

§ 3º As partes poderão requerer a transcrição da gravação da fita magnética a que alude o § 3º do art. 65 desta Lei.

§ 4º As partes serão intimadas da data da sessão de julgamento pela imprensa.

§ 5º Se a sentença for confirmada pelos próprios fundamentos, a súmula do julgamento servirá de acórdão.

Art. 83. Caberão embargos de declaração quando, em sentença ou acórdão, houver obscuridade, contradição, omissão ou dúvida.

§ 1º Os embargos de declaração serão opostos por escrito ou oralmente, no prazo de cinco dias, contados da ciência da decisão.

§ 2º Quando opostos contra sentença, os embargos de declaração suspenderão o prazo para o recurso.

§ 3º Os erros materiais podem ser corrigidos de ofício.

## Seção IV
## DA EXECUÇÃO

Art. 84. Aplicada exclusivamente pena de multa, seu cumprimento far-se-á mediante pagamento na Secretaria do Juizado.

Parágrafo único. Efetuado o pagamento, o Juiz declarará extinta a punibilidade, determinando que a condenação não fique constando dos registros criminais, exceto para fins de requisição judicial.

Art. 85. Não efetuado o pagamento de multa, será feita a conversão em pena privativa da liberdade, ou restritiva de direitos, nos termos previstos em lei.

Art. 86. A execução das penas privativas de liberdade e restritivas de direitos, ou de multa cumulada com estas, será processada perante o órgão competente, nos termos da lei.

## Seção V
## DAS DESPESAS PROCESSUAIS

Art. 87. Nos casos de homologação do acordo civil e aplicação de pena restritiva de direitos ou multa (arts. 74 e 76, § 4º), as despesas processuais serão reduzidas, conforme dispuser lei estadual.

## Seção VI
## DISPOSIÇÕES FINAIS

Art. 88. Além das hipóteses do Código Penal e da legislação especial, dependerá de representação a ação penal relativa aos crimes de lesões corporais leves e lesões culposas.

Art. 89. Nos crimes em que a pena mínima cominada for igual ou inferior a um ano, abrangidas ou não por esta Lei, o Ministério Público, ao oferecer a denúncia, poderá propor a suspensão do processo, por dois a quatro anos, desde que o acusado não esteja sendo processado ou não tenha sido condenado por outro crime, presentes os demais requisitos que autorizariam a suspensão condicional da pena (art. 77 do Código Penal).

§ 1º Aceita a proposta pelo acusado e seu defensor, na presença do Juiz, este, recebendo a denúncia, poderá suspender o processo, submetendo o acusado a período de prova, sob as seguintes condições:

I – reparação do dano, salvo impossibilidade de fazê-lo;

II – proibição de frequentar determinados lugares;

III – proibição de ausentar-se da comarca onde reside, sem autorização do Juiz;

IV – comparecimento pessoal e obrigatório a juízo, mensalmente, para informar e justificar suas atividades.

§ 2º O Juiz poderá especificar outras condições a que fica subordinada a suspensão, desde que adequadas ao fato e à situação pessoal do acusado.

§ 3º A suspensão será revogada se, no curso do prazo, o beneficiário vier a ser processado por outro crime ou não efetuar, sem motivo justificado, a reparação do dano.

§ 4º A suspensão poderá ser revogada se o acusado vier a ser processado, no curso do prazo, por contravenção, ou descumprir qualquer outra condição imposta.

§ 5º Expirado o prazo sem revogação, o Juiz declarará extinta a punibilidade.

§ 6º Não correrá a prescrição durante o prazo de suspensão do processo.

§ 7º Se o acusado não aceitar a proposta prevista neste artigo, o processo prosseguirá em seus ulteriores termos.

Art. 90. As disposições desta Lei não se aplicam aos processos penais cuja instrução já estiver iniciada. (*Vide* ADIN nº 1.719-9)

Art. 90-A. As disposições desta Lei não se aplicam no âmbito da Justiça Militar. (Artigo incluído pela Lei nº 9.839, de 27/09/1999)

Art. 91. Nos casos em que esta Lei passa a exigir representação para a propositura da ação penal pública, o ofendido ou seu representante legal será intimado para oferecê-la no prazo de trinta dias, sob pena de decadência.

Art. 92. Aplicam-se subsidiariamente as disposições dos Códigos Penal e de Processo Penal, no que não forem incompatíveis com esta Lei.

## Capítulo IV
## DISPOSIÇÕES FINAIS COMUNS

Art. 93. Lei Estadual disporá sobre o Sistema de Juizados Especiais Cíveis e Criminais, sua organização, composição e competência.

Art. 94. Os serviços de cartório poderão ser prestados, e as audiências realizadas fora da sede da Comarca, em bairros ou cidades a ela pertencentes, ocupando instalações de prédios públicos, de acordo com audiências previamente anunciadas.

Art. 95. Os Estados, Distrito Federal e Territórios criarão e instalarão os Juizados Especiais no prazo de seis meses, a contar da vigência desta Lei.

Art. 96. Esta Lei entra em vigor no prazo de sessenta dias após a sua publicação.

Art. 97. Ficam revogadas a Lei nº 4.611, de 2 de abril de 1965 e a Lei nº 7.244, de 7 de novembro de 1984.

Brasília, 26 de setembro de 1995; 174º da Independência e 107º da República.

FERNANDO HENRIQUE CARDOSO
*Nelson A. Jobim*

# Anexo 2

## LEI Nº 12.153, DE 22 DE DEZEMBRO DE 2009

*Dispõe sobre os Juizados Especiais da Fazenda Pública no âmbito dos Estados, do Distrito Federal, dos Territórios e dos Municípios.*

O **PRESIDENTE DA REPÚBLICA** faço saber que o Congresso Nacional decreta e eu sanciono a seguinte Lei:

Art. 1º Os Juizados Especiais da Fazenda Pública, órgãos da justiça comum e integrantes do Sistema dos Juizados Especiais, serão criados pela União, no Distrito Federal e nos Territórios, e pelos Estados, para conciliação, processo, julgamento e execução, nas causas de sua competência.

Parágrafo único. O sistema dos Juizados Especiais dos Estados e do Distrito Federal é formado pelos Juizados Especiais Cíveis, Juizados Especiais Criminais e Juizados Especiais da Fazenda Pública.

Art. 2º É de competência dos Juizados Especiais da Fazenda Pública processar, conciliar e julgar causas cíveis de interesse dos Estados, do Distrito Federal, dos Territórios e dos Municípios, até o valor de 60 (sessenta) salários mínimos.

§ 1º Não se incluem na competência do Juizado Especial da Fazenda Pública:

I – as ações de mandado de segurança, de desapropriação, de divisão e demarcação, populares, por improbidade administrativa, execuções fiscais e as demandas sobre direitos ou interesses difusos e coletivos;

II – as causas sobre bens imóveis dos Estados, Distrito Federal, Territórios e Municípios, autarquias e fundações públicas a eles vinculadas;

III – as causas que tenham como objeto a impugnação da pena de demissão imposta a servidores públicos civis ou sanções disciplinares aplicadas a militares.

§ 2º Quando a pretensão versar sobre obrigações vincendas, para fins de competência do Juizado Especial, a soma de 12 (doze) parcelas vincendas e de eventuais parcelas vencidas não poderá exceder o valor referido no caput deste artigo.

§ 3º (VETADO)

§ 4º No foro onde estiver instalado Juizado Especial da Fazenda Pública, a sua competência é absoluta.

Art. 3º O juiz poderá, de ofício ou a requerimento das partes, deferir quaisquer providências cautelares e antecipatórias no curso do processo, para evitar dano de difícil ou de incerta reparação.

Art. 4º Exceto nos casos do art. 3º, somente será admitido recurso contra a sentença.

Art. 5º Podem ser partes no Juizado Especial da Fazenda Pública:

I – como autores, as pessoas físicas e as microempresas e empresas de pequeno porte, assim definidas na Lei Complementar nº 123, de 14 de dezembro de 2006;

II – como réus, os Estados, o Distrito Federal, os Territórios e os Municípios, bem como autarquias, fundações e empresas públicas a eles vinculadas.

Art. 6º Quanto às citações e intimações, aplicam-se as disposições contidas na Lei nº 5.869, de 11 de janeiro de 1973 – Código de Processo Civil.

Art. 7º Não haverá prazo diferenciado para a prática de qualquer ato processual pelas pessoas jurídicas de direito público, inclusive a interposição de recursos, devendo a citação para a audiência de conciliação ser efetuada com antecedência mínima de 30 (trinta) dias.

Art. 8º Os representantes judiciais dos réus presentes à audiência poderão conciliar, transigir ou desistir nos processos da competência dos Juizados Especiais, nos termos e nas hipóteses previstas na lei do respectivo ente da Federação.

Art. 9º A entidade ré deverá fornecer ao Juizado a documentação de que disponha para o esclarecimento da causa, apresentando-a até a instalação da audiência de conciliação.

Art. 10. Para efetuar o exame técnico necessário à conciliação ou ao julgamento da causa, o juiz nomeará pessoa habilitada, que apresentará o laudo até 5 (cinco) dias antes da audiência.

Art. 11. Nas causas de que trata esta Lei, não haverá reexame necessário.

Art. 12. O cumprimento do acordo ou da sentença, com trânsito em julgado, que imponham obrigação de fazer, não fazer ou entrega de coisa certa, será efetuado mediante ofício do juiz à autoridade citada para a causa, com cópia da sentença ou do acordo.

Art. 13. Tratando-se de obrigação de pagar quantia certa, após o trânsito em julgado da decisão, o pagamento será efetuado:

I – no prazo máximo de 60 (sessenta) dias, contado da entrega da requisição do juiz à autoridade citada para a causa, independentemente de precatório, na hipótese do § 3º do art. 100 da Constituição Federal; ou

II – mediante precatório, caso o montante da condenação exceda o valor definido como obrigação de pequeno valor.

§ 1º Desatendida a requisição judicial, o juiz, imediatamente, determinará o sequestro do numerário suficiente ao cumprimento da decisão, dispensada a audiência da Fazenda Pública.

§ 2º As obrigações definidas como de pequeno valor a serem pagas independentemente de precatório terão como limite o que for estabelecido na lei do respectivo ente da Federação.

§ 3º Até que se dê a publicação das leis de que trata o § 2º, os valores serão:

I – 40 (quarenta) salários mínimos, quanto aos Estados e ao Distrito Federal;

II – 30 (trinta) salários mínimos, quanto aos Municípios.

§ 4º São vedados o fracionamento, a repartição ou a quebra do valor da execução, de modo que o pagamento se faça, em parte, na forma estabelecida no inciso I do caput e, em parte, mediante expedição de precatório, bem como a expedição de precatório complementar ou suplementar do valor pago.

§ 5º Se o valor da execução ultrapassar o estabelecido para pagamento independentemente do precatório, o pagamento far-se-á, sempre, por meio do precatório, sendo facultada à parte exequente a renúncia ao crédito do valor excedente, para que possa optar pelo pagamento do saldo sem o precatório.

§ 6º O saque do valor depositado poderá ser feito pela parte autora, pessoalmente, em qualquer agência do banco depositário, independentemente de alvará.

§ 7º O saque por meio de procurador somente poderá ser feito na agência destinatária do depósito, mediante procuração específica, com firma reconhecida, da qual constem o valor originalmente depositado e sua procedência.

Art. 14. Os Juizados Especiais da Fazenda Pública serão instalados pelos Tribunais de Justiça dos Estados e do Distrito Federal.

Parágrafo único. Poderão ser instalados Juizados Especiais Adjuntos, cabendo ao Tribunal designar a Vara onde funcionará.

Art. 15. Serão designados, na forma da legislação dos Estados e do Distrito Federal, conciliadores e juízes leigos dos Juizados Especiais da Fazenda Pública, observadas as atribuições previstas nos arts. 22, 37 e 40 da Lei nº 9.099, de 26 de setembro de 1995.

§ 1º Os conciliadores e juízes leigos são auxiliares da Justiça, recrutados, os primeiros, preferentemente, entre os bacharéis em Direito, e os segundos, entre advogados com mais de 2 (dois) anos de experiência.

§ 2º Os juízes leigos ficarão impedidos de exercer a advocacia perante todos os Juizados Especiais da Fazenda Pública instalados em território nacional, enquanto no desempenho de suas funções.

Art. 16. Cabe ao conciliador, sob a supervisão do juiz, conduzir a audiência de conciliação.

§ 1º Poderá o conciliador, para fins de encaminhamento da composição amigável, ouvir as partes e testemunhas sobre os contornos fáticos da controvérsia.

§ 2º Não obtida a conciliação, caberá ao juiz presidir a instrução do processo, podendo dispensar novos depoimentos, se entender suficientes para o julgamento da causa os esclarecimentos já constantes dos autos, e não houver impugnação das partes.

Art. 17. As Turmas Recursais do Sistema dos Juizados Especiais são compostas por juízes em exercício no primeiro grau de jurisdição, na forma da legislação dos Estados e do Distrito Federal, com mandato de 2 (dois) anos, e integradas, preferencialmente, por juízes do Sistema dos Juizados Especiais.

§ 1º A designação dos juízes das Turmas Recursais obedecerá aos critérios de antiguidade e merecimento.

§ 2º Não será permitida a recondução, salvo quando não houver outro juiz na sede da Turma Recursal.

Art. 18. Caberá pedido de uniformização de interpretação de lei quando houver divergência entre decisões proferidas por Turmas Recursais sobre questões de direito material.

§ 1º O pedido fundado em divergência entre Turmas do mesmo Estado será julgado em reunião conjunta das Turmas em conflito, sob a presidência de desembargador indicado pelo Tribunal de Justiça.

§ 2º No caso do § 1º, a reunião de juízes domiciliados em cidades diversas poderá ser feita por meio eletrônico.

§ 3º Quando as Turmas de diferentes Estados derem a lei federal interpretações divergentes, ou quando a decisão proferida estiver em contrariedade com súmula do Superior Tribunal de Justiça, o pedido será por este julgado.

Art. 19. Quando a orientação acolhida pelas Turmas de Uniformização de que trata o § 1º do art. 18 contrariar súmula do Superior Tribunal de Justiça, a parte interessada poderá provocar a manifestação deste, que dirimirá a divergência.

§ 1º Eventuais pedidos de uniformização fundados em questões idênticas e recebidos subsequentemente em quaisquer das Turmas Recursais ficarão retidos nos autos, aguardando pronunciamento do Superior Tribunal de Justiça.

§ 2º Nos casos do caput deste artigo e do § 3º do art. 18, presente a plausibilidade do direito invocado e havendo fundado receio de dano de difícil reparação, poderá o relator conceder, de ofício ou a requerimento do interessado, medida liminar determinando a suspensão dos processos nos quais a controvérsia esteja estabelecida.

§ 3º Se necessário, o relator pedirá informações ao Presidente da Turma Recursal ou Presidente da Turma de Uniformização e, nos casos previstos em lei, ouvirá o Ministério Público, no prazo de 5 (cinco) dias.

§ 4º (VETADO)

§ 5º Decorridos os prazos referidos nos §§ 3º e 4º, o relator incluirá o pedido em pauta na sessão, com preferência sobre todos os demais feitos, ressalvados os processos com réus presos, os habeas corpus e os mandados de segurança.

§ 6º Publicado o acórdão respectivo, os pedidos retidos referidos no § 1º serão apreciados pelas Turmas Recursais, que poderão exercer juízo de retratação ou os declararão prejudicados, se veicularem tese não acolhida pelo Superior Tribunal de Justiça.

Art. 20. Os Tribunais de Justiça, o Superior Tribunal de Justiça e o Supremo Tribunal Federal, no âmbito de suas competências, expedirão normas regulamentando os procedimentos a serem adotados para o processamento e o julgamento do pedido de uniformização e do recurso extraordinário.

Art. 21. O recurso extraordinário, para os efeitos desta Lei, será processado e julgado segundo o estabelecido no art. 19, além da observância das normas do Regimento.

Art. 22. Os Juizados Especiais da Fazenda Pública serão instalados no prazo de até 2 (dois) anos da vigência desta Lei, podendo haver o aproveitamento total ou parcial das estruturas das atuais Varas da Fazenda Pública.

Art. 23. Os Tribunais de Justiça poderão limitar, por até 5 (cinco) anos, a partir da entrada em vigor desta Lei, a competência dos Juizados Especiais da Fazenda Pública, atendendo à necessidade da organização dos serviços judiciários e administrativos.

Art. 24. Não serão remetidas aos Juizados Especiais da Fazenda Pública as demandas ajuizadas até a data de sua instalação, assim como as ajuizadas fora do Juizado Especial por força do disposto no art. 23.

Art. 25. Competirá aos Tribunais de Justiça prestar o suporte administrativo necessário ao funcionamento dos Juizados Especiais.

Art. 26. O disposto no art. 16 aplica-se aos Juizados Especiais Federais instituídos pela Lei nº 10.259, de 12 de julho de 2001.

Art. 27. Aplica-se subsidiariamente o disposto nas Leis nºs 5.869, de 11 de janeiro de 1973 – Código de Processo Civil, 9.099, de 26 de setembro de 1995, e 10.259, de 12 de julho de 2001.

Art. 28. Esta Lei entra em vigor após decorridos 6 (seis) meses de sua publicação oficial.

Brasília, 22 de dezembro de 2009; 188º da Independência e 121º da República.

LUIZ INÁCIO LULA DA SILVA
Tarso Genro

# Anexo 3

## LEI Nº 10.259, DE 12 DE JULHO DE 2001

**O PRESIDENTE DA REPÚBLICA** faço saber que o Congresso Nacional decreta e eu sanciono a seguinte Lei:

Art. 1º São instituídos os Juizados Especiais Cíveis e Criminais da Justiça Federal, aos quais se aplica, no que não conflitar com esta Lei, o disposto na Lei nº 9.099, de 26 de setembro de 1995.

Art. 2º Compete ao Juizado Especial Federal Criminal processar e julgar os feitos de competência da Justiça Federal relativos às infrações de menor potencial ofensivo.

Parágrafo único. Consideram-se infrações de menor potencial ofensivo, para os efeitos desta Lei, os crimes a que a lei comine pena máxima não superior a dois anos, ou multa.

Art. 2º Compete ao Juizado Especial Federal Criminal processar e julgar os feitos de competência da Justiça Federal relativos às infrações de menor potencial ofensivo, respeitadas as regras de conexão e continência. (Redação dada pela Lei nº 11.313, de 2006)

Parágrafo único. Na reunião de processos, perante o juízo comum ou o tribunal do júri, decorrente da aplicação das regras de conexão e continência, observar-se-ão os institutos da transação penal e da composição dos danos civis. (Redação dada pela Lei nº 11.313, de 2006)

Art. 3º Compete ao Juizado Especial Federal Cível processar, conciliar e julgar causas de competência da Justiça Federal até o valor de sessenta salários-mínimos, bem como executar as suas sentenças.

§ 1º Não se incluem na competência do Juizado Especial Cível as causas:

I – referidas no art. 109, incisos II, III e XI, da Constituição Federal, as ações de mandado de segurança, de desapropriação, de divisão e demarcação, populares, execuções fiscais e por improbidade administrativa e as demandas sobre direitos ou interesses difusos, coletivos ou individuais homogêneos;

II – sobre bens imóveis da União, autarquias e fundações públicas federais;

III – para a anulação ou cancelamento de ato administrativo federal, salvo o de natureza previdenciária e o de lançamento fiscal;

IV – que tenham como objeto a impugnação da pena de demissão imposta a servidores públicos civis ou de sanções disciplinares aplicadas a militares.

§ 2º Quando a pretensão versar sobre obrigações vincendas, para fins de competência do Juizado Especial, a soma de doze parcelas não poderá exceder o valor referido no art. 3º, *caput*.

§ 3º No foro onde estiver instalada Vara do Juizado Especial, a sua competência é absoluta.

Art. 4º O Juiz poderá, de ofício ou a requerimento das partes, deferir medidas cautelares no curso do processo, para evitar dano de difícil reparação.

Art. 5º Exceto nos casos do art. 4º, somente será admitido recurso de sentença definitiva.

Art. 6º Podem ser partes no Juizado Especial Federal Cível:

I – como autores, as pessoas físicas e as microempresas e empresas de pequeno porte, assim definidas na Lei nº 9.317, de 5 de dezembro de 1996;

II – como rés, a União, autarquias, fundações e empresas públicas federais.

Art. 7º As citações e intimações da União serão feitas na forma prevista nos arts. 35 a 38 da Lei Complementar nº 73, de 10 de fevereiro de 1993.

Parágrafo único. A citação das autarquias, fundações e empresas públicas será feita na pessoa do representante máximo da entidade, no local onde proposta a causa, quando ali instalado seu escritório ou representação; se não, na sede da entidade.

Art. 8º As partes serão intimadas da sentença, quando não proferida esta na audiência em que estiver presente seu representante, por ARMP (aviso de recebimento em mão própria).

§ 1º As demais intimações das partes serão feitas na pessoa dos advogados ou dos Procuradores que oficiem nos respectivos autos, pessoalmente ou por via postal.

§ 2º Os tribunais poderão organizar serviço de intimação das partes e de recepção de petições por meio eletrônico.

Art. 9º Não haverá prazo diferenciado para a prática de qualquer ato processual pelas pessoas jurídicas de direito público, inclusive a interposição de recursos, devendo a citação para audiência de conciliação ser efetuada com antecedência mínima de trinta dias.

Art. 10. As partes poderão designar, por escrito, representantes para a causa, advogado ou não.

Parágrafo único. Os representantes judiciais da União, autarquias, fundações e empresas públicas federais, bem como os indicados na forma do *caput*, ficam autorizados a conciliar, transigir ou desistir, nos processos da competência dos Juizados Especiais Federais.

Art. 11. A entidade pública ré deverá fornecer ao Juizado a documentação de que disponha para o esclarecimento da causa, apresentando-a até a instalação da audiência de conciliação.

Parágrafo único. Para a audiência de composição dos danos resultantes de ilícito criminal (arts. 71, 72 e 74 da Lei nº 9.099, de 26 de setembro de 1995), o representante da entidade que comparecer terá poderes para acordar, desistir ou transigir, na forma do art. 10.

Art. 12. Para efetuar o exame técnico necessário à conciliação ou ao julgamento da causa, o Juiz nomeará pessoa habilitada, que apresentará o laudo até cinco dias antes da audiência, independentemente de intimação das partes.

§ 1º Os honorários do técnico serão antecipados à conta de verba orçamentária do respectivo Tribunal e, quando vencida na causa a entidade pública, seu valor será incluído na ordem de pagamento a ser feita em favor do Tribunal.

§ 2º Nas ações previdenciárias e relativas à assistência social, havendo designação de exame, serão as partes intimadas para, em dez dias, apresentar quesitos e indicar assistentes.

Art. 13. Nas causas de que trata esta Lei, não haverá reexame necessário.

Art. 14. Caberá pedido de uniformização de interpretação de lei federal quando houver divergência entre decisões sobre questões de direito material proferidas por Turmas Recursais na interpretação da lei.

§ 1º O pedido fundado em divergência entre Turmas da mesma Região será julgado em reunião conjunta das Turmas em conflito, sob a presidência do Juiz Coordenador.

§ 2º O pedido fundado em divergência entre decisões de turmas de diferentes regiões ou da proferida em contrariedade a súmula ou jurisprudência dominante do STJ será julgado por Turma de Uniformização, integrada por juízes de Turmas Recursais, sob a presidência do Coordenador da Justiça Federal.

§ 3º A reunião de juízes domiciliados em cidades diversas será feita pela via eletrônica.

§ 4º Quando a orientação acolhida pela Turma de Uniformização, em questões de direito material, contrariar súmula ou jurisprudência dominante no Superior Tribunal de Justiça – STJ, a parte interessada poderá provocar a manifestação deste, que dirimirá a divergência.

§ 5º No caso do § 4º, presente a plausibilidade do direito invocado e havendo fundado receio de dano de difícil reparação, poderá o relator conceder, de ofício ou a requerimento do interessado, medida liminar determinando a suspensão dos processos nos quais a controvérsia esteja estabelecida.

§ 6º Eventuais pedidos de uniformização idênticos, recebidos subsequentemente em quaisquer Turmas Recursais, ficarão retidos nos autos, aguardando-se pronunciamento do Superior Tribunal de Justiça.

§ 7º Se necessário, o relator pedirá informações ao Presidente da Turma Recursal ou Coordenador da Turma de Uniformização e ouvirá o Ministério Público, no prazo de cinco dias. Eventuais interessados, ainda que não sejam partes no processo, poderão se manifestar, no prazo de trinta dias.

§ 8º Decorridos os prazos referidos no § 7º, o relator incluirá o pedido em pauta na Seção, com preferência sobre todos os demais feitos, ressalvados os processos com réus presos, os *habeas corpus* e os mandados de segurança.

§ 9º Publicado o acórdão respectivo, os pedidos retidos referidos no § 6º serão apreciados pelas Turmas Recursais, que poderão exercer juízo de retratação ou declará-los prejudicados, se veicularem tese não acolhida pelo Superior Tribunal de Justiça.

§ 10. Os Tribunais Regionais, o Superior Tribunal de Justiça e o Supremo Tribunal Federal, no âmbito de suas competências, expedirão normas regulamentando a composição dos órgãos e os procedimentos a serem adotados para o processamento e o julgamento do pedido de uniformização e do recurso extraordinário.

Art. 15. O recurso extraordinário, para os efeitos desta Lei, será processado e julgado segundo o estabelecido nos §§ 4º a 9º do art. 14, além da observância das normas do Regimento.

Art. 16. O cumprimento do acordo ou da sentença, com trânsito em julgado, que imponham obrigação de fazer, não fazer ou entrega de coisa certa, será efetuado mediante ofício do Juiz à autoridade citada para a causa, com cópia da sentença ou do acordo.

Art. 17. Tratando-se de obrigação de pagar quantia certa, após o trânsito em julgado da decisão, o pagamento será efetuado no prazo de sessenta dias, contados da entrega da requisição, por ordem do Juiz, à autoridade citada para a causa, na agência mais próxima da Caixa Econômica Federal ou do Banco do Brasil, independentemente de precatório.

§ 1º Para os efeitos do § 3º do art. 100 da Constituição Federal, as obrigações ali definidas como de pequeno valor, a serem pagas independentemente de precatório, terão como limite o mesmo valor estabelecido nesta Lei para a competência do Juizado Especial Federal Cível (art. 3º, *caput*).

§ 2º Desatendida a requisição judicial, o Juiz determinará o sequestro do numerário suficiente ao cumprimento da decisão.

§ 3º São vedados o fracionamento, repartição ou quebra do valor da execução, de modo que o pagamento se faça, em parte, na forma estabelecida no § 1º deste artigo, e, em parte, mediante expedição do precatório, e a expedição de precatório complementar ou suplementar do valor pago.

§ 4º Se o valor da execução ultrapassar o estabelecido no § 1º, o pagamento far-se-á, sempre, por meio do precatório, sendo facultado à parte exequente a renúncia ao crédito do valor excedente, para que possa optar pelo pagamento do saldo sem o precatório, da forma lá prevista.

Art. 18. Os Juizados Especiais serão instalados por decisão do Tribunal Regional Federal. O Juiz presidente do Juizado designará os conciliadores pelo período de dois anos, admitida a recondução. O exercício dessas funções será gratuito, assegurados os direitos e prerrogativas do jurado (art. 437 do Código de Processo Penal).

Parágrafo único. Serão instalados Juizados Especiais Adjuntos nas localidades cujo movimento forense não justifique a existência de Juizado Especial, cabendo ao Tribunal designar a Vara onde funcionará.

Art. 19. No prazo de seis meses, a contar da publicação desta Lei, deverão ser instalados os Juizados Especiais nas capitais dos Estados e no Distrito Federal.

Parágrafo único. Na capital dos Estados, no Distrito Federal e em outras cidades onde for necessário, neste último caso, por decisão do Tribunal Regional Federal, serão instalados Juizados com competência exclusiva para ações previdenciárias.

Art. 20. Onde não houver Vara Federal, a causa poderá ser proposta no Juizado Especial Federal mais próximo do foro definido no art. 4º da Lei nº 9.099, de 26 de setembro de 1995, vedada a aplicação desta Lei no juízo estadual.

Art. 21. As Turmas Recursais serão instituídas por decisão do Tribunal Regional Federal, que definirá sua composição e área de competência, podendo abranger mais de uma seção.

§ 1º Não será permitida a recondução, salvo quando não houver outro juiz na sede da Turma Recursal ou na Região.

§ 2º A designação dos juízes das Turmas Recursais obedecerá aos critérios de antiguidade e merecimento.

Art. 22. Os Juizados Especiais serão coordenados por Juiz do respectivo Tribunal Regional, escolhido por seus pares, com mandato de dois anos.

Parágrafo único. O Juiz Federal, quando o exigirem as circunstâncias, poderá determinar o funcionamento do Juizado Especial em caráter itinerante, mediante autorização prévia do Tribunal Regional Federal, com antecedência de dez dias.

Art. 23. O Conselho da Justiça Federal poderá limitar, por até três anos, contados a partir da publicação desta Lei, a competência dos Juizados Especiais Cíveis, atendendo à necessidade da organização dos serviços judiciários ou administrativos.

Art. 24. O Centro de Estudos Judiciários do Conselho da Justiça Federal e as Escolas de Magistratura dos Tribunais Regionais Federais criarão programas de informática necessários para subsidiar a instrução das causas submetidas aos Juizados e promoverão cursos de aperfeiçoamento destinados aos seus magistrados e servidores.

Art. 25. Não serão remetidas aos Juizados Especiais as demandas ajuizadas até a data de sua instalação.

Art. 26. Competirá aos Tribunais Regionais Federais prestar o suporte administrativo necessário ao funcionamento dos Juizados Especiais.

Art. 27. Esta Lei entra em vigor seis meses após a data de sua publicação.

Brasília, 12 de julho de 2001; 180º da Independência e 113º da República.

FERNANDO HENRIQUE CARDOSO

Paulo de Tarso Tamos Ribeiro

Roberto Brant

Gilmar Ferreira Mendes

# Anexo 4

**ENUNCIADOS FONAJE**
(ATUALIZADOS ATÉ O XXVI FORÚM NACIONAL DE JUIZADOS ESPECIAIS, realizado nos dias 25, 26 e 27 de novembro de 2009 - Fortaleza - Ceará)

**ENUNCIADOS CÍVEIS**

Enunciado 1 – O exercício do direito de ação no Juizado Especial Cível é facultativo para o autor.

Enunciado 2 – (Substituído pelo Enunciado 58).

Enunciado 3 – Lei local não poderá ampliar a competência do Juizado Especial.

Enunciado 4 – Nos Juizados Especiais só se admite a ação de despejo prevista no art. 47, inciso III, da Lei 8.245/1991.

Enunciado 5 – A correspondência ou contra-fé recebida no endereço da parte é eficaz para efeito de citação, desde que identificado o seu recebedor.

Enunciado 6 – Não é necessária a presença do Juiz Togado ou Leigo na Sessão de Conciliação.

Enunciado 7 – A sentença que homologa o laudo arbitral é irrecorrível.

Enunciado 8 – As ações cíveis sujeitas aos procedimentos especiais não são admissíveis nos Juizados Especiais.

Enunciado 9 – O condomínio residencial poderá propor ação no Juizado Especial, nas hipóteses do art. 275, inciso II, item b, do Código de Processo Civil.

Enunciado 10 – A contestação poderá ser apresentada até a audiência de Instrução e Julgamento.

Enunciado 11 – Nas causas de valor superior a vinte salários-mínimos, a ausência de contestação, escrita ou oral, ainda que presente o réu, implica revelia.

Enunciado 12 – A perícia informal é admissível na hipótese do art. 35 da Lei 9.099/1995.

Enunciado 13 – Os prazos processuais nos Juizados Especiais Cíveis, contam-se da data da intimação ou ciência do ato respectivo, e não da juntada do comprovante da intimação, observando-se as regras de contagem do CPC ou do Código Civil, conforme o caso. (Nova Redação aprovada no XXI Encontro – Vitória/ES).

Enunciado 14 – Os bens que guarnecem a residência do devedor, desde que não essenciais a habitabilidade, são penhoráveis.

Enunciado 15 – Nos Juizados Especiais não é cabível o recurso de agravo, exceto nas hipóteses dos arts. 544 e 557 do CPC. (Modificado no XXI Encontro – Vitória/ES).

Enunciado 16 – (CANCELADO).

Enunciado 17 – É vedada a acumulação das condições de preposto e advogado, na mesma pessoa (arts. 35, I e 36, II, da Lei 8.906/1994, c/c art. 23 do Código de Ética e disciplina da OAB). (Substituído no XIX Encontro – Aracaju/SE pelo Enunciado 98).

Enunciado 18 – (CANCELADO).

Enunciado 19 – A audiência de conciliação, na execução de título executivo extrajudicial, é obrigatória e o executado, querendo embargar, deverá fazê-lo nesse momento (art. 53, §§ 1º e 2º). Revogar, já que do próprio mandado pode constar a oportunidade para o parcelamento. (Cancelado no XXI Encontro – Vitória/ES).

Enunciado 20 – O comparecimento pessoal da parte às audiências é obrigatório. A pessoa jurídica poderá ser representada por preposto.

Enunciado 21 – Não são devidas custas quando opostos embargos do devedor, salvo quando julgados improcedentes os embargos. (Cancelado no XXI Encontro – Vitória/ES).

Enunciado 22 – A multa cominatória é cabível desde o descumprimento da tutela antecipada, nos casos dos incisos V e VI, do art. 52, da Lei 9.099/1995.

Enunciado 23 – A multa cominatória não é cabível nos casos do art. 53 da Lei 9.099/1995. (Cancelado no XXI Encontro – Vitória/ES).

Enunciado 24 – A multa cominatória, em caso de obrigação de fazer ou não fazer, deve ser estabelecida em valor fixo diário. (Cancelado no XXI Encontro – Vitória/ES).

Enunciado 25 – A multa cominatória não fica limitada ao valor de quarenta (40) salários-mínimos, embora deva ser razoavelmente fixada pelo juiz, obedecendo-se ao valor da obrigação principal, mais perdas e danos, atendidas as condições econômicas do devedor. (vide Enunciado 132, acrescentado no XXVI Encontro – Fortaleza/CE)

Enunciado 26 – São cabíveis a tutela acautelatória e a antecipatória nos Juizados Especiais Cíveis. (Nova redação no FONAJE – Florianópolis/SC).

Enunciado 27 – Na hipótese de pedido de valor até 20 salários-mínimos, é admitido pedido contraposto no valor superior ao da inicial, até o limite de 40 salários-mínimos, sendo obrigatória à assistência de advogados às partes.

Enunciado 28 – Havendo extinção do processo com base no inciso I, do art. 51, da Lei 9.099/1995, é necessária a condenação em custas.

Enunciado 29 – (CANCELADO).

Enunciado 30 – É taxativo o elenco das causas previstas na o art. 3º da Lei 9.099/1995.

Enunciado 31 – É admissível pedido contraposto no caso de ser a parte ré pessoa jurídica.

Enunciado 32 – Não são admissíveis as ações coletivas nos Juizados Especiais Cíveis.

Enunciado 33 – É dispensável a expedição de carta precatória nos Juizados Especiais Cíveis, cumprindo-se os atos nas demais comarcas, mediante via postal, por ofício do Juiz, fax, telefone ou qualquer outro meio idôneo de comunicação.

Enunciado 34 – (CANCELADO).

Enunciado 35 – Finda a instrução, não são obrigatórios os debates orais.

Enunciado 36 – A assistência obrigatória prevista no art. 9º da Lei 9.099/1995 tem lugar a partir da fase instrutória, não se aplicando para a formulação do pedido e a sessão de conciliação.

Enunciado 37 – Em exegese ao art. 53, § 4º, da Lei 9.099/1995, não se aplica ao processo de execução o disposto no art. 18, § 2º, da referida lei, sendo autorizados o arresto e a citação editalícia quando não encontrado o devedor, observados, no que couber, os arts. 653 e 654 do Código de Processo Civil. (Nova Redação aprovada no XXI Encontro – Vitória/ES).

Enunciado 38 – A análise do art. 52, IV, da Lei 9.099/1995, determina que, desde logo, expeça-se o mandado de penhora, depósito, avaliação e intimação, inclusive da eventual audiência de conciliação designada, considerando-se o executado intimado com a simples entrega de cópia do referido mandado em seu endereço, devendo, nesse caso, ser certificado circunstanciadamente.

Enunciado 39 – Em observância ao art. 2º da Lei 9.099/1995, o valor da causa corresponderá à pretensão econômica objeto do pedido.

Enunciado 40 – O conciliador ou juiz leigo não está incompatibilizado nem impedido de exercer a advocacia, exceto perante o próprio Juizado Especial em que atue ou se pertencer aos quadros do Poder Judiciário.

Enunciado 41- A correspondência ou contrafé recebida no endereço do advogado é eficaz para efeito de intimação, desde que identificado o seu recebedor. (Nova Redação aprovada no XXI Encontro – Vitória/ES).

Enunciado 42 – O preposto que comparece sem Carta de Preposição obriga-se a apresentá-la, no prazo que for assinado, para a validade de eventual acordo. Não formalizado o acordo, incidem, de plano, os efeitos de revelia. (Substituído no XIX Encontro – Aracaju/SE pelo Enunciado 99).

Enunciado 43 – Na execução do título judicial definitivo, ainda que não localizado o executado, admite-se a penhora de seus bens, dispensado o arresto. A intimação de penhora observará o disposto no art. 19, § 2º, da Lei 9.099/1995.

Enunciado 44 – No âmbito dos Juizados Especiais, não são devidas despesas para efeito do cumprimento de diligências, inclusive, quando da expedição de cartas precatórias.

Enunciado 45 – (Substituído pelo Enunciado 75).

Enunciado 46 – A fundamentação da sentença ou do acórdão poderá ser feita oralmente, com gravação por qualquer meio, eletrônico ou digital, consignando-se apenas o dispositivo na ata. (Redação alterada no XIV Encontro – São Luís/MA).

Enunciado 47 – A microempresa e a empresa de pequeno porte, para propor ação no âmbito dos Juizados Especiais, deverão instruir o pedido com documento de sua condição. (Nova Redação aprovada no XXI Encontro – Vitória/ES).

Enunciado 48 – O disposto no § 1º do art. 9º da Lei 9.099/1995 é aplicável às microempresas e às empresas de pequeno porte. (Nova Redação aprovada no XXI Encontro – Vitória/ES).

Enunciado 49 – As empresas de pequeno porte não poderão ser autoras nos Juizados Especiais. (Cancelado no XXI Encontro – Vitória/ES).

Enunciado 50 – Para efeito de alçada, em sede de Juizados Especiais, tomar-se-á como base o salário-mínimo nacional.

Enunciado 51 – Os processos de conhecimento contra empresas sob liquidação extrajudicial, concordata ou recuperação judicial devem prosseguir até a sentença de mérito, para constituição do título executivo judicial, possibilitando a parte habilitar o seu crédito, no momento oportuno, pela via própria. (Nova Redação no XXI Encontro – Vitória/ES).

Enunciado 52 – Os embargos à execução poderão ser decididos pelo juiz leigo, observado o art. 40 da Lei 9.099/1995.

Enunciado 53 – Deverá constar da citação a advertência, em termos claros, da possibilidade de inversão do ônus da prova.

Enunciado 54 – A menor complexidade da causa para a fixação da competência é aferida pelo objeto da prova e não em face do direito material.

Enunciado 55 – (Substituído pelo Enunciado 76).

Enunciado 56 – (CANCELADO).

Enunciado 57 – (CANCELADO).

Enunciado 58 – (Substitui o Enunciado 2) – As causas cíveis enumeradas no art. 275, II, do CPC admitem condenação superior a 40 salários-mínimos e sua respectiva execução, no próprio Juizado.

Enunciado 59 – Admite-se o pagamento do débito por meio de desconto em folha de pagamento, após anuência expressa do devedor e em percentual que reconheça não afetar sua subsistência e a de sua família, atendendo sua comodidade e conveniência pessoal.

Enunciado 60 – É cabível a aplicação da desconsideração da personalidade jurídica, inclusive na fase de execução. (Redação alterada no XIII Encontro – Campo Grande/MS).

Enunciado 61 – (Cancelado em razão da redação do Enunciado 76 – XIII Encontro/MS).

Enunciado 62 – Cabe exclusivamente às Turmas Recursais conhecer e julgar o mandado de segurança e o *habeas corpus* impetrados em face de atos judiciais oriundos dos Juizados Especiais.

Enunciado 63 – Contra decisões das Turmas Recursais são cabíveis somente os embargos declaratórios e o Recurso Extraordinário.

Enunciado 64 – (Cancelado no XVI Encontro – Rio de Janeiro/RJ).

Enunciado 65 – (Cancelado no XVI Encontro – Rio de Janeiro/RJ).

Enunciado 66 – É possível a adjudicação do bem penhorado em execução de título extrajudicial, antes do leilão, desde que, comunicado do pedido, o executado não se oponha, no prazo de 10 dias. (Cancelado no XXI Encontro – Vitória/ES em razão do art. 685-A do CPC e pela revogação dos arts. 714 e 715 do CPC.)

Enunciado 67 – (Nova redação – Enunciado 91 aprovado no XVI Encontro – Rio de Janeiro/RJ) – Redação original: O conflito de competência entre juízes de Juizados Especiais vinculados à mesma Turma Recursal será decidido por esta.

Enunciado 68 – Somente se admite conexão em Juizado Especial Cível quando as ações puderem submeter-se à sistemática da Lei 9.099/1995.

Enunciado 69 – As ações envolvendo danos morais não constituem, por si só, matéria complexa.

Enunciado 70 – As ações nas quais se discute a ilegalidade de juros não são complexas para o fim de fixação da competência dos Juizados Especiais.

Enunciado 71 – É cabível a designação de audiência de conciliação em execução de título judicial.

Enunciado 72 – Inexistindo interesse de incapazes, o Espólio pode ser autor nos Juizados Especiais Cíveis.

Enunciado 73 – As causas de competência dos Juizados Especiais em que forem comuns o objeto ou a causa de pedir poderão ser reunidas para efeito de instrução, se necessária, e julgamento.

Enunciado 74 – A prerrogativa de foro na esfera penal não afasta a competência dos Juizados Especiais Cíveis.

Enunciado 75 – (Substitui o Enunciado 45) – A hipótese do § 4º, do 53, da Lei 9.099/1995, também se aplica às execuções de título judicial, entregando-se ao exequente, no caso, certidão do seu crédito, como título para futura execução, sem prejuízo da manutenção do nome do executado no Cartório Distribuidor. (Nova Redação aprovada no XXI Encontro – Vitória/ES).

Enunciado 76 – (Substitui o Enunciado 55) – No processo de execução, esgotados os meios de defesa e inexistindo bens para a garantia do débito, expede-se a pedido do exequente certidão de dívida para fins de inscrição no serviço de Proteção ao Crédito – SPC e SERASA, sob pena de responsabilidade.

Enunciado 77 – O advogado cujo nome constar do termo de audiência estará habilitado para todos os atos do processo, inclusive para o recurso. (Aprovado no XI Encontro – Brasília/DF).

Enunciado 78 – O oferecimento de resposta, oral ou escrita, não dispensa o comparecimento pessoal da parte, ensejando, pois, os efeitos da revelia. (Aprovado no XI Encontro – Brasília/DF).

Enunciado 79 – Designar-se-á hasta pública única, se o bem penhorado não atingir valor superior a sessenta salários-mínimos. (Aprovado no XI Encontro – Brasília/DF – Alteração aprovada no XXI Encontro – Vitória/ES).

Enunciado 80 – O recurso inominado será julgado deserto quando não houver o recolhimento integral do preparo e sua respectiva comprovação pela parte, no prazo de 48 horas, não admitida a complementação intempestiva (art. 42, § 1º, da Lei 9.099/1995). (Aprovado no XI Encontro – Brasília/DF – Alteração aprovada no XII Encontro – Maceió/AL).

Enunciado 81 – A arrematação e a adjudicação podem ser impugnadas, no prazo de cinco dias do ato, por simples pedido. (Aprovado no XII Encontro – Maceió/AL – Alteração aprovada no XXI Encontro – Vitória/ES).

Enunciado 82 – Nas ações derivadas de acidentes de trânsito a demanda poderá ser ajuizada contra a seguradora, isolada ou conjuntamente com os demais coobrigados. (Aprovado no XIII Encontro – Campo Grande/MS).

Enunciado 83 – A pedido do credor, a penhora de valores depositados em bancos poderá ser feita independentemente de a agência situar-se no juízo da execução. (Aprovado no XIV Encontro – São Luís/MA) (Revogado no XIX Encontro – Aracaju/SE).

Enunciado 84 (nova redação) – Compete ao Presidente da Turma Recursal o juízo de admissibilidade do Recurso Extraordinário, salvo disposição em contrário. (Aprovado no XIV Encontro – São Luís/MA. Nova Redação aprovada no XXII Encontro – Manaus/AM).

Enunciado 85 – O Prazo para recorrer da decisão de Turma Recursal fluirá da data do julgamento. (Aprovado no XIV Encontro – São Luís/MA).

Enunciado 86 – Os prazos processuais nos procedimentos sujeitos ao rito especial dos Juizados Especiais não se suspendem e nem se interrompem. (Aprovado no XV Encontro – Florianópolis/SC. Nova Redação aprovada no XXI Encontro – Vitória/ES).

Enunciado 87 – A Lei 10.259/2001 não altera o limite da alçada previsto no art. 3º, inciso I, da Lei 9099/1995 (Aprovado no XV Encontro – Florianópolis/SC).

Enunciado 88 – Não cabe recurso adesivo em sede de Juizado Especial, por falta de expressa previsão legal. (Aprovado no XV Encontro – Florianópolis/SC).

Enunciado 89 – A incompetência territorial pode ser reconhecida de ofício no sistema de juizados especiais cíveis. (Aprovado no XVI Encontro – Rio de Janeiro/RJ).

Enunciado 90 – A desistência do autor, mesmo sem a anuência do réu já citado, implicará na extinção do processo sem julgamento do mérito, ainda que tal ato se dê em audiência de instrução e julgamento. (Aprovado no XVI Encontro – Rio de Janeiro/RJ).

Enunciado 91 – (Substitui o Enunciado 67) – O conflito de competência entre juízes de Juizados Especiais vinculados à mesma Turma Recursal será decidido por esta. Inexistindo tal vinculação, será decidido pela Turma Recursal para a qual for distribuído. (Aprovado no XVI Encontro – Rio de Janeiro/RJ. Nova Redação aprovada no XXII Encontro – Manaus/AM).

Enunciado 92 – Nos termos do art. 46 da Lei 9.099/1995, é dispensável o relatório nos julgamentos proferidos pelas Turmas Recursais. (Aprovado no XVI Encontro – Rio de Janeiro/RJ).

Enunciado 93 – O bloqueio on-line de numerários será considerado para todos os efeitos como penhora a partir do depósito judicial, dispensando-se a lavratura do termo e intimando-se o devedor da constrição. (Aprovado no XVII Encontro – Curitiba/PR).

Enunciado 94 – É cabível, em Juizados Especiais Cíveis, a propositura de ação de revisão de contrato, inclusive quando o autor pretenda o parcelamento de dívida, observado o valor de alçada. (Aprovado no XVIII Encontro – Goiânia/GO).

Enunciado 95 – Finda a audiência de instrução, conduzida por Juiz Leigo, deverá ser apresentada a proposta de sentença ao Juiz Togado em até dez dias, intimadas as partes no próprio termo da audiência para a data da leitura da sentença. (Aprovado no XVIII Encontro – Goiânia/GO).

Enunciado 96 – A condenação do recorrente vencido, em honorários advocatícios, independe da apresentação de contrarrazões. (Aprovado no XVIII Encontro – Goiânia/GO).

Enunciado 97 – O art. 475-J, do CPC – Lei 11.323/2005 – aplica-se aos Juizados Especiais, ainda que o valor da multa somado ao da execução ultrapasse o valor de 40 salários-mínimos. (Aprovado no XIX Encontro – Aracaju/SE).

Enunciado 98 – (Substitui o Enunciado 17) – É vedada a acumulação SIMULTÂNEA das condições de preposto e advogado na mesma pessoa (arts. 35, I e 36, II da Lei 8.906/1994 c/c o art. 23 do Código de Ética e Disciplina da OAB). (Aprovado no XIX Encontro – Aracaju/SE).

Enunciado 99 – (Substitui o Enunciado 42) – O preposto que comparece sem carta de preposição, obriga-se a apresentá-la no prazo que for assinado, para validade de eventual acordo, sob as penas dos arts. 20 e 51, I, da Lei 9.099/1995, conforme o caso. (Aprovado no XIX Encontro – Aracaju/SE).

Enunciado 100 – A penhora de valores depositados em banco poderá ser feita independentemente de a agência situar-se no Juízo da execução. (Aprovado no XIX Encontro – Aracaju/SE).

Enunciado 101 – Aplica-se ao Juizado Especial o disposto no art. 285-A do CPC. (Aprovado no XIX Encontro – Aracaju/SE).

Enunciado 102 – O relator, nas Turmas Recursais Cíveis, em decisão monocrática, poderá negar seguimento a recurso manifestamente inadmissível, improcedente, prejudicado ou em desacordo com Súmula ou jurisprudência dominante das Turmas Recursais ou de Tribunal Superior, cabendo recurso interno para a Turma Recursal, no prazo de cinco dias. (Aprovado no XIX Encontro – Aracaju/SE).

Enunciado 103 – O relator, nas Turmas Recursais Cíveis, em decisão monocrática, poderá dar provimento a recurso se a decisão estiver em manifesto confronto com Súmula do Tribunal Superior ou Jurisprudência dominante do próprio Juizado, cabendo recurso interno para a Turma Recursal, no prazo de cinco dias. (Aprovado no XIX Encontro – Aracaju/SE).

Enunciado 104 – Na execução por título judicial o prazo para oferecimento de embargos será de quinze dias e fluirá da intimação da penhora, sendo o recurso cabível o inominado. (Aprovado no XIX Encontro – Aracaju/SE).

Enunciado 105 – Caso o devedor, condenado ao pagamento de quantia certa, não o efetue no prazo de quinze dias, contados do trânsito em julgado, independentemente de nova intimação, o montante da condenação será acrescido de multa no percentual de 10%. (Aprovado no XIX Encontro – Aracaju/SE).

Enunciado 106 – Havendo dificuldade de pagamento direto ao credor, ou resistência deste, o devedor, a fim de evitar a multa de 10%, deverá efetuar depósito perante o juízo singular de origem, ainda que os autos estejam na instância recursal. (Aprovado no XIX Encontro – Aracaju/SE).

Enunciado 107 – Nos acidentes ocorridos antes da MP 340/06, convertida na Lei nº 11.482/2007, o valor devido do seguro obrigatório é de 40 (quarenta) salários mínimos, não sendo possível modificá-lo por Resolução do CNSP e/ou Susep. (Aprovado no XXVI Encontro – Fortaleza/CE).

Enunciado 108 – A mera recusa ao pagamento de indenização decorrente de seguro obrigatório não configura dano moral. (Aprovado no XIX Encontro – Aracaju/SE).

Enunciado 109 – É abusiva a cláusula que prevê a devolução das parcelas pagas à administradora de consórcio somente após o encerramento do grupo. A devolução deve ser imediata, os valores atualizados desde os respectivos desembolsos e os juros de mora computados desde a citação. (Aprovado no XIX Encontro – Aracaju/SE).

Enunciado 110 – A microempresa e a empresa de pequeno porte, quando autoras, devem ser representadas em audiência pelo empresário individual ou pelo sócio dirigente. (Aprovado no XIX Encontro – São Paulo/SP. Nova Redação aprovada no XXI Encontro – Vitória/ES).

Enunciado 111- O condomínio, se admitido como autor, deve ser representado em audiência pelo síndico, ressalvado o disposto no § 2º do art. 1.348 do Código Civil. (Aprovado no XIX Encontro – São Paulo/SP. Nova Redação aprovada no XXI Encontro – Vitória/ES).

Enunciado 112 – A intimação da penhora e avaliação realizada na pessoa do executado dispensa a intimação do advogado. Sempre que possível o Oficial de Justiça deve proceder a intimação do executado no mesmo momento da constrição judicial (art. 475, § 1º, CPC). (Aprovado no XX Encontro – São Paulo/SP).

Enunciado 113 – As turmas recursais reunidas poderão, mediante decisão de dois terços dos seus membros, salvo disposição regimental em contrário, aprovar súmulas. (Aprovado no XIX Encontro – São Paulo/SP).

Enunciado 114 – A gratuidade da justiça não abrange o valor devido em condenação por litigância de má-fé. (Aprovado no XX Encontro – São Paulo/SP).

Enunciado 115 – Indeferida a concessão do benefício da gratuidade da justiça requerido em sede de recurso, conceder-se-á o prazo de 48 horas para o preparo. (Aprovado no XX Encontro – São Paulo/SP).

Enunciado 116 – O Juiz poderá, de ofício, exigir que a parte comprove a insuficiência de recursos para obter a concessão do benefício da gratuidade da justiça (art. 5º, LXXIV, da CF), uma vez que a afirmação da pobreza goza apenas de presunção relativa de veracidade. (Aprovado no XX Encontro – São Paulo/SP).

Enunciado 117 – É obrigatória a segurança do Juízo pela penhora para apresentação de embargos à execução de título judicial ou extrajudicial perante o Juizado Especial. (Aprovado no XXI Encontro – Vitória/ES).

Enunciado 118 – Quando manifestamente inadmissível ou infundado o recurso interposto, a turma recursal ou o relator em decisão monocrática condenará o recorrente a pagar multa de 1% e indenizar o recorrido no percentual de até 20% do valor da causa, ficando a interposição de qualquer outro recurso condicionada ao depósito do respectivo valor. (Aprovado no XXI Encontro – Vitória/ES).

Enunciado 119 – A penhora de valores através do convênio Bacen/Jud poderá ser determinada de ofício pelo Juiz . (Aprovado no XXI Encontro – Vitória/ES).

Enunciado 120 – A multa derivada de descumprimento de antecipação de tutela é passível de execução mesmo antes do trânsito em julgado da sentença. (Aprovado no XXI Encontro – Vitória/ES).

Enunciado 121 – Os fundamentos admitidos para embargar a execução da sentença estão disciplinados no art. 52, inciso IX, da Lei 9.099/1995 e não no art. 475-L do CPC, introduzido pela Lei 11.232/2005. (Aprovado no XXI Encontro – Vitória/ES).

Enunciado 122 – É cabível a condenação em custas e honorários advocatícios na hipótese de não conhecimento do recurso inominado. (Aprovado no XXI Encontro – Vitória/ES).

Enunciado 123 – O art. 191 do CPC não se aplica aos processos cíveis que tramitam perante o Juizado Especial. (Aprovado no XXI Encontro – Vitória/ES).

Enunciado 124 – Das decisões proferidas pelas Turmas Recursais em mandado de segurança não cabe recurso ordinário. (Aprovado no XXI Encontro – Vitória/ES).

Enunciado 125 – Nos juizados especiais, não são cabíveis embargos declaratórios contra acórdão ou súmula na hipótese do art. 46 da Lei 9.099/1995, com finalidade exclusiva de prequestionamento, para fins de interposição de recurso extraordinário. (Aprovado no XXI Encontro – Vitória/ES).

Enunciado 126 – Em execução eletrônica de título extrajudicial, o título de crédito será digitalizado e o original apresentado até a sessão de conciliação ou prazo assinado, a fim de ser carimbado ou retido pela secretaria. (Aprovado no FONAJE – Florianópolis/SC).

Enunciado 127 – O cadastro de que trata o art. 1º, § 2º, III, 'b', da Lei 11.419/2006 deverá ser presencial e não poderá se dar mediante procuração, ainda que por instrumento público e com poderes especiais. (Aprovado no FONAJE Florianópolis/SC).

Enunciado 128 – Além dos casos de segredo de justiça e sigilo judicial, os documentos digitalizados em processo eletrônico somente serão disponibilizados aos sujeitos processuais, vedado o acesso a consulta pública fora da secretaria do juízado. (Aprovado no FONAJE – Florianópolis/SC).

Enunciado 129 – Nos juizados especiais que atuem com processo eletrônico, ultimado o processo de conhecimento em meio físico, a execução dar-se-á de forma eletrônica, digitalizando as peças necessárias. (Aprovado no FONAJE – Florianópolis/SC).

Enunciado 130 – Os documentos digitais que impliquem efeitos no meio não digital, uma vez materializados, terão a autenticidade certificada pelo Diretor de Secretaria ou Escrivão. (Aprovado no FONAJE – Florianópolis/SC).

Enunciado 131 – As empresas públicas e sociedades de economia mista dos Estados, do Distrito Federal e dos Municípios podem ser demandadas nos Juizados Especiais. (Aprovado no XXV FONAJE – São Luís).

Enunciado 132: A multa cominatória não fica limitada ao valor de 40 salários mínimos, embora deva ser razoavelmente fixada pelo Juiz, obedecendo ao valor da obrigação principal, mais perdas e danos, atendidas as condições econômicas do devedor. Na execução da multa processual (astreinte), que não tem caráter substitutivo da obrigação principal, a parte beneficiária poderá receber até o valor de 80 salários mínimos. Eventual excedente será destinado a fundo público estabelecido em norma estadual. (Este Enunciado incorpora a redação do Enunciado 25 – Aprovado por quórum qualificado no XXVI Encontro – Fortaleza/CE).

# Anexo 5

## ENUNCIADOS DO I FORUM DOS JUIZADOS DE SÃO PAULO

21 e 22 de agosto de 2009

### ENUNCIADOS CIVIL E PROCESSO CIVIL:

1- Atendendo ao princípio da oralidade, a prova das audiências preferencialmente será registrada apenas em meio magnético ou digital, não sendo cabível transcrição, inclusive em caso de recurso.

2- O acesso da micro empresa ou empresa de pequeno porte no sistema dos Juizados Especiais depende da comprovação de sua qualificação tributária e documento fiscal referente ao negócio jurídico.

3- Para aferição do valor da causa levar-se-á em conta o valor do salário-mínimo nacional em vigor na data da propositura da ação.

4- O comparecimento pessoal da pessoa física em audiência não pode ser suprido por mandatário, salvo se houver conciliação.

5- O preposto credenciado deve ser aquele que pertença ao quadro pessoal da empresa, devendo tal condição ser provada juntamente com a carta de preposição.

6- A perícia é incompatível com o procedimento da Lei 9.099/1995 e afasta a competência dos juizados especiais.

7- Na execução de título extrajudicial não é possível o arresto por envolver citação por edital, vedada pela Lei 9.099/1995.

8- É obrigatória a segurança do juízo pela penhora para apresentação de embargos à execução de título judicial ou extrajudicial perante o Juizado Especial.

9- O silêncio do credor, após o prazo para cumprimento do acordo, deve ser entendido como satisfação da obrigação, desde que previamente advertido desta consequência jurídica.

10- O condomínio e o espólio não podem propor ação no juizado especial em razão do disposto no artigo 8º, § 1º da Lei 9.099-95.

11- O art. 55 da Lei 9.099/1995 só permite a condenação de sucumbência ao recorrente vencido.

12- Não há condenação em honorários de advogado nos termos do art. 55 da Lei 9.099/1995 quando o recorrido não foi assistido por advogado em qualquer fase processual.

13- Não cabem embargos infringentes no sistema dos juizados especiais.

14- O juiz não receberá o recurso inominado quando a sentença estiver em conformidade com a jurisprudência do Colégio Recursal ou de Súmula de Tribunal Superior, nos termos do artigo 518, § 1º do CPC.

15- A decisão que põe fim aos embargos à execução de título judicial ou extrajudicial é sentença, contra a qual cabe apenas recurso inominado.

16- Nas guias de recolhimento das taxas judiciais devem constar expressamente os dados do processo a que elas se referem, sob pena de deserção.

# Anexo 6

**PROVIMENTO CSM Nº 1.670, de 19/05/2009**
(DJE de 17/09/2009, p. 1 a 18).

*Consolida as Normas relativas aos Juizados Informais de Conciliação, Juizados Especiais Cíveis e Criminais, Anexos dos Juizados Especiais, Juizados Criminais com ofício específico e ofícios que atendem às Varas dos Juizados Especiais e Juizado Itinerante no Estado de São Paulo.*

O **CONSELHO SUPERIOR DA MAGISTRATURA**, no uso de suas atribuições legais,

**CONSIDERANDO** a necessidade de atualizar e consolidar as Normas relativas ao Sistema dos Juizados Especiais,

**CONSIDERANDO** as conclusões do Grupo de Trabalho especialmente designado para atualização do Provimento CSM 806/03,

**CONSIDERANDO** o propósito de aprimorar os trabalhos prestados pelos Juizados Especiais em decorrência da criação de varas específicas e as recentes alterações no sistema processual civil,

**RESOLVE:**

**Art. 1º** – Alterar o título do Capítulo IV das Normas de Serviço da Corregedoria-Geral da Justiça, que passa a ter a seguinte redação:

CAPÍTULO IV

**DOS OFÍCIOS DE JUSTIÇA CÍVEL, DO JUIZADO INFORMAL DE CONCILIAÇÃO, DO JUIZADO ESPECIAL CÍVEL, DO JUIZADO ESPECIAL CRIMINAL, DO JUIZADO ITINERANTE PERMANENTE E DO SETOR DAS EXECUÇÕES FISCAIS DA FAZENDA PÚBLICA DA COMARCA DA CAPITAL.**

**Art. 2º** – Alterar o título da Seção V do Capítulo IV das Normas de Serviço da Corregedoria-Geral da Justiça, que passa a ter a seguinte redação:

## SEÇÃO V
## DAS NORMAS DE SERVIÇO DO JIC (JUIZADO INFORMAL DE CONCILIAÇÃO), DO JEC (JUIZADO ESPECIAL CÍVEL), DO JECC (JUIZADO ESPECIAL CÍVEL E CRIMINAL), DO JECRIM (JUIZADO ESPECIAL CRIMINAL) COM OFÍCIO ESPECÍFICO, DAS VARAS E JUIZADOS ESPECIAIS E DO JUIZADO ITINERANTE PERMANENTE.

**Art. 3º** – Alterar os itens 81 a 116 (e seus subitens) e as Subseções I a XI da Seção V e acrescentar as Subseções XII a XXIII ao Capítulo IV das Normas de Serviço da Corregedoria-Geral da Justiça, que passam a ter a seguinte redação:

### Subseção I
### DO FUNCIONAMENTO

1. O Juizado Informal de Conciliação (JIC), o Juizado Especial Cível (JEC), o Juizado Especial Cível e Criminal (JECC), o Juizado Especial Criminal (JECRIM) e as Varas de Juizados Especiais funcionarão de segunda a sexta-feira. O atendimento ao público nos Ofícios de Justiça de primeira instância e nos Cartórios de segunda instância dar-se-á no período das 12h30 às 19 horas, nos dias de expediente forense.

1.1. Para os advogados regularmente inscritos nos Quadros da Ordem dos Advogados do Brasil, o atendimento terá início a partir das 9 horas, mediante a exibição da carteira de inscrição. Aos estagiários de Direito regularmente inscritos nos quadros da Ordem dos Advogados do Brasil, o atendimento terá início a partir das 10 horas, mediante a exibição da carteira de inscrição.

1.2. A limitação expressa no item 1 não obsta o acesso dos jurisdicionados às audiências e às sessões de julgamento, quando designadas para antes das 12h30.

1.3. É autorizado o acesso de pessoas interessadas, a partir das 9 horas, às Salas dos Advogados e aos Gabinetes da Publicação Oficial do Tribunal de Justiça do Estado de São Paulo – Lei Federal nº 11.419/2006, art. 4º. Disponibilização: Quinta-feira, 17 de Setembro de 2009 Diário da Justiça Eletrônico – Caderno Administrativo São Paulo, Ano II – Edição 557 2 Promotores de Justiça instalados nas dependências dos Juizados.

1.4. Excepcionalmente, ouvido o Conselho Supervisor, o Conselho Superior da Magistratura poderá autorizar o funcionamento dos Juizados aos sábados, domingos e feriados, bem como autorizar horário diverso de funcionamento.

1.5. Até deliberação do Conselho Superior da Magistratura em sentido contrário, ficam mantidas as autorizações obtidas antes deste Provimento para funcionamento em horário diverso, capaz de melhor atender às necessidades dos jurisdicionados locais.

2. O JIC, o JEC, o JECC, o JECRIM e o Juizado Itinerante Permanente serão dirigidos pelo Juiz Diretor, que será auxiliado e substituído pelo Juiz Adjunto ou auxiliar, de acordo com a necessidade, todos designados pelo Conselho Superior da

Magistratura, mediante proposta do Conselho Supervisor. Os ofícios que servem às Varas de Juizados serão dirigidos pelo Juiz Titular e, se houver mais de um, pelo mais antigo na entrância ou na carreira, sucessivamente, salvo deliberação do Conselho Superior da Magistratura em sentido contrário.

2.1. Os Juizados Informais e os Juizados Especiais, instalados no Interior, terão competência para atender às reclamações e demandas originárias das Varas Distritais da respectiva Comarca a que pertençam, que não disponham do mesmo sistema, salvo determinação diversa do Conselho Superior da Magistratura, ouvido o Conselho Supervisor do Sistema dos Juizados Especiais.

2.1.1. Desde que haja prévia autorização do Conselho Superior da Magistratura, as causas da competência dos Juizados Cíveis também poderão ser processadas no ofício comum dos foros que não possuam juizados instalados, observado o procedimento da Lei nº 9.099/1995. A distribuição observará o grupo e a classe do Juizado Cível.

2.2. Enquanto não incorporados pelos Juizados Cíveis ou pelas Varas dos Juizados Especiais, os Juizados Especiais Criminais continuarão a funcionar como anexo das Varas Criminais, utilizando-se da estrutura funcional nelas existente.

2.3. Denomina-se Juizado Itinerante a unidade móvel destinada ao atendimento jurisdicional de todas as causas de competência do Juizado Especial e de outras que exijam a realização de trabalhos fora da sede do Juízo (arts. 125, § 7º, da CF, 176 do CPC e 94 da Lei nº 9.099/1995).

2.3.1. O Juizado Itinerante Permanente funcionará no horário de expediente forense e poderá atuar à noite, em feriados e finais de semana, conforme autorização do Conselho Supervisor.

2.3.2. No interior, o funcionamento do Juizado Itinerante Permanente dependerá de prévia autorização do Conselho Superior da Magistratura, ouvido o Conselho Supervisor.

2.3.3. Os magistrados designados para o Juizado Itinerante Permanente do Estado de São Paulo terão competência plena em todo o Estado para o processamento e julgamento das causas propostas perante o Juizado Itinerante Permanente, podendo ser convocados para auxiliar em outras Varas ou Juizados da Capital ou do Interior.

2.3.4. Caso o Juizado Itinerante Permanente do Estado de São Paulo, com sede na capital, não esteja sendo dirigido por um Juiz exclusivo, as funções do Juiz Diretor e Corregedor Permanente serão desempenhadas pelo Juiz Titular da 2ª Vara do Juizado Especial Cível Central da Capital, salvo deliberação em contrário do Conselho Superior da Magistratura.

2.3.5. Compete aos Servidores e aos Voluntários do Juizado Itinerante Permanente:

a) reduzir a termo os pedidos orais compatíveis com o sistema, intimando desde logo o autor da data da audiência a ser realizada no mesmo local;

b) orientar ou encaminhar os autores de pedidos incompatíveis com o sistema à Defensoria Pública ou órgão competente;

c) proceder ao registro das reclamações e dos feitos em livro próprio;

d) registrar a solução dada às reclamações por acordo ou sentença;

e) remeter mensalmente à Corregedoria-Geral da Justiça, no prazo fixado, os dados estatísticos;

f) observar as Normas de Serviço da Corregedoria-Geral da Justiça;

g) auxiliar nas audiências e no processamento dos feitos.

2.4. A criação de Anexos dos Juizados Especiais será autorizada pelo Conselho Superior da Magistratura, ouvido o Conselho Supervisor dos Juizados. Sempre que possível, o anexo do Juizado contará com servidores do Poder Judiciário em número proporcional à necessidade dos serviços.

2.4.1. Os anexos acadêmicos deverão funcionar no mesmo período do Juizado sede aos quais eles estão submetidos, vedada a suspensão das atividades no período de férias escolares, cabendo, apenas nos casos excepcionais e mediante parecer favorável do Conselho Supervisor dos Juizados, ser autorizado o fechamento temporário.

2.5. Sendo conveniente, o Presidente do Tribunal poderá designar Psicólogo ou Assistente Social Judiciário, em número suficiente, para auxiliar nos serviços dos Juizados Especiais ou suas varas, ouvido o Conselho Supervisor.

2.6. O Colégio Recursal de uma ou várias Turmas, que funcione distintamente do Juizado, poderá contar, a critério da Presidência do Tribunal de Justiça, com Grupo de Apoio.

### Subseção II
### DOS CONCILIADORES

3. Os conciliadores, inclusive os dos anexos, serão recrutados, mediante portaria, pelo Juiz Diretor ou Corregedor Permanente, preferencialmente entre os bacharéis ou estudantes de direito, com reputação ilibada, depois da verificação dos antecedentes.

3.1. Os conciliadores prestarão seus serviços a título honorário, sem nenhum vínculo com o Estado, valendo o efetivo exercício das funções como título em concurso de ingresso na Magistratura no Estado de São Paulo.

3.2. Expedida a portaria, o conciliador deverá assinar o termo de compromisso em livro próprio, entrando no exercício de suas atividades.

3.3. A portaria será afixada na sede do Juizado e, se for o caso, no anexo, para eventual impugnação à designação, que deverá ocorrer no prazo de 10 (dez) dias.

3.4. Sendo oferecida impugnação à designação, ao Juiz Diretor compete apreciá-la, fundamentando sua decisão, da qual não caberá recurso.

3.5. O conciliador poderá ser exonerado *ad nutum* pelo Juiz Diretor, mediante portaria.

3.6. Os conciliadores assinarão fichas individuais de presença, nos dias em que comparecerem às sessões (modelo próprio), nelas se consignando o horário de entrada e de saída. As fichas, inclusive para os fins do subitem 3.1, serão preservadas em classificador próprio.

3.7. A qualquer momento, e, obrigatoriamente, no final de cada ano e ao térMin. das funções de conciliador, será fornecida, mediante recibo, certidão do efetivo exercício, com menção de data de seu início, periodicidade e térMin.. Depois da expedição e arquivo de uma via das certidões obrigatórias, as fichas individuais serão inutilizadas.

3.8. Nos Juizados em que o movimento for pequeno, as fichas individuais poderão ser substituídas por livro de presença de conciliadores, ciente previamente o Conselho Supervisor.

3.9. O livro de compromisso terá campo para a data de início e térMin. das funções, além de espaço para anotação de expedição da certidão e assinatura do seu recebimento.

3.10. Para os efeitos do art. 2º da Resolução nº 11, de 31/01/2006, do Conselho Nacional de Justiça (CNJ), considera-se atividade jurídica a atuação do bacharel em Direito como juiz leigo ou conciliador do Sistema dos Juizados Especiais Cíveis e Criminais, desde que não inferior a 16 (dezesseis) horas mensais (Enunciado Administrativo 3 do CNJ).

### Subseção III
### DOS LIVROS E CLASSIFICADORES OBRIGATÓRIOS

4. Além dos livros, classificadores e demais disposições para os ofícios em geral, previstos nas Normas de Serviço da Corregedoria-Geral da Justiça, a secretaria ou ofício do JIC, do JEC, do JECC e do JECRIM contará com:

a) livro de registro de ficha-memória, salvo os Juizados e Anexos integrados ao sistema informatizado oficial, desde que o resumo do objeto da ação seja cadastrado no sistema;

b) livro de registro de reclamações do JIC;

c) livro de compromisso de conciliadores;

d) livro de presença de conciliadores ou classificador para as fichas individuais;

e) livro de presença de magistrados que atuam cumulativamente nos Juizados ou suas Varas;

f) livro de registro de sentenças;

g) livro de registro de acórdãos (exclusivo para os Cartórios de Juizados que acumulam a função de secretaria de Colégio Recursal);

h) livro de registro de autos destruídos;

i) livro de ocorrências para que os conciliadores possam relatar acontecimentos ou necessidades relevantes para o aprimoramento dos trabalhos.

4.1. O Juizado Criminal fica dispensado do livro previsto na alínea "b", e o Juizado Informal de Conciliação, do livro previsto na alínea "g".

4.2. O Grupo de Apoio do Colégio Recursal contará com os seguintes livros:

a) registro de recursos;

b) presença de magistrados;

c) remessa de feitos aos Juizados e ao Supremo Tribunal Federal;

d) registro de acórdãos.

4.3. O livro de registro de ficha memória será constituído das fichas, devidamente anotadas, das reclamações findas, reunidas em ordem numérica crescente, conforme o número dado a cada reclamação. O livro poderá ser formado ainda que entre uma reclamação e outra haja processo em curso, cuja ficha memória integrará livro diverso.

4.3.1. O fichário do autor servirá de índice do Livro de Registro de ficha memória.

4.3.2. Os Livros de Registro de Sentenças e de Acórdãos serão formados, em série anual renovável, por cópia de tais atos, assinados pelo juiz, com menção à data da correspondente publicação no Diário da Justiça Eletrônico ou da intimação pessoal, observada a ordem numérica cronológica crescente. As sentenças e os acórdãos registrados no sistema com assinatura digital, ou em outro sistema de segurança aprovado pela Corregedoria-Geral da Justiça e que também impeça a sua adulteração, ficam dispensados de registro em livro próprio.

4.4. Sem prejuízo da manutenção dos mesmos registros no Cartório Principal, os Anexos de Juizados Especiais contarão com os seguintes livros e classificadores, para os atos realizados no próprio anexo:

I) Livros:

a) Carga de autos para advogados, membros do Ministério Público, membros da Procuradoria de Assistência Judiciária, membros da Defensoria Pública e peritos;

b) Protocolo de autos e papéis em geral, inclusive para anotação de remessa ao Cartório Principal dos processos sentenciados;

c) Carga de autos para magistrados;

d) Carga de autos para o xerox, contador, distribuidor, setores diversos e para o Cartório Principal (para os casos em que a anotação não for pertinente aos demais livros);

e) Presença de magistrados;

f) Ponto dos escreventes e auxiliares judiciários que atuam nos anexos;

g) Ponto dos Oficiais de Justiça;

h) Carga de mandados;

i) Registro de Sentenças;

j) Registro de Feitos distribuídos pelo Anexo, sem prejuízo do livro registro geral de feitos no Cartório Principal;

k) Registro de decisões do JIC;

l) Registro de orientações, a fim de que sejam anotados a matéria e os encaminhamentos dados às questões excluídas da competência do Juizado;

m) Normas de Serviço da Corregedoria-Geral da Justiça, salvo se integrado ao sistema informatizado oficial;

n) Visitas e correições;

o) Presença de Conciliadores.

II) Classificadores para:

a) Arquivo dos mandados de levantamento;

b) Ofícios expedidos;

c) Ofícios recebidos;

d) Atos normativos do Conselho Superior da Magistratura, da Corregedoria-Geral da Justiça, do Conselho Supervisor dos Juizados, salvo se integrado ao sistema informatizado oficial, e da Corregedoria Permanente;

e) Estatísticas relativas ao Anexo, sem prejuízo da elaboração da estatística geral pelo Juizado principal;

f) Arquivamento de mapas de diligências de Oficiais de Justiça;

g) Relação de cartas remetidas ao correio;

h) Informativos aos funcionários e conciliadores;

i) Arquivamento de relação pormenorizada de pedidos iniciais encaminhados ao distribuidor, quando, em razão do volume de serviço, não seja suficiente o livro de carga;

j) Fichas de presença dos conciliadores, por ordem alfabética.

4.5. Nos Anexos (onde se processam apenas o recebimento da reclamação e sua redução a termo, a autuação, o preenchimento de ficha do autor e a posterior remessa ao Cartório Central para os demais atos) bastam os livros mencionados nas letras "e", "f" e "l".

4.6. Além dos livros, classificadores e demais disposições previstas para os ofícios em geral e para os ofícios dos Juizados Especiais nas Normas de Serviço da Corregedoria-Geral da Justiça, a Secretaria do Cartório do Juizado Itinerante Permanente do Estado de São Paulo contará, ainda, com classificador específico pertinente à movimentação de seus veículos, nele anotando os locais para onde se deslocam as viaturas, a finalidade do ato, o nome do agente de segurança responsável pela condução do veículo e a hora de saída e de retorno.

### Subseção IV
### DA ORDEM GERAL DOS SERVIÇOS

5. O pedido oral será reduzido a termo, observados os critérios do art. 14 da Lei nº 9.099/1995, em três vias, servindo a primeira para a distribuição (dispensada no JIC), o registro e a autuação (dispensada no JIC), a segunda acompanhará a carta ou o mandado de citação e a terceira será entregue ao autor. O pedido formulado

por escrito será apresentado em duas vias, sem prejuízo de uma terceira ser protocolizada e devolvida ao apresentante.

5.1. É facultada às partes e aos seus advogados a elaboração de minutas de mandados, cartas e ofícios, os quais, depois de conferidos, serão assinados pelo Diretor do Cartório ou pelo Juiz, de acordo com a matéria. Os modelos poderão ser disponibilizados pelas serventias via *Internet* ou por meio de disquete a ser fornecido pelo interessado.

5.2. O pedido inicial reduzido a termo conterá os requerimentos necessários ao bom desenvolvimento do processo, de forma que a serventia possa praticar os atos necessários, independentemente de novas manifestações do autor ou exequente. Salvo determinação judicial expressa no caso concreto, os documentos essenciais à propositura da ação poderão ser apresentados na audiência de instrução e julgamento (art. 33 da Lei nº 9.099/1995), saindo o autor devidamente intimado.

5.3. Recebido o pedido, a serventia do JIC, JEC ou Vara de Juizado, independentemente de despacho, designará, de imediato, dia para audiência de conciliação ou de conciliação, instrução e julgamento, a realizar-se na data mais próxima, cientificando expressamente o autor ou a seu representante de que está advertido dos efeitos decorrentes da ausência no dia e hora marcados e que recebeu o roteiro de desenvolvimento do processo.

5.4. Dos roteiros constarão, inclusive, informações a respeito do momento de apresentação dos documentos e comparecimento das testemunhas, no máximo três. Do roteiro do réu constará também o prazo para o oferecimento da resposta.

5.4.1. Salvo motivada decisão de caráter jurisdicional em sentido contrário, a resposta poderá ser apresentada no prazo de 15 (quinze) dias, contados da audiência de tentativa de conciliação, de modo que não obrigue a preparação da defesa antes de superada a fase conciliatória e ainda assim propicie eventual julgamento antecipado.

5.5. Ouvido o Conselho Supervisor dos Juizados, o Conselho Superior da Magistratura poderá autorizar o Juizado ou seu Anexo a organizar serviço de recepção ou processamento de pedidos por meio eletrônico ou telefônico.

6. A serventia, em seguida, providenciará a citação do réu, com cópia do pedido inicial e do roteiro de desenvolvimento do processo, cientificando-o da designação da audiência, do momento de apresentar defesa e pedido contraposto, documentos e até três testemunhas, do dever de comparecer às audiências designadas e dos efeitos da revelia.

6.1. A citação far-se-á pelo Correio físico ou virtual, com AR ou meio similar, que, ao retornar, será juntado atrás da cópia da carta expedida (por meio de grampeamento), certificando-se no sistema o resultado da diligência (se foi positiva ou negativa) e a data da juntada do AR ou meio similar aos autos. Enquanto se perfaz a citação, a serventia providenciará a distribuição.

6.1.1. Caso o cartório não esteja interligado ao sistema informatizado oficial, a data da juntada do AR ou meio similar será certificada nos autos.

6.2. O AR ou meio similar devolvido com assinatura de outra pessoa residente ou que exerça atividade no mesmo endereço será válido para o ato citatório, salvo comprovação de prejuízo, a ser decidido pelo Juiz.

6.3. Quando for o caso, o juiz determinará que a citação se realize por Oficial de Justiça ou pelas demais formas admitidas no Sistema.

6.4. Mediante designação do Presidente do Tribunal de Justiça, poderão prestar serviços nos Juizados Especiais e seus Anexos, cumulativamente e sem prejuízo de suas atribuições originais, outros oficiais de justiça que tenham posto de trabalho nos foros da região em que instaladas as unidades.

6.5. São gratuitas as diligências feitas em ações que tramitam perante o Sistema dos Juizados Especiais, observando-se, quanto ao ressarcimento, os itens 25 e 26 (e seus subitens) do Capítulo VI das Normas de Serviço.

7. As intimações serão realizadas pelo Diário de Justiça Eletrônico, quando a parte estiver assistida de advogado, ou pelo correio físico ou virtual, sempre com AR ou meio similar; e, se o ordenar o juiz, por oficial de justiça ou por qualquer outro meio idôneo.

8. Excepcionalmente, o pedido inicial será encaminhado ao juiz responsável antes da designação da audiência ou da expedição da carta ou mandado de citação, para fim de apreciação de pedido liminar, antecipação da tutela, emenda da inicial, julgamento antecipado ou outra providência que se mostre necessária.

8.1. Cópia da decisão concessiva de antecipação de tutela ou de liminar cautelar poderá servir de ofício ou de mandado, facultando-se ao autor a entrega do documento no endereço do destinatário sempre que o procedimento não apresentar riscos a nenhuma das partes.

### Subseção V
### DA RECEPÇÃO DE PEDIDOS DE COMPETÊNCIA TERRITORIAL DIVERSA

9. Ainda que o Juizado em que o pedido inicial foi apresentado não tenha competência territorial para apreciar a questão, deverão ser observadas as seguintes regras:

a) a seção de atendimento e triagem de qualquer dos Juizados do Estado recepcionará e reduzirá a termo o pedido oral apresentado pela parte e, se for o caso, encaminhará o expediente ao Juizado competente para o processamento e julgamento da causa. Havendo requerimento de liminar de medida cautelar ou de tutela antecipada, os autos serão imediatamente conclusos ao Juiz do Juizado receptor, quando somente então ocorrerá a distribuição neste;

b) havendo concessão de liminar, o Juiz receptor determinará as medidas necessárias à eficácia da ordem. Seus atos poderão ser ratificados ou reconsiderados pelo Juiz competente;

c) ressalvada determinação judicial em sentido contrário, nas causas de competência dos Juizados Especiais, a liminar cautelar e o pedido principal serão formulados em peça única;

d) o autor desde logo será cientificado do Juizado para o qual seu pedido será encaminhado ou redistribuído;

e) sempre que possível, o autor sairá ciente da data da audiência a ser realizada no Juizado destinatário. As pautas poderão ser disponibilizadas e preenchidas por sistema informatizado de amplo acesso a todos os Juizados do Estado;

f) quando justificadamente se mostrar inviável a imediata intimação do autor sobre a data da audiência, o ato será realizado por carta postal expedida pelo Juizado destinatário do processo, observado o disposto no § 2º do art. 19 da Lei nº 9.099/1995;

g) a designação da audiência de conciliação dispensa despacho judicial, nos termos do art. 16 da Lei nº 9.099/1995;

h) o pedido inicial deve ser elaborado em duas vias e consignar todos os requerimentos necessários ao bom desenvolvimento do processo, dispensando-se, sempre que possível, novas manifestações da parte. A primeira via será utilizada para a autuação e a segunda acompanhará a carta ou o mandado de citação;

i) salvo decisão judicial em contrário, os documentos poderão ser apresentados na audiência de instrução e julgamento, saindo o autor devidamente intimado;

j) eventual redistribuição será efetuada em quarenta e oito horas e anotada pelo cartório receptor no sistema informatizado oficial ou em ficha aberta em nome do autor, caso o cartório não esteja informatizado;

l) recebido o pedido no Juizado destinatário e não havendo determinação em sentido contrário do Juiz Diretor, o cartório, independentemente de despacho, providenciará a citação do requerido, a distribuição e o registro do feito, a autuação das peças, o cadastramento no sistema ou a abertura da ficha em nome do autor, cumprindo, em seguida, os demais atos necessários ao bom andamento do processo;

m) deverá ser reservado campo próprio na estatística mensal, para que sejam contabilizadas as iniciais enviadas e recebidas de outros juizados.

### Subseção VI
### OS PEDIDOS ORIUNDOS DO PROCON

10. Os pedidos iniciais de até 20 (vinte) salários-mínimos reduzidos a termo pelas equipes do Procon e assinados pelo autor, além do pleito de tentativa de conciliação pelos técnicos da própria Fundação, poderão consignar requerimentos que permitam a sua utilização como petição inicial nos Juizados Especiais Cíveis ou suas Varas.

10.1. Infrutífera a tentativa de conciliação junto no Procon, o autor poderá retirar cópia do requerimento ali formulado, com certidão da ocorrência, e protocolá-lo em qualquer dos Juizados do Estado, para distribuição ou encaminhamento ao competente.

10.1.2. Caso as partes tenham comparecido à tentativa de conciliação infrutífera no Procon, desde logo deverá ser designada audiência una de tentativa de conciliação, instrução e julgamento.

10.2. Frutífera a tentativa de conciliação realizada no Procon e estando a matéria entre aquelas de competência material dos Juizados, o acordo extrajudicial poderá ser submetido pelo Procon à homologação judicial, nos termos do art. 57 da Lei nº 9.099/1995.

10.2.1. O pedido de homologação poderá ser apresentado a qualquer dos Juizados Especiais Cíveis do Estado. Caso o Juizado receptor do requerimento não seja o territorialmente competente, deverá promover o encaminhamento das peças para o competente.

10.3. Os pedidos de homologação consignarão minuta padronizada de sentença homologatória, a qual poderá, ou não, ser aproveitada pelo Juiz sentenciante; serão apresentados em duas vias, servindo a primeira para autuação e a segunda para registro.

10.4. O registro da homologação dos acordos obtidos no Procon ou entabulados perante o JIC será feito no Livro de Registro de Sentenças, sem a distribuição de processo no Cartório Distribuidor, usando como referência o número da reclamação utilizado pelo Procon ou um número sequencial atribuído no Juizado.

10.5. Descumprindo o acordo mencionado no item anterior, a requerimento do interessado, distribuir-se-á a ação de execução de título judicial no mesmo Juizado em que registrada a sentença homologatória.

### Subseção VII
### A AUDIÊNCIA DE TENTATIVA DE CONCILIAÇÃO E DE INSTRUÇÃO E JULGAMENTO

11. Comparecendo desde logo ambas as partes, instaurar-se-á imediatamente a sessão de conciliação, dispensados o registro prévio do pedido e a citação.

12. A audiência de conciliação será conduzida preferencialmente pelo conciliador, sob a orientação do Juiz.

13. Na abertura da audiência poderá ser arguida, de forma oral ou por escrito, exceção de suspeição ou impedimento do conciliador, que se processará segundo as regras do § 1º do art. 138 do CPC.

13.1. Se o entender o juiz, e sem prejuízo do processamento da exceção, o conciliador poderá ser imediatamente substituído, prosseguindo a audiência.

14. Havendo acordo, será lavrado termo, dele constando, de forma clara e concisa, o objeto da conciliação ou transação e a sentença homologatória.

14.1. Tratando-se de acordo que contenha prestação a prazo, do termo constará que o autor fica ciente de que deverá comunicar a Secretaria do Juizado do efetivo cumprimento da obrigação, até 180 (cento e oitenta) dias depois do vencimento da única ou última prestação, sob pena de ser destruído o processo.

14.2. Ainda que destruído o processo, a execução poderá ser efetivada, extraindo-se, para esse fim, relatório do processo cadastrado no sistema informatizado oficial ou certidão da ficha memória arquivada, anotando-se a ocorrência e mantendo-se o mesmo número do processo originário.

15. Não havendo acordo, lavrar-se-á o termo correspondente, encerrando-se o expediente, caso se trate de reclamação processada no JIC.

16. Se a falta de acordo se der em ação processada no JEC, passar-se-á, de imediato – desde que não resulte prejuízo para a defesa – ou na data mais próxima, à audiência de instrução e julgamento, cientes, desde logo, as partes e testemunhas eventualmente presentes.

17. Da audiência de instrução e julgamento lavrar-se-á termo, com breve resumo dos fatos ocorridos e da sentença proferida, devendo a prova oral e as manifestações das partes ser gravadas em fita de áudio, vídeo ou outro método idôneo de documentação, especialmente pelo sistema informatizado oficial.

18. O Juiz que presidir à audiência, encerrando a instrução, ainda que não haja a colheita de prova, julgará a lide, salvo se estiver licenciado, afastado por qualquer motivo, promovido ou aposentado, casos em que os autos serão remetidos ao seu sucessor.

19. A prova oral gravada não será reduzida a escrito e a fita original será anexada aos autos, caso seja determinada a remessa destes ao Colégio Recursal.

19.1. Dentro de 48 (quarenta e oito) horas, contadas do termo inicial do prazo para recorrer ou responder, conforme o caso, as partes poderão requerer a reprodução dos atos gravados em audiência.

19.2. Esta providência, sem implicar suspensão do curso dos prazos, será concluída pela serventia em até 5 (cinco dias).

20. Antes de qualquer depoimento, será anotada em impresso próprio, a ser juntado aos autos ou digitalizado, a qualificação completa do depoente (nome, filiação, local e data de nascimento, número do documento de identificação e endereço), devidamente assinado.

20.1. Utilizado o sistema de gravação, antes do início do depoimento, será inserido o nome do depoente e sua relação com o processo.

20.2. A fita, aferida a qualidade da gravação ao térMin. da colheita da prova, será identificada e conservada pela ordem numérica dos autos, podendo ser reutilizada após o trânsito em julgado.

20.3. Havendo necessidade de colheita de prova em outra comarca ou da prática de outros atos processuais, a solicitação será feita por qualquer meio hábil de comunicação.

### Subseção VIII
### AS ANOTAÇÕES DOS ATOS PROCESSUAIS

21. Nos Ofícios de Justiça não informatizados ou que, apesar de informatizados, não estejam integrados ao sistema informatizado oficial, será elaborado um

fichário por nome do autor ou exequente do título extrajudicial (fichário geral), o qual conterá o número do processo.

21.1. O fichário será composto por fichas abertas em nome dos autores ou exequentes, organizadas em ordem alfabética. Nos casos de litisconsórcio, poderá o Juiz Corregedor Permanente, em razão do grande número de litigantes, limitar a quantidade de fichas a abrir, quando será aberta necessariamente uma para o primeiro autor.

22. Será aberta ficha memória para os processos cujos dados não estejam cadastrados e atualizados no sistema informatizado oficial.

22.1. Nos processos do JEC serão anotados na ficha memória: o número do processo, o nome, RG e CPF do autor e do réu, a natureza do feito, a data da distribuição, o número, livro e folhas do registro da sentença, a suma do dispositivo da sentença, anotações sobre recursos, a data do trânsito em julgado, desenvolvimento da execução, o arquivamento e outras observações consideradas relevantes.

22.2. A cada 200 (duzentas) fichas arquivadas formar-se-á livro próprio, devidamente encadernado e com as folhas numeradas, observado o subitem 4.3 deste Provimento.

23. A escrituração da ficha memória é dispensada caso adotado o sistema informatizado oficial, cujo item "relatório do processo" é automaticamente alimentado quando efetivadas as anotações sobre o andamento do processo. O relatório do processo deverá ser complementado no sistema com as principais informações sobre eventuais recursos e o trânsito em julgado.

24. Fica dispensado o fichário em nome do autor para as cartas precatórias; entretanto, será aberta ficha em nome do embargante na hipótese de haver embargos de terceiro interpostos no juízo deprecado.

25. Nos ofícios de justiça do JECRIM somente serão abertas fichas em nome dos réus.

25.1 Para os processos do JECRIM, devem ser anotados nas fichas memórias: o número do processo, o nome e qualificação do réu, o número do livro e folhas do registro geral de feitos, a data do fato, a data do recebimento da denúncia, o artigo de lei em que o réu foi incurso, a data da suspensão do processo (art. 366 do CPP e JECRIM), a data da prisão, o número do livro e folhas do registro de sentença, a suma do dispositivo da sentença, anotações sobre recursos, a data do trânsito em julgado, a data da expedição da guia de recolhimento, de tratamento ou de internação, o arquivamento e outras observações relevantes.

26. Nos Ofícios de Justiça que utilizam sistema informatizado não oficial, as fichas que compõem o fichário por nome do autor poderão ser emitidas e escrituradas até o momento do arquivamento dos autos, oportunidade em que deverão ser materializadas em papel.

27. Os Ofícios de Justiça integrados ao sistema informatizado oficial deverão nele cadastrar os mesmos dados mencionados nos subitens 22.1 e 25.1.

27.1. Os Ofícios de Justiça integrados ao sistema informatizado oficial deverão conservar o fichário materializado em papel existente até a data da integração.

28. Nos Ofícios de Justiça ainda não informatizados ou que, apesar de informatizados, não estejam integrados ao sistema oficial, será elaborado um fichário individual, destinado ao controle e registro da movimentação dos feitos, devendo ser aberta uma ficha para cada processo. O fichário será organizado pelo número do processo, em ordem crescente (1/2007, 2/2007, 3/2007 etc.) e com subdivisão por ano.

28.1. As anotações feitas nas fichas devem ser fidedignas, claras e atualizadas, de forma que reflitam o atual estado do processo.

28.2. Quando do arquivamento dos autos do processo, a ficha individual deverá ser grampeada na contracapa, devendo ser reaproveitada no caso de desarquivamento e novo andamento dos autos. Quando da devolução de cartas precatórias cumpridas ou da redistribuição de feitos a outras varas, as fichas individuais respectivas devem ser inutilizadas.

28.3. Nos Ofícios de Justiça não integrados ao sistema informatizado oficial o fichário individual poderá ser substituído por sistema informatizado de controle e registro da movimentação processual, desde que dele constem informações fidedignas, claras e atualizadas, de forma que reflitam o atual estado do processo, extraindo-se uma cópia destas informações, para que acompanhem o processo quando for arquivado.

29. Nos Ofícios de Justiça integrados ao sistema informatizado oficial, o controle e registro da movimentação dos feitos será realizado exclusivamente pelo mencionado sistema, ficando vedada a utilização de fichas gerais ou individuais materializadas em papel ou constante de outros sistemas informatizados.

29.1. As fichas individuais serão encerradas e mantidas em local próprio no Ofício de Justiça, até a extinção dos processos a que se referem, e serão grampeadas na contracapa dos autos, por ocasião de seu arquivamento ou destruição.

30. Encerrado o processo, os autos serão destruídos, exceto quando se tratar de ação penal condenatória, arquivando-se a ficha memória, depois da comunicação do resultado do feito ao distribuidor e da anotação da inutilização dos autos.

30.1. É facultado o arquivamento dos processos já encerrados dos Juizados Especiais e cujos dados cadastrados não permitem a utilização do "relatório do processo" como ficha memória, ao menos até que a digitalização seja viabilizada, ocorrência que deverá ser anotada na ficha do autor, com o número da caixa respectiva. O arquivamento dispensa o preenchimento e a extração da ficha memória.

30.2. A destruição dos autos só será feita depois de decorridos 180 (cento e oitenta) dias do trânsito em julgado da sentença ou da extinção da execução, prazo em que os interessados poderão pedir a restituição de documentos.

30.3. Excepcionalmente, os autos poderão ser destruídos antes do prazo, dependendo, sempre, de expressa concordância de todas as partes, a ser registrada na ficha memória, seguida das respectivas assinaturas.

30.3.1. A destruição poderá ser imediata no caso de conciliação ou transação devidamente homologada, aquiescendo as partes no ato da audiência.

30.4. A destruição dos autos será documentada em termo circunstanciado e precedida de edital, do qual constará a lista dos processos a serem eliminados. Os editais serão afixados em cartório com dez dias de antecedência e, juntamente com o termo circunstanciado, formarão o livro de registro dos autos destruídos.

31. É autorizado o arquivo provisório de processos que se encontrem em fase de execução de título judicial há mais de um ano e nos quais não tenham sido localizados bens do executado, mantido o nome das partes no Cartório Distribuidor. Os processos arquivados provisoriamente deverão ser excluídos das estatísticas mensais.

### Subseção IX
### DA ORDEM DOS SERVIÇOS PERTINENTES AOS ANEXOS

32. Nos Cartórios Anexos, o pedido inicial deve ser elaborado em 04 (quatro) vias.

32.1. A primeira via seguirá, com carga ou relação pormenorizada, para a distribuição e, ao retornar, será autuada. A segunda via permanecerá no classificador específico, podendo ser inutilizada tão logo a primeira via retorne do distribuidor. A terceira via orientará a expedição da carta ou do mandado de citação e servirá de contrafé. A quarta via será entregue ao autor ou exequente do título extrajudicial.

33. A ficha geral, dispensada se o anexo estiver interligado ao sistema informatizado oficial, deve ser aberta logo depois da distribuição do pedido inicial e mantida no Anexo até o registro da sentença e a remessa dos autos ao cartório principal. Dela constará o número do processo.

33.1. A ficha individual, dispensada se o anexo estiver interligado ao sistema informatizado oficial, é destinada ao controle e registro da movimentação dos feitos, devendo ser aberta uma ficha para cada processo. O fichário será organizado pelo número do processo, em ordem crescente (1/2007, 2/2007, 3/2007 etc.) e com subdivisão por ano. Por ocasião da remessa dos autos ao cartório principal, a ficha individual deverá ser anexada à contracapa, podendo ser reaproveitada pelo destinatário.

34. Ouvido o Conselho Supervisor, o Conselho Superior da Magistratura poderá autorizar, também, o processamento da execução do título judicial nos Anexos dos Juizados, até a satisfação do crédito.

### Subseção X
### DA ORDEM DOS SERVIÇOS PERTINENTES AO JUIZADO ITINERANTE PERMANENTE

35. Com antecedência, o Juizado Itinerante divulgará o roteiro dos atendimentos futuros, indicando não só as datas e locais que serão visitados e o Juizado Comum vinculado ao serviço, como também a finalidade da sua presença (atendimento inicial ou realização de audiências).

36. Na data designada, o Juizado Itinerante dirigir-se-á ao local previamente escolhido e realizará a colheita dos pedidos e demais atos necessários à prestação jurisdicional.

37. A competência do Juizado Itinerante será determinada pelas regras da Lei nº 9.099/1995, observada a competência territorial do Juizado da região onde é prestado o atendimento, sem prejuízo da colheita e remessa de pedidos com base no item 9 deste Provimento.

38. Os serviços itinerantes poderão abranger outras competências, desde que haja prévia designação dos juízes para auxiliar as demais Varas da região atendida, de acordo com as necessidades locais.

39. No final do expediente diário, será elaborado o relatório de atendimento, que sinteticamente indicará o número de atos realizados e a natureza de cada um.

40. Os pedidos serão encaminhados ao Cartório do Juizado Itinerante, que providenciará a citação, a distribuição, o registro, os demais atos necessários para o bom andamento do processo e a expedição da carta de citação.

40.1. A carta de citação, além dos requisitos comuns, indicará o local e horário da realização da audiência, bem como o endereço do local em que os autos estarão até a audiência, com expressa menção desta circunstância, e o endereço do Juizado para onde o processo será remetido depois do julgamento.

41. Na data designada, o Juizado Itinerante retornará ao local previamente estabelecido, onde serão realizadas as audiências de conciliação, instrução e julgamento.

42. Sentenciado o feito ou homologado o acordo, o cartório do Juizado Itinerante procederá ao registro da sentença, redistribuindo-se o processo, no prazo de 05 (cinco) dias, ao Juízo da região em que se realizou a audiência e por onde tramitarão eventuais recursos e execuções. As partes sairão desde logo intimadas, com informação adequada e clara sobre o termo inicial da contagem dos prazos em razão do encaminhamento dos autos (art. 183, § 2º, do CPC).

42.1. A parte poderá requerer a devolução do prazo recursal, se os autos estiverem à disposição no Juizado destinatário na data indicada no termo de audiência. Deferido o pedido, a serventia providenciará a intimação da parte, fluindo daí, por inteiro, o prazo recursal.

43. A remessa será registrada no sistema e formalizada por intermédio do Cartório Distribuidor. Caso o cartório não esteja informatizado, a remessa será anotada na ficha do autor.

44. Se a sentença não for prolatada em audiência, a intimação será efetivada pelo Juizado destinatário, logo depois do recebimento dos autos, consignado o prazo para a interposição do recurso.

### Subseção XI
### DAS ATRIBUIÇÕES DOS JUIZADOS ESPECIAIS CRIMINAIS

45. Aos ofícios de Justiça dos Juizados Especiais Criminais (JECRIM) compete o processamento dos feitos criminais de menor potencial ofensivo, assim como a execução

de seus julgados, conforme previsto pela Lei nº 9.099/1995. A execução das penas privativas de liberdade será efetivada pela Vara da Execução Criminal competente.

Subseção XII
## DA ORDEM DOS SERVIÇOS DOS JUIZADOS ESPECIAIS CRIMINAIS

46. São aplicáveis nos JECRIMs, desde que não desvirtuem a finalidade da rapidez na solução dos conflitos, ou se não houver disposição em contrário neste Capítulo, as orientações estabelecidas na seção II do Cap. V das Normas de Serviço.

47. Os atos realizados na audiência de instrução e julgamento serão gravados em áudio ou outro meio idôneo de documentação. Fica vedada a reprodução escrita dos atos, inclusive para apreciação de recurso, remetendo-se, juntamente com os autos, o original da gravação, facultada às partes a obtenção de cópias.

47.1. Os arquivos de áudio serão rotulados com o número do respectivo processo e arquivados em local apropriado. Depois do trânsito em julgado, não existindo recurso das partes e não sendo caso de condenação, serão eles apagados, permitindo o reaproveitamento do meio utilizado para gravação, e os autos serão destruídos (itens 62 e 63 deste Provimento).

48. A citação é pessoal, observando-se na sua efetivação a regra prevista no art. 66 da Lei nº 9.099/1995.

48.1. Não sendo encontrado o réu, o procedimento deverá ser redistribuído ao Juízo comum, fazendo-se as anotações pertinentes.

49. As intimações poderão ocorrer por qualquer meio idôneo que garanta fidedignidade do ato realizado, certificando-se nos autos a forma pela qual realizadas.

50. A prática dos atos processuais em outras comarcas, entre os quais a proposta de transação penal ou suspensão do processo, poderá ser determinada por qualquer meio de comunicação.

Subseção XIII
## DA FASE PRELIMINAR DOS JUIZADOS ESPECIAIS CRIMINAIS

51. A autoridade policial que atue no policiamento ostensivo ou investigatório, ao tomar conhecimento da ocorrência, lavrará termo circunstanciado, que encaminhará imediatamente ao Juizado.

51.1. O Juiz de Direito responsável pelas atividades do Juizado é autorizado a tomar conhecimento dos termos circunstanciados elaborados por policiais militares, desde que também assinados por Oficial da Polícia Militar.

51.2. A parte será cientificada de que poderá comparecer acompanhada de advogado de sua confiança e que, na falta desse, lhe será designado um advogado dativo pelo Juízo.

52. Quando da lavratura do termo circunstanciado, a autoridade policial requisitará os exames periciais necessários e mandará juntar as informações sobre os antecedentes do autor do fato.

52.1. Quando do encaminhamento do termo circunstanciado para audiência, se não estiver acompanhado das informações sobre os antecedentes do autor do fato, deverá o Diretor da Serventia juntar a folha de antecedentes e respectivas certidões, para análise da possibilidade da imediata aplicação dos benefícios previstos na Lei dos Juizados Especiais.

53. Os termos circunstanciados, assim que recebidos da autoridade policial, deverão ser imediatamente encaminhados aos Juizados Especiais Criminais, para as providências cabíveis.

53.1. Nos casos de crime de ação penal pública condicionada, a audiência preliminar somente será designada depois da representação da vítima perante o juízo, por meio de requerimento simplificado. As delegacias de polícia deverão ser orientadas para que, nos casos de crime de ação penal pública condicionada, a vítima seja desde logo cientificada, por escrito, que deve comparecer perante o Juizado Especial Criminal, no prazo de 6 (seis) meses, contados da data da ocorrência, para formalizar a representação contra o autor do fato, sob pena de extinção da punibilidade. Nos casos de ação penal privada, o ofendido deverá ser orientado do prazo decadencial para o oferecimento da queixa-crime.

53.1.1. O endereço para a confirmação da representação deve constar do próprio termo de cientificação da vítima, com o horário de atendimento do juizado.

53.2. Se o juízo competente aceitar a representação formalizada perante a autoridade policial, por ocasião da intimação para a audiência preliminar, o oficial de justiça deverá ser orientado a submeter à vítima termo do qual conste a confirmação da representação ou a renúncia. Havendo opção pela renúncia, serão suspensas as demais intimações e o termo deve ser imediatamente encaminhado à apreciação do juiz, de modo que se otimize a pauta de audiência.

54. Na audiência preliminar, presentes o representante do Ministério Público, o autor do fato, a vítima e, se necessário, o representante civil, acompanhados de seus advogados, o Juiz ou conciliador esclarecerá sobre a possibilidade de composição dos danos e da aceitação da proposta de aplicação de pena não privativa de liberdade.

54.1. A conciliação será conduzida pelo Juiz de Direito ou por conciliador.

55. Os casos que devam iniciar-se por proposta de transação penal deverão ser encaminhados para audiência sob a presidência do Juiz de Direito ou conciliador. Os casos que devam iniciar-se por denúncia serão encaminhados para audiência sob a presidência do Juiz de Direito.

55.1. Depois da audiência preliminar, poderá o Juiz adotar outras providências requeridas pelo Ministério Público, autor do fato, vítima ou representante civil. Somente em casos excepcionais, individualmente fundamentados, os autos serão remetidos ao Ministério Público antes da audiência preliminar.

55.2. As cartas precatórias, expedidas para a efetivação de transação penal ou suspensão do processo, poderão ser encaminhadas pelos meios mais céleres possíveis, acompanhando-as, sempre que necessário, a proposta formulada pelo representante do Ministério Público.

56. A transação será comunicada ao distribuidor para anotação, o que não implicará em reincidência nem constará de certidão de antecedentes, salvo se houver requisição judicial, mas impedirá que se conceda ao autor do fato o mesmo benefício, no prazo de 05 (cinco) anos.

57. Não sendo possível a imediata apresentação de proposta de transação penal ou de denúncia pelo Ministério Público, por deficiência do termo circunstanciado ou necessidade de esclarecimentos necessários em face da complexidade do caso, deverão os autos ser redistribuídos ao Juízo Comum, com a consequente instauração de inquérito policial.

Subseção XIV
## DO PROCEDIMENTO SUMARÍSSIMO

58. Não havendo composição e sendo ofertada a denúncia ou a queixa, o Juiz designará audiência de instrução, debates e julgamento, determinará a citação do réu, podendo ser renovada a proposta de conciliação ou transação penal, nos moldes do estabelecido no art. 79 da Lei nº 9.099/1995.

58.1. Oferecida a denúncia ou a queixa, manifestar-se-á expressamente o Ministério Público sobre a proposta de suspensão do processo prevista no art. 89 da Lei Federal nº 9.099/1995.

58.2. Reunidos os pressupostos legais permissivos da suspensão condicional do processo, mas se recusando o Promotor de Justiça a propô-la, o Juiz, dissentindo, remeterá a questão ao Procurador-Geral, aplicando-se, por analogia, o art. 28 do Código de Processo Penal.

59. Aberta a audiência de instrução e julgamento, acabando infrutífera a transação, será colhida a manifestação da defesa sobre a denúncia.

59.1. Não sendo caso de rejeição liminar da denúncia, será colhida a manifestação do acusado e seu defensor sobre a proposta de suspensão condicional do processo. Aceita a proposta, o MM. Juiz receberá a denúncia e poderá suspender o processo, lavrando-se o termo de suspensão e iniciando-se o acompanhamento do período de prova nos próprios autos.

60. Recebida a denúncia e não sendo cabível a suspensão do processo, terá início a instrução, com a colheita dos depoimentos das testemunhas e interrogatório do réu.

60.1. Os depoentes serão identificados na gravação e por meio de termo de qualificação, que será por eles firmado antes da colheita dos depoimentos.

60.2. Caso não haja o comparecimento de todas as testemunhas a serem ouvidas, fazendo-se necessária a designação de audiência em continuação, poderá ocorrer o registro escrito dos depoimentos.

60.3. Os debates serão orais e, preferencialmente, gravados no mesmo meio em que registrados os depoimentos ou serão resumidos pelo Juiz, em ata.

60.4. Sempre que possível, a sentença será proferida em audiência, dispensado o relatório.

60.5. Da decisão de rejeição da denúncia ou queixa e da sentença cabe apelação, a ser interposta no prazo de 10 (dez) dias, contados da ciência da decisão ou sentença pelo Ministério Público, pelo réu e seu defensor, por petição escrita, da qual constarão as razões e o pedido do recorrente.

60.6. O recorrido será intimado para oferecer resposta escrita no prazo de 10 (dez) dias.

60.7. Dentro de 48 (quarenta e oito) horas, contadas do termo inicial do prazo para recorrer ou responder, conforme o caso, as partes poderão requerer a reprodução dos atos gravados em audiência, instruindo o pedido com meio capaz de absorver a reprodução, ficando a gravação original depositada em cartório, sob a responsabilidade do Diretor.

60.8. Esta providência, sem implicar suspensão do curso dos prazos, será concluída pela serventia em 48 (quarenta e oito) horas.

61. Quando do envio do processo ao órgão de segundo grau, a gravação original acompanhará os autos, mantendo-se cópia dela em cartório.

62. Transitada em julgado a sentença, sendo ela condenatória, depois da execução, os autos e o meio no qual foram gravados os debates serão arquivados.

63. Absolvido o réu, depois do trânsito em julgado da sentença, o meio utilizado para a gravação poderá ser reaproveitado e os autos serão destruídos, obedecido o prazo de 180 (cento e oitenta) dias.

### Subseção XV
### DA COMPOSIÇÃO E ATRIBUIÇÕES DO COLÉGIO RECURSAL

64. O Colégio Recursal é o órgão de segundo grau de jurisdição do Sistema dos Juizados Especiais e tem competência para o julgamento de recursos cíveis e criminais oriundos de decisões proferidas pelos Juizados Especiais Cíveis e Criminais.

64.1. Haverá cinco Colégios Recursais na Capital (Central, Santana, Santo Amaro, Lapa e Penha de França) e um em cada sede de Circunscrição Judiciária no Interior.

64.2. Na Capital, o Colégio Recursal Central julgará os recursos cíveis e criminais oriundos do Foro Central e do Foro Regional do Ipiranga; o Colégio de Santana, os recursos oriundos do Foro Regional de Santana; o Colégio de Santo Amaro, os oriundos dos Foros Regionais de Santo Amaro e do Jabaquara, do Foro Distrital de Parelheiros e do Juizado Especial Cível CIC Feitiço da Vila; o Colégio da Lapa, os oriundos dos Foros Regionais da Lapa e de Pinheiros e do Juizado Especial Cível CIC Oeste/Parada de Taipas; e o Colégio da Penha de França, os oriundos dos Foros Regionais de Penha de França, São Miguel Paulista, Itaquera, Tatuapé e Vila Prudente e do Juizado Especial Cível CIC Leste/Itaim Paulista. O Conselho Superior da Magistratura poderá dispor de forma diversa quanto à competência, verificadas situações especiais.

64.3. Compõe-se o Colégio Recursal de uma ou mais Turmas julgadoras, com competência específica ou cumulativa, integrada cada qual por três juízes vitalícios, como membros efetivos, e dois suplentes, todos em exercício no primeiro grau de jurisdição e integrantes do Sistema dos Juizados Especiais, com jurisdição sobre toda circunscrição para a qual criado, ressalvada autorização específica diversa do Conselho Superior da Magistratura.

64.4. Caberá a cada Colégio Recursal sua organização interna, mediante proposta a ser aprovada pelo Conselho Supervisor do Sistema, havendo possibilidade de criação de turmas específicas por matéria (cumulativas ou cíveis e criminais) e por território (comarca ou região interna da circunscrição).

64.5. Os Juízes farão sua inscrição para compor cada Colégio Recursal no Departamento da Magistratura – DIMA, cabendo ao Conselho Supervisor do Sistema dos Juizados Especiais a indicação e ao Conselho Superior da Magistratura a nomeação de todos os seus membros.

64.6. O juiz participará do Colégio Recursal sem prejuízo de suas funções jurisdicionais, devendo optar por remuneração em pecúnia ou em compensação de dias, conforme o valor a ser definido pela Presidência do Tribunal de Justiça.

64.7. Não havendo na Circunscrição Judiciária juízes vitalícios, em número suficiente para a composição da Turma Recursal e designação de suplentes, serão designados outros, ainda não vitaliciados, enquanto tal situação perdurar.

64.8. Havendo interesse público, poderá o Conselho Supervisor propor ao Conselho Superior da Magistratura a convocação de outros juízes para o julgamento dos processos em atraso, desdobrando as Turmas em grupos presididos por um membro efetivo e, excepcionalmente, também pelo suplente, fixando prazo para a regularização do serviço.

64.9. Os membros suplentes substituirão, mediante revezamento e automaticamente, independentemente de qualquer designação, os membros efetivos, nos seus impedimentos, suspeições e afastamentos.

64.10. Havendo necessidade, os membros suplentes poderão receber regularmente a distribuição, cabendo a convocação ao Presidente do Colégio, independentemente de qualquer designação e comunicando-se a ocorrência ao Conselho Supervisor dos Juizados.

65. O Colégio Recursal funcionará de acordo com suas necessidades, em dia previamente designado, realizando os atos processuais até às 21 horas, ressalvados os já iniciados e os que tiverem autorização expressa (em sentido contrário) do Conselho Superior da Magistratura, ouvido o Conselho Supervisor.

65.1. Cada Colégio Recursal terá um presidente, eleito pelo voto dos membros efetivos e suplentes das Turmas Recursais, para o período de um ano. Havendo empate, será considerado eleito o juiz mais antigo do Colégio ou, se idêntica a antiguidade, o mais idoso.

65.2. Os recursos apresentados a cada Colégio Recursal devem ser imediatamente distribuídos a um de seus integrantes, sendo que o restabelecimento de cotas mensais por juiz não deverá prejudicar o cumprimento do disposto no art. 93, XV, da CF.

66. Em caso de impedimento, suspeição, ausência ocasional ou afastamento do presidente, a substituição recairá no juiz mais antigo do Colégio ou, se idêntica a antiguidade, no mais idoso.

67. Havendo mais de uma Turma Recursal no mesmo Colégio, o Presidente do Colégio presidirá àquela a que pertencer; a outra será presidida pelo juiz eleito por todos os membros integrantes da própria Turma, para o período de um ano, vedada a recondução para o mandato imediatamente subsequente.

68. O Presidente do Colégio Recursal incumbe-se de:

a) distribuir os recursos aos relatores, por sorteio, observando eventual impedimento e convocando suplente, ou oficiando ao Conselho Superior da Magistratura para designação, se necessário;

b) designar dia para as sessões de julgamento, sempre que haja recurso hábil para tanto, convocando os juízes com antecedência de três dias;

c) despachar recurso interposto depois do julgamento pelo Colégio Recursal;

d) dirigir as sessões do colegiado;

e) despachar, até a distribuição, agravo, mandado de segurança e *habeas corpus* impetrado contra ato do Colégio, de juiz do Colégio ou de juiz dos Juizados Informais ou Especiais Cíveis e Criminais da jurisdição para o qual foi criado;

f) exercer a corregedoria permanente do Colégio;

g) exercer as funções de relator nas exceções de suspeição ou impedimento de juiz do Colégio Recursal de Turma única.

68.1. Poderá o Colégio Recursal, por decisão da maioria absoluta dos seus membros, estabelecer diversamente do constante na alínea "e" deste item, comunicando-se o Conselho Supervisor.

68.2. Caberá a Presidência do Tribunal de Justiça dispor, por meio de resolução, sobre a criação de grupos de apoio, bem como sobre sua estrutura funcional, para realização dos trabalhos administrativos de cada Colégio Recursal.

68.3. Nos locais em que não houver a criação do grupo de apoio, serão designados servidores ou do Juizado local ou da administração do Fórum para realização dos trabalhos administrativos, ficando tais servidores, em qualquer caso, sob a Corregedoria Permanente do Presidente do Colégio Recursal.

69. Caberá ao Presidente da Turma Recursal:

a) exercer o poder de polícia nas sessões, mantendo a ordem e o decoro;

b) deferir a palavra a quem de direito, toda vez que se suscitar questão de ordem;

c) exercer as funções de relator nas exceções de suspeição ou impedimento de juiz componente da Turma;

d) substituir o Presidente do Colégio Recursal nos seus impedimentos ocasionais.

Subseção XVI
## DOS RECURSOS

70. Compete ao Colégio Recursal, quando for admitido, julgar em último ou único grau de jurisdição:

a) recurso inominado da sentença proferida nos processos de conhecimento ou de execução, excetuada a homologatória de conciliação ou de laudo arbitral;

b) apelação e revisão criminal;

c) embargos de declaração;

d) agravo de instrumento, quando a decisão causar dano irreparável ou de difícil reparação;

e) agravo de execução criminal;

f) mandado de segurança e *habeas corpus*, nas hipóteses do item 68, alínea "e", observadas as normas da legislação especial e, no que couber, o disposto no Regimento Interno do Tribunal de Justiça;

g) exceção de impedimento e suspeição dos juízes a ela vinculados, bem como conflito de competência ou de jurisdição entre os Juizados atrelados ao mesmo Colégio.

71. O prazo para interpor recurso é de 10 (dez) dias, contados da publicação da sentença em audiência ou, se for o caso, da intimação pelo correio, pela imprensa oficial ou por outro meio idôneo de comunicação.

72. O preparo, sob pena de deserção, será efetuado, independentemente de intimação, nas 48 (quarenta e oito) horas seguintes à interposição do recurso e deverá corresponder à soma das seguintes parcelas:

a) 1% sobre o valor da causa. O valor corresponde às custas submetidas à isenção condicional no momento da distribuição da ação. O valor mínimo desta parcela "a" corresponde a 05 UFESPs;

b) 2% sobre o valor da causa, caso não haja condenação. Caso haja condenação, esta parcela, cujo valor mínimo correponde a 05 UFESPs, será desconsiderada e incidirá a parcela explicitada na alínea "c" ;

c) 2% sobre o valor da condenação. O percentual terá por base de cálculo o valor fixado na sentença. Caso o valor da condenação não esteja explicitado na sentença, o juiz fixará equitativamente o valor da base de cálculo e sobre ele incidirá o percentual de 2%. O valor mínimo desta parcela corresponde a 05 UFESPs.

O recolhimentos dos valores a que se referem as alíneas "a", "b" e "c" será feito em guia GARE;

d) Porte de remessa e retorno: o porte de remessa e retorno é calculado com base no Provimento CSM 833/04 e será devido quando houver despesas de combustível para tanto. O recolhimento será feito em guia própria.

72.1. A petição do agravo de instrumento, quando admissível o recurso, deverá ser instruída com o comprovante do pagamento da taxa judiciária correspondente a 10 UFESPs e do porte de retorno, observado o valor fixado pelo Provimento CSM 833/2004.

72.2. A petição do mandado de segurança deverá ser instruída com o comprovante do pagamento da taxa judiciária de 2% sobre o valor a ele atribuído, observados os valores mínimo e máximo de 5 e 3.000 UFESPs.

72.3. Na hipótese de se processar nos mesmos autos mais de um recurso, seja em razão de litisconsórcio, seja em razão de sucumbência recíproca, cada recorrente deverá recolher por inteiro seu preparo.

72.4. Indeferida a concessão do benefício da gratuidade da justiça requerido em sede de recurso, conceder-se-á o prazo de 48 (quarenta e oito) horas para o preparo.

73. Não dependem de preparo os recursos criminais.

74. O recebimento do recurso no qual não se requer efeito suspensivo prescindirá de despacho, cumprindo à Secretaria intimar o recorrido para respondê-lo em 10 (dez) dias, contados da intimação, que será publicada na imprensa eletrônica, expedida pelo correio ou formalizada por qualquer outro meio idôneo de comunicação.

74.1. Em caso de dúvida sobre o cabimento ou a tempestividade do recurso, a suficiência do preparo ou a regularidade da resposta, assim como quanto ao efeito suspensivo, a serventia consultará o Juiz-Diretor.

74.2. Faculta-se ao recorrente providenciar a intimação do recorrido da interposição de recurso e do prazo de 10 (dez) dias para apresentação de contrarrazões, o qual fluirá da juntada da comprovação da intimação nos autos, observadas as regras do art. 19 da Lei nº 9.099/1995.

75. Apresentadas ou não as contrarrazões, a serventia providenciará, em 48 (quarenta e oito) horas e independentemente de despacho, a remessa do processo ao Colégio Recursal, procedendo às anotações necessárias.

76. O mandado de segurança, o *habeas corpus* e o recurso tornam preventa a competência do relator para todos os recursos posteriores, tanto na ação, quanto na execução, referentes ao mesmo processo.

76.1. Se o relator deixar a Turma ou transferir-se para outra, ou outro Colégio, a prevenção será do órgão julgador, cabendo a relatoria ao membro remanescente mais antigo, preferindo-se o segundo ao terceiro juiz.

77. Realizado acordo entre as partes depois da subida dos autos, compete ao relator a homologação, ou ao Presidente do Colégio, caso aquele ainda não tenha sido escolhido.

78. São incabíveis embargos infringentes.

79. Sempre que possível, o julgamento dos embargos de declaração será realizado pelos próprios juízes da decisão embargada.

### Subseção XVII
### DO PROCESSAMENTO NO COLÉGIO RECURSAL

80. Recebido o recurso, a secretaria providenciará o registro e encaminhamento dos autos ao Presidente para distribuição imediata, dispensada, a critério deste, nova autuação.

81. Acompanhará os autos a fita magnética com a prova oral.

82. Não haverá revisor.

83. Com o despacho do relator ordenando a remessa dos autos à mesa para julgamento, a secretaria preparará a pauta da sessão, cuja publicação no Diário de Justiça Eletrônico, para fins de intimação, far-se-á com 48 (quarenta e oito) horas de antecedência.

84. Se os autos não forem incluídos em pauta no prazo de 60 (sessenta) dias contados do registro, a secretaria informará ao Presidente do Colégio, que oficiará ao Conselho Supervisor dos Juizados Especiais, noticiando a ocorrência.

85. Na sessão, com a tira de julgamento preenchida, o serventuário fará o pregão, certificando a presença ou ausência das partes, assim como eventual sustentação oral e pedido de preferência.

86. Admite-se a sustentação oral exclusivamente no recurso inominado, na apelação e no *habeas corpus*, por advogado constituído ou designado nos autos, ou por representante do Ministério Público nos feitos em que oficia, e pelo prazo máximo de 10 (dez) minutos.

87. Requerida a sustentação oral, sempre antes de iniciada a sessão de julgamento, o Presidente dará a palavra ao advogado após a leitura do relatório; havendo mais de um pedido, falará em primeiro lugar o advogado do recorrente e, se ambos forem recorrentes e recorridos, a preferência será do advogado do autor originário.

88. O Presidente da sessão coibirá incontinência de linguagem e, após advertência, poderá cassar a palavra de quem estiver proferindo a sustentação; ressalvada essa hipótese, não se admitirão apartes nem interrupções nas sustentações orais.

89. Encerrada a sustentação oral, é defeso às partes e aos seus patronos intervir no julgamento, sob qualquer pretexto.

90. Após o voto do relator e colhidos os demais, segundo a ordem decrescente de antiguidade no Colégio Recursal, o Presidente anunciará o resultado do julgamento. O segundo e o terceiro juiz poderão requerer vista dos autos.

91. Se a sentença for confirmada por seus próprios fundamentos, a súmula poderá servir de acórdão. Nas demais hipóteses, o acórdão será lavrado pelo relator ou, se este for vencido, pelo prolator do primeiro voto vencedor.

92. Não haverá declaração de voto.

93. A intimação do acórdão, que será assinado apenas pelo relator, far-se-á mediante publicação da súmula de julgamento na imprensa oficial, exceto se as partes, presentes, dele tomarem ciência inequívoca.

93.1. Interposto recurso extraordinário, o recorrido será intimado a apresentar contrarrazões. A seguir, o Juiz Presidente do Colégio Recursal, ou, no seu impedimento, alternadamente, o Presidente de cada uma das Turmas, pronunciará o juízo provisório de conhecimento do recurso, observando, entre outros requisitos, a existência de prequestionamento e de arguição da repercussão geral da questão constitucional.

93.2. Havendo multiplicidade de recursos sobre o mesmo tema, deverão ser observados os §§ 1º a 5º do art. 543-B do Código de Processo Civil.

93.3. Se interpostos embargos de declaração, recurso extraordinário ou recurso especial, observar-se-ão as disposições pertinente do Código de Processo Civil, da Legislação Complementar e do Regimento Interno do Tribunal de Justiça do Estado de São Paulo.

### Subseção XVIII
### DO IMPEDIMENTO OU SUSPEIÇÃO DO JUIZ

94. Não participará do julgamento o juiz que tiver sentenciado ou proferido decisão objeto do recurso.

95. Na revisão criminal, não poderá oficiar como relator o juiz que tenha pronunciado decisão de qualquer natureza no processo original, sem que isto implique impedimento dos demais componentes da turma.

96. Estando impedido ou suspeito para o julgamento da demanda, o relator sorteado, em expediente próprio, relatará os motivos ao Presidente do Colégio e lhe devolverá os autos. O Presidente procederá à compensação e redistribuirá os autos a outro relator, remetendo a motivação, em caráter sigiloso, ao Conselho Supervisor dos Juizados, para ciência.

97. O impedimento ou a suspeição do segundo ou do terceiro juiz será declinado(a) na sessão de julgamento, convocando-se, no mesmo ato, o suplente ou membro efetivo constante de escala de substituição automática previamente estabelecida.

98. A exceção de suspeição ou de impedimento de juiz componente da Turma Recursal deverá ser suscitada antes da sessão de julgamento.

98.1. A exceção pode ser arguida pela parte, por intermédio de advogado, e pelo Ministério Público, quando oficiar nos autos.

98.2. A petição será instruída com os documentos comprobatórios da arguição e com o rol de testemunhas. Se arguida pela parte, será por ela subscrita.

98.3. Será ilegítima a arguição de suspeição ou impedimento, quando provocada pelo arguente, ou quando houver ele praticado, anteriormente, ato que tivesse importado na aceitação do juiz.

99. A exceção será dirigida ao Presidente da Turma ou do Colégio Recursal, conforme a composição, o qual, se manifesta a improcedência da arguição, mandará arquivá-la.

99.1. O Presidente da Turma ou do Colégio Recursal atuará como relator ou, se ele for o recusado, por seu substituto legal.

100. A petição será juntada aos autos, que, independentemente de despacho, subirão conclusos ao juiz; dando-se por suspeito ou impedido, determinará a remessa do feito ao seu substituto legal.

101. Se não reconhecer a suspeição ou o impedimento, o juiz deduzirá, nos autos, as razões da discordância e oferecerá o rol de suas testemunhas.

101.1. Suspenso o curso do processo, a Secretaria providenciará, imediatamente, a extração de cópia autêntica da arguição, da resposta e dos documentos eventualmente oferecidos, autuando-os em separado, com anotação na capa do feito principal.

101.2. Colhida a prova eventualmente requerida, o julgamento será incluído na pauta da próxima sessão do Colégio, independentemente de alegações.

101.3. O julgamento far-se-á em sessão secreta, da qual não participará o arguido, convocando-se suplente para completar a Turma.

102. Afirmada a suspeição ou impedimento pelo arguido, ou declarada pela Turma ou Colégio Recursal, ter-se-ão por nulos os atos por ele praticados, pondo fim ao incidente.

103. Acolhida ou rejeitada a arguição, anotar-se-á o resultado na tira de julgamento, com a simples menção de que foi tomado por unanimidade ou maioria de votos; cópia da tira será juntada no feito em que se suscitou a arguição.

104. Julgada procedente a arguição, será comunicada imediatamente ao Conselho Supervisor e ao Conselho Superior da Magistratura, remetendo-se os autos ao substituto legal ou, se se cuidar do relator, será feita nova distribuição.

104.1. Rejeitada a arguição, será o arguente condenado a ressarcir o dano processual, na forma do art. 18 do Código de Processo Civil, se reconhecido seu comportamento malicioso.

105. A exceção relativa a juiz de primeiro grau será a ele dirigida.

106. Se o juiz não reconhecer a suspeição, mandará autuar em apartado a petição, após o que dará as suas razões, acompanhadas de documentos e de rol de testemunhas, se houver; em seguida, mandará remeter os autos ao Colégio Recursal.

107. Distribuído o feito, o relator, se verificar que a exceção não tem fundamento legal ou não cumpre os requisitos para sua oposição, proporá o arquivamento do feito.

108. Reconhecendo a relevância da exceção e a necessidade de prova oral, o relator designará audiência de instrução, com prévia intimação das partes.

109. Encerrada a instrução, o relator porá o feito em mesa, procedendo-se na forma dos itens e subitens 101.2, 101.3, 102, 103, 104 e 104.1 deste Provimento.

### Subseção XIX
### DO CONFLITO DE COMPETÊNCIA

110. Há conflito de competência ou de jurisdição nas hipóteses previstas no art. 115 do Código de Processo Civil e nos casos apontados no art. 114 do Código de Processo Penal.

111. O conflito pode ser suscitado por qualquer das partes, pelo Ministério Público ou pelo juiz.

112. Não pode suscitar conflito a parte que, no processo, ofereceu exceção de incompetência.

112.1. O conflito de competência não obsta, porém, a que a parte que o não suscitou ofereça exceção declinatória de foro.

113. O conflito entre juízes do mesmo Colégio Recursal será suscitado ao seu Presidente:

1 – pelo juiz, por ofício;

2 – pela parte e pelo Ministério Público, por petição.

113.1. O ofício e a petição serão instruídos com os documentos necessários à prova do conflito.

114. O procedimento no Colégio Recursal atenderá ao disposto nos arts. 119, 120, 121 e 122 do Código de Processo Civil.

114.1. A decisão do Colégio Recursal, da qual não caberá recurso, será comunicada ao Conselho Supervisor.

115. Havendo conflito entre Juizados de Colégios diversos, Juizados e Justiça Comum, Colégios ou Turmas Recursais, dirimirá a controvérsia o Tribunal de Justiça, conforme disposto no seu Regimento Interno.

115.1. O conflito será suscitado ao Presidente do Tribunal de Justiça, pelos nominados no item 113, adotando-se o procedimento estabelecido no Regimento Interno do Tribunal de Justiça e, no que couber, o do item 114 deste Provimento.

115.2. Da decisão da Câmara Especial não caberá recurso.

### Subseção XX
### **DA EXECUÇÃO CIVIL**

116. O processo executório adotará as regras dos arts. 52 e 53 da Lei nº 9.099/1995 e, no que couber, as regras do Código de Processo Civil.

117. Caso o devedor, condenado ao pagamento de quantia certa, não o efetue no prazo de quinze dias, contados do trânsito em julgado, independentemente de nova intimação, o montante da condenação será acrescido de multa no percentual de 10% (dez por cento).

117.1. Havendo dificuldade de pagamento direto ao credor, ou resistência deste, o devedor, a fim de evitar a multa de 10% (dez por cento), deverá efetuar depósito perante o juízo singular de origem, ainda que os autos estejam na instância recursal.

118. Informada a não satisfação da condenação definitiva ou o descumprimento do acordo, proceder-se-á à penhora on-line ou expedir-se-á mandado de penhora, estimativa do valor do bem penhorado pelo oficial de justiça e intimação para apresentação de embargos no prazo de 15 (quinze) dias, contados da intimação da penhora, dispensada nova citação.

118.1. Localizados os bens e não encontrado o executado, será efetuada a penhora, independentemente de nova citação, devendo o executado ser intimado na forma do art. 19 da Lei nº 9.099/1995, dispensado o arresto.

119. Na execução de título extrajudicial, o executado será citado para pagar em três dias. Verificado que o débito não foi satisfeito, será feita a penhora on-line ou expedido mandado de penhora e estimativa do valor do bem penhorado pelo oficial de justiça.

119.1. Efetuado o bloqueio, proceder-se-á à penhora, dispensando-se a lavratura de auto, e os valores deverão ser transferidos para conta à disposição do Juízo.

119.2. Os embargos poderão ser opostos até a audiência de tentativa de conciliação; se dispensada a designação desta audiência, o executado será intimado para apresentação dos embargos em 15 (quinze dias), desde que garantida a execução.

119.3. No prazo dos embargos à execução, reconhecendo o crédito do exequente e comprovando o depósito de 30% (trinta por cento) do valor em execução, poderá o executado requerer seja admitido a pagar o restante em até seis parcelas mensais, acrescidas de correção monetária e juros de 1% (um por cento) ao mês.

119.4. Efetuada a penhora, o executado será intimado a comparecer à audiência de tentativa de conciliação, constando do mandado, desde logo, a data da audiência. É facultada a designação de audiência de tentativa de conciliação ainda que não haja penhora, embora a oposição de embargos esteja condicionada à garantia da execução.

119.5. São impenhoráveis as verbas decorrentes de salários, proventos de aposentadoria ou pensão, ressalvada decisão judicial em sentido contrário.

119.6. Na execução do título extrajudicial admitem-se o arresto e a citação editalícia.

120. Caso o Oficial de Justiça não possua elementos suficientes, poderá a estimativa do valor do bem penhorado ser substituída pelo acolhimento de laudo ou orçamento idôneo apresentado por qualquer das partes.

121. Havendo impugnação ao valor dos bens, poderá o Juiz designar avaliador, às expensas do impugnante. Se a impugnação for meramente protelatória, poderá ser imposta multa.

122. Esgotados os meios disponíveis, não existindo ou não sendo localizados bens do executado do título executivo extrajudicial, o processo será imediatamente extinto, devolvendo-se os documentos ao exequente, a quem cumpre retirá-los no prazo de 30 (trinta) dias.

123. Os embargos opostos à execução do título judicial ou extrajudicial não dependem de distribuição e serão processados nos próprios autos da execução.

124. A alienação forçada, quando necessária, será efetivada por iniciativa particular ou em hasta pública (art. 52, VII, da Lei nº 9.099/1995); na hipótese de alienação por iniciativa particular, o valor, a critério do Juiz, não ficará vinculado ao da estimativa ou da avaliação, ressalvado preço vil. É dispensada a publicação de editais quando o valor dos bens submetidos à alienação for de até 40 (quarenta) salários-mínimos.

Subseção XXI
**DA EXECUÇÃO CRIMINAL**

125. A execução das penas pecuniárias ou restritivas de direitos serão processadas no próprio JECRIM, nos mesmos autos em que aplicadas, salvo se houver na comarca juízo com competência específica para a execução de penas e medidas alternativas.

125.1. Havendo imposição de pena privativa de liberdade, transitada em julgado a sentença que a fixou, deverá ser expedida carta de guia a ser encaminhada ao juízo responsável pelas Execuções Penais.

126. No caso de descumprimento da pena restritiva de direitos substitutiva da pena privativa de liberdade, restabelecida a pena originariamente fixada, deverá ser expedida carta de guia a ser encaminhada à Vara das Execuções Penais.

Subseção XXII
**DAS DISPOSIÇÕES FINAIS E TRANSITÓRIAS**

127. Até o décimo dia de cada mês, deverá estar na Corregedoria-Geral da Justiça relatório estatístico a ser remetido pelo Diretor do JIC, JEC, JECC, JECRIM, JIP, Ofício que atende à Vara do Juizado e do Colégio Recursal, para inclusão na publicação mensal do movimento forense.

128. Aplicam-se subsidiariamente as Normas de Serviço da Corregedoria-Geral da Justiça.

129. Ficam revogadas a Seção V do Capítulo IV das Normas de Serviço da Corregedoria-Geral da Justiça e as disposições em contrário às normas aqui consolidadas, em especial as previstas nos Provimentos **CSM 287/86, 342/88, 352/89, 402/89, 408/90, 425/90, 511/94, 611/98, 614/98, 688/99, 738/00, 746/00, 758/01, 806/03 e 884/04, e Provimentos CGJ 20/94, 11/2002, 25/2004, 26/2007.**

130. Este Provimento entrará em vigor na data de sua publicação.

São Paulo, 19 de maio de 2009.

*ROBERTO VALLIM BELLOCCHI,*
Presidente do Tribunal de Justiça

*ANTONIO CARLOS MUNHOZ SOARES,*
Vice-Presidente do Tribunal de Justiça

*RUY PEREIRA CAMILO,*
Corregedor Geral da Justiça

# Bibliografia

**BIBLIOGRAFIA CITADA E CONSULTADA**

ABREU, Pedro Manoel. *Acesso à justiça e juizados especiais*. 2. ed. Florianópolis: Conceito, 2008.

ALMEIDA JUNIOR, João Mendes de. *Direito Judiciário Brazileiro*. 2. ed. Rio de Janeiro: Typografia Baptista de Souza, 1918.

ALVES BARBOSA, Antonio Alberto. *Da preclusão processual civil*. 2. ed. São Paulo: RT, 1992.

ALVES, Eliana Calmon. *Princípios e Garantias Constitucionais do Processo*. Biblioteca Digital do STJ (www.stj.jus.br).

ALVIM, Thereza. *O direito processual de estar em juízo*. São Paulo: RT, 1996.

AMORIM, Sebastião Luiz; OLIVEIRA, Euclides Benedito de. *Inventários e Partilhas. Teoria e Prática*. 8. ed., Leud, 1993.

ANASTASI, Lorenzo. *Il sistema dei mezzi d´impugnazione del Codice di Procedura Civile Ticinese*. Zurique: Schultess Polygraphischer Verlag, 1981.

ANDRIGHI, Fátima Nancy. *Juizados Especiais Cíveis e Criminais*. Belo Horizonte: Del Rey, 1996.

________. *Processo e Constituição*: Estudos em homenagem ao Professor José Carlos Barbosa Moreira, Coord. Luiz Fux, Nelson Nery Jr. e Teresa Arruda Alvim Wambier. São Paulo: RT, 2006.

ARAGÃO, Egas Dirceu Moniz de. *Comentários ao Código de Processo Civil*. 4. ed. Rio de Janeiro: Forense, 1983.

________. *Comentários ao Código de Processo Civil, Lei nº 5.869, de 11 de janeiro de 1973*, v. II: arts. 154-269. 8. ed. rev. e atual. Rio de Janeiro: Forense, 1995; 9. ed. 1998.

________. *Comentários ao Código de Processo Civil*. 1. ed. Rio de Janeiro: Forense, 1974. v. 2.

ARAÚJO CINTRA, Antonio Carlos de. *Comentários ao Código de Processo Civil*. Rio de Janeiro: Forense, 2000.

________. *Sobre os limites objetivos da apelação civil*. Tese – São Paulo: USP, 1986.

ARAÚJO JÚNIOR, Gediel Claudino de. *Recursos no Processo Civil* – teoria e prática. Rio de Janeiro: Forense, 1999.

ARMELIN, Donaldo. *Legitimidade para Agir do Direito Processual Civil Brasileiro*. São Paulo: RT, 1979.

ARRUDA ALVIM NETTO, José Manoel de. *A arguição de relevância no recurso extraordinário*. São Paulo, 1988.

________. *Manual de Direito Processual Civil*. 5. ed. São Paulo: RT, 1996. v. 1.

________. *Manual de Direito Processual Civil*. 9. ed. São Paulo: RT, 2003. v. 2.

________. *Manual de Direito Processual Civil*. 12. ed. São Paulo: RT, 2008. v. 2.

________. Notas a respeito dos aspectos gerais e fundamentais da existência dos recursos. *RePro, 48*, p. 7-26, 1987.

ASSIS, Araken de. *Execução civil nos juizados especiais*, 4. ed. São Paulo: RT, 2006.

________. *Manual da Execução*. 11. ed. São Paulo: RT, 2007.

________. *Manual dos recurso*. 2. ed. São Paulo: RT, 2008.

AZEVEDO. Luiz Carlos de. *Lições de história do Processo Civil Romano*. São Paulo: RT, 1996.

BACELLAR, Roberto Portugal. *Juizados Especiais. A nova mediação paraprocessual*. São Paulo: RT, 2003.

BAPTISTA DA SILVA, Ovídio. *Teoria geral do Processo Civil*. São Paulo: RT, 1997.

BAPTISTA, Sonia Márcia Hase de Almeida. *Dos embargos de declaração*. São Paulo: RT, 1991.

BARBI, Celso Agrícola. *Do mandado de segurança*. 7. ed. Rio de Janeiro, 1993.

BARBOSA FILHO, Marcelo Fortes. *Código Civil comentado*: Doutrina e Jurisprudência. Coord. Min. Cezar Peluso, 2. ed. Barueri: Manole, 2008.

BARBOSA MOREIRA, José Carlos. *Comentários ao Código de Processo Civil*. 7. ed. Rio de Janeiro: Forense, 1998.

________. *Comentários ao Código de Processo Civil*. 8. ed. Rio de Janeiro: Forense, 1999. v. V.

________. *O novo Processo Civil brasileiro*. 18. ed. Rio de Janeiro: Forense, 1996.

________. O juízo de admissibilidade no sistema dos recursos civis. *Revista de Direito da Procuradoria Geral do Estado da Guanabara*. Rio de Janeiro, v. 19, p. 76-222, 1968.

BARBOSA, Rui. *Oração aos Moços*. São Paulo: Casa Editora "O Livro", 1921.

BELLINETTI, Luiz Fernando. *Sentença civil – Perspectivas conceituais no ordenamento jurídico brasileiro*. São Paulo: RT, 1994.

BERMUDES, Sérgio. *Introdução ao Processo Civil*. Rio de Janeiro: Forense, 1995.

BETTI, Emilio. *Diritto processule civile italiano*. 2. ed. Roma, 1936.

BONSIGNORI, Angelo. L'effetto devolutivo dell'appello. *Rivista Trimestrale di Diritto Processuale Civile*, v. XXVIII, p. 1326-1370, 1974.

BORGES, Marcos Afonso. Juizados Especiais Cíveis – Algumas Incongruências da Lei 9.099/1995 com referência aos JEC. *Revista Jurídica*, São Paulo: Revista Jurídica, n. 222, p. 142-143, abr. 1996.

________. Resenha da justiça especial das pequenas causas. In: *Processo e Constituição*: Estudos em homenagem ao Professor José Carlos Barbosa Moreira. Coord. Luiz Fux, Nelson Nery Jr. e Teresa Arruda Alvim Wambier. São Paulo: RT, 2006.

BURNIER JÚNIOR, João Penido. *Curso de Direito Processual Civil*. Campinas-São Paulo: Copola, 2000.

CAMPANHOLE, Hilton Lobo. *As Constituições do Brasil*. 13. ed. São Paulo: Atlas, 1999.

CAPPELLETTI, Mauro. *Acesso à Justiça*. Trad. Ellen Gracie Northfleet. Porto Alegre: Fabris, 1988.

CARNEIRO, Athos Gusmão. *O novo recurso de agravo e outros estudos*. 3. ed. Rio de Janeiro: Forense, 1997.

CARNELUTTI, Francesco. *Istituzioni del processo civile italiano*. 5. ed. Roma, 1956. 3 v.

________. *Principi del processo penale*. Napoli, 1960.

CARREIRA ALVIM, José Eduardo. *Novo agravo*. 3. ed. Belo Horizonte: Del Rey, 1999.

________. *Tutela específica das obrigações de fazer e não fazer na reforma processual*. Belo Horizonte: Del Rey, 1997.

CARRION, Valentin. *Comentários à Consolidação das Leis do Trabalho*. 27. ed. São Paulo: Saraiva, 2002.

CHEIM JORGE, Flávio. *Apelação cível: teoria geral e admissibilidade*. 1. ed. São Paulo: RT, 1999.

CHIMENTI, Ricardo Cunha. *Teoria e Prática dos Juizados Especiais Cíveis*. 2. ed. São Paulo: Saraiva, 1999.

________. *Teoria e Prática dos Juizados Especiais Cíveis*. 3. ed. São Paulo: Saraiva, 2000.

________. *Teoria e Prática dos Juizados Especiais Cíveis Estaduais e Federais*. 9. ed. São Paulo: Saraiva, 2007.

________. *Teoria e Prática dos Juizados Especiais Cíveis Estaduais e Federais*. 10. ed. São Paulo: Saraiva, 2008.

________. *Teoria e Prática dos Juizados Especiais Cíveis Estaduais e Federais*. 11. ed. São Paulo: Saraiva, 2009.

CHIMENTI, Ricardo Cunha; FERREIRA DOS SANTOS, Marisa. *Juizados Especiais Cíveis e Criminais Federais e Estaduais*. 7. ed. São Paulo: Saraiva, 2009. t. II.

CHIOVENDA, Giuseppe. *Instituições de Direito Processual Civil*. Trad. Paolo Capitanio. 2. ed. Campinas-São Paulo: Bookseller, 1998. v. 3.

________. *Instituições de Direito Processual Civil*. São Paulo: Livraria Acadêmica – Saraiva & Cia. Editores, 1942. v. 1.

CINTRA, Antônio Carlos de Araújo et al. *Teoria Geral do Processo*. 19. e 25. ed. São Paulo: Malheiros, 2003.

CONSOLO, Cláudio e LUISO, Francesco Paolo. *Codice di Procedura Civile commentato*. IPSOA, 1997.

COSTA, Alfredo de Araújo Lopes da. *Direito Processual Civil Brasileiro*. 2. ed. Rio de Janeiro: Forense, 1959. v. 1.

COUTURE, J. Eduardo. *Fundamentos do Direito Processual Civil*. Trad. Benedicto Giaccobini. Campinas-São Paulo: RED Livros, 1999.

________. *Interpretação das leis processuais*. 4. ed. Trad. Gilda Maciel Corrêa Meyer Russomano. Rio de Janeiro: Forense, 1994.

CRUZ E TUCCI, José Rogério. *Ação Monitória*. 2. ed. São Paulo: RT.

CUNHA, Luciana Gross. Juizado Especial. *Criação, Instalação, Funcionamento e a Democratização do Acesso a Justiça*. São Paulo: Saraiva, 2008.

DINAMARCO, Cândido Rangel. *Fundamentos do Processo Civil moderno*. 4. ed. São Paulo: Malheiros, 2001.

________. *Instituições de Direito Processual Civil*. 2. ed. São Paulo: Malheiros, 2002. v. I.

________. *Instituições de Direito Processual Civil*. 6. ed. São Paulo: Malheiros, 2009. v. II.

________. *Juizado Especial de Pequenas Causas*. São Paulo: Revista dos Tribunais, 1985.

________. *Manual das Pequenas Causas. São Paulo*: RT, 1986.

DEL POZZO, Carlo Umberto. *Le impugnazioni penali*. Pádua, 1951.

DINAMARCO, Pedro da Silva. *Código de Processo Civil Interpretado*. Coord. Antonio Carlos Marcato. 3. ed. São Paulo: Atlas, 2008.

DI PIETRO, Maria Sylvia Zanella. *Direito Administrativo*. São Paulo: Atlas, 1999.

ENGISCH, Karl. *Introdução ao Pensamento Jurídico*. 7. ed. Trad. J. Baptista Machado. Lisboa, 1996.

ESPÍNOLA, Eduardo. ESPÍNOLA Filho, Eduardo. *A Lei de Introdução ao Cód. Civil Brasileiro*. 2. ed. atualizado por Silva Pacheco. Rio de Janeiro: Renovar, 1995. v. 1.

FERREIRA, William Santos. *Tutela antecipada no âmbito recursal.* São Paulo: RT, 2000.

FIDÉLIS DOS SANTOS, Ernani. *As Reformas de 2005 e 2006 do Código de Processo Civil*: Execução dos títulos judiciais e agravo de instrumento. 2. ed. São Paulo: Saraiva, 2006.

________. *Manual de Direito Processual Civil.* 7. ed. São Paulo: Saraiva, 1999. v. 1.

________. *Manual de Direito Processual Civil. Processo de Conhecimento.* 3. ed. São Paulo: Saraiva, 1994. v. I.

FIGUEIRA JÚNIOR, Joel Dias. *Juizados Especiais Estaduais Cíveis e Criminais*: Comentários à Lei nº 9.099/1995. 5. ed. São Paulo: RT, 2007.

________. *Manual dos Juizados Especiais Cíveis Estaduais e Federais.* São Paulo: RT, 2006.

________; RIBEIRO LOPES, Maurício Antonio. *Comentários à Lei dos Juizados Especiais Cíveis e Criminais*: Lei nº 9.099, de 26/09/1995. 3. ed. São Paulo: RT, 2000.

FRANÇA, Rubens Limongi. *Enciclopédia Saraiva do Direito.* São Paulo: Saraiva, 1977. v. 54.

FREDERICO MARQUES, José. *Instituições de direito processual civil.* 3. ed. Rio de Janeiro, 1969. v. IV.

FRIGINI, Ronaldo. *Comentários à lei dos juizados especiais cíveis.* 3. ed. Leme-São Paulo: Mizuno, 2007.

GERMANO, Alexandre. *Informativo InterAÇÃO* – Escola Paulista da Magistratura, n. 33. Dez./2002.

GIANESINI, Rita. *Da recorribilidade do 'cite-se'. Aspectos polêmicos dos recursos cíveis.* São Paulo: RT, 2001. v. 4.

GODOY, Claudio Luiz Bueno de. *Código Civil Comentado – Doutrina e Jurisprudência.* Coord. Min. Cezar Peluso. 2. ed. Barueri: Manole, 2008.

GÓES, Gisele Santos Fernandes. *Princípio da Proporcionalidade no Processo Civil.* São Paulo: Saraiva, 2004.

GOMES, Fábio. *Comentários ao Código de Processo Civil.* Coord. Ovídio A. Batista da Silva. São Paulo: RT, 2000. v. 3.

________; SILVA, Ovídio A. Baptista da. *Teoria Geral do Processo Civil.* 3. ed. São Paulo: RT, 2002.

GONÇALVES DE OLIVEIRA, Lourival. *Comentários às súmulas do Superior Tribunal de Justiça.* São Paulo: Saraiva, 1993.

GONÇALVES, Marcus Vinicius Rios. *Novo Curso de Direito Processual Civil.* 6. ed. São Paulo: Saraiva, 2009. v. I.

GRECO FILHO, Vicente. *Direito Processual Civil Brasileiro.* 17. ed. São Paulo: Saraiva, 2006. v. 2.

________. *Direito Processual Civil Brasileiro.* 16. ed. São Paulo: Saraiva, 2002. v. 1.

________. *Direito Processual Civil Brasileiro.* 10. ed. São Paulo: Saraiva, 1995. v. 2.

GRINOVER, Ada Pellegrini e outros. *Código de Defesa do Consumidor comentado.* 4. ed. Rio de Janeiro: Forense Universitária, 1995.

________; GOMES FILHO, Antonio Magalhães e SCARANCE FERNANDES, Antonio. *Recursos no Processo Penal.* São Paulo: RT, 1996.

GUASP, Jaime. *Derecho procesal civil.* 3. ed. Madrid, 1968. v. II.

HONÓRIO, Maria do Carmo. *Os Critérios do Processo no Juizado Especial Cível*: Teoria e Prática. São Paulo: Editora Fiuza, 2007.

HORTON, Paul B.; HUNT, Chester L. *Sociologia.* Trad. Auriphebo Berrance Simões. São Paulo: McGraw-Hill, 1980.

LETTERIELLO, Rêmolo. *Repertório dos juizados especiais cíveis estaduais*. Belo Horizonte: Del Rey, 2008.

LIEBMAN, Enrico Tullio. *Eficácia e autoridade da sentença*. 3. ed. Trad. Alfredo Buzaid e Benvindo Aires, Rio de Janeiro: Forense, 1984.

________. *Corso di Diritto Processuale Civile*. Milano: Giuffrè, 1952.

LINHARES, Erick. *Juizados especiais cíveis – Comentários aos enunciados do FONAJE*. 3. ed. Curitiba: Juruá, 2009.

LOPES, João Batista. *Condomínio*. 8. ed. São Paulo: RT, 2003.

LOPES, Maria Elizabeth de Castro; OLIVEIRA NETO, Olavo de (Orgs.). *Princípios processuais civis na Constituição*. Rio de Janeiro: Campus-Elsevier, 2008.

LOUREIRO, Francisco Eduardo. *Código Civil comentado*: Doutrina e Jurisprudência. Coord. Min. Cezar Peluso. 2. ed. Barueri: Manole, 2008.

LUCON, Paulo Henrique dos Santos. *Eficácia das decisões e execução provisória*. São Paulo: RT, 2000.

MACHADO, Antônio Cláudio da Costa. *Código de Processo Civil Interpretado*. 2. ed. Barueri: Manole, 2008.

MAGRI, Berenice Soubhie Nogueira. *Ação Anulatória*: art. 486 do CPC. São Paulo: RT, 1999.

MANCUSO, Rodolfo de Camargo. *Recurso extraordinário e especial*. 3. ed., São Paulo, 1993.

MARCATO, Antonio Carlos. Considerações sobre os Juizados Especiais Cíveis. Paraná on-line, edição de 04/02/2007.

MARQUES, José Frederico. *Instituições de direito processual civil*. 1. ed. Campinas: Millennium, 2000. v. I.

________. *Manual de Direito Processual Civil*. 7. ed. São Paulo: Saraiva, 1984. v. II.

MAXIMILIANO, Carlos. *Hermenêutica e Aplicação do Direito*. 9. ed. 2ª tir. Rio de Janeiro: Forense.

MEDEIROS, Hortêncio Catunda. *Recursos atípicos*. Rio de Janeiro: Forense, 1980.

MEDINA. José Miguel Garcia. *O prequestionamento nos recursos extraordinário e especial*. São Paulo: RT, 1999.

________ ; WAMBIER, Luiz Rodrigues; WAMBIER, Teresa Arruda Alvim. *Breves Comentários à Nova Sistemática Civil*. São Paulo: RT, 2006. v. II.

MENDONÇA LIMA, Alcides de. *Introdução aos recursos cíveis*. 2. ed. São Paulo: RT, 1976.

MIRANDA, Gilson Delgado; PIZZOL, Patrícia Miranda. *Recursos no processo civil*. 6. ed. São Paulo: Atlas, 2009.

MIRANDA, Pontes. *Comentários ao Código de Processo Civil*: arts. 154 a 281. Rio de Janeiro: Forense, 1996. t. III.

MONTEIRO, João. *Theoria do Processo Civil e Comercial*. 2. ed. São Paulo: Duprat & Comp, 1905. v. 2.

MORAES, Alexandre de. *Direito Constitucional*. 24. ed. São Paulo: Atlas.

MORTARA, Lodovico. *Commentario del Codice e delle Leggi di Procedura Civile*. 4. ed. Milan, 1923. v. 4.

NASCIMENTO, Amauri Mascaro. Curso de Direito Processual do Trabalho. 4. ed. São Paulo: Saraiva, 1981.

NEGRÃO, Theotonio e GOUVÊA, José Roberto F. *Código de Processo Civil e legislação processual em vigor*. 41. ed. São Paulo: Saraiva, 2008.

________. *Código de Processo Civil e legislação processual em vigor*. 41. ed. São Paulo: Saraiva, 2009.

________. *Código de Processo Civil e legislação processual em vigor*. 34. ed. São Paulo: Saraiva, 2002.

NERY JUNIOR, Nelson; NERY, Rosa Maria de Andrade. *Código de Processo Civil comentado e Legislação Extravagante*. 10. ed. São Paulo: RT, 2007.

________. *Código de Processo Civil comentado e Legislação Extravagante*. 10. ed. São Paulo: RT, 2008.

________. *Código de Processo Civil comentado e Legislação Extravagante*. 4. ed. São Paulo: RT, 1999.

________. *Código de Processo Civil comentado e Legislação Extravagante*. 2. ed. São Paulo: RT, 1996.

________. *Código Civil comentado*. 5. ed. São Paulo: RT, 2008.

________. *Princípios do Processo Civil na Constituição Federal*. São Paulo: RT, 1992.

________. *Princípios Fundamentais – Teoria Geral dos Recursos*. 6. ed. São Paulo: RT, 2004.

________. *Princípios Fundamentais – Teoria Geral dos Recursos*. 5. ed. São Paulo: RT, 2000.

NEVES, Iêdo Batista. *Vocabulário Prático de Tecnologia Jurídica e de Brocardos Latinos*. São Paulo: Max Limonad, s.d.

NOGUEIRA, Paulo Lúcio. *Curso Completo de Processo Civil*. São Paulo: Saraiva, 1990.

________. *Curso Completo de Processo Penal*, 11. ed. São Paulo: Saraiva, 2000.

________. *Questões cíveis controvertidas*. 5. ed. São Paulo: Leud, 1994.

NORONHA, Carlos Silveira. *Sentença civil – Perfil histórico-dogmático*. São Paulo: RT, 1995.

PACETTA, Flávio Fernandes. *Juizados especiais cíveis:* origens e desenvolvimento das pequenas causas. Ribeirão Preto. São Paulo: Ed. Nacional de Direito, 2004.

PANE, Ricardo A. *Código Procesal Civil paraguayo con repertorio de jurisprudencia*. Assunción, 1998.

PARIZATTO, João Roberto. *Comentários à lei dos juizados especiais cíveis e criminais*. Brasília: Brasília Jurídica, 1996.

PASSOS, José Joaquim Calmon de. *Comentários ao Código de Processo Civil, Lei nº 5.869, de 11 de janeiro de 1973*: arts. 270 a 331. 7. ed. Rio de Janeiro: Forense, 1994. v. III.

________. *Comentários ao Código de Processo Civil*. 8. ed. Rio de Janeiro: Forense, 1998. v. III.

PEREIRA, Rosalina P. C. Rodrigues. *Ações Prejudiciais à Execução*. São Paulo: Saraiva, 2001.

PERROT, Roger. Le principe du double degré de juridiction et son évolution en droit judiciaire privé français. In: *Studi in onore di Enrico Tullio Liebman*. Milan, 1979. v. III.

PINTO, Nelson Luiz. *Manual dos recursos cíveis*. São Paulo: Malheiros, 1999.

________. Recurso especial para o STJ. 2. ed. São Paulo, 1996.

PONTES DE MIRANDA, Francisco Cavalcanti e BERMUDES, Sérgio (atualizador). *Comentários ao Código de Processo Civil*. 3. ed. Rio de Janeiro: Forense, 1997. t. V.

PORTANOVA, Rui. *Princípios do Processo Civil*. 7. ed. Porto Alegre: Livraria do Advogado, 2008.

PORTO, Sérgio Gilberto. *Comentários ao Código de Processo Civil*. Coord. Ovídio A. Batista da Silva. São Paulo: RT, 2000. v. 6.

PROVINCIALI, Renzo. *Delle impugnazione in generale*. Napoli, 1962.

REINALDO FILHO, Demócrito Ramos. *Juizados Especiais Cíveis. Comentários à Lei nº 9.099, de 26/09/1995*. 2. ed. São Paulo: Saraiva, 1999.

RIZZI, Sérgio. *Ação rescisória*. São Paulo: RT, 1979.

ROCCO, Ugo. Trattato di diritto processuale civile. 2. ed. Torino, 1966. v. III.

ROCHA, Felippe Borring. *Juizados Especiais Cíveis*. 5. ed. Rio de Janeiro: Lumen Juris, 2009.

________. *Juizados Especiais Cíveis*. 4. ed. Rio de Janeiro: Lumen Juris, 2005.

ROSA, Eliézer. *Cadernos de Direito Processual Civil*. v. 1 – Apelação. Rio de Janeiro, 1972.

ROSAS, Roberto. *Direito Processual Constitucional*. 3. ed. São Paulo, RT, 1999.

________. *Direito Sumular*: Comentários às Súmulas do Supremo Tribunal Federal e do Superior Tribunal de Justiça. 13. ed. Malheiros, 2006.

SADEK, Maria Tereza. *Acesso à Justiça*. São Paulo: Fundação Konrad Adenauer, 2001.

SALVADOR, Antônio Raphael Silva. *Juizados Especiais Cíveis: estudos sobre a Lei nº 9.099, de 26 de setembro de 1995*: parte prática, legislação e jurisprudência. São Paulo: Atlas, 2000.

SANTOS, J. M. Carvalho. *Código Civil Brasileiro Interpretado*. 13. ed. Freitas Bastos, 1988. v. XIII.

SANTOS, Marisa Ferreira dos; CHIMENTI, Ricardo Cunha. *Juizados Especiais Cíveis e Criminais, Federais e Estaduais*. São Paulo: Saraiva, 2004.

________. *Juizados Especiais Cíveis e Criminais Federais e Estaduais*. 7. ed. rev. e atual. São Paulo: Saraiva, 2009. t. II.

SANTOS, Moacyr Amaral. *Primeiras Linhas de Direito Processual Civil*. 25. ed. rev. e atual. por Maria Beatriz Amaral Santos Köhnen. São Paulo: Saraiva, 2009. v. 2.

________. *Primeiras Linhas de Direito Processual Civil*. 20. ed. São Paulo: Saraiva, 1999. v. 2.

________. *Primeiras Linhas de Direito Processual Civil*. 20. ed. São Paulo: Saraiva, 1998. v. 1.

________. *Primeiras Linhas de Direito Processual Civil*. 13. ed. São Paulo: Saraiva, 1995. v. 2.

BUENO, Cassio Scarpinella. *Execução provisória e antecipada da tutela*. São Paulo: Saraiva, 1999.

________. *Curso Sistemático de Direito Processual Civil*. São Paulo: Saraiva, 2007. v. 1 e 2.

SEABRA FAGUNDES, M. *Dos recursos ordinários em matéria civil*. Rio de Janeiro: Forense, 1946.

SHIMURA, Sérgio. *Título Executivo*. São Paulo: Saraiva, 1997.

SILVA, Jorge Alberto Quadros de Carvalho. *Lei dos Juizados Especiais Cíveis Anotada*. 3. ed. São Paulo: Saraiva, 2003.

SILVA, Luiz Cláudio. *Os Juizados Especiais Cíveis na Doutrina e na Prática Forense*. 6. ed. Rio de Janeiro: Forense, 2005.

SOARES, Nidomar da Silveira. *Juizado especial cível – A justiça da era moderna*. 3. ed. São Paulo: LTr, 1996.

SOUZA NETO, João Baptista de Mello e. *Mediação em Juízo. Abordagem Prática para Obtenção de um Acordo Justo*. São Paulo: Atlas, 2000.

STUMM, Raquel Denize. *Princípio da Proporcionalidade no Direito Constitucional Brasileiro*. Porto Alegre: Livraria do Advogado, 1995.

TEIXEIRA, Sálvio de Figueiredo. *Código de Processo Civil anotado*. 6. ed. São Paulo: Saraiva, 1996.

THEODORO JÚNIOR, Humberto. *As inovações no Código de Processo Civil*. 6. ed. Rio de Janeiro: Forense, 1996.

________. *As Novas Reformas do Código de Processo Civil*. 2. ed. 2. tir. Rio de Janeiro: Forense, 2007.

________. *As Novas Reformas do Código de Processo Civil*. Rio de Janeiro: Forense, 2008.

________. *Código de Processo Civil Anotado*. 13. ed. Rio de Janeiro: Forense, 2009.

________. *Curso de Direito Processual Civil*. 16. ed. Rio de Janeiro: Forense, 1997. v. III.

________. *Curso de Direito Processual Civil*. 41. ed. Rio de Janeiro: Forense, 2007. v. II.

________. *Nulidade, inexistência e rescindibilidade da sentença*. *RePro*, 19, p. 38.

TOSTA, Jorge. *Do reexame necessário*. São Paulo: RT, 2005.

________. *Manual de interpretação do Código Civil – As normas de tipo aberto e os poderes do juiz*. Rio de Janeiro: Campus-Elsevier, 2008.

________. Recurso Adesivo – Não subordinação ao principal quanto à matéria impugnada. *RePro*, 83, 1996.

________. Recurso extraordinário. Ausência de fundamentação explícita no acórdão objeto de embargos declaratórios com o fim de prequestionamento. Consequências. *RePro*, 84, 1996.

TOURINHO NETO, Fernando da Costa. *Juizados especiais estaduais cíveis e criminais*. 5. ed. São Paulo: RT, 2007.

________ ; FIGUEIRA JÚNIOR, Joel Dias. *Juizados Especiais Federais Cíveis e Criminais*. 2. ed. São Paulo: RT, 2008.

TUCCI, José Rogério Cruz e; AZEVEDO, Luiz Carlos de. *Lições de história do Processo Civil Romano*. São Paulo: RT, 1996.

________. *A 'causa petendi' no Processo Civil*. São Paulo: RT, 1993.

TUCCI, Rogério Lauria. *Manual do Juizado Especial de Pequenas Causas*: anotações à Lei nº 7.244, de 7/11/1984. São Paulo: Saraiva, 1985.

VECHIATO JUNIOR, Walter. *Tratado dos Recursos Cíveis*. São Paulo: Ed. Juarez de Oliveira, 2000.

VENOSA, Sílvio de Salvo. *Direito Civil*. São Paulo: Atlas, 2006.

VESCOVI, Enrique. *Los recursos judiciales y demás medios impugnativos en Iberoamérica*. Buenos Aires: Depalma, 1988.

VICENTE, Fernanda Baeta; CORRÊA, Luís Fernando Nigro. *Lei dos Juizados Especiais Cíveis Estaduais comentada*. Belo Horizonte: Del Rey, 2007.

WAMBIER, Luiz Rodrigues. *Curso avançado de Processo Civil*. 8. ed. São Paulo: RT, 2007.

WAMBIER, Teresa Arruda Alvim. *Breves comentários à 2ª fase da reforma do Código de Processo Civil*. 2. ed. São Paulo: RT, 2002.

________. *Nulidades do processo e da sentença*. 4. ed. São Paulo: RT, 1997.

________. *O novo regime do agravo*. 2. ed. São Paulo: RT, 1996.

________. *Os agravos no CPC brasileiro*. 3. ed. São Paulo: RT, 2000.

________. *Recurso especial, recurso extraordinário e ação rescisória*. 2. ed. 2. tir. São Paulo: RT, 2008.

WATANABE, Kazuo (coord.). Filosofia e características básicas do Juizado Especial de Pequenas Causas. In: *Juizado Especial de Pequenas Causas*. São Paulo: Revista dos Tribunais, 1985.

**SITES CONSULTADOS:**

<http://www.amb.com.br/docs/pesquisa/imagem_instituicoes.pdf>. Acesso em: 24/07/2009.

<http://www.cnj.jus.br/images/conteudo2008/relatorios_anuais/relatorio_anual_cnj_2008.pdf>. Acesso em: 24/07/2009.

Este livro foi impresso nas oficinas gráficas da Editora Vozes Ltda.,
Rua Frei Luís, 100 – Petrópolis, RJ.